中国碳排放

尽早达峰

Earliest Peaking the Carbon Emission of China

中国尽早实现二氧化碳排放峰值的实施路径研究课题组 编

中国经济出版社
CHINA ECONOMIC PUBLISHING HOUSE
北 京

图书在版编目（CIP）数据

中国碳排放：尽早达峰/中国尽早实现二氧化碳排放峰值的实施路径研究课题组编.
北京：中国经济出版社，2017.12（2021.10重印）
ISBN 978-7-5136-5100-4

Ⅰ.①中… Ⅱ.①中… Ⅲ.①节能—影响—中国经济—经济发展—研究 Ⅳ.①F124

中国版本图书馆CIP数据核字（2018）第036977号

责任编辑　葛　晶
责任印制　马小宾
封面设计　久品轩

出版发行　中国经济出版社
印 刷 者　北京建宏印刷有限公司
经 销 者　各地新华书店
开　　本　787mm×1092mm　1/16
印　　张　24.25
字　　数　500千字
版　　次　2017年12月第1版
印　　次　2021年10月第3次
定　　价　148.00元
广告经营许可证　京西工商广字第8179号

中国经济出版社　**网址** www.economyph.com　**社址** 北京市东城区安定门外大街58号　**邮编** 100011
本版图书如存在印装质量问题，请与本社销售中心联系调换（联系电话：010-57512564）

课题组成员单位及主要成员

课题负责人

周大地　何建坤　齐　晔　江　亿　罗　勇　潘家华　邹　骥

课题成员单位及主要成员

国家发展和改革委员会能源研究所

周大地　姜克隽　郁　聪　田智宇　高　翔　朱松丽

清华大学能源环境经济研究所

何建坤　顾阿伦　陈文颖

清华大学公共管理学院

齐　晔　张声远*　董文娟　赵小凡　李惠民**　杨　秀**　朱梦曳

清华大学建筑节能中心

江　亿　林立身　胡　姗　郭偲悦

清华大学地球系统科学系

罗　勇　张建松　卢　麾　喻朝庆　杨　军　黄建斌　姜海如***　赵宗慈

王　蕾　郭晓君　汪　伟　李成伟　倪少强　肖雨晨　武　超

中国社会科学院城市发展与环境研究所

潘家华　陈　迎　张　莹　梁本凡　刘利勇

中国人民大学环境学院

邹　骥　王　克　崔学勤　陈奕颖

*该成员工作单位是香港科技大学

**该成员博士后已出站

***该成员工作单位是中国气象局研究中心

目录

contents

总论

中国应该而且可以提前实现碳排放峰值

周大地　郁聪　田智宇　姜克隽

一、中国有必要提前实现温室气体排放峰值

（一）全球应对气候变化进程在不断加强

由人类活动过多排放温室气体引起的、以全球变暖为主要特征的全球气候变化，是人类面临的最大环境生态威胁。联合国组织世界各国科学家，经过多年努力，迄今为止一共发表了五次关于气候变化问题的科学评估报告。这些报告列举不断加强的系统观察事实，确认了地球不断超常温升的变化趋势，而且越来越确定这种温升的主要原因是人类活动排放温室气体在大气中不断累积的结果。全球变暖如果不能得到有效控制，其后果将十分严重。生态环境和生物多样性将受到严重负面影响，许多地方的人类生存条件也将受到不可逆的破坏，由此引发的粮食、水资源等系统危机将十分严重。另一方面，多方面的研究结果和各国的探索实践也一致说明，只要我们积极行动起来，实现低碳发展转型，人类是有充分的技术条件可以有效减少温室气体的排放，并在必要的响应时间内，实现全球性的温室气体减排，把全球温升的幅度和速度控制到一个可以逐步适应的变化范围之内。

世界各国的国情差别巨大，发展阶段不同、社会政治经济条件不同、受到气候变化的影响程度也有许多差别，但气候变化问题是一个全球性的共同问题。只有世界各国共同努力，才能有效控制温室气体的排放总量。国际社会经过几十年的努力，通过了《气候变化框架公约》，建立了国际合作应对气候变化的基本框架。其后又形成了由发达国家带头减排并带动发展中国家参与减排的《京都议定书》机制，促进了工业化国家低碳转型的进程。由于以中国全面实现工业化为代表的新兴经济体不断加大现代工业经济活动规模，世界温室气体排放的分布和增量产生了显著变化，从以发达国家温室气体排放为主，转变为发展中国家占主要份额。尽管发达国家人均排放仍然过高，必须尽快实现低碳转型，但全球温室气体可以排放的容量，已经不能承受发展中国家重复传统工业化的道路、采用增加化石能源消费支撑经济增长的高碳发展模式。发展中国家也必须从现在起就实施绿色低碳发展，否则全球将难以有效减缓气候变化。

国际社会一直在不断努力，探索在气候变化问题上进一步有效合作，建立应对气候变化的新机制。终于在 2015 年末，各国达成了未来一个阶段内采取共同行动的《巴黎协定》。《巴黎协定》最重要的一点是正式确定了 2100 年全球温升控制在明显低于 2℃且尽可能争取 1.5℃的奋斗目标，并动员了全球 190 多个国家和地区参与行动。巴黎会议期间，130 多个国家元首或政府首脑出席了会议并积极表态。截至 2017 年 3 月，已经有 134 个国家批准了《巴黎协定》，191 个国家和欧盟提交了 2020 年后应对气候变

化的“国家自主贡献”目标、政策、行动方案。

《巴黎协定》是在现有的国际政治条件下可以争取到的应对气候变化的积极协议。它的目标很积极，给不断强化的减排行动提出了高要求。2℃的目标意味着2050年全球温室气体排放总量必须下降50%左右，21世纪后半叶全球必须实现零碳排放。它同时又承认现实，留给各国根据自身情况采取相关行动充分的空间。《巴黎协定》是一个促进合作、有推动力但不是强制力的合作框架，不但要求现在就采取行动，更是一个动态的、不断向前推进的、加强行动的机制。低于2℃的政治目标和现有各国行动承诺之间存在明显差距，这在各国政府签署协议时已心知肚明。因此今后不但不能从已经承诺的近期目标后退，而且必须进一步强化行动计划，提高阶段性承诺目标，否则就不能实现远期的温控目标。

中国共产党和中国政府对气候变化问题高度重视，认为气候变化不但是一个全球性的环境生态大事，也是中国走什么样的发展道路，能否实现新五大发展理念、实现全面协调可持续发展的重大问题。积极应对气候变化不是别人要我们做，而是我们自己要做的事。

我们正在建设中国特色社会主义强国，探索一条实现共同富裕的新发展道路。建设生态文明是中国在过去发展的经验和教训中总结出来的重要发展理念。中国要加强国内的生态文明建设，保护和恢复好我们的青山绿水美好家园，就必须重视更高层次、更大范围的生态环境和生存条件的变化问题。如果全球性、区域性的生态环境和生存条件恶化，维持一国一地范围内的生态环境和生存条件就可能出现巨大的困难。生态文明的发展理念一经提出，就得到世界各国的积极响应。许多国家的政治家、环境工作者和社会团体都给予高度评价。中国的生态文明建设不能只局限于一城一地，必须高瞻远瞩，建立全球环境、全球生态建设的观念。只有对更高层次、更大范围生态环境问题的科学认识，才能对局部地区的生态环境治理有更好更科学的认识，才能避免对大系统外部条件产生重大负面影响。

中国共产党的理想是实现共产主义，中国应该对全人类做出应有的贡献。中国需要长期努力，争取更好的发展空间，包括维持长期世界和平，使中国的发展成为世界发展的动力和共享发展的契机，实现多赢共赢发展。当然，对于全球性挑战和可能的危机也要充分重视，中国应带头推动国际合作来应对挑战，共同战胜困难。在全球合作应对气候变化的进程中，中国从一个一般排放大国，逐步发展成对排放总量具有决定性意义的头号排放国。中国的经济实力和发展程度，已大大不同于二十几年以前。中国正在走向国际政治经济活动的中心，必然要承担更大的国际责任。中国不但要对自己第一超大温室气体排放国的地位负责，承担相应的限排减排责任，还要带头创新实现低碳发展，为其他发展中国家做出表率。不断加快低碳发展步伐，根据实际进展和国际共同温控目标的需要，创造条件提高限排减排目标，这应该是中国今后应对气候变化工作的一个长期战略任务。

（二）中国是可能受气候变化负面影响更严重的国家

中国人口众多，人均可耕地、水资源、森林面积等满足基本生活的基础资源条件相对紧张。西部青藏地区地势过高，西北部广大地区水资源短缺，沙漠面积大，适合人类生存发展的自然条件差。历史上经济社会发展形成95%人口集中在中国中东部42%的面积上（胡焕庸线），但仍有数以千万计的人口不得不居住在一些高海拔或水资源十分短缺的地方。生态致贫是不少地方人民长期不能摆脱贫困的重要甚至是基本原因。如果气候变化产生的负面影响威胁到水资源等基本生存条件，不仅会影响生态脆弱地区，也或许对中国人口稠密地区的生存条件形成实质性的威胁，这样的风险将十分巨大。

中国许多地区内陆性气候特征比较突出。已经观测到中国平均温度变化明显高于全球平均温升。过去百年来全球地表平均温度上升0.9℃，而中国同期上升了1.3℃，[①]远高于全球平均值，相应影响也更明显。事实上全球气温上升的影响已经在中国有所体现，包括极端气候现象的增多，水旱灾难加剧等。甚至现在国内大范围雾霾天气的起因，也与平均气温升高有关。气温升高使中国大陆季风性气候条件减弱，出现大面积无风静稳天气条件的时间明显增多，也使一些地方的逆温层更容易形成，这是形成雾霾天气的重要条件。

如果21世纪末全球温升不能控制在2℃之内，中国温升就可能更高。目前一些国际研究机构的分析结果表明，在现有各国承诺的减限排行动下，21世纪末全球气温可能上升值在0.3℃～5℃。从风险防范的角度，首先要考虑可能出现负面影响较大的未来温升情景，应该以5℃为参考。在这样的全球温升条件下，分析对中国生态环境可能会出现的负面影响。从负责任的战略角度，应该为可能出现的更恶劣影响做准备，认真采取必要措施，避免这种恶劣条件的出现。

现在我们对气候变化高温升后果的研究还很不充分。中国生态环境条件原来就比较严峻的地区，可能成为全球温升影响最脆弱的地区。清华大学团队的最新研究结果认为，如果全球气温上升达到4℃，有些后果将是灾难性的。例如，中国长江中下游、华南和新疆等地每年的高温热浪时间，可能从目前的几天、十几天左右上升到100天以上。可以想见高于3个月的连续高温热浪，对老百姓的生活将造成极大的威胁。许多地区将有一个季度成为难以居住和活动的地方，人们可能不得不想办法异地躲避。这些地区的动植物生长和生存也将受到严重影响。气温升高，已经加快冰川融化，许多地方的冰川面积近年加速缩小。中西部不少地方由于降水过少，已经形成完全依靠

① 丁一汇．中国工程院高端智库课题“发展低碳循环经济、应对气候变化问题研究”。

冰川融水维持的生态和生活条件。一旦这些地方的冰川消失或过分退缩，都可能使这些地方失去基本的生存条件。这种情况一旦出现，维持西部一些地区的人类居住和经济活动将十分困难。其可能带来的社会经济影响甚至是地缘政治危机将是巨大且难以解决的。

我们决不能对全球气候变化的可能严重后果掉以轻心。由于气候变化系统的超巨大和超复杂性以及超长时间跨度等因素，关于气候变化的许多预测性结论必然存在某种不确定性，也会长期存在科学争议。但现有的科学认识已经使气候变化的许多趋势分析具有越来越高的确定性。特别是排放越多减排越慢，温升就会越高；温升越高（超过一定幅度，例如2℃）负面影响就会越大、越严重等。我们必须对当代人负责，也要对后代人负责，尽可能强化低碳发展力度，认真考虑提前实现中国排放峰值的问题。

（三）实现2℃温控目标需要各国强化现有目标

中国学者参加的国际气候变化综合评价模型研究团队，对全球实现2℃目标的未来排放路径进行了长期的研究，系列研究的结论表明，如果要实现温控目标，世界各国需加大应对气候变化力度，进一步控制温室气体排放。发达国家须在2050年实现温室气体排放总量下降80%以上的目标。中国作为世界最大温室气体排放国（现在排放占世界总量的接近30%），对全球温室气体排放控制起着十分重要的作用。由于2050年全球温室气体排放总量要比现在下降50%左右，即使发达国家届时达到零排放，也需要其他国家包括中国显著减少排放总量。由于21世纪温室气体可以容许排放的空间已十分有限，全球温室气体排放总量需要尽快达到峰值并较快下降。中国需要在2025年以前达到排放峰值，并在2050年使温室气体排放量快速下降到现在排放量的一半以下。中国越早达峰，世界实现2℃目标的可能性就越大；下降越快，实现2℃目标的概率就越大。

国内对中国何时可以实现排放峰值认识并不统一。按过去经济和能源增长的惯性外推，许多人认为实现峰值仍然是十分遥远的事情，即使中国已经承诺的2030年减排目标也不容易实现。事实上，有不少人根本没有把何时应该实现温室气体排放峰值当作实际目标，对经济发展和能源需求的预测，没有考虑碳排放的约束，也没有真正认真分析提前实现峰值的可能性和可行性。对这部分人而言，究竟峰值是否可以提前实现，并没有充分的理由说是或不是，属于并不十分清晰的状态。

低碳发展、低碳转型已经成为世界的一个发展潮流。尽管低碳转型和发展的路仍然漫漫，但方向已经十分明确。欧洲几乎所有的经济大国都已经踏上征程，减排温室气体的进度超过原来预期。低碳发展的各种技术几乎在所有的领域都进入了商业化阶段，而且还在不断完善提高，已对传统高碳技术路线形成了巨大的压力，代表了新的竞争力，成为新的经济增长动力。美、日等国正在进行实质性的技术转变，尽管低碳

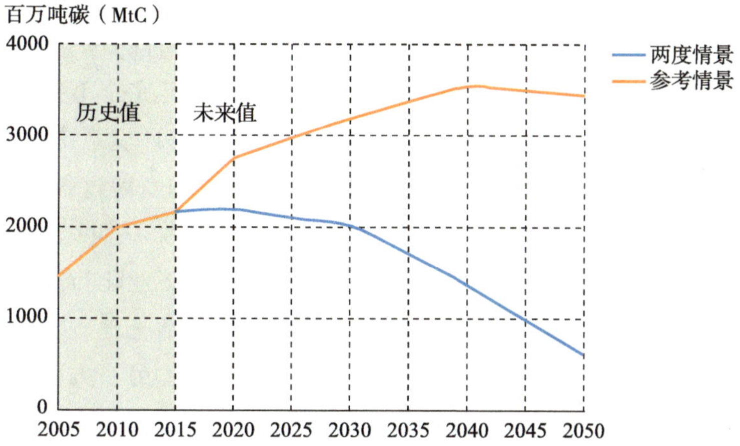

图 0－1 中国能源活动 CO_2 排放情景

数据来源：IPAC 模型组研究结果

发展实际上对美国的传统经济和技术垄断地位形成了挑战，美国国内也分成了力图引领转型和力图保持传统的不同政治派别，但低碳发展的趋势已不能难逆转。

中国相当一段时间在应对气候变化问题上的主要做法是对外争取排放空间，对内开展“无悔”的减缓行动。这在一定时期内无疑是正确的，但是随着中国经济的发展，排放量不断增加，同时全球气温不断上升，把温升控制在比较可以接受的范围（2℃）内的空间不断缩小，全球性达峰和排放总量下降的紧迫性也迅速增强，现在已经是必须采取强化限排减排行动的紧急时刻了。低碳发展不仅是中国解决国内传统环境问题的有效途径，更是达到长期可持续发展的唯一选择。中国带头强化低碳发展的国家目标，不但是国际众望所归，也是推动国内创新发展，实现五大发展理念的重要步骤。

二、中国可以在 2025 年前提前实现温室气体排放峰值

绿色低碳发展是对传统高碳发展的革命。绿色低碳发展不仅是能源系统的一次全面革命和转型，也是社会消费模式和生产方式的创新。人类将在一个世纪之内，从现在的化石能源时代转变为零碳能源时代，其对社会经济政治文化的影响，足以和化石能源取代原来的薪柴能源革命相比拟。煤炭以及其后的石油、天然气，通过蒸汽机、内燃机、电动机的发展和普及，形成了超级繁荣的景象，但同时高强度消耗有限资源，又高度干扰地球自然系统的清洁和修复。低碳转型和低碳发展，要用非化石能源，特别是可再生能源全面取代高碳能源，必将推动一次新的社会经济政治文化革命，使人类走向和自然界更好地协调相容的发展道路。

这种创新发展，当然要对传统高碳工业化发展模式形成挑战，要加快传统消费和生产模式的新陈代谢，推动新的市场和价值革命。这种革命如果是外部强加于一个欣

欣向荣、可以长时间继续扩张的社会经济系统，必然带来巨大的冲突和矛盾，产生巨大的抵触和对抗。这其实是不少人担忧加快低碳转型是否可行的一个基本出发点。

但是，目前中国也包括全世界经济社会发展的现实，已完全不是世界工业化初期阶段的局面。高碳发展的繁荣，已经在几十年前开始与生态环境系统发生了局部冲突。这些冲突在能源由煤炭向油气转换、在终端能源利用技术的发展过程中不断得到缓解，但这仍然是能源资源高消费的物质文明发展模式，并将多数人排除在获得同等能源服务的可能性之外。而且，随着更多的发展中国家进入传统工业化行列，高碳消费本底规模也一再扩大。一方面，形成了对重要矿产资源以及包括土地、水资源等工业化基础资源的巨大压力，甚至成为地缘政治冲突的起因和热点；另一方面，人们所没有预料到的、新的大系统容量问题，即温室气体问题迅速凸显，已经极快地突破了大自然可以承受的界限。

传统化石能源基础上的工业发展模式本身也面临多方面挑战。资本主义社会贫富不均、产业虚拟化、多数人享受不到经济增长的财富效果；发达国家和发展中国家的差距不断扩大，甚至传统工业化在许多发展中国家已经不能支撑持续发展，形成“中等收入陷阱”。发展中国家，特别是人口大国在传统工业化道路上重复着消耗资源、破坏环境的模式，而过渡到油气为主的能源结构又受到油气资源制约和地缘政治冲突的双重压力。许多国家反复陷入经济危机和滞胀状态，经济发展缺乏动力，正在寻求新的增长动力和发展出路。

中国也面临上述种种矛盾的严峻挑战。中国共产党的领导力加上中国特色社会主义的社会经济发展体制，使中国突破资本的制约，在短短的几十年内使十三多亿人口迅速实现工业化，进入了中高收入国家行列。但中国传统工业化遇到增长的天花板，面临空前的环境资源生态挑战，依靠传统高碳扩张型增长，外部已经没有扩张空间，内部又越过了环境生态和资源红线。经济进入新常态，必须进行发展理念和发展动力的深刻转型。创新发展、绿色低碳发展已经成为发展的新动力、新空间。

提前实现峰值，是中国可持续发展的合理结果，不但不会阻碍中国经济社会发展，反而可以推动更好、更可持续的高质量发展。

（一）中国经济必须创新转型才能持续发展

人类温室气体排放主要来源于化石燃料的燃烧。中国温室气体的80%以上是化石能源燃烧造成的。未来中国能源将如何发展，决定了中国未来温室气体将如何排放。能源消费需求主要取决于经济增长的速度和增长的内容。能源消费增速的高低和经济增速有正相关的关系，但不是线性关系。经济增长速度很高的时候，能源消费一般增速也比较高。经济增速降低时，能源消费增速也相应下降，而且很可能下降率高于经济增速的变化率。

中国经济经过30多年的高速增长，已经进入中高速增长期，而且这种经济增速今后还将进一步放缓。2020年前中国经济增速将在6%～7%，2020年以后将下降到6%左右，2030年以后估计会进一步降低为5%左右，能源增速也将随之下降。中国能源增速不会重新反弹到过去曾经出现过的高速增长阶段了。

影响能源消费增长更为重要的因素是经济结构的变化。过去二三十年间，中国经济发展先后经历了国内基本消费品扩张、依靠国际市场拉动和国内产能扩张、国内房地产和汽车消费扩张，以及较长阶段依靠基础设施建设扩张拉动经济增长的多层次扩张型的发展阶段。

中国大多数消费品及其产能的扩张已经进入饱和阶段。中国主要原材料和制成品的产量已经达到十分惊人的数量，占全球产量的比重极大，难以继续扩大规模（见专栏1）。今后经济发展将不能继续依靠一般消费品的大规模扩张来维持。

中国改革开放以来为了引进资金、引进技术，采取了鼓励出口的经济政策，实行了高额出口退税，在一定时期内起到了发展经济，同时提高国内产品质量，改善国内消费品供应档次和水平的作用。但是长期出口退税的政策，也使生产企业以满足国外需求为第一目标，造成为国内市场生产的效益远远不如为出口生产的效益，并长期误导。相当一部分出口生产企业盲目竞争、自相“残杀”，出口价格甚至低于完全成本，仅仅依靠退税获利，同时也大幅度压低了国内产品获利水平。以出口为生产目的，以低价为主要竞争力，成为中国一个时期内经济增长的主要动力之一，也使中国许多产业成为国外市场的单纯加工工厂，使国外市场成为国内市场的引导力量，进一步增强了国外品牌和消费文化的控制力，使中国相当一部分经济成为附属经济。

资本全球化引导的生产全球化的根本动力在于资本获利的最大化。国外资本进入中国，利用中国廉价劳动力，低廉的劳动组织成本，低廉的土地和环境资源成本，使中国成为世界工厂。同时，也逐渐占据了很大一部分中国国内市场，通过品牌和核心技术、核心高附加值零部件，在中国得到了巨大利润。实际上这和当时四小龙发展模式没有实质性区别。不同的是中国巨大的劳动力资源、劳动组织资源、土地环境资源，是世界上其他国家和地区根本不可能具备的。中国进入国际制造业大军，就改变了全球制造业分布的格局，成为全球制造业的最大集中地，成为发达国家经济脱实向虚的一个重要因素。国际金融资本在发达国家脱离实体经济，加大了财富分配的不均衡。而一旦中国的巨大制造业满足了发达国家的市场需求，发达国家实现了通过中国制造得到充分供应，就可以从金融控制到国内产业充分向高端生产性服务业和高附加值核心产业的集中，再到下游销售服务环节，掌控足够份额的高收入，最终达到符合发达国家意愿的所谓最优资本配置的市场饱和。在这种价值分布的“微笑”曲线中，中国占中间低附加值端，发达国家或国际资本占高附加值两端，形成了资本全球化过程的资源和收益配置的结果和格局。产量扩张基本结束后，中国想进一步扩张出口贸易也就没有了空间，或遇市场饱和，抑或遇高端价值端高度竞争。同时，发达国家不想也不能放弃其对金融、高端服务业和高端核心制造业以及销售市场环节的控制，否则就会失去它们获利的空间。

以前许多发展中国家在达到这种所谓市场资源和价值的“优化”配置后，都进入低增长困境。许多国家在国际金融力量的摆布下，反复出现金融危机，货币大幅度贬值，资产被国际资本重新洗牌，人均 GDP 大幅度下降，陷入“中等收入陷阱”。中国以大规模扩大生产，依靠劳动力和土地环境资源低价竞争，依靠国外一般制成品市场作为国内经济增长主要动力的环境和条件已经不再。而且用国外需求引导国内需求，也不可能改变创新在外、高价值经济环节在外的局面。中国的经济发展必须创新国内需求、创新消费模式，才能真正创新技术发展，也才能在新的价值链分配中摆脱低端低附加值地位。一般消费品的数量扩张，包括高价值耐用消费品的数量扩张，都没有市场的支撑。而经济质量的提升，经济结构和增长内容的高附加值化才是中国今后经济发展的主要增长点。

专栏1　2015 年中国主要产品产量和占全球的比例

一、基础原材料产量及占比数据

1. 粗钢产量：8.04 亿吨，占世界份额的 49.6%，位列第一。

2. 水泥产量：23.59 亿吨，占世界份额的 51.3%。

3. 电解铝产量：3141 万吨，占世界份额的 56.6%。

4. 精炼铜产量；796.2 万吨，达到世界份额的 34.4%；进口量 368 万吨，消费量 985 万吨左右，约占世界份额的 43%。

5. 锌产量：615.4 万吨，占世界份额的 43.8%。

6. 煤炭产量：37.47 亿吨，占世界份额的 47%；消费量 39.65 亿吨，占世界份额的 50%。

7. 化肥产量：7431.99 万吨（2015），占世界份额的 35.4%（2014）。

8. 塑料产量：7560.7 万吨（稳居世界第一）。

9. 化纤产量：4831.71 万吨，占世界份额的 72.7%。

10. 平板玻璃产量 7.86 亿重量箱，超过世界总产量的 50%（2012）。

11. 工程机械销售总额 4182 亿元（2014），占世界总量的 43%（2012）。

12. 装备制造业产值规模突破 20 万亿元，占全球比重超过三分之一（2013）。中国成为近代以来第三个在全世界装备制造业中占据三分之一份额的国家，此前只有美国和英国曾达到或超过这一比例。

二、部分工业制成品产量及占比数据

1. 汽车产量 2450.35 万辆，占世界份额的 27.0%，世界第一。

2. 造船完工量 4184 万载重吨，占世界份额的 38.3%；新接订单 3126 万载重吨，占世界份额的 34%；手持订单 12304 万载重吨，占世界份额的 36.2%；三项指标市场份额保持世界领先。

3. 微机产量 3.14 亿台，占世界份额的 90.6%（2011）。

4. 彩电产量 1.45 亿台，占世界份额的 48.8%（2011）。

5. 家用电冰箱产量 7992.75 万台，占世界份额的 71.8%（2011）。

6. 空调产量 1.42 亿台，占世界份额的 92.1%（2011）。

7. 家用洗衣机产量 7274.5 万台，占世界份额的 64.7%（2011）。

8. 微波炉产量 7750 万台（2014），占世界份额的 75%（2011）。

9. 手机产量 18.1 亿部，占世界份额的 70.6%（2011）。

10. 金属切削机床产量 75.5 万台，占世界份额的 38%（2013）。

11. 海洋工程装备接单量占世界市场份额的 29.5%（2013）。

12. 轮胎总产量 5.65 亿条，连续十年世界产量第一，占全球的 38%。

13. 电子元件的产量已占全球的近 39% 以上（2014）。

14. 塑料管产量约为 1100 万吨，占全球的近 50%（2012）。

15. 纱产量 3538 万吨（已无其他国家数量级可比）。

16. 布产量 892.58 亿米（已无其他国家数量级可比）。

中国房地产开发规模过大。近年来，每年新竣工的建筑物面积高达 35 亿平方米以上，在建面积规模接近 100 亿平方米。各地正在建设和已经规划的城市新区总规模可以容纳 34 亿人口，远远超过中国人口发展和城市化的需要。中国住房也已经从解决住房短缺为目的，转变为人均住房总体接近欧洲、日本水平，开始进入选择性改善的阶段。多数城市出现新建住房大量积压，住房供应量明显超过需求的情况。现有住房建设规模已经难以继续维持，必将逐渐缩小。

中国基础设施建设也越过规模高潮。尽管一些基础设施还需继续完善加强，但多数领域例如高速公路、铁路、港口码头的建设规模即将明显下降。尽管在各种政策的推动下，高铁、城市轨道交通甚至公路、机场等短时期还在维持大规模建设，但是离总量饱和已很接近。多数常规基础设施建设很快将进入中低速发展时期。

上述这些建设规模已开始进入饱和甚至收缩期，使中国基础性原材料生产行业整体进入饱和阶段，其中一些重要的高能耗产品已经开始进入产量下降阶段。例如中国钢铁产量已经占全球一半左右，粗钢产量达到 8 亿多吨，而世界上仅有三个国家（美国、苏联、日本）曾经达到过 1 亿吨的产量，而且都没有超过 1.5 亿吨。中国基础原材料产业由于扩张过快过大，实际上已透支了这些产能的经济寿命周期，产能利用时间明显缩短。一旦进入产量下降期，就有可能出现正反馈而加速下降。

十几年来中国投资增速一直高于经济增长速度，使中国投资率迅速上升。2016 年，中国 GDP 为 74.4 万亿元，而固定资产投资竟然达到了 60.6 万亿元的新高峰。即使按支出法计算，中国的投资率也要在 50% 左右，远远高于其他国家目前和历史水平。用高投资率拉动经济增长，已经成为一种饮鸩止渴的痼疾。每年这么大的资金投入，造成在原有开发区利用率很低的情况下仍然想方设法上马各种新名目的开发园区；各地不顾全国性的、系统性的产能过剩，仍然在需要去产能的领域不断扩大产能投资；许多基础设施建设也不顾市场的需求，盲目扩张，超前超大建设，导致投资效率和效益不断下降。

投资率过高，使国民收入失衡，使资本收益远远高于劳动工资收益。结果是一方面抑制了消费的增长，加剧产能过剩程度；另一方面也造成了财富向少数领域和少数人畸形集中，加大贫富差距。

投资率过高也是造成普遍产能过剩的重要原因，而产能普遍过剩又使工业等实体经济在盲目竞争中不断出让生产者盈余，降低制造业等实体经济的平均利润率。中国制造业平均利润率还不到 6%，不得不用自己应得利润补贴银行利润，造成中国金融业利润占据企事业利润巨大比例的失衡现象。制造业利润过低，一方面产生压低工资性收入（包括各种劳动保险金）的压力；另一方面使许多企业没有足够的积累用于研发和战略性投资，只能重复简单再生产。这也造成中国许多制造企业长期摆脱不了低端打工的地位。

中国经济进入新常态，从市场需求约束和增长动力不足两方面说明了前一个阶段的经济增长模式已经进入尾声，大规模产能扩张、基础设施建设、出口拉动和加大投资比例等这些原来曾经起过巨大作用的经济增长动力，已经不能继续支持中国的经济增长。传统经济刺激政策已经难以奏效，传统经济增长动力不足，已不是市场波动或短时危机性调整可以解决的。中国经济已经到了重大转折关头，必须创新需求动力、创新驱动模式。

中央提出创新、协调、绿色、开放、共享五大发展新理念，为中国经济、社会、政治、文化发展指明了方向。单纯的 GDP 扩张不是中国发展经济的目的，经济增长必须和其他社会目标充分协调起来，不能再以环境资源的过度投入和破坏作为经济增长的代价。只有通过全面创新，开创新的中国特色社会主义发展模式，才能跳出“中低收入陷阱”的魔咒，才能继续高质量的发展。

目前创新已经成为引领中国经济社会全面发展的理念。我们不但要向科学技术要生产力，还需要进行政治经济学理论的创新。中国的创新，绝不是照搬西方经济学的一些时髦概念，而是要从社会经济发展为不断满足广大人民群众对美好生活的需求出发，探索更好为广大人民群众带来更大利益的理论和实践创新。中国现在人均 GDP 只有 8000 美元，而发达国家已经到了 4 万 ~5 万美元的水平。我们要在 2035 年基本实现现代化，成为中等发达国家，人均 GDP 应该达到 2 万 ~3 万美元甚至更高的水平，经济总量要再翻两番左右。现在国际经济关系在很大程度上体现了发达国家利用其资本优势、科技优势和长期形成的产业和市场优势，控制价值分配比例，造成发达国家和发展中国家之间巨大劳动力价格差距，甚至是资本收益差距。用现在市场上劳务和商品价格及价值体系完成中国经济总量再翻两番的任务基本上是不可能的，特别是不可能依靠现有结构进行数量扩张来实现。经济总量的扩张，不能建立在土地和自然资源继续大量投入基础上，中国许多地方、许多领域已经越过环境容量红线，矿物资源已经大量依靠进口。例如，铁矿石年进口 10 亿吨以上，石油已经成为世界最大进口国，大豆进口超过 8000 万吨等。经济总量的翻番，也不可能依靠劳动强度的提高，甚至不能依靠劳动力就业数量的增加，而必须建立在中国单位劳动投入价值量增加的基础之上。只有单位劳动价值量大幅度提高，才能从根本上解决经济总量增长的问题，才能防止价值量向土地、房产等进一步集中，才能防止资本增值虚拟化，从根本上解决资本增长和大众实际收入脱钩的问题。

总而言之，中国今后的经济社会发展，必须开拓出一条新路，有新的价值创造机制，使价值创造逐渐回归到劳动价值上来。如何在中国特色社会主义市场经济条件下，在开放型经济条件下，实现这种创新转轨，是中国必须解决的根本问题。五大发展理念为创新探索指明了方向。如何实现这些发展目标，实现创新发展，仍然是重大的社会课题。

绿色低碳发展不仅是经济发展的新动力，而且是发展质量和社会共享的重要保障。绿色低碳发展可以为经济发展提供新的商品和劳务需求，也是中国从发达国家控制商品和劳务定价权的约束下解脱出来的重大机遇。

对中国今后的经济结构变化要有充分的认识，不变化、不创新就没有持续发展。中国的经济发展将在发展模式、发展内容、发展动力方面出现巨大变化，经济总量的提高必须与环境改善、资源投入强度大幅度下降紧密挂钩，这个前景是中国提前实现碳排放峰值的基础条件和重大机遇。

（二）中国能源消费将进入长期低速增长阶段

改革开放以来，中国能源消费总体上处于快速发展阶段，特别是 2002 年到 2012 年，能源消费平均年增 8%，年均增长 2 亿吨标煤以上，而且主要是依靠煤炭来支撑的。2013 年以来，中国能源消费增速明显下降，2015 年低于 1%，2016 年也仅有 1.4%。各方预测，2017 年能源消费增速可能仍然在 2% 左右。这种低速增长将是一个长期趋势。

中国最大的能源消费部门是工业。工业曾经占中国终端能源消费的 70% 以上，现在仍然占65%左右。而工业中的高耗能原材料行业又占据了工业能耗的75%左右。高耗能行业的扩张曾经是中国能源消费增长的最大动力。而近年来能源消费增速的迅速下降也是由于高耗能行业增速大幅度下降甚至出现负增长的结果。

基于对各部门、行业今后可能的发展前景分析，中国高耗能行业已整体进入饱和期，其中钢铁、水泥等主要行业已经越过峰值，今后将不可避免地进入产量下降期。其能源消耗总量不但难以继续增长，而且还将随着产量下降和技术进步而不断降低。

工业部门能源消费总量也整体进入饱和期，“十三五”期间工业能耗很可能整体达峰。这是中国能源消费整体进入低速增长期的最重要的因素。

近年来，居民生活和第三产业的电力消费增速较高，今后也可能保持一定增速。一方面是因为经济发展提高了居民生活能源服务的水平和质量；另一方面也是随着城市化发展，以及治理环境污染采取的能源替代措施，加快了居民生活用能的优质化进程。用电量增加是因为电力在终端用能的比例有所提高，替代了煤炭等一次能源在居民生活和第三产业中的消费。但总体来看，居民生活和第三产业的一次能源消费增速并没有明显加快。

（三）未来能源消费总量将明显低于原有预期

采用外推式或比对式的预测方法，往往难以反映经济结构和增长内容较大变化条件下的未来情况，包括能源需求量。各种预测方法都有其局限性，需要经常根据新的情况和新的认识进行再预测与再调整。多数预测用一种所谓BAU（趋势照常方案），即按现有模式外推，作为预测的基准方案，然后再考虑一些政策变化和不能确定的因素变化，得出所谓的政策方案等。这是一种有用的模型分析方法，对比较不同政策或外部条件对预测结果的影响很有好处。但是时间长了，许多人反而把所谓的BAU方案（或基准方案），当作最大可能方案，错误地认为BAU或基准方案就是最应该发生，甚至是最优方案，导致了许多政策性失误。

在中国的能源消费预测中，这种BAU方案思想就成为高估未来能源需求的重要原因。BAU和多数基准方案，往往对未来的变化估计不足，甚至没有认真去分析未来会出现哪些重要的变化。在相关规划制定中，就会留有充分余地，为超额完成预定目标留空间以显示工作成绩，成为制定一些定量目标的重要判据。这也使得某些规划目标失去了应有的引导作用，仅仅成为保底的落后指标。

不同的预测往往包含了对发展目标的不同取向。如果重点放在为行业部门争取更多的投资或扩张份额，则预测往往容易选择增速高一些、增量大一些的结果。如果更多地考虑需要变化的因素，更多地考虑政策引导可以发挥的作用，则预测和政策目标就可以选择需要经过努力、克服一定困难才能实现的结果。

中国中长期能源预测存在不同的预期甚至是利益选择。从能源生产部门的角度看，未来需求高一些，上项目、争投资的空间就大一些，因此多数能源行业一般愿意考虑宽松的需求预测结果。各地规划部门也往往选择高增长方案，以利于为本地区争取更多的项目和投资空间。“十三五”规划的能源控制目标就反映了在能源需求预测和政策目标选择上的这些倾向。中国确定实现碳排放峰值时间时，这些能源需求预测方案对其有重要的影响。

实际上，中国也有不少能源需求预测分析，更多地考虑了终端需求将要出现的变化，更积极地考虑了经过努力我们可以在能源效率和能源结构调整中取得的进展。这些预测结果一致认为，中国完全可以用相对低得多的能源消费，支撑中国正常的经济增长，满足合理的能源需求，取得更好的生态文明建设效果。

从近几年能源消费领域实际发生的变化看，我们可以更有信心、更有根据地得出结论，即“十三五”中国能源消费总量将明显低于50亿吨标准煤，比较乐观的预测认为2020年中国能源消费总量将不会超过47亿吨标煤。一直到2050年，中国能源消费都可能控制在55亿吨标准煤之内。

这种能源长时间低速增长和较低总量的实现，给中国提前实现碳排放峰值提供了非常充分的可能性。

（四）非化石能源的发展可以基本满足新增能源消费增长

经过一二十年的努力，中国低碳能源供应能力的发展已经取得了巨大进展。

中国水力发电的技术和工程能力已经达到世界先进水平，一系列超大型、高难度、创纪录的水电工程在中国高速度、高质量地发展起来。中国今后还有近2亿千瓦的水电资源可以开发。只要规划得当，每年平均增加1000万千瓦水电装机容量是完全可以实现的。

中国核电已经进入大规模发展阶段。现在中国已成为先进核电技术集中示范和建设的引领国家，技术安全和管理能力已经比几十年前发达国家大规模扩张核电时提高了很多。中国可以做到每年新增1000万千瓦核电，并有可靠的设计、制造、建设、安装和运行能力。

中国已经成为世界风力发电、太阳能发电装机总规模最大、年新增装机规模最多的国家。每年新增风电、太阳能装机都可以达到3000万千瓦以上，而每年增加2000万千瓦是完全有保障的。

这些非化石能源每年新增的电力如果折合成一次发电能源，将达到5400万吨标准煤以上。完全可以满足中国今后长时间内能源消费需求的增长，还可以替代一部分化石燃料。

此外，中国天然气产量也有较大提升空间，由于天然气使用综合效率比直接燃煤可以高30%以上，而且天然气是化石能源中碳强度最低的，天然气的使用将大量替代煤炭，可以明显降低化石能源的碳排放总量。

（五）煤炭消费总量下降为提前实现峰值提供了重要条件

能源结构向绿色低碳方面转变，是中国温室气体限排减排的重要途径。过去在能源消费高速增长阶段，中国能源供应一年要增加近 2 亿吨标准煤，煤炭成为可以在短时间内大量增加供应的主力能源。煤炭消费在十几年里增加到了 40 亿吨以上，占中国一次能源的比例曾经高达 70%。煤炭消费比重过高不仅是中国温室气体排放高的主要原因，更是多种传统污染和环境生态破坏的主要原因。世界各国治理大气污染的经验表明，要使空气质量达到比较理想的水平，首先要大幅度减少煤炭的消费数量。不但要基本消除民用散烧煤炭，一般的工业锅炉窑炉也要实现低煤或无煤化，同时还要限制电厂的燃煤总量。

中国不同地区的能源结构变化也和大气雾霾变化正相关。珠三角地区是最早引进核电、天然气和大规模输入水电的地区，现在是中国主要经济区里煤炭消费比例和总量最低的地区，也是空气质量相对最好的地区。而华北地区由于煤炭消费量最集中，也成为雾霾最严重的地区。雾霾形成的原因复杂，是多种一次污染源共同作用的结果，需要综合治理。但国际国内的实践说明，减少煤炭消费总量，特别是减少工业和民用散煤消费，是最基本的治理措施。

中国人口密度大，又集中于国土中东部，超大城市、大城市群集中，而且基本上都是以工业城市为主，能源消费密度高，更需要优化能源结构，才能逐步减少大气雾霾。现在中国大气污染程度十分严重，雾霾集中出现时，比较严重的地区面积超过 150 万平方公里，甚至可能进一步覆盖所有主要城市群。要想真正达到联合国环境署建议的清洁空气标准还要经过长时间的努力。能源结构清洁化，就要长期减少煤炭消费总量。为了治理大气污染，各地已经开始严格限制煤炭消费，并采取坚决措施，减少煤炭总量，这将是一个长期趋势。

在经济增速放缓、能源结构调整和治理大气污染的多重作用下，中国煤炭从 2014 年起已经连续 3 年总量下降，且下降幅度呈扩大趋势。煤炭消费总量下降，对中国温室气体排放有明显减排效果。从各种一次能源表观消费量的变化推算，中国温室气体排放总量从 2014 年起已经出现持平和有所下降。从各地限煤控煤的趋势看，中国煤炭消费总量已经越过峰值，今后将维持继续下降趋势。煤炭消费下降的碳减排效果，可以抵消天然气和石油消费增加的碳排放，中国温室气体排放早日达峰的条件将越来越有利。

（六）现有低碳技术已经可以支撑低碳转型

低碳能源供应和消费技术已经得到很好的发展和广泛的应用，可以从能源供应和能源消费两方面支撑加快低碳转型，推动提前实现碳排放峰值。非化石能源供应技术已经全面进入商业化规模发展阶段。在全世界范围内，各种可再生能源在过去十年内的发展速度远远高于传统的化石能源。配合可再生能源发展形成的高比例应用系列技术，例如分布式能源和电力应用技术、各种储能和智能电网技术等也都在加快发展。在欧洲一些国家，可再生能源已经成为重要的电力供应来源，在总供电量中已达到30%左右，且比例还在加大。非化石能源的单位成本也在迅速下降，乐观地估计，在不远的将来（例如2025年前），风电甚至光伏发电将可以和传统火电进行成本竞争。当然要满足电网的稳定运行，在储能和系统调节方面还需要继续努力。

各种节能和提高能源利用效率的技术也在不断发展。一些传统技术也包括其中，例如煤电最新的示范项目就要实现250克标准煤/千瓦时的新纪录，把发电效率一下子提高了近7个百分点。工业节能向系统优化方面发展，极大地扩展了节能潜力的空间。

在交通运输领域，从合理空间规划减少无效运输需求，到轨道、公交优先，再到恢复合理慢行和共享自行车等，都在各地广泛得到推广。汽车等运输工具的清洁化进展迅速，从技术发展看，2025—2030年，清洁燃料汽车很可能占据主要的汽车销售市场，成为主流汽车技术。通讯和数据处理能力的发展，又为汽车自动驾驶和共享创造了条件。自动驾驶汽车一旦进入市场，将极大地推动运输的最优化和高效低碳化，还可以成为储能系统的重要组成部分，进一步推动可再生能源电力的发展。

建筑领域的节能和低碳技术示范已经遍地开花，成果累累。迄今为止，供热是最大的建筑物用能需求。超低能耗建筑可以从根本上结束建筑物对外部供热系统的需求，也可以大幅度降低制冷需求。半导体照明等绿色照明技术的不断发展，使同等效果的照明用电下降了80%，也成为显示器技术进步的重要基础，极大地降低了家用和办公显示设备的能耗。太阳能热水和光伏发电已经和低碳绿色建筑的建设结合起来，现有的技术可以使建筑物能耗比目前平均水平降低60%以上。

所有这些技术都已经在中国有所应用，有的技术中国已经达到国际先进水平。提前实现碳排放峰值，加快低碳转型的技术准备已经十分充分。

（七）中国可以在2025年前实现排放峰值

中国已经建立起比较完善的节能政策管理体系，也建立起包括核电在内大规模发展非化石能源的工业和运行体系。中国完全可以做到超额和提前完成“十三五”规划的单位GDP能耗下降和单位GDP二氧化碳排放下降目标。我们预计，2020年中国能源强度可以比2005年下降约50%，甚至更多。

经过对经济和能源发展的系统分析，我们对以下发展趋势具有充分信心：中国经济将实现创新发展，经济结构将持续调整，高耗能产业整体进入饱和及产量下降阶段，工业用能占终端能源消费的比例将进一步下降，煤炭消费总量将保持持续下降趋势，能源消费总量的增速将长期较低。非化石能源可以满足中国能源增长的需求，能源和碳强度将持续降低。中国可以在2025年以前，甚至在2022年左右，实现二氧化碳排放达峰。提前达峰是中国实现五大发展理念、调整经济结构、治理环境污染、开拓发展增长新动力的正常结果。提前达峰所需的各方面措施基本上是多赢性质的。然而，达峰后大幅度降低碳排放还需进一步明确控制目标，以严格的碳排放绝对量的下降作为重要发展指标，建立有效的强制性和经济性控制和引导体系，及时采取强有力的政策措施，快速降低碳排放总量。这将是一个巨大的挑战，需要在政治、经济、文化等多方面做好充分的准备。

三、提前实现碳排放峰值需要认真推动绿色低碳转型

在2025年前实现碳排放峰值与当前中国实践五大发展理念、进行供应侧结构性改革、促进经济结构调整、加快治理大气雾霾，以及确保2020年全面实现小康等各方面目标是完全一致、相互促进的。实现这个阶段中国经济社会发展的各方面预期目标，就必然要推进绿色低碳转型发展。提前实现碳排放峰值，加强应对气候变化的各种措施，仍然是属于双赢和无悔的选择范围，并且可以进一步促进中国经济社会可持续快速发展。达到峰值只是阶段目标，我们还必须为达峰后尽快实现排放总量下降做好准备。

实现绿色低碳发展，尽管是中国发展的必由之路，但也要克服许多困难。经济转型必然要改变以往的发展模式，调整发展路径也会遇到阻力。被动的转变，甚至是危机式被迫转变，往往有更多的冲突和更大的代价。及时形成共识，主动顺应转变，加快转变步伐，实际上是代价最少、效益最高的。做到引领时代潮流，创新前进，就可以提高国民经济的竞争力，加快中国成为发达国家的步伐。

中国目前经济社会发展中不可持续的倾向和做法仍然广为存在，需要尽快纠正，避免进一步的失误。治理环境污染，进行生态文明建设，有大量工作需要我们认真去做。许多绿色低碳发展的新鲜事物，仍然属于初始发展阶段，需要政策支持扶持。要顺利实现提前达峰，避免重大失误，还需要有针对性地提出加快低碳转型的政策选择清单，特别是需要坚决避免的负面清单。由于绿色低碳发展牵涉的领域广泛，不同层次的相关政策众多，本课题研究的各个报告中，已经总结了更多的具体领域的政策清单。下面只列出了少数最有针对性、可实践的、有全局影响的政策清单。

（一）要全面落实五大发展理念，改变唯GDP的倾向

GDP本质上反映了资本增值的数量，是市场经济条件下统计经济活动总量的重要指标。我们所说的全面发展是包括经济、社会、文化、政治、军事、外交、生态等多个方面的内容，其中许多发展内容是不能用商品和劳务交换多寡来衡量的。即使在西方市场经济国家，环境外部性也难以用资本增值衡量，因而产生市场失效的难题。由

于价格、价值和分配体系的不合理与不完善，许多人民关注的民生问题，也不能以推高 GDP 来解决。从中国发展实践来看，过去一个阶段我们对 GDP 强调过多，而对全面发展的其他方面关注不足，已经成为阻碍中国实现全面协调可持续发展的重要问题。实现绿色低碳发展，就要更多地把发展注意力转移到关系国计民生的具体问题上来，要把广大人民最关心的事情和大多数人民生活最相关的事情做好。GDP 应该是有效经济活动的结果，而不是发展的目的。特别是要改变各地盲目比拼 GDP，各级政府对 GDP 层层加码，因而盲目上项目，扩大无效投资，甚至有的投资明明知道有悖于可持续发展，为了拉高 GDP 也要硬上的偏向。

（二）要推行绿色低碳城市化发展，停止盲目扩大各种开发区

城市化是中国发展的重要内容，也是中国能否改变传统高碳发展模式的关键因素之一。国际上已经充分认识到城市发展低碳化的重要性。在空间布局规划、建筑物绿色低碳化、交通系统优化和低碳发展、供热制冷系统优化等方面做了大量探索，已经有了很好的实践案例。我们需要认真系统借鉴，根据中国具体情况再创新发展。

要认真反思认为城市越大 GDP 越大，可以创造大量所谓消费需求的理论认识。许多大城市产生的是更长的上班通行距离、更远离居住区的集中商业中心和超市采购、对汽车交通过分依赖等并不宜居的消费内容。在这种理论引导下，地方政府盲目追求扩大城市规模，把社会资源高度集中在省会和部分中心城市，一味打造超大城市，这已经成为一种潮流。中国是人均可用土地资源十分短缺的国家，但多数城市为了扩大规模，用各种名义，包括用最好听的名称，盲目发展新的产业和开发园区。现在各地已经规划或正在建设的城市规模已经足以容纳 34 亿人，完全超出实际需求，造成巨大的自然资源和资金浪费。应该紧急叫停这种盲目扩城运动。

（三）要降低投资率，减少无效投资

中国投资率过高、投资效率明显下降。以高投资维持 GDP 即期增量，是造成大量低效无效投资的主要原因。因为投资过剩，许多明明没有未来市场需求的高碳投资项目也成为完成投资任务的选择。

投资率过高、固定资产投资偏重大型工程项目，推高了高能耗原材料和土地资源消耗，不利于绿色低碳转型。过度超前的工业和基础设施建设，往往又造成传统技术锁定，占据了新材料、新技术的市场应用空间，推迟了技术转型的步伐。例如，燃煤火电大量超前建设，发挥不了应有的效果，而正在示范发展的新一代高效煤电技术，虽然能效可以提高 15% 以上，但今后将很难得到煤电的市场空间。

引进外资要为我所用。从投资总量看，外资已经不再是重要因素，也不是提高中国投资质量水平的决定因素。中国已经到了必须提高引进资金质量水平，有选择地引

进资金的发展阶段。防止为引进而引进，低价出让土地和市场，出让国内市场份额的盲目引进外资。

调整国民收入分配比例，有目的地扩大消费分配，更多地提高工资性收入，可以有效改善财富过度向资本、向少数人集中的偏向，更好地体现共享的发展原则。同时也可以提高大众消费能力，为经济发展提供市场动力。

（四）要发展绿色低碳建筑，控制住房总建设规模

建筑用能和碳排放占比大。在多数发达国家，建筑物用能占全部能源消费的40%左右，建筑物必须强化绿色低碳发展。中国现在各地建筑节能标准差距大，多数地方采用的标准比国内先进地区采用的标准能耗高一倍，比国际先进的标准高1.5倍。而现有建筑材料和建设技术完全可以满足超低能耗和绿色建筑的高标准要求。应该尽快在全国范围内提高建筑物能效标准，向先进标准看齐。

中国现在每年新建建筑面积过多，人均住房面积将很快超过多数发达国家。这种发展趋势不符合中国人均土地和自然资源占有量偏低的国情。建筑材料所含能源消耗和碳排放高，2005—2012年中国碳排放量增长了28亿吨二氧化碳，其中51%来源于建造领域，19%来源于建筑运行领域。要降低建筑物建设规模，合理引导住房适度面积，尽快落实“房子是用来住的，不是用来炒”的重要原则。要尽快制止依靠房地产维持GDP的盲目建房发展，要杜绝大拆大建，浪费资源。

（五）要降低对外需的依赖程度，限制高耗能产品出口

中国的经济发展，根本目的是提高本国人民的物质和精神文化消费水平。今后的经济发展也必然要依靠国内消费的不断扩大和质量提高。工资低、土地环境成本低，不是真正的比较优势，而是长远发展竞争力的劣势。要把提高出口产品附加值率作为发展外贸出口的基本方向，调整出口结构。

中国环境资源利用强度过高，许多地方已经突破环境容量红线，高能耗产品产量过多是重要原因。不能因为产能过剩，就放任鼓励高能耗产品出口。现在中国已成为钢铁和有色金属出口大国，钢铁近年来出口超1亿吨，相当于世界第二大钢铁生产国的总产量。而国内却面临雾霾日益严重，治理雾霾付出重大成本代价的严峻局面。应该坚决取消对高能耗产品的出口退税优惠，并考虑必要的限制出口政策。

（六）要调整能源强度和碳排放强度目标，防止盲目刺激能源消费

制定能源强度和碳排放强度下降目标以及能源消费总量控制目标，目的是促进节能，提高资源利用效率，推动环境保护，促进技术创新和开拓新的发展动力。能源和碳排放强度以及能源总量目标应该相对从紧，才能起到必要的约束和推动作用。“十三

五”规划的相关目标，由于种种原因，现在已经明显宽松，起不到应有的作用，反而使相关工作显得无足轻重，可以轻易“坐车”达标。

规划目标制定有偏差，就应该及时调整。一是要根据年度具体情况，提出从紧的年度强度下降目标，不能根据已经过于宽松的五年规划目标平均到每年。二是抓紧开展规划目标合理性的评估分析，取得共识，及时调整五年规划目标。地方政府的目标更应根据本地情况进行合理调整，以促进节能和减排工作，推动资源节约型、环境友好型社会建设。

由于规划能源消费目标过高，多数能源部门出现产能过剩。一些主管部门和地方政府把能源工作重点，放到给能源富裕产能找出路，甚至鼓励多用能，鼓励高能耗产业。这是一种只顾短缺利益、放弃长远发展战略的做法，应该尽快纠正。要看到中国环境资源约束将长期偏紧，低碳发展压力巨大，环境生态恢复刚刚起步，达到高水平环境质量还任重道远。节能减排不但不能松劲，还要长期坚持加压，才能逐步赶上国际潮流，实现可持续发展。

（七）要进一步加快非化石能源发展，防止因产能过剩保护和刺激煤炭消费

现在各地弃风弃水弃光弃核，以保障煤电过剩产能生存的现象突出。而且煤电仍然在大规模建设，“十三五”把煤电限制在11亿千瓦装机的目标都不容易实现。这说明中国能源发展规划管理能力完全不能适应形势的变化发展。在煤炭和煤电投资过多、产能明显过剩的情况下，要坚持抓住机会调整能源结构，充分利用能源消费增量低，清洁能源可以较快替代煤炭的机会，使中国能源加快绿色低碳转型的步伐。

应该坚决停建缓建所有煤电项目，才能从根本上扭转局面。否则难以解决煤电和其他清洁能源争市场的矛盾。在煤电产能已经过剩的情况下，任何新建煤电项目投产，都只能进一步减少已有电厂的发电效益，降低整个电力系统的效率和效益。新投入煤电厂进一步降低了已有电力产能设备的利用率，抬高了所有电厂的实际煤耗。同时把原有电厂的应得利润转移为新电厂的投资利息，降低了整个电力系统的盈利水平。

今后中国能源转型，将从增量调整提前进入存量调整阶段。限制和减少碳排放的长期目标将推动非化石能源以及天然气对煤炭的不断替代。用降低非化石能源发展速度来维护煤电过度投资的失误，是中国能源管理失误和政策摇摆的表现。必须加强能源投资的系统优化，避免进一步的投资盲目性，避免劣币淘汰良币。坚持能源革命方向，加快能源转型，需要能源管理体制的尽快改革和治理能力的提高。

各种煤基加工和利用技术路线，如果不能解决碳排放问题，都将面临长期的提前淘汰的巨大风险。国家和地方政府以及能源企业要充分认识到这种风险，避免盲目决策。

（八）要制定更为积极的绿色低碳发展目标，改变高碳发展必要的落后理念

中国正在走向世界的中心，正在开始创新发展，用中国特色社会主义理论指导全

面协调可持续发展，不断带来人民共享的发展成果，进一步引领世界发展的方向。积极应对气候变化威胁，加快绿色低碳转型，才能顺应发展潮流，实现可持续发展。中国需要根据发展的变化，不断提出更为积极的绿色低碳发展目标，才能从传统的先污染后治理发展模式中解脱出来。中国是否可以尽快解决传统环境污染问题，已经成为重大政治问题，全世界都在观望。中国是否可以引领新的发展潮流，推动世界共同实现可持续发展，特别是应对气候变化威胁，也是对我们的一个重大考验。

在生态文明建设这个重要发展领域内，我们要用创新的理念，重新认识低碳转型不是制约发展，而是更高质量的发展，是实现人类发展和地球自然系统更加协调、国家能源系统更加安全可靠的一种发展战略。

我们需要及时提高认识水平，调整可以争取达到的低碳发展目标，促进中国绿色低碳发展。提前实现碳排放峰值，就是生态文明发展理念的重要体现。

第一章

尽早（2025年）实现峰值的可行性及路径研究——经济转型与实现峰值

田智宇　周大地　郁　聪

引 言

经过三十多年的高速增长，中国经济发展进入长期趋势性放缓阶段。受“人口红利”消退、投资边际收益递减、外需增长乏力等因素影响，中国潜在经济增长速度由过去的10%左右下降到6%~7%，今后还将进一步放缓。经济增速持续下降，与短时期内国内外需求低迷有关，但主要源于中国经济社会发展步入新阶段，支撑经济发展的人力资源、自然资源以及制度安排和政策环境等要素发生根本性变化，是由经济客观发展规律决定的。中国劳动年龄人口2012年已经达到峰值，面临“未富先老”的压力，今后扩大劳动力数量、增加劳动强度或延长劳动时间都没有空间。全社会资本边际效率锐减，增量资本产出率（ICOR）在过去十年提高了一倍，依靠扩大投资对经济增长的拉动作用不断下降。如果继续人为刺激经济高速增长，将进一步透支未来发展潜力，面临“中等收入陷阱”风险。

从经济增长内容看，中国不需要也不能继续高碳扩张发展。中国工业化长期超前发展，已经整体进入中后期发展阶段。高耗能行业产能严重过剩，尽管数十年来持续淘汰落后产能，但总的产能规模仍在不断增长。物质消费积累方面，中国人均钢铁、水泥等累积消费量已经超过美国水平，许多高耗能行业将长期进入去产能、减量化发展阶段。城市化进程开始趋缓，已有城市建成规模和人口消纳能力远远超过实际需求，布局优化、质量升级成为今后发展的重点。房地产建设高峰阶段已过，“泡沫化”带来发展状况不均衡、土地财政矛盾突出、价格大幅攀升、投资和投机风气盛行等诸多问题，并且抑制了内需增长，加剧了社会贫富差距。中国房地产发展将由总量不足阶段进入饱和阶段，优化布局、合理分配应是下一步发展的主要方向。铁路、公路、港口等基础设施建设总体趋于饱和，部分地区已经出现过度超前和过剩现象。许多基础设施建设尽管规划目标宏大，但面临有效需求不足、利用效率不高、建设成本上涨等诸多制约，今后增量空间比较有限。

在全球绿色低碳转型背景下，中国高碳发展面临巨大市场风险。全球经济正处在深刻变革中，发达国家依靠低利率维持经济增长，压低了普通劳动者的收入增长，造成经济增长日益金融化、虚拟化，广大发展中国家过度依靠发达国家市场需求，在全球产业分工和价值分配中长期处于低端地位。中国已经是全球第一货物出口大国，继续扩大出口规模已经难以为继。同时，欧盟等发达国家和地区把绿色低碳作为重要着力点，正在形成新的国际竞争优势。中国以高耗能行业为代表的制造业已经面临投资效益不高问题，今后还将长期维持经济产出低速增长趋势，甚至出现负增长。煤炭、煤电、煤化工以及石油炼化的产能过剩和冗余投资已经很严重，相应的电网建设、交通基础设施建设也面临过剩风险，未来可能出现大量“僵尸企业”现象。在这种背景下，继续高碳发展道路，不仅造成大量社会资源浪费，未来还面临巨大的沉没损失风险。

中国需要反思现有发展理论和模式的局限性，创新经济发展理论和道路。追求GDP高速增长的发展模式，实质上以资本增值为主要目的，造成资本增值和实体经济脱节、经济增长和劳动力收入逐步脱节，这是包括发达国家在内全世界发展面临的突出矛盾。中国现阶段高投资增长主要呈现债务驱动特征，造成经济增长过快“脱实入虚”，并且进一步恶化劳动资本收入分配，甚至有可能导致金融危机和社会动荡。目前，中国实体经济债务水平已经高于美国等发达国家水平，远高于印度等发展中国家水平，每年需付出的融资成本代价甚至高于GDP的增量。金融领域的非正常扩张和产业领域的盲目投资互为因果，以借新债还旧债的方式积累了大量低效无效产能，制约了消费水平和人力资本的提升。中国必须通过改善收入分配结构，稳步提高劳动报酬占GDP的比重，推动经济增长主要依靠内需和满足合理内需发展。特别是，要扭转中国城乡居民在全社会财富中分配比例的下降趋势，调整优化国民收入分配结构，加大对一般劳动者的收入分配倾斜，不断缩小贫富差距。这既是经济社会可持续发展的前提，更是真正使经济增长回归本来目的，使人民群众共享发展成果。

树立经济增长回归劳动价值、回归人民的理念，提升包括人力资本、环境资本在内的全社会财富。以GDP作为经济社会发展评价指标，片面侧重物质财富增长，忽视了以人为本的全面发展，也没有反映环境、生态的改善，以及平等、公平、安全等非物质需求。中国很多地区人均GDP已经超过1万美元，应该全面落实习近平主席提出的“不以GDP论英雄”的要求，把经济发展、民生改善、环境质量等纳入经济社会发展目标体系。在进一步深化改革、合理配置政府和市场资源过程中，要把回归劳动价值、回归人民作为主要目标导向。应该认识到，即使在经济增速有所放缓的情况下，切实改善教育、医疗、环境等公共服务，国民福利的改善程度可能更大；实现环境质量明显改善、温室气体大幅减排，实际上也是增加了全社会财富。在探索回归劳动价值、回归人民的发展内容方面，中国在产品创新、服务创新、技术创新、市场创新等方面还有很大发展潜力。通过认真实践中国特色社会主义道路，不断积累实现共同富裕的发展经验，对广大发展中国家实现现代化也有重要的借鉴意义。

经济增长是驱动能源需求和二氧化碳排放增长的主要因素。改革开放以来，中国依靠较低的劳动力成本优势，通过不断扩大投资和出口，充分发挥人口红利、转型红利和全球化红利，经济增长取得了举世瞩目的成就，成为世界第二大经济体。1978—2015年，中国GDP增长了29.3倍，年均增速高达9.7%，是同期全球平均增速的1.6倍。在经济高速增长推动下，中国能源需求和二氧化碳排放也快速增长，1978—2015年，中国一次能源需求增长了6.5倍，年均增速高达5.6%，是同期全球平均增速的

2.9倍，成为世界第一能源消费大国和二氧化碳排放国。

在经济高速发展过程中，中国能源利用效率和能源生产力持续提升，但与发达国家相比，仍然没有彻底摆脱高碳发展道路。目前，按照市场汇率计算，中国产出单位国内生产总值的能源投入是世界平均水平的2倍左右，是日本、欧洲等发达国家的3倍~5倍。中国前一阶段经济增长付出了巨大的资源环境代价，各种环境污染问题均十分突出，许多地方已经超过了生态环境可承受容量。同时，贫富差距问题日渐突出。这种扩张式增长带来的不平衡、不协调、不可持续矛盾长期积累，已经到了必须转型的时候。

在经济新常态背景下，继续依靠人为压低劳动力和资源环境成本的传统发展方式已经难以为继，中国已经完全没有继续高碳增长的可能性。今后一段时期，中国不仅需要加快转变发展方式，探索低碳高效的新型工业化、城市化发展道路，同时，更要对传统的片面追求GDP和投资扩张的经济发展理念深入反思，把切实增进人民福祉、增加包括人力资本、环境资本等在内的全社会财富作为经济发展的出发点和落脚点，这是中国经济转型发展的内在要求，也是践行中国特色社会主义对全人类可持续发展的重大贡献。

一、中国经济增速进入长期趋势性放缓阶段

经济增长的实质是一国或地区潜在生产能力的增加，是生产可能性的外移。但受要素边际报酬递减、资源约束、技术条件等因素影响，经济增长并不是无限的。从发达国家历史看，日本、韩国等在经历二三十年经济高速增长之后，都曾出现过经济增速的“台阶式”下降。中国经过三十多年的快速发展，传统推动经济高速增长的内部和外部条件发生重大变化，国内经济发展进入增速放缓、方式转变的深度调整阶段。多项研究表明，[①] 中国潜在经济增长速度已经由过去的10%左右逐步下降到7%左右，2020年可能进一步下降到5%~6%。与以往经济周期性放缓不同，新形势下中国经济开始进入长期趋势性放缓阶段。

（一）“十二五”以来经济增速出现明显放缓

2000年以来，伴随住房商品化改革和加入世界贸易组织，中国经济步入高速增长阶段，2007年GDP增速高达14.2%，远远超过当时潜在经济增速水平。2008年开始，受全球金融危机冲击影响，中国经济增速明显下滑，虽然在4万亿经济刺激政策推动下，2009—2010年经济增长有所反弹，但经济增速持续下降的趋势没有改变，2015年，中国年均经济增速仅6.9%，不足2007年最高增速水平的一半。

① 说明：世界银行（2011）年预计中国2011—2015年潜在经济增速为8.6%，2016—2020年为7%，2021—2025年为5.9%，2026—2030年为5%。亚洲开发银行（2010）预计中国2011—2020年潜在经济增速为7%，2021—2030年潜在经济增速为6.23%。巴克莱资本（2012）预计中国2011—2020年潜在经济增速为8%，2021—2030年潜在经济增速为6%。

中国经济增速持续下降，这与后金融危机时代全球经济普遍低迷有关，但主要源于中国经济社会发展步入新阶段，支撑经济发展的人力资源、自然资源以及制度安排和经济政策等要素发生根本性变化，是经济客观发展规律决定的。“十二五”时期，中国增长速度换挡期、结构调整阵痛期、前期刺激政策消化期的“三期叠加”效应更加明显。从实际 GDP 季度增速变化情况看，中国经济增速已经由 2010 年一季度最高的 11.9% 稳步下降到 2015 年四季度的 6.8%，增速下降幅度达 43%（见图 1－1）。

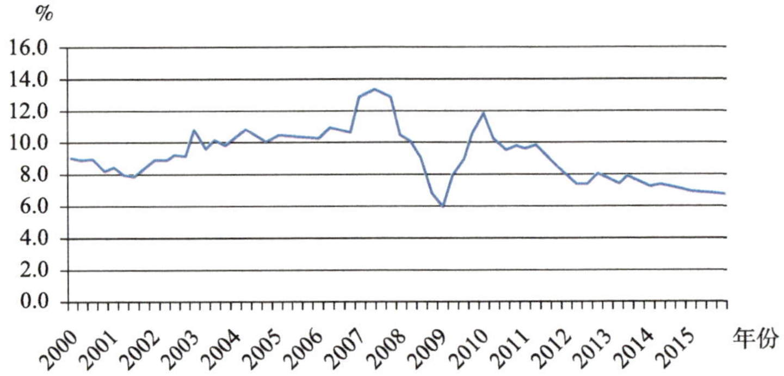

图 1－1　中国实际 GDP 季度增速变化（2000—2015 年）

从各地情况看，虽然中国城乡区域发展阶段和水平存在明显差距，但经济增速下台阶的现象也很普遍。考虑到中国生产者价格指数（PPI）自 2012 年以来持续四年负增长，实体经济增长乏力程度甚至可能比官方统计数据更加恶化。2010—2015 年，中国各省市经济增速普遍出现明显滑坡，许多省市增速下降达 40% 以上，辽宁、山西等省市 2015 年，经济增速仅 3% 左右（见图 1－2）。从名义 GDP 增速情况看，全国有 8 个省市名义 GDP 增速不足 3%，甘肃、黑龙江等省市名义 GDP 增速甚至出现负增长。整体来看，中国经济增长虽然出现了一定程度的区域分化，但无论是东部出口依赖型

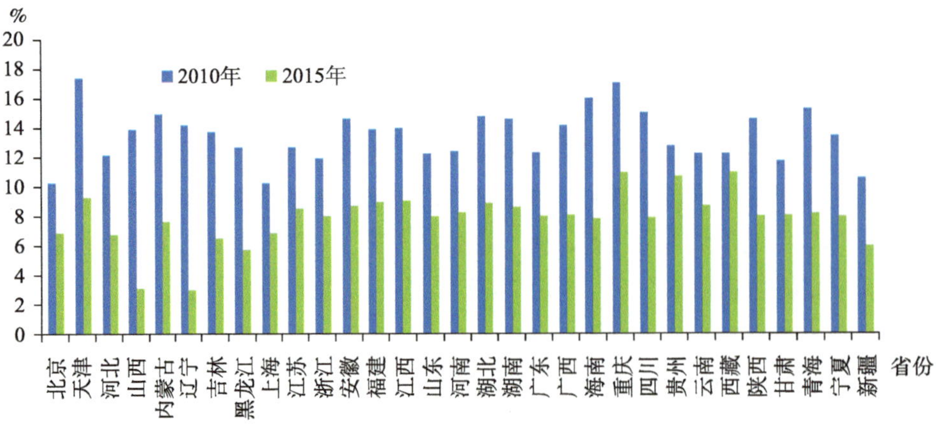

图 1－2　中国各省市 2010 年与 2015 年 GDP 增速变化

省市，还是中西部资源型、重化工产业主导型省市经济都显著下滑，这从侧面说明传统发展模式步入瓶颈阶段，经济增长趋势性下降不可避免。2016 年经济增速进一步下降为 6.7%，“十三五”期间维持 6.5% 的平均增速也需要巨大的努力。

（二）投资驱动型经济增长模式已经难以为继

长期以来，投资一直是驱动中国经济增长的主要动力。2014 年，按照当年价格核算，中国投资率高达 46.7%，不仅明显超过美国、日本等发达国家历史最高水平，甚至超过中国“大跃进”时期最高水平。从国际横向、纵向比较看，除韩国外，美国、英国、法国、德国、日本等主要发达国家投资率长期维持在 20% 左右，不足中国目前水平的一半（见图 1-3）。地方政府层面，2014 年，中国近一半省份的投资率高于 60%，云南、西藏、青海、宁夏、新疆等地区的投资率甚至高于 80%，一些省市的投资率甚至超过 GDP 的 100%（见图 1-4）。过度依靠投资拉动经济、透支经济增长潜力的问题非常突出。

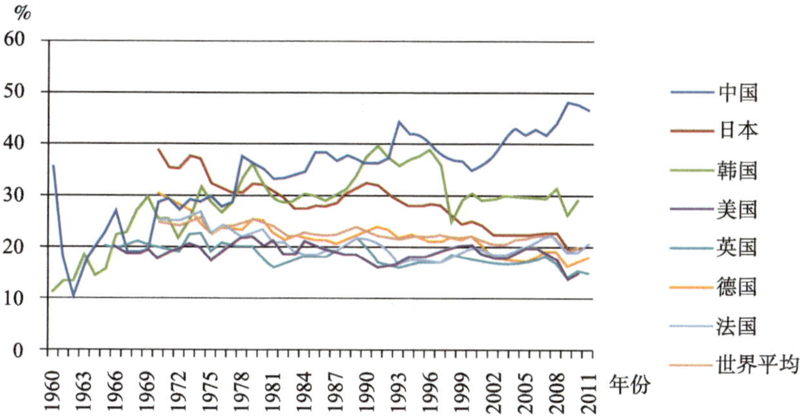

图 1-3　主要国家投资率变化趋势比较

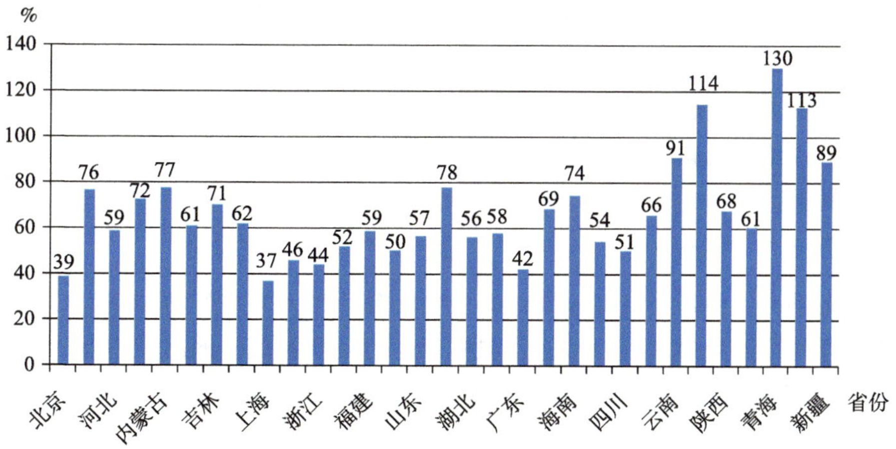

图 1-4　2014 年中国各地区投资率情况

中国投资率长期维持在较高水平，固然与中国工业化发展阶段、产业结构等因素相关，但从长期趋势看，受中国普遍存在的严重生产能力过剩因素制约，以及日益加剧的债务危机、金融风险、资产泡沫等约束，中国继续依靠扩大投资拉动经济增长面临不可持续的突出矛盾。2007 年以前，中国投入 3 ~4 单位的资金，即可产出 1 单位的 GDP，但到 2014 年，中国需要投入 6 单位以上的资金，才能产出 1 单位的 GDP。可以看出，由于长期过度投资和产能严重过剩，在不足十年时间，中国投资效率下降了一半以上。今后中国投资增长速度将进一步放缓，投资增速需要低于经济增速，才能有效调整国民收入分配结构，解决国内消费推动增长的动力问题。

（三）中国潜在经济增长速度已经出现长期趋势性转折

潜在经济增长速度是指一国在价格稳定条件下，可持续的、最大可能实现的增长速度。潜在经济增速的评价主要有就业、价格水平、资源利用效率不同视角，例如，格里高利·曼昆（2003）从充分就业的角度出发，认为潜在产出是指“经济资源处于充分就业或者失业率处于自然水平的最大产出水平”；保罗·克鲁格曼（2009）认为潜在产出是指“通货膨胀处于合理和稳定的水平之下，一国的可实现的最大产出水平”。中国政府 2013 年就提出，必须使经济增长与潜在增长率相协调，与生产要素的供给能力和资源环境的承受能力相适应，实质也是要求尊重经济发展客观规律，推动经济、社会、环境可持续发展。如果一国一地的经济增长速度是在人为财政刺激下，甚至是一些明明知道已经过度使用的政策刺激下才能维持，这种增速和增长内容就难以持久，而且将带来后期负反馈作用，进一步抑制增速。

经济发展涉及的因素非常复杂，短期主要受投资、消费、净出口等需求侧因素影响，中长期主要受劳动力、资本存量、生产效率、制度条件等供给侧因素影响，并且短期与长期因素交织，与外部市场、周期性经济波动等相互影响。对中国而言，作为由传统计划经济向现代市场经济转型的发展中国家，还受制度变革、机制改革等因素影响。根据新古典经济学理论，经济增速可分解为劳动力增长贡献、资本增长贡献和全要素生产率变化。从短时期看，劳动力数量增长一般比较缓慢，资本的增长相对历史累积的巨大资本存量也比较小，技术、制度的变化其过程也往往很缓慢。从长期看，通过分析这些供给侧因素的趋势性变化，可以看出，中国潜在经济增长速度已经出现长期趋势性转折。

1. 劳动力数量开始负增长，传统“人口红利”因素已经丧失

充足的劳动力供给是经济高速增长的重要前提条件。20 世纪 70 年代以后，中国劳动年龄人口年均增速超过总人口增速，农村劳动力持续大规模地向城市非农产业转移，“人口红利”开始形成，[①] 劳动力成本保持相对低廉，工业化过程所需要的劳动力供给

① 联合国经济和社会事务部. 世界人口展望（2010 年修订版）. 2011. 5.

得到充分保障，成为推动中国经济增长的重要因素。已有研究表明，1982—2000 年，“人口红利”因素对中国人均 GDP 增长率的贡献约 27%。[①]

伴随 2012 年劳动年龄人口首次下降，中国人口结构发生重大转变，以往推动经济高速增长的劳动力数量效应从正面转为负面。根据国家统计局公布数据，2012—2015 年，中国 16～59 岁的劳动年龄人口总数由 9.2198 亿人下降到 9.1096 亿人，下降了 1.2%。从外出农民工数量看，中国 2010 年外出农民工增长了 800 万左右，同比增速达 5.4%，而 2015 年接近零增长。中国劳动年龄人口数量和占总人口比重都出现下降，意味着传统意义的“人口红利”开始进入拐点。不考虑其他条件变化，按照较保守的估计，仅劳动力数量变化一项因素，就可能导致中国长期经济增速下降 2 个百分点左右。

对中国而言，不仅劳动力数量扩张已经基本饱和，继续增加劳动强度也没有多少空间。由于长期人为压低劳动力要素成本（低工资、低福利、低收入），中国劳动参与率、劳动强度长期处于较高水平。中国就业人员普遍劳动时间过长，加班成为常态，劳动强度过高，这也是造成中国就业压力的重要原因。如果真正实现每周 40 小时工作制，估计可以增加几千万人的用人需求。此外，虽然目前也有很多关于延长退休年龄的讨论，但可能增加的劳动力数量非常有限，并且可能带来中青年阶段消费和投资的缩减，对促进长期经济增长的作用并不显著。总体来看，中国已经没有扩大劳动力数量、增加劳动强度或延长劳动时间来继续提高生产率的空间。

今后一段时期，中国将成为有史以来人口转变最快的国家之一，面临劳动年龄人口下降和抚养比率上升的双重压力，中国已经进入“未富先老”阶段（见图 1－5）。虽然中国已经开始调整计划生育政策，但从实际情况看，对长期人口增长的影响并不显著。世行研究表明，即使达到较高的总和生育率水平，中国人口增速下降、劳动年龄人口负增长的趋势不会改变。在劳动年龄人口总量减少、成本上升背景下，中国传统的劳动密集型产业、低端出口行业面临严峻转型压力，人口因素变化对实际经济增长的冲击可能比数量变化带来的影响更大。

劳动力“红利”的廉价使用，是中国过去以外延扩大为主低端加工业高速扩张的重要外部条件。随着劳动力数量增长阶段的结束，这种外延扩张也失去了一个重要条件。由劳动力的低价供给形成的所谓低人工成本的比较优势，也必然逐渐降低。中国的经济增长必须进一步提高劳动力素质，使更多的劳动力从高强度简单重复性生产过程中解放出来，转变为较高劳动技能投入，提高劳动质量和单位劳动产出。中国淘汰掉一部分简单低附加值加工业，减少一部分低附加值高资源投入的原材料工业，全面提高平均劳动生产率，明显提高劳动报酬比率，是今后中国经济发展的必须，也是全

① 王德文，蔡昉，张学辉．人口转变的储蓄效应和增长效应——论中国增长可持续性的人口因素［J］．人口研究，2004（5）。另外，王丰等认为贡献约 15%。

面提高消费水平的重要前提。劳动力报酬和成本的提高是中国今后经济发展的动力，而不是阻力。

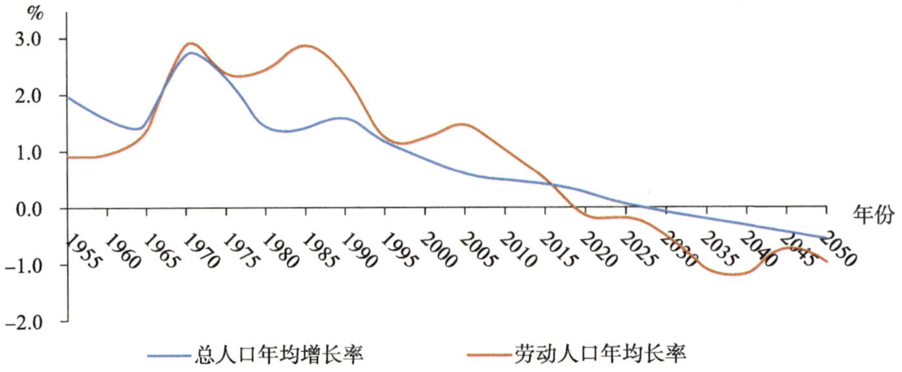

图 1-5　中国总人口和劳动年龄人口（15-64 岁）变化展望

2. 资本回报率不断降低，投资拉动经济增长作用持续下降

作为后发的发展中国家，长期以来，为实现经济赶超发展，中国一直延续高储蓄率、高投资率的发展道路，积累形成了庞大的工业生产能力和巨大的社会财富，但也产生了压抑消费增长的代价。研究表明（Louis Kuijs，2009；伍晓鹰，2011），虽然中国也具有劳动力比较竞争优势但与其他发展中国家不同，近十多年来，中国资本与劳动力的比率快速上升，实际走的是“资本密集型”发展道路。

依靠高投资拉动经济增长的传统模式，形成了大量的过剩生产能力，不仅严重超过中国国内有效需求数量，也超出了全球市场的可持续消纳能力，造成社会资源和财富的巨大浪费，降低资源配置效率，并严重阻碍产业结构升级。从资本利用效率角度看，由于受到资本回报率下降的制约，依靠扩大投资对经济增长的拉动作用不断下降。如果按照增量资本产出率（ICOR）衡量，中国获得一单位 GDP 增量需要的投资量，已经由 2007 年之前的 3~4 单位左右，快速上升到目前 6 单位以上（见图 1-6）。

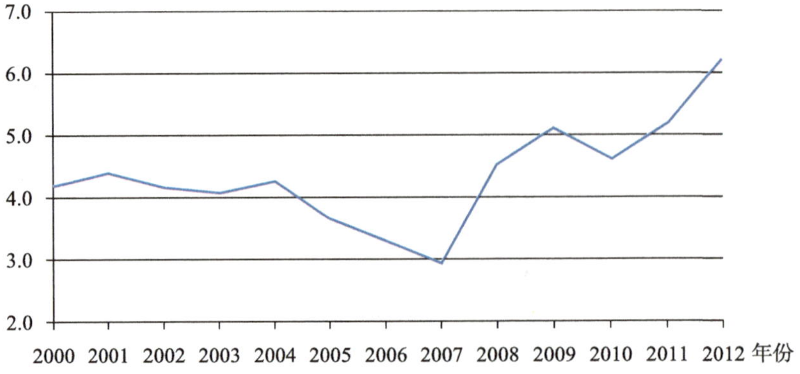

图 1-6　中国增量资本产出率（ICOR）变化情况

从全球范围看，长期依赖资本扩张型的发展模式也面临不可持续挑战。主要发达国家依靠低利率维持经济增长，造成经济增长日益金融化、虚拟化，压低了普通劳动者的收入增长，造成收入分配等社会矛盾不断加剧。广大发展中国家过度依靠发达国家市场需求，在全球产业分工和价值分配中长期处于低端地位，许多国家陷入“中等收入陷阱”。全球经济发展的不平衡，已经不仅仅是供给和需求不平衡的问题，深层次的原因在于发达国家和发展中国家不平等竞争、资本和劳动收益不合理分配等。中国等发展中国家要实现经济赶超，已经不可能延续发达国家依靠投资的传统模式，也没有继续扩大出口的市场空间，必须开创新的发展道路和模式。

对中国而言，未来一段时期，一方面，生产能力普遍过剩限制了投资继续快速扩张的空间，资本回报率约束下单位投资增长对经济增长的拉动作用不断下降，国民收入中资本积累占比过高，抑制消费对经济增长的根本性拉动作用。在这种双重约束条件下，今后中国依靠高投资维持经济高速增长难以为继。特别是，在传统生产制造领域投资趋于饱和情况下，大量新增投资集中在基础设施和房地产行业，其对中长期经济增长的带动作用也很有限。另一方面，随着中国进入老龄化发展阶段，与人口红利发展阶段不同，总储蓄率将呈现下降趋势，消费增长更加显著，进而投资继续增长的空间比较有限。经济增长对投资的依赖降低，实质上与鼓励扩大内需、推动经济结构转型的方向根本一致。

3. 技术创新难度加大，提高全要素生产率任重道远

全要素生产率是衡量经济投入产出效率的综合性指标，其来源主要包括两种途径，一是技术进步带来的效率改进，包括采用新技术、新工艺、新设备等，一是制度进步带来的资源配置效率提升，包括体制优化、组织创新、管理提升等。从微观层面上看，实施技术升级改造、改善管理等，可以提高全要素生产率。从宏观层面上讲，通过资源重新配置，比如劳动力从生产率较低的农业部门转向生产率较高的非农业部门，也可以提高全要素生产率。

改革开放以来，中国全要素生产率增速一直在全球居于前列（见图 1－7）。一方面，作为追赶型经济体，中国广泛吸收引进国际先进企业、技术和管理经验，技术进步的速度较快，无论是企业技术水平还是人均 GDP 与发达国家的差距不断缩小；另一方面，作为转轨国家，中国全面实施了市场化导向的改革开放，包括劳动力、土地、能源在内的各类资源配置效率不断提高，改革红利和制度红利对中国全要素生产率的增长也发挥了重要贡献。

经过三十多年的赶超发展，中国与发达国家的技术水平差距明显缩小，许多行业已经接近全球技术进步的最前沿，全面深化改革进入深水区，面临的各种利益掣肘、体制变革增多，全要素生产率进一步快速增长的难度增大。以节能为例，目前，在许多工业制造业行业，全世界生产能力的一半以上集中在中国，许多企业能效水平居于

全球前列，进一步持续大幅提高能效的难度加大，继续提高能效要从单项技术为主转变为提高系统效率，包括减少无效投资，防止产能过剩引起设备低效运行，过度竞争影响系统最优运行等中观甚至宏观方面的系统效率。

	1990—1995	1990—2000	2001—2006	2007—2013
美国	0.3	0.8	0.7	0.2
日本	0.2	0.0	0.6	0.3
德国	1.3	1.3	0.9	（0.0）
法国	0.2	0.6	0.4	（0.7）
意大利	0.9	0.4	（0.6）	（0.7）
韩国	2.3	2.0	1.9	2.0
马来西亚	1.6	（1.1）	1.7	0.7
印度尼西亚	3.0	（2.3）	1.5	1.0
中国	3.7	0.3	5.1	2.3
印度	1.1	1.9	1.8	1.7
土耳其	（2.1）	（0.0）	0.2	（2.1）
中国台湾	1.4	（1.4）	2.1	0.3
南非	（1.8）	（0.1）	0.4	（1.5）
巴西	0.5	0.2	（0.3）	（0.5）

图1－7　主要国家全要素生产率增长情况①

二、中国不需要也不能继续高碳扩张发展

近年来，中国经济增速虽然出现长期趋势性放缓，但增速水平仍在全球居于前列，持续增长的态势没有根本转变。与美国等发达国家相比，中国人均GDP水平处在相对较低水平，仍有较大的增长空间。但经过多年高投资拉动的经济高速扩张，我们实际上已经透支了部分未来量的增长潜力，伴随结构调整和转型升级进入攻坚阶段，不仅经济增速将不可避免出现趋势性下滑，而且增长动力必须转变，增长内容需要重大调整。在新的内外部条件下，我们已经不需要也无法继续高碳扩张型发展，绿色低碳发展不仅不会妨碍经济社会更好地快速发展，而且是今后发展的重要新动力。

（一）经济增长开始呈现明显“后工业化”发展特征

工业化是现代化的主要内容，也是现代化的发展目标之一。按照经典工业化理论，衡量工业化发展程度水平的指标包括经济发展水平、产业结构、工业结构、就业结构、

① 资料来源：Conference Board；Macquarie Research，December 2015.

空间结构等。从经济发展规律来看，工业化初期、中期发展阶段往往伴随高耗能行业快速扩张、基础设施大量建设等，能耗和排放增长非常迅速；但进入工业化后期和后工业化发展阶段，高耗能行业趋于饱和、城镇化增速放缓，能耗和排放增长进入低速增长阶段。

中国自建国伊始，就实施工业化战略，六十多年来，直接和间接投入大量要素资源，支撑工业化取得了显著成就，并且长期超前于城市化发展。目前，虽然部分城乡、区域工业化水平还存在一定差距，但从整体上看，中国已经进入工业化后期和后工业化发展阶段，这是中国当前发展阶段的主要特征。随着 2020 年中国基本实现工业化发展目标，“后工业化”发展将成为中长期经济发展阶段的最大特征。经济增长向“后工业化”发展转变，与经济发展进入新常态本质是一致的，是客观规律，其对经济增长内容结构的影响也不是短期波动，而是长期的趋势性变化。

1. 工业化长期超前发展，已经整体进入中后期发展阶段

中国长期实施工业化超前发展战略，在计划经济时期，主要采取重积累、农业反哺工业等方式，支持重工业加快发展；改革开放以后，主要采取鼓励投资和出口等方式，促进工业特别是制造业规模不断扩张。按照工业化率[①]衡量，1978 年，中国工业增加值占国内生产总值的比重就达 43.9%，2014 年仍然高达 35.9%，明显高于世界平均水平。即使与制造业发达的德国、日本相比，中国工业化率仍然高出 5～10 个百分点。从历史发展看，美国 1955 年工业化率达到峰值，仅为 39.1%；日本 1973 年工业化率达到峰值，仅为 36.6%；韩国 1995 年工业化率达到峰值，仅为 41.9%。中国工业占国内生产总值的比重，今后总的趋势是逐步降低。工业发展的空间主要是质量提升，高附加值产品比重的上升，而不是基础产品的数量扩张。

从全面工业化水平看，参考钱纳里、库兹涅兹等研究，综合考虑经济发展水平、产业结构、城镇化等因素，可以发现，中国除城市化水平略低外，经济发展、产业结构都已进入工业化后期甚至后工业化发展阶段（见表 1－1）。从人均 GDP 水平来看，2015 年，中国人均 GDP 达到 8000 美元左右（现价），一些发达地区和城市甚至超过 15000 美元（现价）。从产业结构来看，早在 2001 年，中国第三产业占 GDP 比重就已经超过工业占比；2012 年，中国第三产业占 GDP 比重（45.5%）超过整个第二产业（45.0%，包括工业和建筑业）占比；2014 年，中国第二产业比重为 42.7%，已经比第三产业比重低了 5.4 个百分点。

① 说明：工业化率指工业增加值占国内生产总值的比例。

表 1-1　工业化发展阶段的整体判断

基本指标		前工业化阶段（Ⅰ）	工业化阶段			后工业化阶段（Ⅴ）
			工业化初期（Ⅱ）	工业化中期（Ⅲ）	工业化后期（Ⅳ）	
人均GDP	2000 年（美元）	555	1110	2221	4442	8328
	2005 年（美元）	630	1259	2519	5037	9445
	2010 年（美元）	703	1406	2812	5625	10546
	2011 年（美元）	725	1451	2901	5802	10879
	2012 年（美元）	740	1481	2961	5922	11104
三次产业增加值结构		A > I	A > 20% 且 A < I	10% < A < 20% 且 I > S	A < 10% 且 I > S	A < 10% 且 I < S
人口城镇化率		30% 以下	30% ~50%	50% ~60%	60% ~75%	75% 以上

注：人均 GDP 指标所列为每阶段的起点，如 2000 年人均 GDP 处于 555 ~1110 美元区间则为前工业化阶段。三次产业判断指标中，A 表示第一产业，I 表示第二产业，S 表示第三产业。

中国城乡和区域发展水平存在明显差距，但按照人均 GDP 指标，除青海、甘肃、贵州、云南、西藏等少数地区外，中国绝大多数地区已经进入工业化后期发展阶段。从三次产业结构情况看，除海南等特殊地区外，中国绝大多数地区也都处在工业化中期、后期发展阶段。考虑到西部欠发达地区无论是人口数量还是经济总量占全国比重都很小，即使保持较快工业化速度，对全国高耗能行业发展、能源需求的影响也很小。

从先行发达国家规律看，工业化中期发展阶段，主导产业往往是资本和能源密集型的重化工业，包括钢铁、水泥、电力等；工业化后期发展阶段，主导产业大多以高加工度制造业和生产性服务业为主，包括汽车、装备制造、交通运输等；后工业化发展阶段，主导产业主要是服务业，包括金融、信息、教育、医疗等。中国整体进入工业化中后期发展阶段，意味着相关的产业结构、增长动力、能效水平等也将发生重大变化。今后中国的经济增长和产业发展对能源消费增长的需求将明显下降，成为减少碳排放增量，提前达峰的有利条件。

2. 高耗能行业产能严重过剩，去产能化将是长期过程

产能过剩已经成为中国经济发展的“痼疾”。在市场经济条件下，一定数量的过剩产能有利于促进竞争、加快技术进步，进而实现产业更替和不断升级。但改革开放以来，中国多次发生大面积、严重产能过剩。究其原因，主要源于各级政府过分追求 GDP 增速，过度倚重投资，人为压低劳动力、土地、资源、环境、信贷等要素成本，辅以财政补贴、税收减免等方式，加之各项法规、标准、节能和环保约束等没有有效落实，导致生产要素价格扭曲，公平竞争的市场环境不健全，市场机制作用未能有效

发挥，落后产能退出渠道不畅，造成行业发展盲目粗放扩张，产能过剩矛盾不断加剧。研究表明，[①] 如果参考国际通用合理产能利用率标准，1998 年以来，中国 56.7% 的时间处于严重产能过剩状态，如果进一步剔除期间多次经济刺激政策扩大投资制造当期需求的影响，中国实际处于严重产能过剩状态的时间将更长。

高耗能行业长期过快增长，造成严重的产能过剩和社会财富浪费。20 世纪 90 年代，中国主要采取关停国有企业、深化改革等措施解决过度投资问题，但也付出了经济放缓、下岗问题突出等代价。21 世纪以后，伴随房地产改革和加入 WTO，中国进入重化工业高速发展阶段。短短五年时间内，中国重工业主要产品产量增长了近三倍，在中国和全球工业化历史上都是史无前例的增长。2007—2008 年，中国经济原本已经进入自发调整阶段，重化工业行业发展趋于放缓。但在应对国际金融危机经济刺激政策影响下，特别是在财政补贴、廉价信贷支持下，面对国内外经济持续低迷状况，高耗能行业产能反而逆势扩张。2009—2014 年，制造业固定资产投资年均增速达 18.8%，造成高耗能行业产能过剩问题进一步恶化。中国高耗能部门虽然不断淘汰落后产能，但总的产能规模仍不断增长。

由于制造业产能增长较长时间依靠外需，制造业产能和产量大大高于国内终端消费需求，大宗出口商品的数量也很快进入饱和期。一旦外需增长乏力，产能过剩的现象就进一步突出。而国内终端消费需求的大幅度提升，需要对国民收入比例进行较大调整，使国民收入更多地向工资性收入倾斜。这个调整过程需要一定的时间。为了保持即期经济增长速度，我们的政策往往偏向于进一步加大固定资产投资力度。把加大投资作为拉动即时“内需”的主要手段。这种所谓“内需”不是消费性终端需求，多为继续扩大生产供应能力的投资。这种加大投资力度的政策，使投资总量增速长期高于经济增速，进一步抑制了消费性终端内需。过多的生产性固定资产投资和房地产投资拉高了城市地价，不但使许多地方更多地依赖土地财政，也不断拉高房价，使消费能力进一步受到压缩。这种不断加大投资、扩张产能的恶性循环，已经成为中国经济建设的一种痼疾。已经到了不得不尽快改变增长内容，否则就可能出现系统性危机的关键阶段。

目前，作为世界第二经济大国，中国主要工业制成品产量占全球绝对主导地位，已经没有继续扩大市场份额的空间。尤其是，钢铁、水泥等许多高耗能产品产量占全球一半以上，已经进入总量饱和达峰，不得不开始去产能、减量化发展阶段。2015 年，中国粗钢总产量达 8.04 亿吨，完全脱离国内市场需求，超过日本、印度、美国、俄罗斯四个钢铁大国钢铁总产量的 2 倍。从历史上看，高耗能行业产能规模扩张是支撑中国经济发展、驱动能源需求增长的重要动力，也是造成中国生态环境不断恶化、应对

① 纪志宏．中国产能过剩风险及治理［J］．新金融评论，2015（1）．

气候变化压力日益加剧的主要原因。在新的国内外发展形势下，高耗能部门继续传统发展模式面临市场需求、资源环境等诸多压力，已经没有进一步“外延式”规模扩张的空间，“去产能”将成为高耗能行业转型发展的长期挑战。

3. 基础原材料物质消费积累达到较高水平，已经透支了持续增长的空间

从经济发展规律看，在工业化前期和中期发展阶段，通常伴随物质财富大量生产、大量消费，以及能源资源需求快速上升。在工业化后期和后工业化发展阶段，随着消费需求沿着衣、食、住、行向旅游、休闲、娱乐等非物质消费不断升级，传统物质生产消费也进入饱和发展阶段，能源需求增长随之趋缓。中国工业化虽然起步较晚，但经过三十多年高速发展，各种原材料物质消费积累已经达到较高水平，不仅远高于发展水平相近国家，也高出很多发达国家水平，实际上已经透支了继续高速增长的空间。从所有物质资源消费看，研究表明，[①] 2011 年中国共消耗约 252 亿吨原材料，超过经合组织包括美、英、日、德、法、加、澳、韩等 34 个成员国所消耗原材料的总和。

以主要高耗能产品为例，水泥方面，从人均水泥消费情况看，2010 年中国的人均水泥消费量接近 1.4 吨，是美国历史最高水平的 4 倍多（见图 1－8）。如果按照相同的折旧率估算，2010 年中国的人均水泥（混凝土）累积保有量已经远远超过美国目前水平。中美两国国土面积相当，中国的人口是美国的 4 倍多，如果考虑单位国土面积水泥累积保有量，中国水泥累积消费的密度水平更是美国水平的数倍。水泥是完成基础设施和房屋等不动产建设的必需工业品，尽管中国的地形地貌条件相当复杂，房屋建设集约型和紧凑性程度远远低于美国，钢筋混凝土型房屋比重较大，加之中国低水平重复建设较多，基础设施和房屋使用寿命较短、重建或重修情形较多（在美国，46%的居民住房已使用 40 年以上）。但即使考虑较高折旧率和拆除水平，中国人均水泥累积保有量仍远高于美国水平，已经整体达到峰值饱和阶段，今后增长的空间十分有限。如果再考虑到中国水泥消费量仍在持续增长，仅 2011—2012 年，中国生产的水泥产量与美国整个 20 世纪的水泥产量相当。这更从侧面说明中国存在大量不合理水泥消费，并且大量透支了持续增长的空间。

钢铁方面，与美国相比，如果按照 4% 的年折旧率计算，2010 年中国人均钢材保有量约 3.5 吨，相当于美国 1928 年的水平。如果按照 6% 折旧率计算，则相当于美国 1940 年的水平；按 8% 折旧率计，则相当于 1942 年水平（见图 1－9）。考虑到近年中国的低水平重复性建设项目可能较多，中美分别采用 8% 和 6% 的折旧率计算，则中国相当于美国 1927 年或 1936 年的水平。但 2010—2015 年，中国钢材消费量年均增长 15%，人均钢材保有量年均增速超过 14%。美国的人均钢材保有量在 1975 年之后，基本不再增长，甚至有所下降。可以看出，尽管在 2010 年，中国人均钢材累积保有量仅

① 马修斯，谭浩．循环经济：中国的经验［J］．自然，2016－03－24.

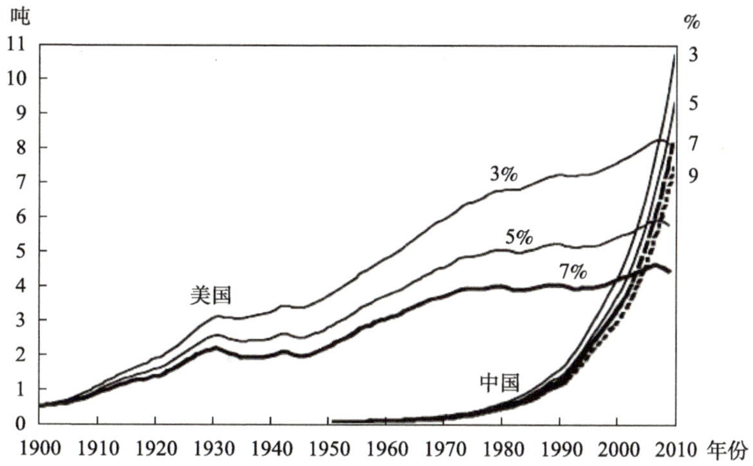

图 1-8 中美两国人均水泥（混凝土）保有量（1900—2010 年）

数据来源：廖华，魏一鸣．中国中长期宏观节能潜力分析：国际比较与国际经验［J］．中国软科学，2011（3）．

相当于美国 20 世纪三四十年代水平，但在短短 5 年时间后，中国人均钢材累积保有量已经接近美国目前水平。如果进一步考虑到伴随钢材质量提升带来的用量削减，中国实际人均钢材累积保有量已经超过美国水平。从现实情况也可看出，2015 年中国粗钢产量、钢材需求量都已经达到峰值，并且未来还将持续下降。①

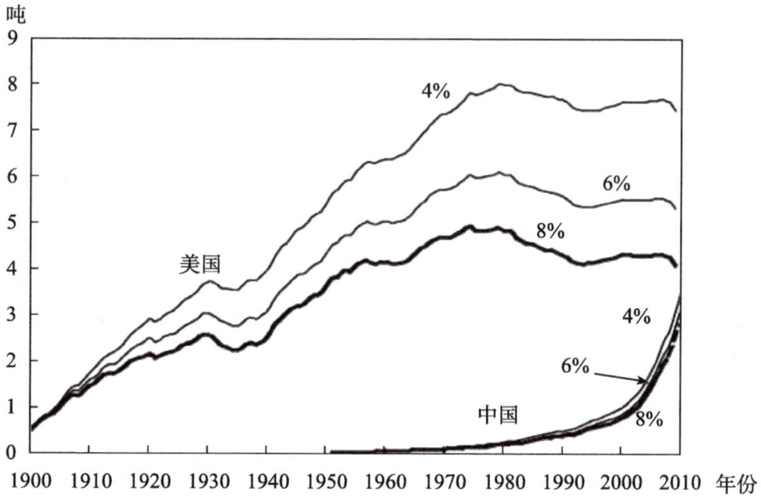

图 1-9 中美两国人均钢材保有量（1900—2010 年）

数据来源：廖华，魏一鸣．中国中长期宏观节能潜力分析：国际比较与国际经验［J］．中国软科学，2011（3）．

① 中国钢材消费量 20 年来首次负增长、钢厂或现倒闭潮［J］．经济参考报，2015-12-08.

在产能普遍过剩、物质消费积累达到较高水平的情况下，继续依靠扩大高耗能部门投资拉动经济增长，实际已经透支了行业持续增长的空间。目前，受中国国情和体制等因素制约，特别是在缺乏新的投资和经济增长点情况下，许多地方仍然在产业升级、技术改造、结构调整、延长产业链等名义下，扩大对高耗能部门的投资。以钢铁产能为例，2006—2012 年，中国累计减少的粗钢产能达 7600 万吨，但同时期新增的粗钢产能达到 4.4 亿吨，相比已经淘汰的落后产能，新增产能是已淘汰掉产能的近 6 倍。从短期看，虽然对拉动投资、稳定经济增长发挥了一定作用，但实际过度透支了行业未来持续增长的空间，今后将不可避免面临长期“减量发展”严峻挑战，许多地方也将面临步入“铁锈时代”的巨大风险。

（二）“城市化”进程趋缓，进入建设饱和、质量升级阶段

城市化是驱动经济增长的重要动力，城市发展能够发挥集聚效应、改善社会分工、降低交易成本、刺激技术进步，对经济增长带来促进作用。特别是进入后工业化时代，城市内部规模经济的作用下降，人力资本积累、知识和技术溢出效益、消费者对多样化的偏好、交易成本、模仿创新等重要性日益提升，对现代服务业、知识经济等促进作用更加突出。1978—2011 年，城市占中国 GDP 的比重由不足 30% 提高到 75%，是内需增长的主要来源。同时，由于城市地区人均能耗、单位建筑面积能耗、千人汽车保有量等是农村地区的数倍，而且城市基础设施建设需要的钢铁、水泥也间接消耗大量能源，城市发展不可避免带来能源需求持续增长。但随着中国城市化进程整体趋缓，进入建设饱和、质量升级发展阶段，相应带来的能源需求增长也将进一步放缓。

1. 人口城市化进程开始趋缓，布局优化成为重点

改革开放以来，伴随着工业化进程加速，中国城市化进程高速推进（见图 1－10）。1978—2014 年，城镇常住人口由 1.7 亿人增加到 7.5 亿人，城镇化率由 17.9% 提升到 54.8%，年均提高 1 个百分点。从国际比较看，2014 年，中国户籍人口城镇化率仅 36% 左右，不仅远低于发达国家 80% 的平均水平，也低于人均收入与中国相近的发展中国家 60% 的平均水平。从中长期来看，中国城市化进程推进还有较大的发展空间。

但从发展趋势看，经过三十多年高速发展，中国城市化进程已经开始出现趋缓迹象。2000—2010 年，中国城镇化率年均增长 1.37 个百分点；而“十二五”时期，中国城镇化率年均增长仅 1.2 个百分点，2014 年相比上年仅增长 1 个百分点。联合国开发人口署预计，中国城镇化速度在“九五”期间已达到峰值，当时城镇化率年均增长 1.4 个百分点。未来 10 年城镇化率年均增长将下降到约 0.8 个百分点。事实上，从人口的就业分布看，2014 年，中国从事第二产业和第三产业的就业人数达 5.4 亿人，占总就业人口数量的 70.5%，从非农业化这一角度衡量，中国进一步提升城市人口的空间也比较有限。

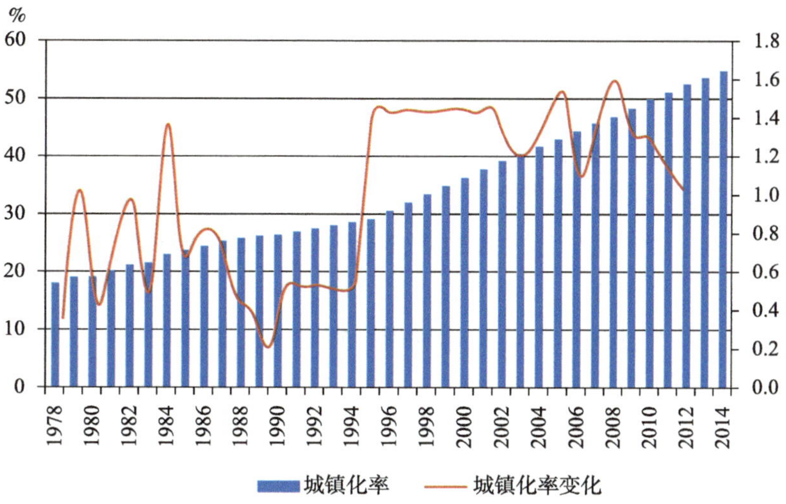

图 1－10　中国城镇化率及变化情况（1978—2014 年）

从人口城市分布看，由于中国城市布局不合理，人口向特大城市集聚的趋势比较明显（见表 1－2）。1980—2012 年，中国特大城市（人口超过 100 万）的数量由 15 座增加到 127 座，居住在特大城市的常住人口占城市人口的比例由 38.7% 提高到 75.4%。近十年来，北京、上海、天津、广州、合肥、郑州、深圳等特大城市占全国总新增城镇人口的一半以上。今后一段时期，伴随中国人口结构发生重大变化、外出农民工数量达到峰值、城市之间房价出现明显分化，以及部分特大城市控制人口规模增长，中国城市人口增速可能出现明显放缓。2015 年，上海外来常住人口甚至出现了负增长，同比下降 1.5%，这是十五年来的首次。一些中小城市寄希望于通过放开农民工落户限制刺激城市的人口增长，但在农村剩余劳动力供给面临拐点、房价水平高涨不下情况下，实际对加快城市化进程的刺激作用非常有限。数据显示，2.7 亿农民工及其家庭，在工作地买房的只有 0.9%，在靠近原居住地县城买房的只有 15% 左右。

表 1－2　不同规模城市人口分布（1980—2011 年，地级以上城市）

规模级	城市数（个）		城市人口比例（%）	
	1980 年	2011 年	1980 年	2011 年
>100 万人特大城市	15	127	38.7	75.4
50 万～100 万人大城市	30	108	24.6	19.7
20 万～50 万人中等城市	69	49	23.1	4.6
<20 万人小城市	109	4	13.6	0.3
合计	229	288	100	100

2. 房地产建设高峰阶段已过，泡沫化发展带来诸多问题

房地产行业是国民经济的重要部门，其增加值占中国 GDP 总量的 10% 左右，其投资占固定资产投资的 1/4 左右。房地产行业涉及钢铁、水泥、有色金属、家用电器、金融服务业等诸多上下游行业，对国民经济增长具有重要影响。由于房地产建设和使用过程中直接和间接涉及大量能源消费，并且具有路径锁定效应，一国房地产行业发展模式会对城市形态、居民生活方式和消费行为等带来诸多影响，直接影响中长期能源需求和二氧化碳排放情景。

21 世纪以来，中国房地产行业高速发展，在满足人民群众居住质量改善需求的同时，也造成发展状况极不均衡、土地财政矛盾突出、价格大幅攀升，投资和投机风气盛行等诸多问题。从经济角度看，房地产行业过快增长，直接和间接拉动土地价格持续攀升，带来了虚假繁荣的 GDP 增长，抬高了土地等要素成本，挤占了实体经济的有效投资；消费方面，过高的购房压力严重抑制了居民消费能力，造成中国长期内需增长乏力，一定程度上透支了经济可持续发展的潜力。从社会角度看，大量住房实质性空置与区域城乡住房差别过大同时存在，造成了社会财富分配差距进一步扩大，特别是许多地方在新城建设、工业园区发展、政府办公建筑、商业基础设施等方面过于贪大求洋，带来土地资源、能源等大量浪费，以及违法征地拆迁等矛盾突出，实际上也对社会财富、公共资源、社会稳定等造成严重侵蚀。

中国的基本国情决定了房地产行业必须以满足广大人民群众合理需求为主，不能重复美国等奢侈型发展模式。按照国家统计局最新公布的数据，2012 年，中国城镇居民人均住房建筑面积达 32.9 平方米，农村居民人均住房面积达 37.1 平方米。如果再考虑 2013—2015 年中国新增房屋竣工面积达 78 亿平方米，即使考虑部分拆除建筑，中国目前城乡人均住房建筑面积已经达到 40 平方米左右，不仅达到日本、韩国、新加坡等国家水平，而且超过部分欧洲发达国家人均水平。总体来看，中国房地产发展已经由总量不足阶段进入饱和阶段，优化布局、合理分配应是中国房地产下一步发展的主要方向。近期，许多二三线城市出现房屋大量空置现象，正说明房地产持续扩张的动力已经明显不足。

当前，中国房地产行业发展已经出现一二线城市泡沫化严重，三四线城市供给明显过剩等多重矛盾。如果继续目前的发展模式，仍然把房地产行业作为拉动投资和 GDP 增长的主要动力，一方面，可能造成高耗能产品需求出现反弹，对调整经济结构、转变发展方式带来不利影响；另一方面，会带来投资结构进一步扭曲，对国家金融安全、社会财富创造积累等带来巨大风险。考虑到中国政府在土地、金融、城市规划、产业布局等方面掌握大量资源，理应承担引导房地产行业合理发展的责任，包括积极落实保障中小户型商品房供应的“7090”政策、制定年度新建商品房价格控制目标等。中国房地产行业必须由注重规模扩张向注重分配和提升质量方向加快转型。

3. 基础设施建设总体趋于饱和，建设规模将逐渐下降

改革开放以来，中国通过加大铁路、公路等基础设施领域投资，在经济起步阶段，弥补了公共领域基础服务能力的不足，对推动经济增长发挥了重要的促进作用。但经过三十多年的高速增长，传统基础设施建设领域已经总体趋于饱和，部分地区甚至出现过度超前和过剩现象。

中国交通领域的建设速度和规模是十分惊人的。近年来每年新增的公路里程数量都在 7 万公里左右，2016 年新建和改建的公路里程数达到 32 万公里。中国在短短的十几年间已经建成了世界最长的高质量高速公路系统，高速公路运营里程达到 12 万公里，并且每年新建的高速公路里程达到 1 万公里左右，相当于高速公路里程排名世界第五的法国全部高速公路里程。中国的公路总里程也名列世界前茅，和整个欧盟公里数相差无几。中国铁路总运行里程也已经排名世界第二，其中电气化里程已经排名世界第一，实际运载能力名列前茅。高铁更是中国现代铁路建设的一个奇迹，过去十余年中国的高铁里程已经占了全世界高速铁路的 60% 以上。而号称铁路数量最多的美国迄今没有高铁。随着中国经济发展内容的转变，近年来实际货运总量已经进入平台区，铁路货运量已经连续三年出现总量下降。尽管中国的交通运输基础设施建设仍然需要继续扩大完善，但增量建设规模已经难以继续提高。目前规划的一些交通设施项目，许多是在考虑弥补短板、提高普遍服务的水平，但建设过度超前、局部利用效率不高的问题已经开始凸显。

中国港口、机场建设也存在严重的产能过剩现象，全国有 80% 的机场存在亏损，港口平均过剩达 30% ~40% 。许多沿海沿江城市提出以港兴市口号，导致港口布局过于密集，吞吐能力严重过剩。由于港口货物吞吐主要以煤炭、铁矿石、集装箱等为主，在全国能源需求长期低速增长、主要高耗能部门加快“去产能”、能源结构不断优化情况下，中国港口、铁路等运输能力过剩的矛盾十分突出。2015 年，全国铁路总运输能力为 55 亿吨以上，其中煤炭运输能力为 30 亿吨，实际仅完成 23 亿吨左右的运输量；北方 11 个运煤港口发运煤炭共 6.17 亿吨，同比减少达 4099 万吨。虽然在加快实施“一带一路”战略背景下，沿海省市制定的港口发展规划，几乎都提出了五年投资倍增计划，但在经济增速出现趋势性放缓、能源需求长期低速增长的情况下，未来基础建设项目的可持续性都面临严峻挑战。

从城市基础设施情况看，虽然与发达国家相比，中国城市在公共交通、轨道交通、垃圾污水处理设施等方面还存在一定差距，公共服务质量和水平明显不足，但继续增加基础设施投入的空间也很有限。从城市建成区面积来看，中国多数城市新城新区、开发区和工业园区占地过大，建成区人口密度偏低。2000—2011 年，城镇建成区面积增长 76.4% ，远高于城镇人口 50.5% 的增长速度；农村人口减少 1.33 亿人，农村居民用地却增加了 3045 万亩。从轨道交通情况看，截至 2014 年，中国已有 22 个城市建成

轨道交通里程达到2900公里，有38个城市规划建设轨道交通，2020年规划总里程超过6800公里，除一二线城市基本覆盖外，许多三线城市也将建设轨道交通。研究表明，[1] 中国的在建轨道交通规模已经足够支撑2050年公共交通发展需求，进一步扩大建设规模面临有效需求不足、利用效率不高、建设成本上涨等制约。

从实际投资和规划目标来看（见表1－3），与“十二五”时期相比，虽然“十三五”时期城市轨道交通和新机场的投资有所增长，但高速铁路、公路的里程增长目标都有所下降，这也从侧面说明，中国交通基础设施总量不足的矛盾基本缓解，结构优化和质量升级将成为今后长期的发展方向。

表1－3　中国“十三五”基础设施主要发展目标

五年规划	“十一五”	“十二五”	“十三五”
年份	2006—2010	2011—2015	2016—2020
	实际值	实际值	目标值
年均实际GDP增速	11.27%	7.82%	6.5%以上
城镇化率（最后一年）	50%	56%	60%
铁路			
铁路投资（万亿元）	2.429	3.575	3.8
新增高铁量程（公里）	5.133	14.629	10.238
高速公路			
高速公路投资（万亿元）	4.083	6.962	n.a.
新增高速公路（公里）	33.108	45.887	30.000
新增城市轨道交通（公里）	n.a.	n.a.	3.000
保障房（百万套）	—	38	20
电网投资（万亿元）	1.5	2	2
新机场个数	40	31	50

数据来源：CEIC（香港环亚经济数据有限公司）

（三）依靠外需增长难以为继，对外贸易进入结构升级阶段

长期以来，对外出口是拉动中国经济增长的重要动力。2000—2010年，中国出口年均增速超过20%，远远高于同期GDP增速。但随着中国成为世界第一出口大国，出口保持持续高速增长的挑战越来越大，特别是2008年世界金融危机以后，全球贸易进

① 国家发改委能源研究所“重塑能源”课题组．重塑能源中国：2050年能源消费和生产革命路线图［J］．经济研究参考，2016（2）．

入长期低速增长阶段，中国出口增速也明显放缓。从国内条件看，伴随各种要素成本上升和产业结构不断升级，对外贸易也进入转型升级新阶段，依靠规模扩张的出口模式难以为继。

1. 全球经济复苏进程缓慢，贸易发展进入长期低迷期

金融危机后全球经济进入深度调整阶段，经济复苏长期乏力，发达经济体和新兴市场潜在增长率普遍下降，国际有效需求不足，贸易低速增长将成为较长时期基本态势。从历史上看，全球贸易增速一直保持快于经济增速的态势。但近年来，全球贸易增速明显下滑，连续 4 年低于世界经济增速。尽管国际货币基金组织等多次预期全球经济增长将迅速反弹，但发达国家普遍受制于人口结构性矛盾、债务负担高企等难题，经济复苏进程普遍缓慢而脆弱（见图 1－11）。以中国为代表的新兴经济体国家，也面临发展转型等诸多内在矛盾，经济发展普遍进入下行通道。国际货币基金组织（IMF）的数据显示，2015 年，不包括中国在内的新兴市场仅勉强取得 1.92% 的产值增长，比发达世界 1.98% 的增长率还低。同时，高耗能行业产能过剩在全球范围内也很普遍，以钢铁行业为例，据世界钢铁协会的统计，全球 2015 年粗钢的产量是 16.2 亿吨，平均产能利用率只有 69.7%，比 2014 年下降了 3.7 个百分点。未来较长时期，全球贸易都难以恢复至金融危机前的增长水平，一般商品特别是高耗能产品贸易增长空间都相当有限。

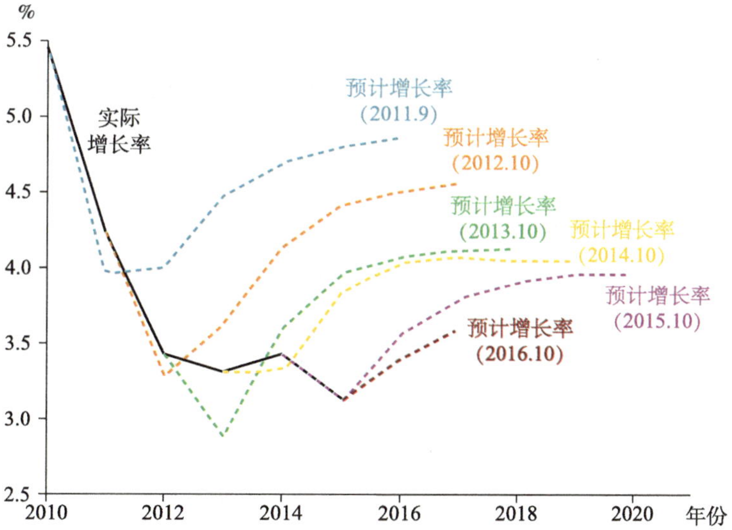

图 1－11 IMF 近年来的全球经济增长展望

2. 中国出口商品数量过大，已经不能靠扩大数量继续增加

目前，中国已是世界货物出口第一大国，2014 年占世界货物出口总额的比重达到 12.3%，比 2001 年加入 WTO 水平提高了 7 个百分点，并且已经超过日本、德国等历史

最高水平。从发达国家经验表明，当成为世界贸易大国，货物出口占世界总额的比重达到10%左右，出口增速将明显放缓。从中国情况看，2011年，中国货物贸易出口还比上一年增长20.3%，2012年就跌到了7.9%，之后一直下跌，2015年中国工业产品出口甚至出现-1.8%的负增长。“十二五”期间，中国出口年均增速仅为6.5%，远远低于历史趋势水平。从跨国比较来看，2015年，中国出口占GDP比例已经高达25%，远远高于美国8%、日本15%等大国指标，未来继续大幅增长的空间不大。

中国出口商品的结构仍然以低附加值商品为主，普遍在国际市场占有很高份额，形成了一旦中国制造，就大规模占领相应加工制造领域和市场的状态。中国大规模的低成本制成品进入市场，是造成全球一般加工制造业竞争加剧，产业利润率大幅度下降，商品价格低廉，市场快速扩张和饱和的重要原因。这种国际分工，使发达国家经济脱实向虚，在全球产业分工中更多地依靠设计、专利、关键高端零部件生产，保持高附加值制造业和服务业。同时，发达国家大量一般低附加值劳动力密集型制造业转移到发展中国家，也使得继续降低价格扩大发展中国家市场消费的空间很有限。随着中国成为许多高端和耐用消费品的主要市场，继续进行数量型出口增长已经十分困难。而进入生产型服务业、高端加工和高附加值核心零部件制造业，则需要更多的科技和人才投入，与扩大资源和能源投入关系不大。中国出口增速拐点可能已经到来，今后出口增长将主要依靠获得更多的国内附加值分配，为扩大出口而大量建设基础设施的阶段也成为过去。

3. 贸易摩擦加剧，产业对外转移趋势明显

随着中国经济竞争力不断提升，一些传统低端生产能力逐步向国外转移，也对中国保持较高出口增速带来挑战。同时，全球金融危机后，主要发达国家大力推动“产业回归”和“再工业化”，部分产业向发达国家转移，加上东盟等新兴经济体纷纷加快工业化进程，国际招商引资竞争更加激烈，中国承接国际产业转移已明显放缓，出口订单和产业向外转移趋势明显。中国由传统货物出口为主，开始向对外投资、货物出口并重方向发展，各国出口竞争进一步加剧，国际产业分工体系面临重构。

另一方面，在全球经济和贸易增速放缓的背景下，贸易保护主义、经贸摩擦问题更加凸显。除反倾销、反补贴等传统手段之外，在市场准入环节对技术性贸易壁垒、劳工标准、绿色壁垒等方面的要求越来越苛刻，由征收出口税、设置出口配额等出口管制手段引发的贸易摩擦越来越多。中国遭遇贸易救济调查案件涉及产品从传统行业向新兴行业延伸，发起国家从发达国家向发展中国家延伸，争执点从法律层面向政策和制度层面延伸。WTO的统计数据显示，中国已连续多年成为世界上受到反倾销反补贴调查最多的国家，2000—2014年以中国为对象的反倾销措施达到638件，数量占全球的27%，与中国出口占比极不相称。对欧盟来说，目前有效的73项反倾销措施中，有56项针对中国。此外，以中国获得市场经济地位议题为例，华盛顿经济政策研究所

研究认为，中国获得市场经济地位，将导致欧盟国家国内生产总值下降 1 到 2 个百分点，进而损失 170 ~ 350 万个就业岗位。

特别是对高耗能部门而言，依靠外需吸纳消化过剩产能的空间已经越来越小。以钢铁为例，2015 年，全国粗钢产量 8.04 亿吨，同比下降 2.3%，近 30 年来首次下降。国内粗钢表观消费 7 亿吨，同比下降 5.4%，实际需求萎缩程度比产量下降幅度更大。在这种背景下，2015 年中国钢材出口达 1.1 亿吨，占全球钢材贸易量的 50%。不仅出口规模没有扩大空间，而且导致严重的贸易争端。据中国钢铁工业协会统计，2015 年国际上发起的针对中国钢铁产品的贸易救济调查共 37 起，是 2014 年的 2 倍，涉及全球 5 大洲 15 个国家和地区。中国钢铁出口尽管数量大幅增长，但由此带来巨大的经济、资源环境、外交代价，实际得不偿失。

（四）低碳转型形势下高耗能部门投资效益进一步恶化

积极应对气候变化已经成为国际潮流，控制温室气体排放增长已经成为中国经济社会发展的重大外部约束。在当前存在严重产能过剩的条件下，中国高耗能部门普遍面临投资效益不高问题。如果进一步考虑日趋严格的低碳发展约束，不仅已有的高耗能行业产能将承受巨大碳排放成本代价和转型压力，而且新增的高耗能领域投资也面临巨大的资本沉没损失风险。综合来看，中国高耗能部门已经整体进入“减量发展”阶段，今后还将长期维持经济产出低速增长趋势甚至出现负增长。这是中国经济转型中的一个显著特点，也为中国从高碳扩张发展转向低碳发展提供了有利条件。

1. 中国高耗能部门普遍面临投资效益不高的问题

伴随中国经济发展由重化工业为主向后工业化时期转型，传统高耗能部门产能过剩矛盾不断加剧，经济效益不高的矛盾突出，许多企业已经处于资不抵债的“僵尸状态”。钢铁行业，2015 年出现全行业亏损；重点统计钢铁企业实现销售收入 28890 亿元，同比下降 19.05%；实现利税 −13 亿元、利润 −645 亿元，由盈转亏；亏损面 50.5%，同比上升 33.67 个百分点；重点大中型企业平均负债率超过 70%，部分企业已资不抵债，处于停产半停产状态。建材行业，2015 年水泥行业利润 330 亿元，同比下降 58%，平板玻璃行业利润 12 亿元，同比下降 12.4%；产能严重过剩引发市场恶性竞争，产品价格持续走低，企业经济效益大幅下滑，行业亏损面快速增加。有色金属行业，规模以上有色金属工业企业实现主营业务收入 57253 亿元，同比增长 0.2%；实现利润 1799 亿元，同比下降 13.2%，近 21% 的企业亏损；有色金属行业国有及控股企业仅实现利润 5.7 亿元，同比大幅下降 96.5%，占行业利润总额的比重仅为 0.3%，企业亏损面达 41.7%，亏损总额 373 亿元，占全行业亏损总额的 66%。石化及化工行业，2015 年石化行业实现主营收入 3.9 万亿元，同比下降 20.53%；利润总额 1615.6 亿元，同比下降 50.99%；去产能化虽取得了一定成效，但氯碱、化肥、轮胎、基础化学原料制造等行业产能过剩问题依然十分严重。氮肥、氯碱等出现行业性亏损，其他行业企业经营普遍困难。2016年，一些高能耗产业价格出现较大波动，有的出现恢复性反弹，但都难以维持长期向好的趋势。高耗能产业普遍产能和投资过剩的情况仍然突出，说明了高耗能产业整体进入饱和和下降的长期趋势。

从杠杆情况看，中国高耗能部门不仅产能普遍过剩，也都存在较大的债务压力。研究表明，[①] 在中国2500家沪深上市公司中，2014年年底的存量债务超过20万亿元人民币，制造业大约占据上了上市公司债务的32%，房地产和建筑业占29.3%，采掘和资源行业则占23.3%。这三大行业都直接间接与高耗能部门密切相关，加总占据了整体公司债务的80%。

2. 加快高耗能部门发展转型已经刻不容缓

事实上，高耗能部门结构调整自“十一五”时期就应该发生，但在经济刺激政策促进下、在财政补贴淘汰高耗能产能情况下，实际上人为拖延了行业自发转型，并且进一步恶化了产能过剩的矛盾，造成了大量资金沉没损失。2005—2015年，中国各级政府累计投入淘汰落后产能补贴资金超过百亿元，累计关停小火电机组近1亿千瓦，淘汰落后炼铁产能2.1亿吨、炼钢1.7亿吨、水泥产能10.1亿吨、平板玻璃2.2亿重量箱。但截至目前，高耗能行业产能过剩的矛盾仍然普遍突出。可以看出，对高耗能部门而言，如果没有各级政府利用行政手段、财政资金加快落后产能退出，其行业投入产出效益将更加恶化。

在一些能源资源富集地区和资源型城市，面临的发展转型压力尤为紧迫。以黑龙江省鸡西市为例，煤炭产能由2010年的3100万吨左右下降到2015年的1500万吨左右，煤炭行业税收占本级财政税收由最高时近60%，下降到目前不足20%。同时，在产能严重过剩的背景下，高耗能行业转型还面临日益严峻的环保、民生压力。以四川省泸州市为例，作为重要化工基地，一度集聚了全省四分之一的化工生产企业，但在环保压力背景下，城市化工行业整体陷入衰退，已经被列为资源枯竭型城市。

3. 化石能源领域投资面临巨大沉没损失风险

在相当长一段时期，中国大量投资集中在能源开发和加工转换领域，境外投资也以获得能源、资源保障为主，但在全球能源供需整体宽松、能源价格长期较低水平、低碳发展转型加快的背景下，继续扩大化石能源领域投资，不仅造成大量社会资源浪费，未来还面临巨大的沉没损失风险。

从国内来看，主要高耗能产品需求达到饱和和过剩状态，但产能过剩矛盾依然突出，伴随行业整体进入“减量发展”阶段，未来可能面临极大的资产沉没损失代价。煤炭方面，截至2015年年底，全国煤矿产能总规模为57亿吨，其中，正常生产及改造

---

① 周浩．中国企业去杠杆：难存侥幸［J］．金融时报（中文版），2016－02－23．

的煤矿产能 39 亿吨；新建改扩建煤矿产能 14.96 亿吨，其中约 8 亿吨属于未经核准的违规项目；停产煤矿产能 3.08 亿吨。但 2015 年全国煤炭消费仅有 38 亿吨，并且还在持续下降。石油方面，截至 2015 年底，中国炼油行业总炼能约 7.65 亿吨/年，实际加工量仅 5.22 亿吨，炼能利用率仅 68%，产能过剩问题严重。同时，“十三五”时期还有大量新增项目，规划炼能年均增速达 4.6%。考虑到中国石油需求可能在 2030 年左右就达到峰值，现有和规划产能已经远远超出预期峰值需求水平。煤电方面，2015 年，中国煤电装机达 9 亿千瓦，而火电平均设备利用小时仅 4364 小时，比上年降低 414 小时，是 1969 年以来的最低值，2016 年利用小时数进一步下降到 4200 小时以内。中国电力已经总体出现了严重的产能过剩，但“十三五”时期规划新增煤电装机仍达 2 亿千瓦，今后面临的资产沉没损失将十分巨大。

此外，中国在内蒙古鄂尔多斯，宁夏宁东，陕北榆林，新疆准东、伊犁、蒙东、云贵等地区还规划建设大量煤制油气、煤制烯烃等化工项目，也面临巨大的市场不确定性、技术挑战、生态环境和水资源风险。特别是，在全球低碳发展的背景下，中国化石能源领域相关投资还面临碳排放的巨大约束，可能出现建成投产就沦为“僵尸企业”的现象，资源环境代价和资产沉没损失风险不容忽视。

能源投资是中国固定资产投资的重要领域。多数能源项目投资巨大，对地方通过投资拉动即期 GDP 有很大吸引力。加之能源需求预测往往留出较大余地，也为无效投资提供了误导。当前煤炭、煤电、煤化工以及石油炼化的产能过剩和冗余投资已经很严重，相应的电网建设、交通基础设施建设也有连带冗余投资。这些投资是维持高耗能原材料加工生产的重要“需求”。但在市场压力下，供给侧结构性调整的步伐必须加快，相应的低效无效投资必然受到进一步挤压。特别是伴随高耗能产品需求的饱和，其产品产量将出现加速减少。中国低碳经济转轨的条件将进一步成熟。

三、中国需要探索创新经济发展理论和道路

中国建立在高资源环境投入、低劳动力成本、低附加值基础上的传统发展模式已经难以为继，在物质资源积累达到较高水平、资源环境和气候变化约束日趋严格的情况下，今后也没有继续高碳发展的空间。经济发展理论和各国实践都证明，经济增长本身不是目的，经济增长也不可能是原有结构的无限扩张。中国要认真反思现有发展理论和模式的局限性，创新经济发展道路，推动经济增长由要素规模扩张向提升质量和效益方向转变；由片面追求资本增值向人力资本、自然资本共同提升方向转变；由注重物质生产数量向注重改善民生、增加包括生态环境在内的全社会财富方向转变。通过推动经济发展由外延式扩张转向内涵式、包容式增长，既有利于提升各类投入要素的配置效率，实现由高碳发展向低碳发展的转型，也符合供给侧改革、补齐民生短板发展要求，支撑 14 亿人民群众全面实现绿色低碳现代化的共同愿景。

（一）经济增长不能以恶化劳动资本收入分配为代价

按照现有资本主义市场经济的生产要素理论，经济增长主要源于劳动力、资本、自然资源等各类要素投入，各类要素按照贡献大小平等参与收入分配，以维持要素的再生产，以推动经济实现持续发展。这种做法已经把资本增值、自然参与分配视为合理，已经有悖于马克思主义的劳动价值学说，可能造成资本收入过高的后果。在实践中，如果过度依靠投资拉动经济增长，必然造成劳动在初次分配中比重过小，国民收入过多地向政府税收和企业利润倾斜，使资本似乎成为经济增长的唯一短缺要素，必然进一步扩大资本的分配份额。这既制约了居民消费增长，也不利于人力资本积累持续提升。资本收入比例过高，使经济增长和劳动力收入逐步脱节，是目前包括资本主义国家的全世界出现的重大经济和社会矛盾。资本增值和实体经济脱节，使得许多国家不得不靠货币宽松政策，多发货币来支撑所谓的资本快速增加的需要，进一步造成少数人暴富，资本增值收益向更少的社会群体集中，而中等和基层人民实际生活水平下降。这种现象在中国也逐渐明显。近年来，中国高投资增长主要呈现债务驱动特征，造成劳动资本收入分配进一步恶化，已经成为制约中国经济发展、影响社会公平的重大问题。

1. 中国高投资增长呈现债务驱动特征

西方现代经济学理论认为，投资对经济增长具有水平效应和增长效应，但前提是这些投资必须是有效投资。从历史上看，中国在经济起步阶段通过扩大投资，增加了制造业生产规模，弥补了基础设施的“短板”，加快了资本积累，对提高劳动生产力发挥了促进作用。但自2008年4万亿刺激政策后，中国进一步扩大高耗能部门、传统制造业领域投资，不仅加剧了产能过剩矛盾，而且积累了大量债务负担，实质上透支了增长空间，造成发展不可持续和社会财富大量损失。

从社会融资规模增长情况看，[①] 2007年中国社会融资增量仅6.0万亿元，2014年增量达16.5万亿元，增长了1.8倍（见图1-12）。从社会融资规模存量情况看，2007年中国社会融资规模存量仅32.1万亿元，2014年存量达122.9万亿元，增长了2.8倍。从杠杆率的角度来看，中国社会融资规模存量与GDP的比率从2002年的123%增长到2014年的193%。值得注意的是，2002—2008年，中国全社会杠杆率保持稳定，社会融资规模存量与GDP的比率始终在120%左右，但自2008年以后，全社会杠杆率明显上升，短短六年时间增长了70个百分点。

可以看出，中国近年来的经济增长很大程度建立在债务驱动的基础上。2002—

① 说明：社会融资规模是指实体经济（即非金融企业和个人）从金融体系获得的资金量。目前中国金融市场多元化发展，金融部门对实体经济的融资支持不仅有信贷，还有债券、股票、委托贷款、信托贷款、银行承兑汇票等多种方式，社会融资规模存量统计能够多角度地全面反映各类融资支持实体经济的状况。

2008 年，中国平均每年需要增加 1.2 单位的社会融资规模，即可创造 1 单位的 GDP 增长；但 2008—2014 年，中国平均每年需要增加 2.9 单位的社会融资规模，才能创造 1 单位的 GDP 增长。特别需要说明的是，这里还没有包括中国地方政府融资平台等大量“影子银行”的债务。最近一段时期，中国通过推进“债转股”降低了全社会杠杆率，但并没有根本解决问题，实际上转移杠杆而已。整体来看，中国的债务规模与 GDP 比率不仅偏高，而且增长迅速，对经济可持续发展、金融安全等带来重大挑战。

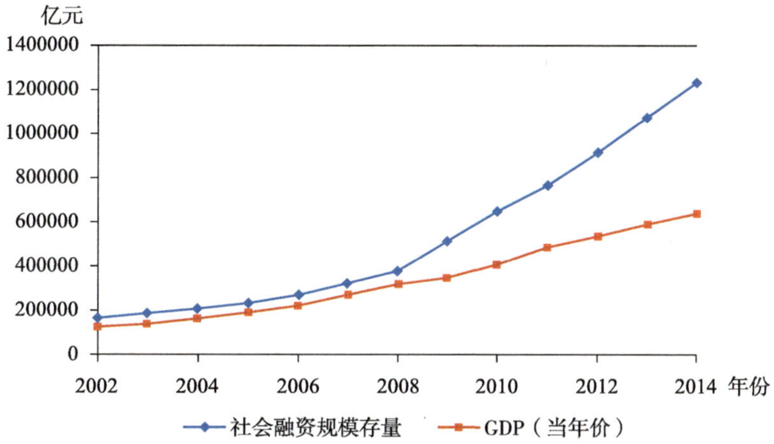

图 1－12　2002—2014 年中国社会融资规模存量和 GDP 变化情况

从国际横向比较看，根据麦肯锡研究，如果考虑总债务水平（包括金融业债务），中国总债务水平自 2007 年起增长了 3 倍，总债务水平与 GDP 比率由 2000 年的 121% 增长到 2014 年的 282%，高于美国、德国、加拿大、英国等国的水平，更远高于俄罗斯、印度、巴西等国的水平。如果与发达国家历史趋势相比，根据国际清算银行数据，截至 2015 年底，中国债务总量达到 GDP 的 240%，其中私营部门债务为 GDP 的 200%，这只比日本 1991 年“失去的十年”开始前水平略低，远超 2007—2008 年美国金融危机前夕（见图 1－13）。未来一段时期，中国出现债务危机和金融危机的风险不容忽视。

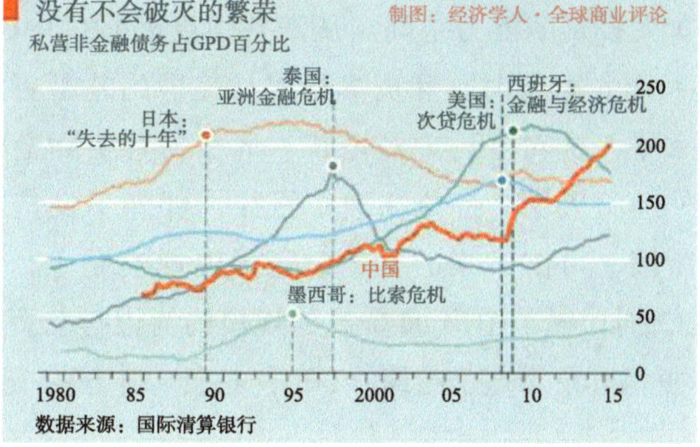

图 1－13　主要国家私营非金融债务占 GDP 比率变化比较

2. 经济增长过快“脱实入虚”带来较大风险

中国依靠债务扩张的经济增长模式，造成金融业占 GDP 比例快速提高，经济增长的金融成本代价过大，过快“脱实入虚”对实体经济发展带来不利影响。2015 年，中国金融业 GDP 同比增长 15.9%，远远高于同期 6.9% 的 GDP 增速（见图 1-14）。金融业快速发展，虽然一定程度上对支撑经济发展、改善资金要素配置效率发挥了积极作用，但同时，也对国民收入分配格局带来负面影响，对实体经济发展造成一定抑制作用。2014 年，中国金融业增加值占 GDP 的比重达 7.38%，已经高过美国 7.2% 的水平，更高于欧盟、日本等发达国家和地区 3% ~5% 的水平。

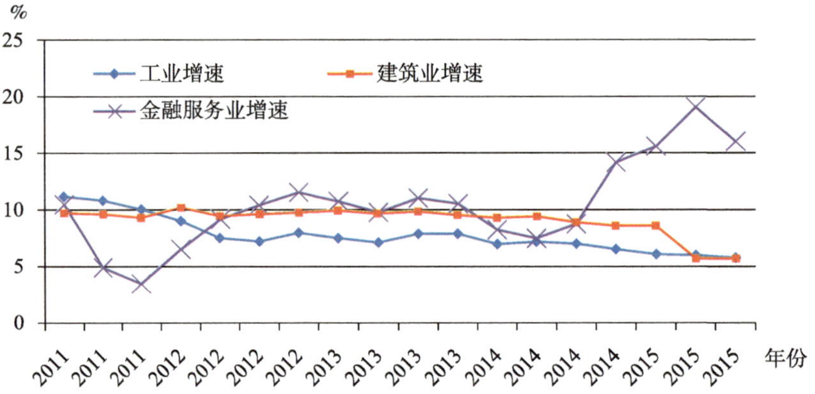

图 1-14　中国主要部门分季度经济增速

在经济快速增长阶段，在杠杆率较低的情况下，信贷高速扩张有利于增加产出规模，对促进经济增长具有正面作用。但随着杠杆率达到较高水平，实际上增加了经济发展的金融成本代价，反过来对进一步实现经济增长带来抑制作用。2014 年，中国社会融资规模存量与 GDP 的比率达 193%。按照平均名义融资成本 5% 计算，每年的利息支出就相当于 GDP 的 10% 左右，甚至高于中国近年来每年的名义 GDP 增量。从投资角度来看，对微观行业和企业来说，这意味着每年财务成本高于新增产出，实际上抑制了行业和企业进一步扩大投资的能力空间。从消费角度来看，中国人均 GDP 水平仅相当于美国水平的 1/5 ~1/8，家庭财富和资本积累与美国的差距更大，但全社会实际承担了相近的总体债务水平，这对今后内需增长、消费提升实际上也形成了制约。从全社会角度来看，国内外经验表明，信贷高速扩张往往伴随不良贷款快速增加，特别是在经济增速持续下行阶段，可能带来的社会财富损失规模更大。目前，据部分银行及信用评级机构的非正式估计，① 中国不良贷款的规模约为银行总资产的 20%，相当于中国 GDP 的 60% 左右。据国际货币基金组织（IMF）估计，中国公司债中有 1.3 万亿美元

---

① 乔治·马克努斯．债务清算日并非遥不可及［J］．金融时报，2016-05-04.

（相当于中国各银行账目上商业贷款的近1/6）的负债方是营收不够偿付利息的企业。无论是不良贷款的延期，还是核销或重组，都不可避免地造成全社会财富的巨大损失。

此外，经济过度金融化、虚拟化还可能加剧波动风险，甚至导致经济危机。亚洲金融危机期间，大量资本从金融领域和实业领域快速退出，导致了严重的产业萎缩和经济社会动荡。在危机影响最深的1998年，整个东南亚的实际GDP收缩了7.4%，受伤最深的印尼甚至倒退到了1995年的产出水平。印尼、泰国和马来西亚等国家到2008年仍未达到危机前的经济发展水平。对中国而言，根据中国央行及国内外研究机构测算，虽然中国总体杠杆率在全球处于中等水平，但2009年以来迅猛提高，企业部门的杠杆绝对水平已经在全球居于前列。加上体制等因素影响，中国较高杠杆率主要集中在国有企业、政府背景融资平台、重化工行业和房地产行业，局部地区的地方政府债务风险不容忽视。

必须看到，这种金融领域的非正常化扩张，和固定资产投资领域的盲目扩张互为因果。大规模低效甚至是无效投资项目，造成了表面的资金需求。而项目本身的效益不好，又大幅度提高资金占用的时间，以致不得不借新债还旧债。土地房屋价格的不断上升，给所谓的资产数量的字面增长提供了附着物，使资本表面值迅速扩张，出现了搞实业不如炒地皮，搞生产利润越来越低，炒房利润过高的现象。中国高碳扩张型增长，已经走到尽头，必须转变增长内容和增长方式。

（二）经济增长要着力提升国内要素附加值分配

目前，中国已经是世界第一大货物出口国，不断优化和提升对外贸易水平是中国经济转型发展的内在要求，也是进一步深化改革开放和建设全方位开放大国的客观需要。与改革开放和加入WTO初期相比，中国出口产品结构、技术水平、质量效益有了大幅提升，但从整体来看，中国在全球产业分工和价值分配中仍处于低端环节。“两高一资”产品、初级原材料、低端制成品在中国出口商品构成中仍占较大比重，高技术含量、高附加值、高品牌价值、自有知识产权商品的比重仍然较低。服务业出口发展比较缓慢，在中国出口商品中的比重不仅低于美、欧等发达国家水平，甚至低于印度等发展中国家的水平。今后一段时期，在参与全球产业分工过程中，在全球价值链创造环节，要不断提高国内劳动力、资源环境等要素附加值分配，确保高水平参与全球化。

1. 中国出口要由规模增长转向提高国内要素附加值分配

近年来，中国出口结构不断优化升级，由初级产品、原材料向机电设备等产业不断升级。“十二五”期间，中国铁路、通信、船舶、航天航空等大型成套设备出口年均增速保持在10%以上，2015年机电产品占外贸出口的比重达57.6%。但中国外贸出口仍有约三分之一是加工贸易。2015年，加工贸易占外贸出口的比重达35%。从历史趋势看，由于在国际分工和价值分配中的较低地位，中国对外贸易获得的国内要素附加值分配比较有限。2000—2009 年，按照不变价衡量，中国出口总额增长了两倍多，但出口单位商品价格水平并没有明显提升（见图 1－15）。

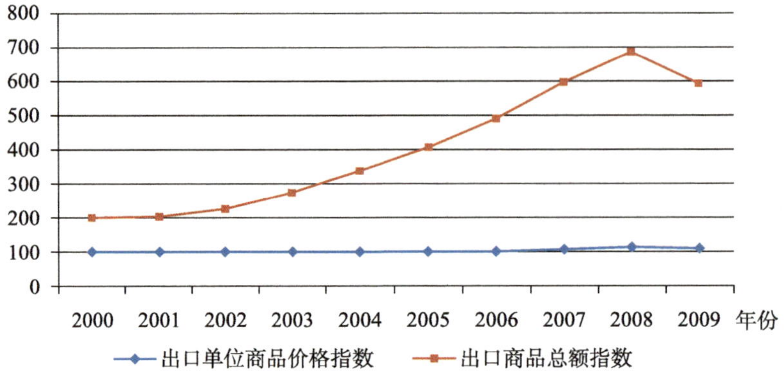

图 1－15　中国出口单位商品价格指数和出口商品总额指数变化①

特别是，伴随全球化加速发展和产业分工不断细化，跨国公司和外商直接投资比重持续上升，产业内贸易、垂直分工、外包等成为国际贸易的主要形态，一国参与全球分工的要素投入、价值分配更加错综复杂，对出口转型升级带来严峻挑战。在新的全球分工形势下，全球资源配置已经从一个工厂、一个地区、一个国家扩展到整个世界，传统贸易理论强调的扩大出口规模、提高技术产品比例等已经不能真实反映一国的贸易获利情况。因为高技术产品的核心技术掌握在谁手里，主要的附加值就留在谁手里。提高国内要素在全球产业链中的价值分配，已经成为各国经济竞争力的核心体现。在这种背景下，推动对外贸易向附加值较高的前端、后端延伸，加快提升技术研发、产品设计、市场营销、品牌运作、专业服务、金融服务、物流管理等竞争力，在全球产业价值链“微笑曲线”中取得更多要素价值分配，应该作为中国对外贸易转型的重要方向（见图 1－16）。

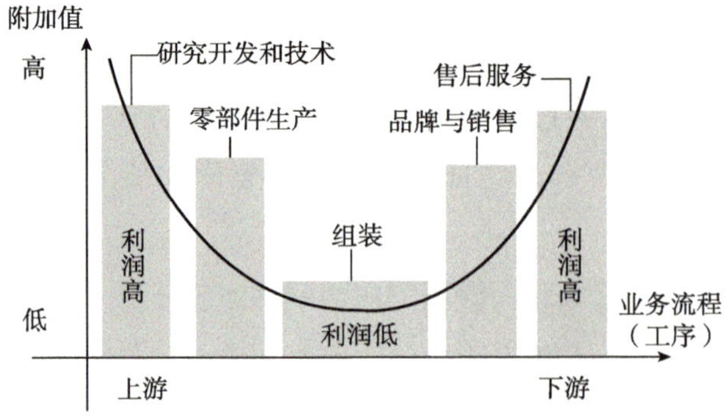

图 1－16　全球产业价值链示意图（微笑曲线）

① 资料来源：世界银行、世界贸易组织数据库等。

2. 提升国内附加值分配关键是提高劳动生产率和劳动价值分配

经济增长从外延式规模扩张转向质量效益提升，必须持续提高国内全要素生产率，特别是劳动生产率。从全要素生产率角度看，其既衡量技术进步带来的效率改进，也包括制度创新和法治进步进来的资源配置效率提升。改革开放以来，中国尽管经济持续高速增长，但工业全要素增长率非常缓慢。研究表明，1980—2010 年，中国工业全要素生产率年增长率仅有 0.5%，远低于东亚经济体在相似阶段的增长水平。同时，伴随金融危机后实施大规模财政刺激政策，工业全要素生产率增长进一步放缓，2008 年到 2010 年年增长率只有 0.3%，是改革开放以来的最低水平。

从行业层面来看，与发达国家相比，中国经济增长的质量和效益不高，一方面源于技术、管理等水平落后带来的劳动生产率差距，但另一方面，主要源于中国劳动者在国内附加值创造环节的要素分配相对较低。

以钢铁行业为例，[①] 从劳动生产率来看（见图 1－17），2008 年，中国黑色金属冶炼及压延加工业劳动生产率仅为 4.14 万美元/人/年，相比之下，美国、日本、德国、法国的劳动生产率分别为 31.04 万美元/人/年、28.96 万美元/人/年、19.06 万美元/人/年、16.67 万美元/人/年，都远远高于中国水平。从人均薪酬来看（见图 1－18），2008 年，中国黑色金属冶炼及压延加工业人均薪酬仅 5295 美元/年，不足美国、德国等发达国家黑色金属冶炼及压延加工业水平的十分之一。

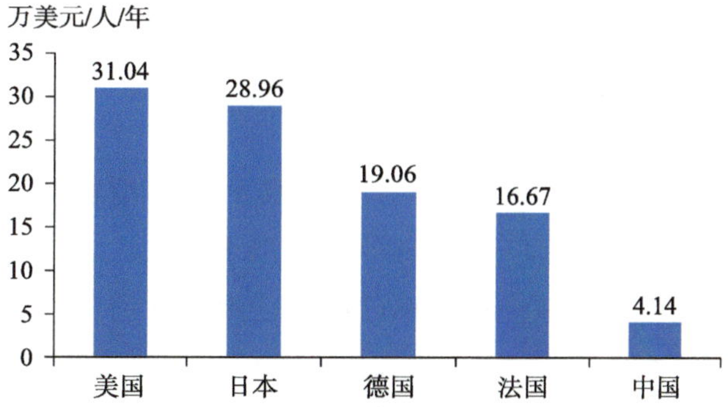

图 1－17　主要国家黑色冶炼及压延加工业劳动生产率比较

但从劳动生产率与人均薪酬结合比较来看，中国劳动力要素投入的价值分配明显较低。以中美两国为例，中国劳动生产率为美国的 13.3%，但人均薪酬水平仅为美国的 9.3%。可以看出，一方面，尽管中国钢铁行业产量居世界首位，但单位劳动力投入创造的价值明显偏低，与发达国家相比，中国钢铁行业产业附加值较低，整体处于价值链的低端；另一方面，从要素价值分配角度，中国钢铁行业的劳动力要素价值分配

① 根据《联合国工发组织产业统计数据库》《中国出口产业国际竞争力研究报告 2011》等整理。

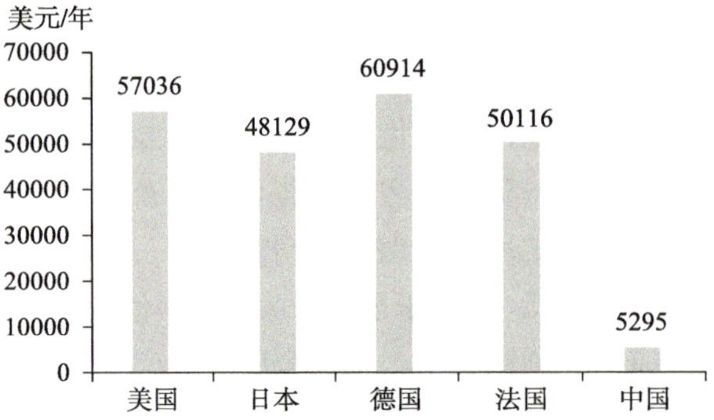

图 1－18　主要国家黑色冶炼及压延加工业人均薪酬比较

明显偏低，不仅绝对水平显著低于发达国家，而且相对劳动生产率水平也低于发达国家。可以看出，中国钢铁行业的规模优势、竞争力等一定程度上是靠压低的劳动力要素价值分配实现的。中国走低工资低价格的市场竞争路线，在我们发展初期可能是不得已的选择，但长期维持这种增长方式，也进一步压低了中国大宗产品的价格，降低了我们应该得到的劳动附加值。在这种条件下还要进一步扩大产能，增大产能过剩，更进一步造成市场买方优势；压低中国产品价格，使我们增长空间受到很大的挤压，高端人力资源增长缓慢，研发能力不足，是一种恶性循环。未来一段时期，推动钢铁行业延长产业链、提升附加值是重要方向，但更要从源头注重改善收入分配，不断提高人力资本水平，提高劳动在国内附加值创造过程中的价值分配。

（三）改善收入分配推动经济增长满足合理内需

中国经济增长长期依靠投资和出口拉动，内需和最终消费的贡献比较有限。但伴随着中国成为世界第二大经济体，在国内外消费需求增长放缓，以及投资边际效应递减因素影响下，特别是在中国目前投资率已经高达 46.7% 的情形下，受投入产出效益重大制约，现有投资率水平不仅不能继续提高，而且应该明显降低。2015 年，中国人均 GDP 超过 8000 美元，许多地区已经超过 1 万美元，要实现经济进一步增长和居民收入水平稳步提升，从长远看，必须改善收入分配结构，稳步提高劳动报酬占 GDP 的比重，推动经济增长主要依靠内需和满足合理内需发展，这对避免陷入“中等收入陷阱”至关重要。

1. 内需增长是保持经济平稳发展的前提

长期以来，国内消费需求增长一直是支撑经济较快发展的重要动力。2000—2010 年，最终消费支出对经济增长的拉动作用平均达 5.1 个百分点；2011—2015 年，对经济增长的拉动作用平均达 4.3 个百分点。而且从 2014 年起，消费对经济增长的贡献已经超过投资，2015 年贡献率达 59.9%（见图 1－19）。

按照现价计算，1990—2015 年，中国最终消费支出增长了 29 倍。从驱动内需增长的因素来看，主要源于中国城乡居民收入水平的持续提升（见图 1－20）。按照现价计算，城镇居民人均可支配收入增长了 20 倍，农村居民人均纯收入增长了 15 倍。“十二五”期间，中国居民收入水平进一步快速增长，城镇居民人均可支配收入年均增长 7.7%，农村居民人均纯收入年均增长 9.6%。如果延续目前增长趋势，到 2020 年有望超额实现 2010—2010 年城乡居民人均收入翻两番的目标。

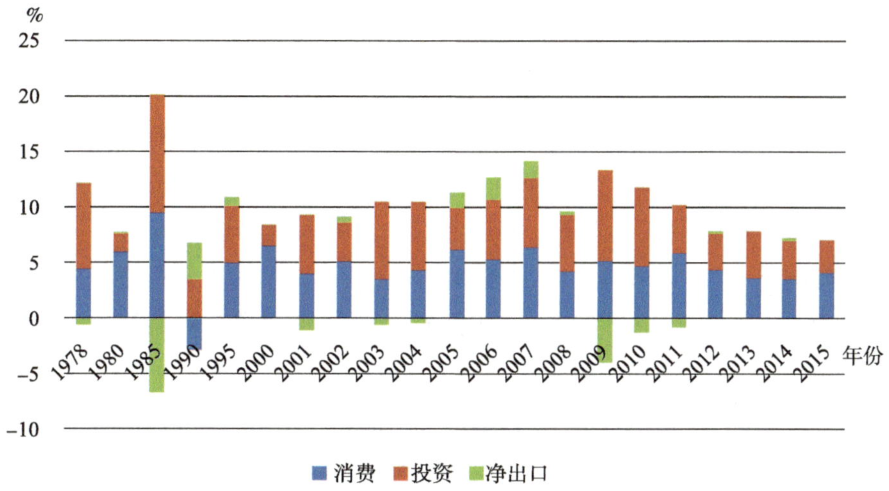

图 1－19 中国三大需求对经济增长的拉动（按照不变价计算）

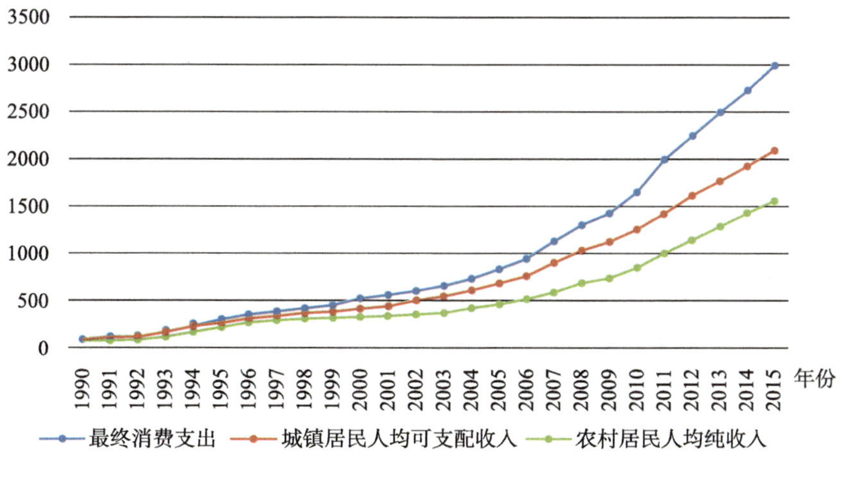

图 1－20 中国最终消费支出与城乡居民收入增长比较（当年价，1990＝100）

2. 逐步扭转劳动报酬占 GDP 比重整体呈下降趋势

尽管中国城乡居民收入一直都快速增长，近年来也超过了以 GDP 增速衡量的全社会产出增长。但与以社会融资规模存量衡量的全社会财富增长相比，中国城乡居民在全社会财富中的分配比例呈下降趋势。2002—2015 年，中国社会融资规模存量增长了 8.3 倍，年均增速达 18.7%，远远高于同期名义 GDP 年均增速水平。从根本上看，调整优化国民收入分配结构、加大对一般劳动者的收入分配倾斜，是支撑合理内需增长、保持经济稳步发展的前提。

国民收入的分配问题非常复杂，涉及多个层次，从理论上看，包括在资本、劳动力等要素层面的分配，政府、企业、居民等市场主体层面的分配，初次分配、二次分配、最终分配等。其中，初次分配是国民收入分配的首要环节，其公平状况是形成最终国民收入格局均衡状态的前提。

从中国情况看，以劳动报酬总量占社会财富增加值（GDP）总量的比重来衡量，劳动报酬占 GDP 比重整体呈现下降趋势（见图 1－21）。2000 年，中国劳动报酬占 GDP 比重为 50.38%，到 2007 年，下降到仅有 39.74%，近年来虽然略有回升，但到 2014 年仍只有 50.9%。[①] 相比之下，发达国家除澳大利亚接近 50% 外，其余国家均在 50% 以上，美国最高为 56.92%。与发达国家相比，中国的初次分配存在资本所有者所得畸高、劳动所得持续下降的趋势，这些都对经济结构转型、调整消费投资结构、改善社会公平等带来不利影响。如果进一步考虑到城乡、区域、行业收入水平差距和“灰色收入”等因素，中国一般劳动者在国民收入分配中的比重下降趋势更为明显。从中长期看，只有加快调整优化国民收入分配结构，确保中低收入群体的收入水平持续上升，贫富差距显著缩小，才能形成新的消费需求，推动经济稳步健康发展。

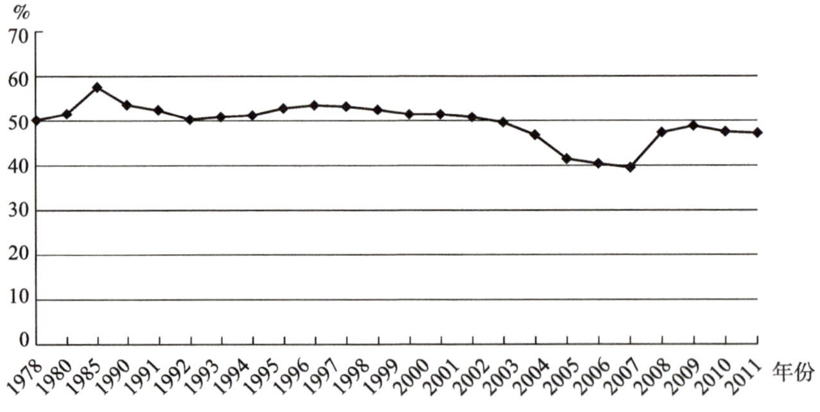

图 1－21　中国劳动报酬占 GDP 比重变化趋势

（四）经济发展要促进提升包括人力资本、环境资本在内的全社会财富

中国自“九五”时期就提出加快转变发展方式，但片面追求 GDP 增长的倾向仍普

① 资料来源：《中国统计年鉴 2016》。

遍存在。目前，中国人均 GDP 已经超过 8000 美元，许多地区已经超过 1 万美元。在实现全面建成小康社会目标的基础上，到 2030 年中国人均 GDP 将超过 1.5 万美元，部分地区超过 3 万美元，不仅经济总量达到世界第一位，人均 GDP 水平也将普遍达到高收入国家水平。在这种背景下，中国要彻底转变追求资本增值、GDP 数量扩张的传统模式。从现在开始，切实落实习近平总书记提出的“不以 GDP 论英雄”的要求，把经济发展、民生改善、环境质量等实绩纳入经济社会发展目标体系，提升包括人力资本、环境资本在内的全社会财富。

1. 完善经济社会发展目标体系

经济增长本身不是目的，目的在于以人为本的全面发展，推动人类文明程度的提高。全面发展的内涵，不仅包括物质财富的增长，也包括环境、生态的改善，以及平等、公平、安全等非物质需求得到满足。随着经济社会的发展，人们对非物质方面的需求越来越突出。在确保实现经济发展“三步走”目标的同时，中国应该把改善民生与环境质量等也纳入经济社会发展目标体系，作为进一步深化改革、合理配置政府和市场资源的目标导向。

与发达国家相比，中国经济发展水平差距不断缩小，但在民生改善方面的差距仍然十分突出。特别是在教育、医疗、环境等公共服务方面，中国区域、城乡的发展差距非常明显。过去三十多年，尽管经济持续高速增长，但也带来产能过剩、环境污染、不平等加剧等诸多矛盾。但从另外角度来看，转变 GDP 增长目标导向，即使在经济增速大幅放缓的情况下，通过切实改善教育、医疗、环境等公共服务，国民福利的改善程度会更大。

在改进传统 GDP 核算体系方面，国内外已经开展了大量探索，试图对 GDP 指标进行修正，考虑资源消耗、环境损害、福利变化等因素。代表性的包括：增加环境国民经济账户（SEEA）的绿色 GDP 指标；考虑污染成本、社会成本、福利变化等因素的可持续经济福利指标（ISEW）；考虑环境破坏、收入不均、负面压力等因素的真实发展指数（GPI）；考虑自然资本折旧、人力资本和社会资本变化的真实储蓄指标（GS）等。

2. 促进提升全社会财富增长积累

中国粗放、高碳的经济增长模式，尽管带来了较高的 GDP 增长，但付出的资源环境、劳动力投入等代价过大，一定程度上也抵消了部分社会财富积累。与发达国家经济起飞阶段相比，中国大拆大建、系统性浪费问题严重，不平衡、不协调、不可持续矛盾突出，尽管经济增速居于世界前列，但全社会福利状况还有很大差距，面临的增加就业、改善贫富差距压力巨大。以人力资本积累为例，根据中国第六次人口普查数据，目前，25～64 岁的劳动力的高中教育程度及以上只有 24%，对比之下，经合组织国家中 25～64 岁受过高中教育的比例达到 74%。作为一个拥有 9 亿多劳动力的人口大国，中国人力资本提升还有很大空间。

促进社会财富增长，就是要从物质财富积累扩展到人力资本、社会资本、环境资本的增长。一方面，要把资源消耗、环境损害、生态效益等纳入经济社会发展评价体系，确保下一代人可持续发展能力不受到损害，这也是可持续发展的基本要求。以治理环境污染和应对气候变化为例，要认识到在实现既定经济社会发展目标前提下，实现环境质量明显改善、温室气体大幅减排，实际上也增加了全社会的财富。另一方面，在衡量财富增长时要引入幸福指数，把医疗健康、文化教育、娱乐休闲等非市场活动纳入考虑，从一般劳动者的实际需求出发，切实增进民生福祉。从这个角度衡量，中国在产品创新、服务创新、技术创新、市场创新方面还有很大发展潜力。同时，通过探索回归劳动价值、回归人民的发展方向，在中国认真实践中国特色社会主义道路，不断积累实现共同富裕的发展经验，对于广大发展中国家实现现代化也有重要的借鉴意义。

四、创新政策清单管理推动经济转型以尽早实现峰值

“十一五”以来，为推动节能减排和低碳发展，中国政府先后出台了一系列政策措施，包括制定约束性目标任务、加大淘汰落后产能力度、实施千家（万家）企业节能低碳行动、加大节能技术改造力度、出台财政激励政策、完善法律标准体系、落实考核问责机制、开展先行示范试点等，推动节能降碳取得了明显进展。2005—2010 年，中国单位 GDP 能耗累计下降 19.1%，2010—2015 年，中国单位 GDP 能耗累计下降 18.2%，节能降碳成效一直在全世界居于前列。但从另一方面来看，中国高碳粗放型发展方式并没有根本转变，满足现代政府治理体系和市场化取向的长效体系制度尚未完全建立，并不足以支撑加快转变发展方式和二氧化碳排放峰值目标尽早实现。

“十八大”以来，为建设法治化营商环境，构建开放型经济新体制，中国开始探索实施市场准入负面清单管理，这是政府管理思维的重大转变。但对节能低碳发展而言，一方面，既涉及“有所不为”，要对目前促进高碳发展的投资管理体制、市场监管体制和法律标准体系实现根本性转变，真正发挥市场在资源配置中的决定性作用；另一方面，也要“有所作为”，在调整社会发展目标、转变政绩考核体系、弥补市场失灵、深化体制机制改革等方面更好发挥政府作用，发挥中国社会主义市场经济体系在促进低碳发展方面的制度优势。

在这种背景下，为推动经济尽快转型，实现长期较快可持续发展，同时尽早实现二氧化碳排放峰值，中国应创新政策清单管理，实施“负面清单”和“正面清单”。具体而言：

（一）“负面清单”管理

1. 过高 GDP 增速作为发展目标

GDP 高速增长在中国被视为政府绩效、有效执政的重要标志，而忽视了过分重视经济增速带来的贫富差距加大、资源环境恶化等巨大代价。在过去十几年中，各级政府制定过高的 GDP 增速目标，透支经济发展潜力和资源环境容量的现象比比皆是。在未来落实“五位一体”发展理念和绿色低碳发展进程中，首先应把为追求政绩而制定过高的 GDP 增速目标，作为负面清单管理的重要内容。特别是东中部发达地区、重点城市和生态脆弱地区应率先探索取消 GDP 增速目标，把发展重心真正转到可持续轨道上来。同时，应进一步深化财税体制改革，理顺中央地方财权事权划分，从根本上减少地方政府为增加财源导致的投资冲动。

2. 依赖房地产行业发展经济

房地产行业是国民经济的重要部门，其发展模式具有路径锁定效应，会对城市形态、人口流动、消费行为、能源需求和二氧化碳排放等带来深刻影响。中国经济发展过度依赖房地产，既导致钢铁、水泥等高耗能产品需求居高不下，又带来城乡区域发展差距扩大、土地财政矛盾突出、内需增长乏力、金融泡沫、阶层固化和社会财富分配差距拉大等问题，转变发展模式刻不容缓。中国的基本国情决定了房地产行业必须以满足合理需求为主，不能重复美国等奢侈型发展模式，也不能成为投资、投机的方向和目标。

3. 过度依赖出口发展经济

中国目前出口导向的政策使得工业行业以出口为第一生产目的，企业只要享受出口退税就能生存，造成了中国对外贸易大部分是两头在外的加工贸易。这既导致企业效益低下，抑制企业创新发展的增长动力，也造成资源承载率过高，经济增长质量不高，更重要的是抑制了满足内需增长的发展动能，国内需求长期难以释放，内生性增长动力弱化。

4. 城市规划脱离实际，贪大求新，大拆大建

城市化是中国当前经济发展的最大主题，对中长期能源需求和碳排放趋势具有至关重要的影响。目前，中国城市普遍粗放扩张、贪大求洋，土地利用和人口消纳等规划目标远远超出实际需求。各类城市在编制城市规划时，目标建设一倍甚至数倍的新城或新区已成常态。在新城新区规划中不仅面积巨大，对未来人口的预期也不切实际，缺乏科学依据。建设用地粗放低效，“摊大饼”式扩张，过分追求宽马路、大广场，导致建成区人口密度偏低。城市规划决策缺乏科学依据，大拆大建，反复折腾，年年改造。一些城市热衷建外观新奇却不实用的地标性建筑，招致社会批评，往往变成短命

建筑，用不了几年、十几年就不得不废弃拆除，造成巨大的资源浪费。

5. 简单化的政府职能转变

目前政府职能转变的主要做法是取消和下放行政审批事项、规范行政权力运行机制、创新行政管理方式和探索宏观管理新的实现形式。但如何处理好政府和市场的关系、如何解决部门各自为政的掣肘状况等，还有很大的改进空间。部分地方政府以招商引资为名，在土地、资源配置方面推行过度优惠政策，在促进地方经济发展的同时，也给超出社会需求的投资项目提供了生存土壤，导致市场秩序混乱和不公平竞争，加剧了产能过剩。政府各部门间缺乏强有力的政策协同，例如电力行业，发改委下放能评权力，环保部下放环评权力；地方政府偏好投资拉动，投资方因为电价高，有利可图，想尽一切办法去跑批文投资建设电厂；电网部门虽负责需求侧管理，但也缺乏手段，只收取电费而已。这种部门管理格局使得电力行业一方面要去产能，另一方面产能快速膨胀。行业管理呈现碎片化状态，导致发电利用小时数急剧下降，系统效率降低，排放升高，与绿色低碳发展要求相悖。

（二）“正面清单”管理

1. 把节能作为“第一能源”，制定较高的节能减排约束性目标

制定较紧的能源消费总量和强度“双控”目标约束，不仅需提高能源利用技术效率，更要提升能源利用经济效益，推动经济发展模式和内容加快转型。按照2030年达到世界先进、2050年达到世界领先要求，大幅提升各个领域节能标准的要求。推广“一体化”整合设计，全面普及复合型工厂、超低能耗建筑、电动汽车、高效卡车、超高效家电等，在推动工业能耗尽早达峰的同时，促进建筑、交通运输能源需求“削峰”发展。要发挥中国能源重大建设项目较多的优势，加强现代信息技术、材料技术、物联网等技术研发，在大规模储能、智能电网、新能源材料、燃料电池等方面尽快取得突破，推动能源利用效率持续进步。

2. 推动清洁低碳能源成为能源消费主体

加快发展天然气、核电、可再生能源，不断替代传统化石能源消费。把天然气作为推动能源低碳转型重要过渡能源，在居民生活、发电、交通运输等各个领域扩大利用规模。把核电发展作为能源结构优化和中国制造升级的重要支撑，在确保安全的前提下，按照沿海和内陆并重方针，加快推进内陆核电建设。通过建立合理的水电价格形成机制，理顺环保、移民、地区利益分配等相关问题，做到水电资源应开发、尽开发。切实解决清洁能源发展面临的政策障碍，建立适应可再生能源大规模融入的电力系统和电力机制，坚持集中式和分布式并重，促进风电、可再生能源加快发展。

3. 完善市场机制，发挥价格信号绿色低碳发展导向作用

低碳发展需要明确的政策引导，更重要的是长期市场价格信号导向。从中国国情

出发，要通过深化能源税费改革，理顺比价关系，把较高的能源价格水平作为长期政策目标，抑制不合理消费。同时，要通过深化能源体制改革，鼓励市场竞争和技术创新，降低各类交易成本和制度成本，以及灵活运用财税调节手段，确保实体经济、低收入群体等能源价格保持在较低水平。用能权、碳排放权、排污权等各类交易机制应统筹协调，并实行从紧的配额管理，以推动技术进步，有效减少碳排放。

4. 加强法治保障，把绿色低碳发展纳入法治化轨道

中国推动绿色低碳发展，应从行政和经济手段为主，逐步过渡到法治为主阶段。对节能低碳相关约束性目标、强制性标准、设计规范等，应在形成社会共识的基础上，尽快纳入法规保障。主体功能区、城市发展规划等也应明确法律地位，包括以立法的形式对建筑使用寿命等做出具体规定，确保绿色低碳发展的长期稳定。对煤炭“去产能”、可再生能源消纳等应加快修订并完善相关法律，建立稳定的市场预期，避免出现行业大起大落。要严格法规标准的落实执行，对环境污染、粗放浪费等各类违法违规行为严肃查处，对有法不依的地方政府和官员加强问责，通过维护法治的权威性，推动绿色低碳发展落到实处。

5. 降低经济增长对房地产行业的过度依赖

今后应明确房地产行业发展的公共属性和社会目标，以改善广大人民群众居住质量为核心，降低经济增长对房地产行业的过度依赖。具体包括：各地区严格按照人口规模制定建筑总量控制目标；优化住房供地结构，增加中小型住房供应，限制大户型奢侈型住房供应；明确商品住房价格控制目标，建立健全稳定房价工作的考核问责制度；研究开征房产税、遗产税等。

6. 对传统高耗能行业严格实施减量替代，煤化工等行业严格实施增量控制

中国高耗能行业已经整体步入峰值和饱和发展阶段，今后产能和产量还将持续下降。加快推进高耗能行业“去产能”，是促进产业转型升级和质量提升的前提条件。从长远来看，推动化解过剩产能，需要逐步完善能源价格形成机制、推进外部成本内部化、改革政府管理、营造公平竞争环境、建立退出机制等。但在当前一段时期，结合中国现阶段国情和市场环境条件，为打破产能过剩的“囚徒困境”，必须积极发挥政府行政手段作用，对钢铁、水泥等传统高耗能行业实施严格的减量替代，对煤化工等高耗能行业，按照水资源、生态环境、碳排放等约束，实施最严格的增量控制。

7. 调整出口政策，引领全球绿色低碳发展

作为世界第一大出口国，中国应调整促进出口的各项政策，把扩大内需作为战略基点，通过高水平参与全球产业分工和价值分配，为增加国内财富积累和国际竞争力提供保障。对各类高载能产品，要尽快取消出口退税政策，制定严格的限制出口政策。对来料加工等低附加值产业，要不断增强技术外溢能力，向品牌、研发、分拨和结算

中心等产业链高端延伸。要发挥中国市场创新前沿优势，运用现代技术改造提升传统产业，不断壮大具有自主知识产权和竞争优势的装备制造业扩大出口。同时，鼓励节能环保、新一代信息技术、新能源等战略性新兴产业不断开拓国际市场，在全球绿色低碳发展潮流中发挥引领作用。

8. 深化能源供给侧结构性改革，控制能源过度投资

中国能源发展正处在全面变革关键阶段，延续传统发展道路不仅难以为继，未来还可能带来严重的系统低效浪费和资产沉没损失。要深化能源供给侧改革，以满足合理需求为前提，在资源环境约束允许前提下，制定较紧的供应增长目标，促进能源结构不断优化。火电、炼化等行业，仅通过提高现有产能利用效率，就能够满足“十三五”时期增长需求，要尽快停止新建产能，一些在建和拟建项目也要尽快暂停。煤炭行业“去产能”力度要进一步加强，要大幅压缩中西部地区大型煤炭和煤电基地发展目标和建设规模。煤基化工产业必须考虑碳排放控制约束，严格限制发展规模，停止新建煤化工项目，避免出现高碳锁定风险。在深化电力体制改革进程中，要加快完善能源相关价税费机制，避免出现刺激能源需求增长和投资扩张的情况。

9. 走紧凑型城市化道路，抑制盲目粗放扩张

要坚持走紧凑型城市化道路，按照人口规模、资源环境条件等，严格划定城市开发边界，禁止不符合国土功能分区开发行为。土地利用应进一步集约化，新增土地需求应采取等量、减量置换方式，对集体经营性用地入市应制定严格的准入条件和利用率目标要求。要抑制各类工业园区盲目扩张，推动紧凑型城市和城市群发展，鼓励土地混合功能开发，实现复合型工厂、公共交通、绿色建筑等各类基础设施衔接融合。

第二章

中国尽早（2020—2022年）达峰可行性的模型系统分析

姜克隽 周大地 郁聪 田智宇 贺晨旻① 刘嘉②

① 参与模型工作。
② 参与模型工作。

引　言

我们以往的模型研究，着重研究中国能源活动的 CO_2 排放途径和能源转型，并提出了中国 2025 年之前达到峰值的必要性和可能性。近期我们主要研究在全球 2℃ 升温目标下中国的情景。如果要支持全球 2℃ 升温目标，中国的能源活动的排放需要在 2025 年之前实现峰值，之后进入下降趋势。已经有几个研究说明了这样的排放途径，如图 2－1 所示。结论表明，中国是可以在 2025 年之前年实现能源活动的 CO_2 排放峰值的，但是需要强有力的气候变化和能源政策作支撑。

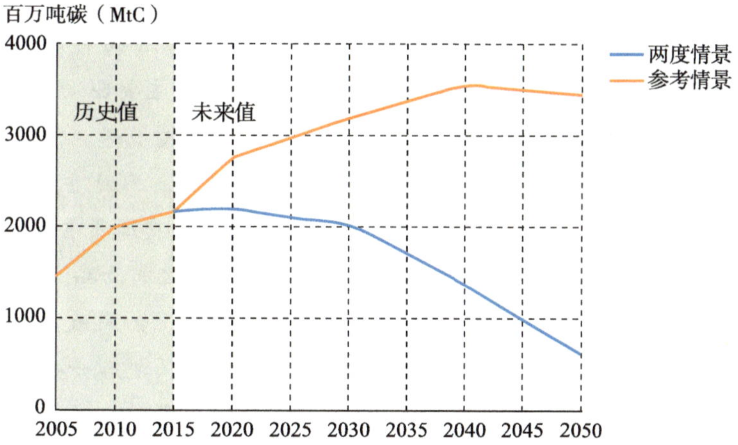

图 2－1　中国能源活动 CO_2 排放情景

在这个情景中，能源系统将发生明显变化。从图 2－2 中可以明显看出，2020 年之后中国将进入能源缓慢增长阶段，煤炭则在 2020 年之前达到峰值。这种情况下，未来电力系统、煤炭、天然气将面临很大变革。这意味着从现在开始，未来电力的增长主要依赖可再生能源、核电以及天然气。煤炭很快达到峰值，天然气供应需求大幅度提高，2020 年要达到 4000—4500 亿立方米。

由于经济结构调整、节能技术的普及，以及将终端能源结构更多转向电力，未来中国进入一个低能源需求增长阶段。从 2020 年到 2030 年，终端能源消费量增长速度降低到 0.7% 左右，2030 年有可能达到峰值，之后缓慢下降。

由于高耗能工业产量将出现下降，新兴工业的能耗水平又明显很低，因此即使在模型中给予了其他工业部门充足的发展空间，工业的终端能源消费量也由于高耗能工业而开始出现平台期或者下降。从模型结果可以看出，工业终端能源需求量在 2025 年

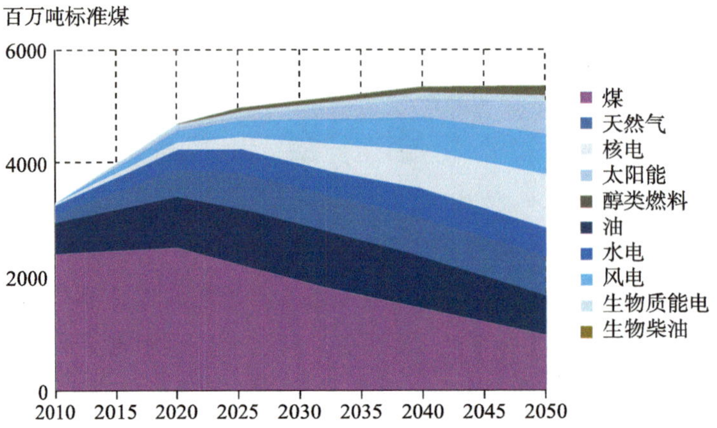

图 2-2　2010—2050 年中国一次能源消费 2℃情景

数据来源：IPAC 模型组研究结果

之前达到峰值，之后进入平台期。这样工业的 CO_2 排放量在 2020 年之前达到峰值。

交通用能仍然会较快增加，这种趋势会延续到 2030 年。主要驱动因素是小汽车数量的快速增加，航空发展快速，经济体量不断变大带来的货运增长等。但是 2020 年之后油品需求量增长速度将变慢，主要是由于小汽车能源效率提升，2020 年小汽车燃油经济性标准为 5 升/百公里，货车能源效率提升 20% 以上；同时公共交通所占比例提升到 35% 以上，铁路客运比例上升，非机动车出行比例提升等。2030 年之前油品消费量达到峰值。

建筑领域未来消耗的能源主要为电力、热力和天然气。如果政策合适，同时考虑到技术进步，建筑领域能源需求有可能在 2040 年达到峰值，之后开始下降。2030 年之后的增长速度已经很慢，这与 2030 年之前中国经济快速发展、城市化率快速提高、之后则明显放缓的趋势相一致。建筑领域的低能源需求和低 CO_2 排放，主要的核心驱动因素是技术进步，特别是家用电器能源效率的提高，建筑围护结构体保温性能的提高。LED 照明和 LED 电视、超高效空调、高效电冰箱、节能洗衣机等家用电器的能耗只是原来的 1/3 左右。即使居民生活达到发达国家同样的物质生活水平，中国城市人均生活能源消费量也只需要发达国家的一半。同时建筑用能逐渐清洁化，将以电力和天然气为主，其直接 CO_2 排放量在 2020 年之前达到峰值。

近两年可再生能源技术的快速进步，为实现中国较早达到峰值提供了强有力的支持。根据我们对每年投资建设的风力发电、光伏发电项目的投资计算，2011 年，风机成本下降到了 3200 元/千瓦～3500 元/千瓦，光伏发电装机成本下降到了 16000 元/千瓦。而 2015 年光伏发电成本竟下降到了 6000 元/千瓦。沿海地区一些风力发电成本已经可以和燃煤发电相竞争。在终端用户侧，一些光伏发电成本也已经具有竞争性。中国政府设定的 2020 年可再生能源发展的目标不断被提高，从 2006 年计划 2020 年风电装机 3000 万千瓦，到 2008 年的 8000 万千瓦，2010 年的 1.5 亿千瓦，2014 年的 2 亿千瓦。根据目前风力发电的发展格局，尽管目前风电入网遇到了一些困难，但根据工程院相关研究的结论，这些困难随着电网建设和风电规划进一步完善，会较快得到解决。因此到 2020 年，风电甚至有可能发展到 2.5 亿~3 亿千瓦的装机。光伏发电发展更快，“十三五”规划中的光伏发展目标是 1.1 亿千瓦，而截至 2017 年 9 月就已超过这一目标，光伏发电装机已达 1.2 亿千瓦。

最近关于大气雾霾的国家政策，很有可能把实现 CO_2 排放峰值的时间再次提前。国家设立的到 2017 年 PM2.5 的目标，最为主要的政策是减煤措施和控制煤炭消费总量。根据 2014 年各省已经公布的行动计划，煤炭消费增长的趋势已经明显得到遏制。2014 年煤炭消费基本和 2013 年持平，2015 年开始明显下降。

同时低碳发展的建设因国家经济实力的快速提升而得以全面实现。到 2020 年、2030 年和 2050 年，中国 GDP 总量会从 2010 年 40.3 万亿元，上升到 130 万亿元、290 万亿元和 520 万亿元（按照现价计算）。由于技术成本的下降，即使按照现价计算，未来可以用于低碳发展的投入可以远远大于目前国内主要模型研究中对低碳投入的需求。充足的资金投入可以在低碳交通、建筑方面全面实现低碳发展的需求，实现更低的 CO_2 排放量。

近期出现的关于大气污染物 PM2.5 的讨论，也将对化石能源消费产生明显影响。国家在 2012 年明确将 PM2.5 作为大气污染物的控制目标以后，已经出台了多项政策，最为核心的就是节能和能源结构调整政策。这些政策已经改变了国家的能源发展格局，将能源结构调整的步伐大大加快。

模型中同时考虑了 CCS 技术，使得 2050 年化石燃料发电低碳化。在 2℃情景中，到 2050 年有 4.1 亿千瓦的煤电使用 CCS 技术，届时燃煤发电已经以 IGCC 为主。

中国很有可能在 2025 年前达到 CO_2 排放峰值，峰值为 90 亿吨以下，很好地支持全球 2℃目标的实现。

一、背景

国家发改委能源研究所课题组利用包括气候变化综合评价模型在内的多种系统分析方法，长期研究中国能源活动的 CO_2 排放路径和能源转型。已经不止一次分析并认为中国能源活动的 CO_2 排放在 2025 年之前达到峰值不仅具有必要性，更具有可行性。气候变化《巴黎协议》达成后，课题组又开展了实现全球 2℃温升目标下中国碳排放控制的情景分析。如果要实现全球 2℃温升目标，中国能源活动的碳排放需要在 2025 年之前达到峰值，之后进入快速下降通道（如图 2-1）；中国还需在达峰后减少碳排放总量，在 2050 年的碳排放量比峰值时减少 65% 左右。在不到 30 年的时间内，排放量要下降这么多，能源系统必须实现重大转型，也要求中国的气候变化政策和能源政策必须进行相应调整。通过对中国经济和能源发展的系统分析，我们认为中国可以在 2025 年前实现能源活动 CO_2 的排放达峰。

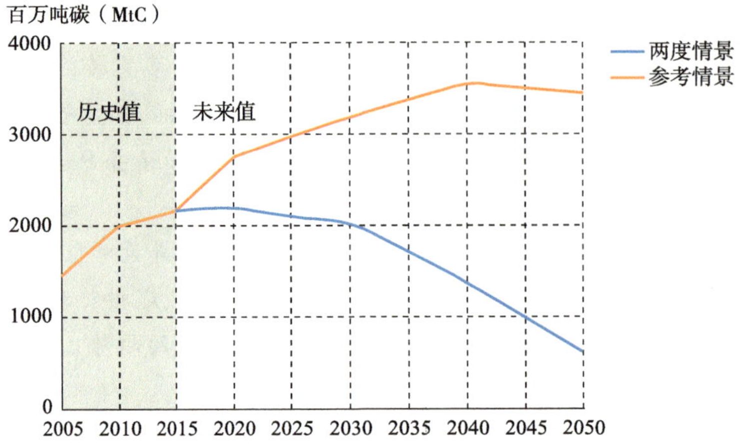

图 2－1　中国能源活动 CO_2 排放情景

今后，中国经济发展的推动力将有重大变化，能源增速和能耗结构将发生明显变化。煤炭在 2020 年之前，甚至现在就已经达到峰值。2020 年之后中国能源增速将进一步降低（见图 2－2）。从现在起，电力的增长将主要依赖可再生能源、核电，以及天然气发电。天然气近期可以有效替代煤炭，需求将大幅度提高。如果 2020 年后天然气的使用量可以达到 4000 亿～4500 亿立方米，将更好地支撑碳排放早日达峰并随之实现碳排放总量下降。

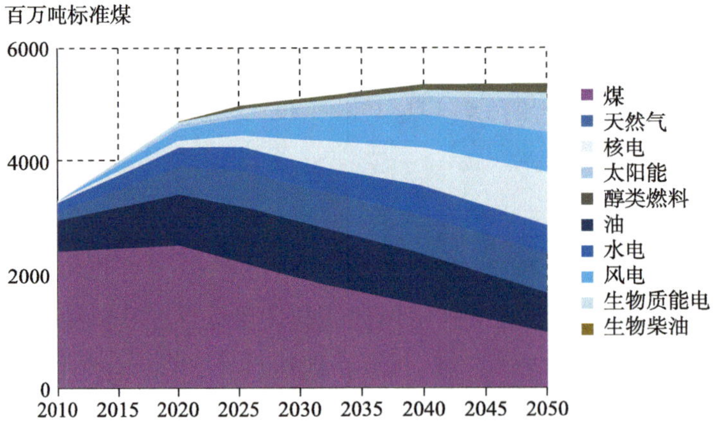

图 2－2　2010—2050 年中国一次能源消费 2℃情景

二、提前达峰并力争实现 2℃温升目标的经济和能源系统分析

（一）中国正在进行的经济转型有利于提前实现碳排放峰值

发展是时代的主题。目前中国应对气候变化的政策，主要以双赢多赢为基础，既

要积极应对气候变化，又要有效支撑国内较快的经济发展。能源结构调整的主要动力近期还是以解决大气污染和提高能源消费质量和消费水平为主。同时，也要为今后进一步低碳转轨储备技术，开拓低碳能源发展的技术和市场，同时避免高碳技术锁定。提前实碳排放峰值，一是要有利于经济转型，有利于创新发展动力，推动经济发展维持较高速度；二是要有利于实现污染治理等更为紧迫的环境生态文明建设。

提前实现碳排放峰值的系统分析，其重要的边界条件是经济可以更好、更快地发展，全面小康的目标可以更好地实现，工业化要如期基本完成，城市化进程继续推进，人民的居住条件不断改善，交通出行更加畅通方便，人民合理能源消费能够得到充分满足。同时可以有力支持和保障中远期的经济发展和能源供应等。

为了满足以上边界条件的要求，我们在进行系统分析时，对未来经济、能源和减排的情景分析和模型计算，采用了相对较高的经济发展预期速度，充分考虑和采用了社会各界对中国经济结构转型的主要预期。对重要部门和领域的发展预判，更是开展了与相关专业机构和专家的讨论，吸取了他们的重要研究成果。我们还对能源消费涉及的重要领域开展了专题研究。应该说，提前实现碳排放峰值的经济发展情景完全符合中国经济发展的主流预期，能源情景更加体现能源革命的战略要求，更符合落实五大发展理念，更好地实现全面协调可持续发展的标准。

我们采用的经济发展增速，在“十三五”期间为年均 6.7%，2020—2025 年均为 6.3%，2025—2030 年为 5.3%，2030—2050 年为 3.9%，GDP 总量到 2050 年达到 360 万亿元（2015 年价），人均为 25 万元，折合 4 万美元左右（2015 年汇率）。充分体现经济结构优化调整的趋势，2020 年和以后各时段，中国的三次产业结构将调整为：2020 年 8.4∶37∶54.6，2030 年 7.3∶31∶61.7，2050 年 6.5∶28∶65.5。这种结构调整将对能源消费和碳排放产生重大的减碳效果。

在第二产业内部，特别是能源消费最多的工业行业内部，结构性调整也将十分明显，特别是高能耗行业将整体进入产量饱和、峰值平台和产量下降期。尽管这些行业的增加值随着产品质量的不断高级化而有所增加，但代表性产品的产量将达峰并下降。而非高能耗的高新技术、高端加工、人工智能等能源强度较低的工业行业将加快发展，成为工业增加值不断上涨的主要动力。在各种高端加工、高新技术产业用能结构中，电力消费比重较大。在模型分析中，由于难以用代表性产品的数量表示这些产业，所以采用了一定的电力和能源消费弹性分析方法。因为这些产业今后增长速度快，随着时间推移其增加值也成几倍甚至几十倍的上涨，所以在模型中预测这些工业部门的电力和能源消费也将呈很高的倍数增加。我们甚至不能明确解释这么多的能源和电力消耗将附加到哪些具体的产品和生产过程上去，但从现在的发展趋势看，高新技术产品、人工智能、信息应用等产品都不是高能耗产品，而且也不会是像汽车那样体积巨大且载能强度高的产品。因此，模型中给这些工业预留的能源和电力消费量很可能会超过实际需求。这是提前峰值和减排分析中留有充分余地之处。

第三产业今后发展速度明显高于第二产业，内部结构调整也将持续进行。鉴于发达国家三产比例都远远高于二产的规律，模型中为中国三产比例的提高留出的空间比较充裕。但在现实中应防止出现产业空心化、虚拟化。由于对高速增长的三产内容难以准确预测，系统模型采取了能源消费随增加值上涨而相应增加的计算方法，其中考虑了一定的节能因素。因此，模型中在三产的能源消费上也留出了十分充裕的增长空间。这是另一个给提前峰值留有余地之处。

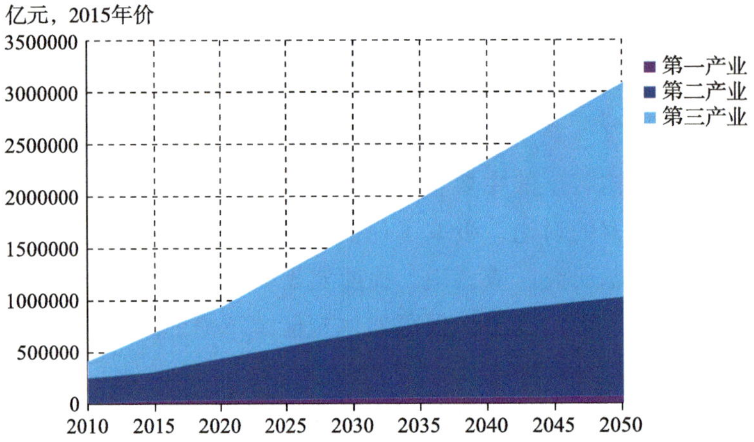

图 2-3　2010—2050 年 GDP 按三次产业划分构成

数据来源：IPAC 模型组研究结果

（二）工业结构调整趋势有利于提前实现碳排放峰值

2030 年，工业仍是中国经济的支柱，工业也还是能源消费的主要产业。现在高耗能工业占据工业能源消费的 70% 左右，高耗能行业今后的发展趋势对能源消费和相应的碳排放影响重大。在许多能源消费预测和分析中，高耗能部门自己的分析预测多被决策部门采用，但在中国现阶段经济结构和发展内容出现重大调整、未来发展方式有巨大变化的情况下，部分预测的准确性较差，导致“十二五”后期以来，高耗能产品的市场变化远远超出预期，成为产能过剩的重灾区，也使能源消费增速大幅度下降，加大了能源供应行业产能过剩的严重程度。

我们采用多种研究方法分析高耗能产业未来的发展趋势，包括采用 IPAC-CGE 模型对未来经济发展进行分析，从总体经济发展角度解析部门发展，分析高耗能行业的产品产量规模。也采用详细用能途径的分析方法，通过对代表性产品直接或间接下游用户相关活动发展的分析，自下而上地对重点高耗能产品未来的市场需求进行分析。例如，通过详细梳理钢铁的下游用途及其用钢品种和数量，找出基本覆盖所有钢材市场的主要用途，再逐项分析各下游行业未来的发展空间，从而确定未来钢铁的需求量。在这个过程中充分参考了行业分析结果，重新复核其预测依据和设定条件，与行业专家开展讨论，争取最大的共识。

课题组用 PAC – CGE 模型再次计算未来各工业部门的增加值，并相应计算各部门代表性产品的消费需求。例如，钢铁作为黑色冶金部门的代表性产品，水泥作为建材部门的主要代表性产品，通过类似投入产出模型计算，使各部门经济活动发展总量之间，以及相关的重要代表性产品之间，达到必要的平衡。

表 2 – 1 中给出了反映经济活动和结构重大调整以及相应市场空间变化后主要高耗能产品产量的未来发展情景。

表 2 – 1 主要高耗能产品产量及情景

	单位	2005 年	2020 年	2030 年	2040 年	2050 年
钢铁	亿吨	3.55	7.1	6.8	5.4	4.3
水泥	亿吨	10.6	19	19.5	15	12
玻璃	亿重量箱	3.99	8.3	10	9	8
铜	万吨	260	890	890	830	650
铝	万吨	851	1750	1850	1700	1400
铅锌	万吨	510	950	950	900	800
纯碱	万吨	1467	2500	2700	2600	2450
烧碱	万吨	1264	2600	2800	2800	2700
纸和纸板	万吨	6205	12000	14000	14000	14000
化肥	万吨	5220	7900	7950	7500	7300
乙烯	万吨	756	3700	3900	3900	3700
合成氨	万吨	4630	7100	7200	7100	6400
电石	万吨	850	1400	1400	1200	800

中国粗钢产量 2014 年已经达到 8 亿吨，水泥产量达到 24 亿吨。但仍有人认为产量下降还难以在“十三五”期间发生。IPAC 模型组从 2011 年开始，不断分析中国的高耗能产品产量和用途问题，分析中国达到发达国家水平的情况下，对各种重要基础设施建设的需求，相关产品出口的发展趋势。利用实物量的投入产出关联，详细分析未来高耗能产品的需求。分析了包括最终需要的建筑物面积、交通道路、交通设施、市政设施等，研究它们对钢铁、水泥等的需求。同时也分析了机械制造业、汽车制造业、造船业等主要钢铁和其他使用高耗能产品行业的发展趋势。多次的分析结果趋于一致，认为尽管一时有些产品加速扩张，但以上情景预测仍然反映了终端用户的实际变化趋势。

“十一五”以来高耗能产品高速扩张，实际上是中国基础设施和房地产建设规模过快扩张的结果。建设规模过大，虽然加快了一些基础设施或房地产发展的速度，但是这些基础设施和房屋建筑总量是有实际需求约束的。建设规模越大，离累积总量需要值越近，这样大的建设规模就越难维持较长时间，以致许多重要基础设施建设的规模很有可能在“十二五”末已经达峰。这导致不少高耗能工业产品产量在2015年左右也已达峰，并开始缓慢下降。这样的产能产量过度冲高，市场需求加速扩大又加速消失，大量产能的经济寿命被迫缩短，提前成为过剩产能遭到淘汰，对高耗能工业本身的发展来说也是很不合理的。

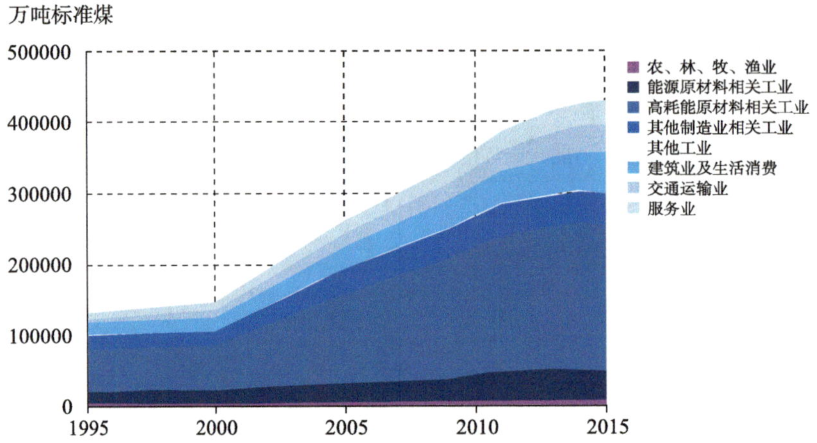

图2-4　1995—2014年中国分部门能源消费

数据来源：《中国能源统计年鉴》

注：能源原材料相关工业包括石油和天然气开采业，煤炭开采和洗选业，电力、热力生产和供应业，燃气生产和供应业。

高耗能原材料相关工业包括黑色金属矿采选业，有色金属矿采选业，非金属矿采选业，开采辅助活动，其他采矿业，石油加工、炼焦和核燃料加工业，化学原料和化学制品制造业，橡胶和塑料制品业，非金属矿物制品业，黑色金属冶炼和压延加工业，有色金属冶炼和压延加工业，金属制品业。

其他制造业相关工业包括农副食品加工业，食品制造业，酒、饮料和精制茶制造业，烟草制品业，纺织业，纺织服装、服饰业，皮革、毛皮、羽毛及其制品和制鞋业，木材加工和木、竹、藤、棕、草制品业，家具制造业，造纸和纸制品业，印刷和记录媒介复制业，文教、工美、体育和娱乐用品制造业，医药制造业，化学纤维制造业，通用设备制造业，专用设备制造业，汽车制造业，铁路、船舶、航空航天和其他运输设备制造业，电气机械和器材制造业，计算机，通信和其他电子设备制造业，仪器仪表制造业，其他制造业，废弃资源综合利用业，金属制品、机械和设备修理业；其他工业为水的生产和供应业。

服务业包括批发、零售业和住宿、餐饮业，其他行业。

高耗能产品制造业是中国最大的能源消费用户，也是前一阶段经济扩张期中能源消费增量的主要推手。2000—2014年，中国能源和电力增长的70%由六大高耗能工业所拉动（见图2-4）。一旦高耗能工业的发展进入饱和期、下降期，中国能源需求增长速度就大幅度降低了。这种趋势将继续延续下去。

从图 2 –4 可以明显看出，过去 20 年增长最快、占能源消费总量比例最高的生产部门集中在冶金、化工、建材（非金属矿物制品业），以及为其服务的采矿业和能源供应部门。其他诸多生产部门的能源消费量和增长量都相对十分有限。生活用能和交通用能增长也较快，交通运输为工业生产服务的比例很大，生活用能总量和生产部门比较起来仍然比例很低。

2020 年之前，中国大部分高耗能产品产量将达到峰值，甚至开始下降。由于高耗能工业产量在未来出现下降，新兴工业的能耗水平明显很低，因此即使给其他工业部门以充足的发展空间，工业的终端能源消费量也由于高耗能工业的能耗下降而开始出现平台期或者下降。模型计算结果认为工业终端能源需求总量在 2025 年之前达到峰值，之后将进入平台期。加上能源结构调整的因素，工业部门 CO_2 排放总量在 2020 年之前就会达到峰值。

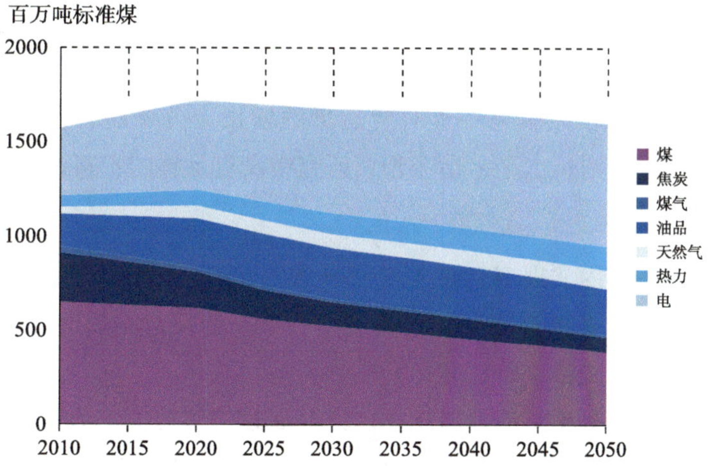

图 2 –5 2015—2050 年工业终端能源消费情景

数据来源：IPAC 模型组研究结果

（三）交通运输保持快速发展，技术进步和运输模式优化可以有效降低交通能耗增速

交通运输是重要的能源消费部门，在多数发达国家占能源消费总量的 30% 左右。交通用能也是近年来中国能源消费增长较快的领域。交通运输的发展和能源消费变化将对中国能否实现排放峰值有着不可忽视的影响。

分析未来中国交通发展需求的主要驱动因素是经济增长、结构变化、收入增长等。经济增长是货运周转量增长的主要驱动因素，收入增长则是旅客周转量增长的主要驱动因素。

1. 货运量长期以来增长较快，近年出现增速下降

货物周转量和经济增长之间多数情况下有正相关关系。在美国、日本、欧盟等国和地区，经济增长已经进入低速阶段（1% ~3%），近期其货物周转量和经济增速的弹性仍然保持在1左右。

中国货运总量在1990年到2010年年均增长6%，2000年后增速不断提高，到2011年达到13.7%的高速峰值。中国货物周转量2000年到2012年年均增长12.31%。近年出现较大波动，2015年出现少见的负增长，2016年也只有4%。说明经济结构调整因素对货运的影响正在加大。水运在货运周转量中一直占据大头，曾经达到60%以上，近年来逐步下降到50%左右。铁路运输的货运周转量曾经占总量的25%以上，后逐渐下降到15%左右。水运和铁路运输在货运周转量中所占比例远远高于其在货运总量中的比例。公路运输货运周转量则从不到20%逐步上升到30%左右。近几年来，货运总量和周转量的增长速度明显降低，主要原因是能源和原材料运输在铁路和水运中的比例较高，而近年来煤炭、铁矿石等能源和原材料运量饱和，特别是煤炭运量明显下降。

而以前运输行业和相关研究一直对货运量的增长十分乐观，特别是公路运输量，近些年来一直维持较高增长水平，迄今相关研究中没有足够的资料说明原因。

2. 客运周转量增速较高，近期波动较大

影响客运周转量的因素很多，收入增长导致的出行需求增长和出行方式变化是主要因素，特别是公路运输能力提高、家庭汽车的不断普及对今后客运的影响较大。城市化交通模式的选择和变化也将对客运有重要影响。

国际和国内对未来机动车的发展预测已经开展过许多研究，大多采用趋势分析法，即根据过去中国机动车发展趋势用简单的模型推算未来机动车拥有量。多数研究对中国机动车发展速度比较保守，认为2020年中国的机动车拥有量在9000万辆到1.8亿辆，2030年在1.2亿辆到2.5亿辆。然而，近年来中国汽车销售数量不断上升，汽车用户已经从城市逐渐普及转向农村，并迅速发展。从大众消费已经形成的趋势看，把汽车拥有量限制在部分人群拥有已经很难做到。因此，在我们进行能源需求和碳排放峰值分析中，为汽车的进一步发展留出了很大的空间。汽车拥有量将不断上升，在2050年达到6亿辆，平均每个家庭都可以有一辆汽车。

但是随着汽车的不断普及，家用汽车的出行里程将不断下降。随着技术进步和环境标准以及燃油经济性标准的不断提高，汽车百公里油耗也不断下降。新能源汽车的发展速度也超过预期。据预测，2025—2030年，汽车销售主流将转向电动汽车，不但可以进一步降低汽车单位里程能耗，而且可以支撑非化石能源的高比例发展。不过，汽车能源电动化在中国提前实现峰值中贡献的作用仍然有限。

当前中国多数城市已经出现不同程度的汽车交通拥堵，有的已十分严重，成为世界级堵城。汽车普及是否符合人民的实际出行需要，已经成为众多研究的热点议题。国际上去私人汽车化，发展交通工具共享经济、发展慢行基础设施、回归自行车和步行等已经成为新的时尚。如果汽车拥有量和实际使用率都比现在预测的低，中国未来实现碳排放快速下降的空间将明显扩大。

交通模式选择对交通能源消费有重要影响。每个城市人口多寡将决定城市交通基础设施的需求规模，大城市需要轨道交通，中小城市则不需要。这也就决定了不同规模城市道路交通管理的对策不同。

城市发展相关研究和规划认为未来城市有大型化趋势，例如中国 2050 年将有超过 150 个人口 200 万以上的大型城市，承担人口超过 5.4 亿人。200 万以上人口的城市均适合建设轨道交通。500 万以上人口城市应以轨道交通为主，承担城市出行的相当比重；100 万以上人口城市应该以公共交通为主；小城市则可以较多选择个体交通。

表 2－2 和表 2－3 是系统分析汽车发展情景以及未来的运输量发展情景。表 4 是运输工具能效和运输模式结构的变化情况。

表 2－2　机动车拥有量　　单位：万辆

	2005 年	2010 年	2020 年	2030 年	2040 年	2050 年
汽车总量	3160	6836	19538	39672	56372	60524
乘用车	2132	4869	16330	35376	50314	53117
货车	1027	1967	3208	4296	6058	7407
小汽车	1919	4589	15970	34866	49594	52217
家庭小汽车	1100	3589	14770	33466	47994	50617
其他小汽车	819	1000	1200	1400	1600	1600
小巴	131	162	202	275	374	450
大型客车	82.3	117.6	158.4	234.6	345.6	450
小型客车	214	280	360	510	720	900
摩托车	6582	9947	10942	12036	12036	11434

表 2－3　交通周转量　　单位：10 亿人公里/吨公里

	2005 年	2010 年	2020 年	2030 年	2040 年	2050 年
客运周转量	3446	5954	9931	16005	21323	31841
其中公路	2628	4796	7946	12688	15441	20795
铁路	606	790	1125	1468	1898	2453
航空	204	360	853	1842	3977	8585

（续表）

	2005 年	2010 年	2020 年	2030 年	2040 年	2050 年
水运	7	7	7	7	7	7
货运周转量	9394	14598	21699.9	29160.8	40621.7	48526.8
其中公路	2251	3601	6922	10820	19538	22864
铁路	2073	2746	4083	5688	7924	11040
航空	8	12	29	70	184	482
水运	4954	8029	12419	18318	27026	39885
管道	109	209	657	1556	3359	6607

表 2-4　交通领域影响能源需求的主要因素

因素	2015 年	2020 年	2030 年
小汽车燃油经济性，升/百公里	6.8	5	4.1
电动小汽车占比（%）	0	2	22
货车能源效率提升（%）		5	20
飞机能源效率提升（%）		4	16
个人小汽车年均行驶距离，公里/年	9300	9100	8200
高铁周转量占比（%）	16	20	55
公共交通占机动车出行比例，全国城市平均（%）	25	28	36
慢行交通提高率（%）		4	15

2025 年前，碳排放达峰分析中采用的中国交通能源消费发展情景（见图 2-6）。2030 年前，交通能源消费仍然会较快增加，主要驱动因素是小汽车数量的快速增加、航空快速发展、经济体量不断变大带来的货运增长等。但是 2020 年之后油品需求量增长速度将变缓，主要是由于小汽车能源效率提升，2020 年小汽车燃油经济性标准为 5 升/百公里，货车能源效率提升 20% 以上；同时公共交通所占比例提升到 35% 以上，铁路客运比例上升，非机动车出行比例提升等。随着汽车能源结构的变化，特别是电动汽车的发展，2030 年之前交通油品消费量将达到峰值。

交通运输发展趋势性变化仍然有待未来实践的选择，对 2025 年前实现碳排放峰值的影响还难以预期。但交通运输发展对长期的能源消费，特别是石油类消费影响巨大。考虑到这方面的趋势发展仍然有许多不确定性，我们目前选择的预期方案还是十分宽松的。首先是运输量的预期十分宽松，多以趋势性或弹性外推为主，适度考虑可能的减量因素。应该说我们并不十分清楚未来的交通需求增长究竟要运什么东西，货运量、客运量都有 3~4 倍的增长空间。特别是近两三年来客运人数下降，周转量增速也明显

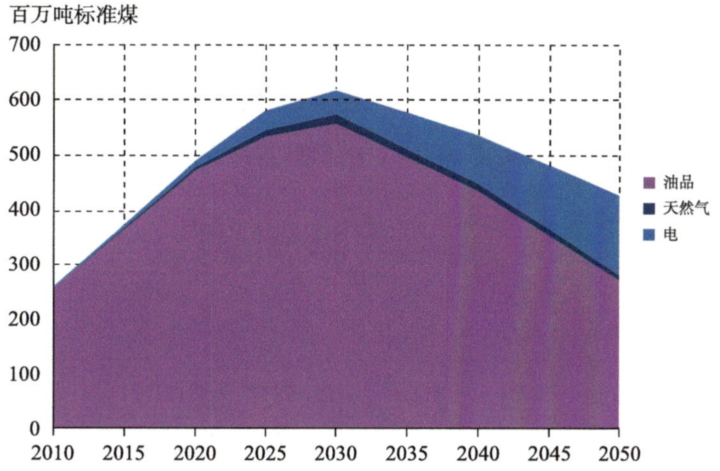

图 2－6 2010—2050 年中国交通部门能源需求情景

数据来源：IPAC 模型组研究结果

降低，是否反映了城乡之间的人口流动随着城市化的深入有所下降？货运量的增速近年也有明显的下降趋势，是否反映了经济结构和增长内容的变化趋势？煤炭和高耗能产品达峰下降对运输的影响是否估计充分？这些都给今后实际发展中进一步降低交通运输领域的碳排放留下了更多空间。从分析提前碳排放达峰的角度看，交通运输领域的排放余度留得很充分。

（四）节能技术的发展和普及使建筑能耗增长相对缓慢，用较低的人均生活能耗可以支撑高水平居民用能和服务业发展

建筑物用能是未来十分重要的能源消费和碳排放领域。发达国家建筑物用能多在总能源消费的 30% ~40% 左右。中国目前仍然处于建筑物总量增长期。建筑物用能包括城乡居民住房、多数服务业用能以及重要交通设施和公共建筑用能。分析建筑物发展对碳排放的影响是分析提前达峰的重要内容。

课题组从人口发展、城市化进程、建筑物面积增加速度和数量、不同建筑物各主要用能需求和相关技术变化、城乡居民家居生活质量变化和用能设施变化等多方面因素，自下而上地分析当前及今后建筑领域能源消费和碳排放的发展预期。另一方面，通过对建筑物发展的分析，又加强了对高耗能原材料工业发展进入饱和期和下降期的认识，并提供了分析依据。

人口和收入决定生活水平和消费导向，是重要的建筑发展驱动因素。人口增长和变化的设定与各权威规划和研究机构的主流结果基本一致。中国人口增长的控制因素长期存在，农村人口增速有所减缓。二胎政策适当放宽了对人口增长的限制，但中国的人口增量仍然维持在一个较低水平，人口总量仍然在原有计生委人口发展情景范围

之内。2030—2040年中国人口达到高峰，为14.7亿左右，2050年下降到14.6亿。预期的人口、城市化和城乡家庭情况见表2-5。

表2-5　人口和城市化

	2005年	2010年	2020年	2030年	2040年	2050年
人口（百万人）	1308	1360	1440	1470	1470	1460
城市化率（%）	43	49	63	70	74	79
城市人口（百万人）	562	666	907	1029	1088	1138
每户人口（人）	2.96	2.88	2.80	2.75	2.70	2.65
户数（百万户）	190	222	288	337	365	380
农村人口（百万人）	745	694	533	441	382	302
每户人口（人）	4.08	3.80	3.50	3.40	3.20	3.00
户数（百万户）	183	190	181	160	152	144

IPAC-人口模型分析了人口的年龄分布，作为劳动力供应和消费模式研究的条件之一。收入增高后，中国妇女分年龄段的生育率有所下降，2030年的生育率将类似日本目前的生育率。

排放情景分析采用了比较高的城市化率，但也充分考虑了农业生产所需要的劳动力人数以及相应的农村人口。与美国相比，中国山地较多，因此大规模机械化农业生产条件较差，相对需要较多的农业生产劳动力。因此在模型中匹配的农村人口会达到15%左右。考虑一定的冗余度，最终中国的城市化率会达到80%左右。

建筑物总面积是重要的消费和排放驱动源。改革开放以来，特别是21世纪以来，中国的建筑物总量增加迅速，人均居住面积快速上升，已经接近多数发达国家人均水平。欧洲发达国家的人均居住（使用）面积多在30~40平方米（见表2-6），在碳排放达峰和减排分析中我们预期中国在2020年人均居住使用面积约为30平方米，2030年达到34平方米左右，基本进入发达国家平均水平范围。中国人口多，不能照搬美、加大面积独立住房发展模式，但现在房地产发展势头过盛，大户型房建设较多。从实际人均收入水平发展的增速看，2020—2030年人均居住面积达到欧洲发达国家一般水平应该是一个十分积极的发展目标。

表2-6　2007年发达国家居住面积

	户均房间数（间）	户均使用面积（平方米）	户均居住人口（人）	人均住宅使用面积（平方米/人）
奥地利	3.3	89.1	2.5	35.6
丹麦	3.8	108.5	2.1	51.7

（续表）

	户均房间数（间）	户均使用面积（平方米）	户均居住人口（人）	人均住宅使用面积（平方米/人）
芬兰	3.7	76	2.3	33.0
法国	3.8	88	2.6	33.8
爱尔兰	5	99	3.1	31.9
卢森堡	5.1	118.4	2.7	43.9
德国	4.3	86.7	2.2	39.4
荷兰	4	98	2.4	40.8
匈牙利	4.1	83	2.9	28.6
瑞典	3.4	89.8	2.1	42.8
英国	3.6	76	2.4	31.7

表 2－7 模型建筑面积情景设计

	2005 年	2010 年	2020 年	2030 年
城镇住房建筑面积（亿平方米）	146.7	202.9	335.7	439.5
农村居住面积（亿平方米）	217.7	232.3	202.5	183.9
居住建筑面积（亿平方米）	364.4	435.1	538.1	623.4
其他建筑的比例（%）	25	26	28	30
建筑总面积（亿平方米）	485	588.0	747.4	890.6
年均增长速度（%）		3.9	2.4	1.8

但是，目前中国建筑发展非常快，2014 年竣工建筑面积已经达到 37 亿立方米（中华人民共和国国家统计局，2012）。房价奇高现象普遍，泡沫明显，急需降温，以免出现房地产引发的金融危机。应该说年度房地产建筑规模已经达峰，开始向下调整。建筑物建设过程隐含的原材料能耗远远高于运行能耗，建筑领域的合理调整十分有利于中国提前实现峰值。

人均建筑面积和建筑物总量是建筑领域能源消费的重要基础。建筑用能最大的是采暖和空调，居民日常生活其他消费水平和消费习惯也对建筑用能影响较大。提前达峰和减排分析中，预期人民生活水平有显著提高，采暖、空调服务范围和质量均有较大增加和提升，家用电器多样化，普及率进一步提高。

（1）人均住房面积增加、采暖区扩大、采暖的居民户数增加，室温提高及采暖期延长；燃气热电联产及效率高的集中供热比重增加，锅炉供暖效率提高；户用天然气取暖器将进入居民家庭，小火炉供暖比重逐渐缩小。气候过渡地区及南方居民合理增加冬季采暖、延长夏季空调使用时间。节能建筑、绿色建筑使单位面积采暖和空调用能需求逐步降低。

（2）食品结构与炊事习惯没有显著变化，炊事用能增加不多。炊事用能燃气化率和各类灶具的效率将有所提高。卫生热水用能大幅度增长。

（3）家用电器数目增加及使用时间、频率增多，节能型家电进入市场，居民对空调的需求日益增长，新型高效照明设备将进一步普及。

（4）城市化进程和大气污染治理将推动居民生活用能结构大幅度改善。

城镇居民生活部分的主要参数见表2－8。

表2－8 城市居民生活用能模型参数

服务	单位	参数		
		2020年	2030年	2050年
居民户数	百万户	288	336	380
采暖比例	%	42	44	48
采暖强度指数	2000年＝1	1.35	1.5	1.6
采暖时间指数	2000年＝1	1.33	1.36	1.4
节能50%及以上标准节能建筑比例	%	20	45	65
百户空调拥有量	台	130	180	260
空调强度指数	2000年＝1	1.3	1.4	1.6
空调利用时间指数	2000年＝1	1.6	1.8	2.2
冰箱拥有率	每百户	100	120	130
冰箱平均容量	升	250	310	390
冰箱效率	kWh/天	0.8	0.8	0.7
洗衣机拥有率	%	100	100	100
每周洗衣机利用次数		5.4	8	8
电视机拥有率	%	180	220	290
电视机平均功率	W	320	300	280
每台电视机每天观看时间	小时	3.5	3.2	2.9
照明节能灯普及率	%	100	100	100
每户照明灯数（40W荧光灯标准照度）	个	14	21	27
热水器拥有率	%	100	100	100
太阳能热水器拥有率	%	18	25	33

（续表）

服务	单位	参数		
		2020 年	2030 年	2050 年
百户电炊具拥有率	%	130	140	260
电炊具每天利用时间	分钟	12	30	50
其他家电容量	W	1500	1800	1900
其他家电每天利用时间	分钟	50	80	100

农村居民居住模式以独体建筑为主。随着农村居民收入上升，达到同样用能服务水平将比城市居民的能源消费高。2030 年以后，农村居民收入水平达到小康，家用电器基本普及，用能服务强度与城市相差不大。农村居民生活情景参数见表 2－9。

表 2－9　农村居民生活用能参数

服务	单位	参数		
		2020 年	2030 年	2050 年
居民户数	百万户	152	131	101
采暖比例	%	42	44	45
采暖强度指数	2000 年＝1	2. 1	2. 6	2. 8
采暖时间指数	2000 年＝1	1. 5	1. 7	1. 8
节能 50% 及以上标准节能建筑比例	%	15	35	65
百户空调拥有量	台/百户	45	70	190
空调强度指数	2000 年＝1	2	2. 6	2. 9
空调利用时间指数	2000 年＝1	1. 7	2	2. 1
冰箱拥有率	台/百户	70	95	99
冰箱平均容量	升	220	290	380
冰箱效率	千瓦时/天	0. 86	0. 76	0. 7
洗衣机拥有率	台/百户	78	94	100
每周洗衣机利用次数	次	4	6	12
电视机拥有率	台/百户	130	180	230
电视机平均功率	瓦	270	270	260
电视机每天观看时间	小时	3. 5	3. 2	2. 6
LED 照明节能灯普及率	%	70	100	100
每户照明灯数（40W 荧光灯标准照度）	个	10	18	22
热水器拥有率	%	70	100	100
太阳能热水器拥有率	%	48	80	90

（续表）

服务	单位	参数		
		2020 年	2030 年	2050 年
百户电炊具拥有率	%	55	70	100%
电炊具每天利用时间	分钟	8	28	56
其他家电容量	W	1000	1300	1900
其他家电每天利用时间	分钟	30	60	80

建筑物用能的另一重要部门是服务业，主要包括商业、教育、政府、医院、金融、大型交通场站及公共建筑等。用能情况分为大型公共建筑（一般单位面积能耗较高）和其他公共建筑（相对能耗较低）。这些建筑物的用能情况见表 2－10、表 2－11。

表 2－10　服务业用能主要因素

	建筑面积（亿平方米）	大型公共建筑面积（亿平方米）	大型公共建筑平均电器容量（瓦/平方米）	家电节能率（%）	其他公共建筑面积（亿平方米）	其他公共建筑平均电器容量（瓦/平方米）	办公电器节能率（%）	采暖节能率（考虑 65% 和 75%）（%）
2005 年	41	5.6	36.9		35.4	11.4		
2010 年	69	9.8	45.4	3	59.2	12.1	3	5
2020 年	146	22	58.7	9	124	13.3	8	30
2030 年	245	39	72.1	19	206	14.9	17	65
2040 年	310	52	84.5	28	258	16.5	26	80
2050 年	340	63	95.1	41	277	18.0	40	95

表 2－11　服务业用能技术参数

服务	单位	参数		
		2020 年	2030 年	2050 年
服务业建筑面积	亿平方米	146	245	340
采暖比例	%	34	38	41
采暖强度指数	2000 年＝1	1.4	1.6	1.7
采暖时间指数	2000 年＝1	1.2	1.3	1.4
节能 50% 及以上标准节能建筑比例	%	30	65	80
复印机拥有率	%	12	14	18
计算机拥有率	%	55	65	70
计算机使用时间强度指数	2000＝1	1.3	1.6	1.7
电梯拥有率	%	16	18	20

建筑部门未来消耗的能源主要是电力、热力等二次能源和天然气。随着建筑总面积增量逐渐饱和，能源利用技术的进步，可大幅度减少能源需求和相应的碳排放。合理控制建筑物总量可以大幅度减少建材隐含能源消费，仅高效家电一项，能效水平就比传统电器提高 3 倍以上，同时中国居民生活可以享受到与发达国家相同的能源服务水平，而人均生活能源消费量仅为目前发达国家能源消费量的一半。由此，建筑领域能够在 2040 年达到能源消费峰值，之后开始下降。2030 年之后的增长速度将很缓慢（见图 2－7 至图 2－10）。

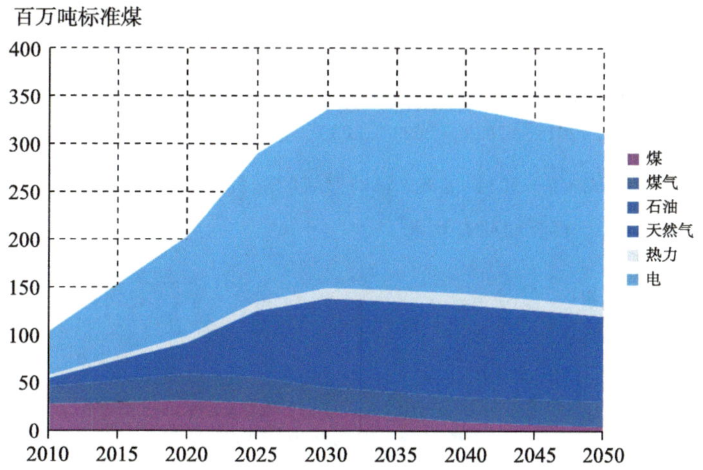

图 2－7　2010—2050 年中国服务业能源需求情景

数据来源：IPAC 模型组研究结果

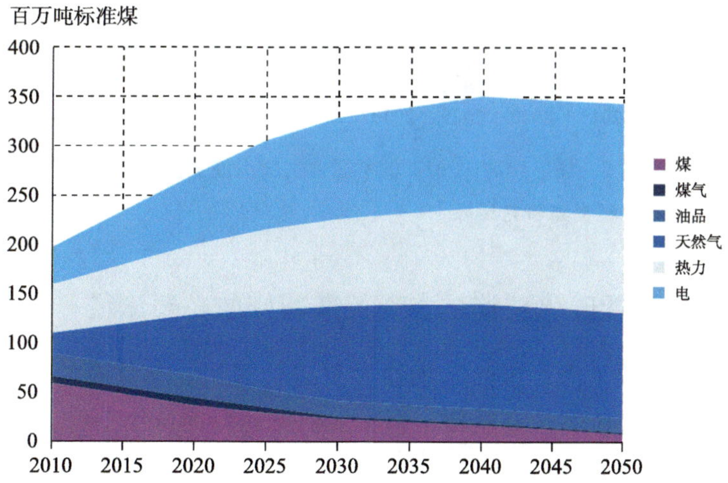

图 2－8　2010—2050 年中国城市居民能源需求情景

数据来源：IPAC 模型组研究结果

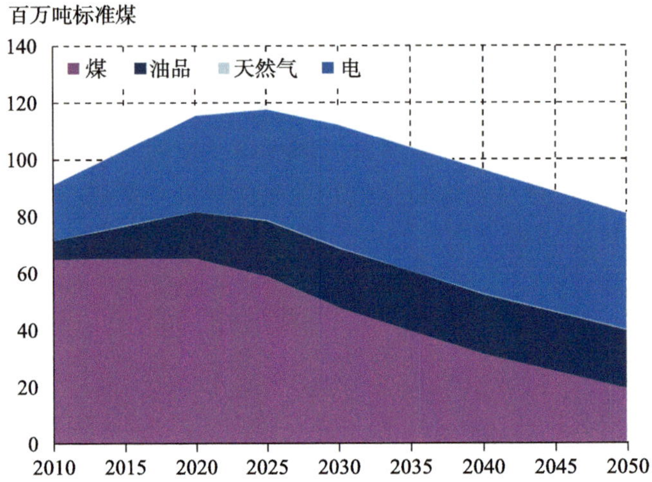

图 2－9　2010—2050 年中国农村居民能源需求情景

数据来源：IPAC 模型组研究结果

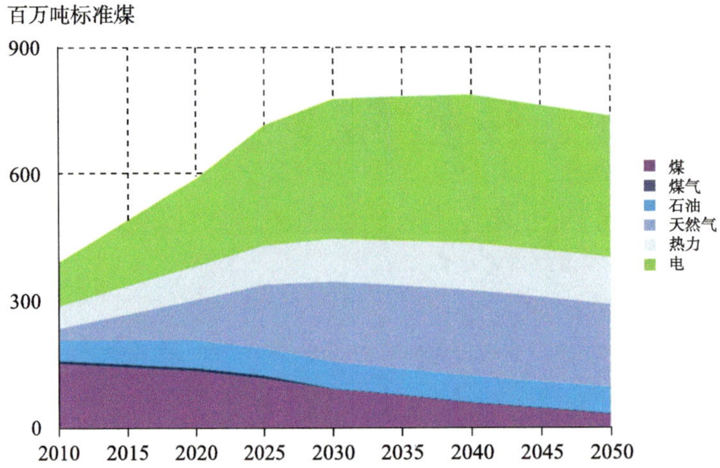

图 2－10　2010—2050 年中国建筑部门能源需求情景

数据来源：IPAC 模型组研究结果

（五）能源结构低碳化调整是实现长期减排的必要途径

煤炭消费总量持续下降，天然气加快发展替代煤炭，非化石能源持续扩大比例，是中国长期减排温室气体的必要途径。而煤炭消费总量的持续下降，是中国可以实现提前碳排放达峰的直接原因。

中国已经开始实施《大气污染防治行动计划》，是当前推动能源转型最有效的驱动力。2013 年初开始，中国相继出现多次大范围雾霾天气，几乎涉及所有省市自治区。雾霾覆盖了超过 150 万平方公里的广大区域。雾霾天气给大气环境、群众健康、交通安全带来了严重影响，已到了社会不可接受的程度，成为关系到中国社会经济发展的重大问题，治理城市环境污染刻不容缓。

北京在 2013 年初明确将 PM2.5 作为大气污染物的控制目标以后，已经出台了多项政策，能源结构调整的步伐大大加快。几年之内减少煤炭消费千万吨以上，最近实现发电无煤化，并大力解决郊区民用散煤替代问题。北京的天然气消费量已经达到 150 亿立方米。京津冀协同治理大气污染，把减少煤炭消费列入基本措施之一。这些能源转型措施对全国都有带动作用。全国大多数省和重点城市，都制订了限制和减少煤炭使用的计划。

中国城市化的进程必然推动能源结构清洁化调整。国际上所有发达国家的城市无论大小，煤炭用于居民生活和分散工业应用都基本淘汰，已经实现了城市能源的清洁化，成为治理大气污染和其他环境问题的基础。中国城市大型化趋势明显，工业城市集中连片，对能源结构优化提出了更高要求。“十三五”期间的城市能源结构优化步伐正在加快，高耗能产业整体进入饱和与下降阶段，双重因素推动煤炭消费总量持续下降。

由于中国目前大气质量离高标准清洁空气标准相差甚远，治理大气污染仍然任重道远，能源结构优化将持续一二十年。不断持续减少煤炭消费将是一个长期趋势。

大规模利用天然气是化石能源向非化石能源过渡的重要替代能源。天然气的供应在开发国内资源和进口的双重保障下可以大规模迅速提高。“十三五”规划提出 2020 年天然气供应达到 3600 亿立方米，我们估计治理大气污染的压力很有可能进一步加快天然气需求增长，将可以有效降低能源系统碳排放强度。

目前，非化石能源的发展正在按 2020 年 50 亿吨标煤能源消费量的 15% 进行详细安排，而届时能源消费总量将明显低于 50 亿吨标煤，非化石能源的比例很有可能明显超过 15%，也为提前达到碳峰值提供了有利条件。

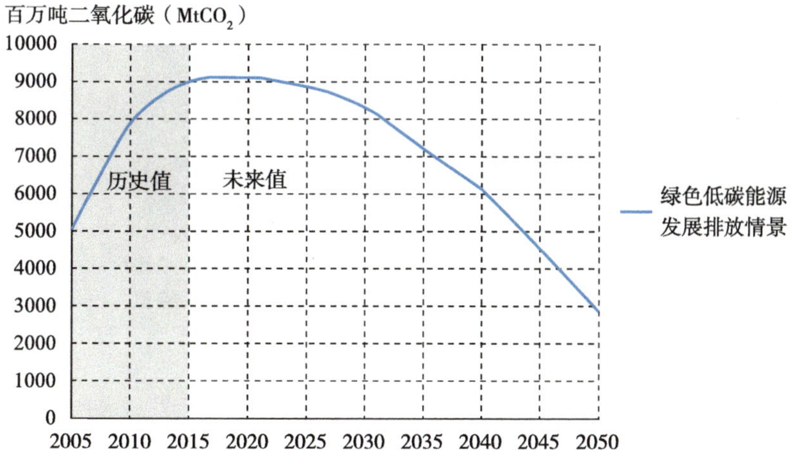

图 2－11 2005—2050 年中国 CO_2 排放量历史值及绿色低碳能源发展排放情景

图 2－11 到图 2－13、附表 1 到附表 7 是提前实现碳排放峰值，并进一步实现 2℃

减排目标的能源消费总量、能源分部门消费构成、能源分品种构成、发电量及电源构成的详细情况。图 2 - 11 是以上绿色低碳能源发展对应的碳排放总量数值。

由于中国与能源相关的碳排放是主要碳排放源，其他领域的碳排放比较稳定，而且随着工业结构的变化和全球控制 HFCS 的共同努力，非能源碳排放可以做到不增加。能源领域排放实现峰值之时，即中国实现碳排放峰值之时。

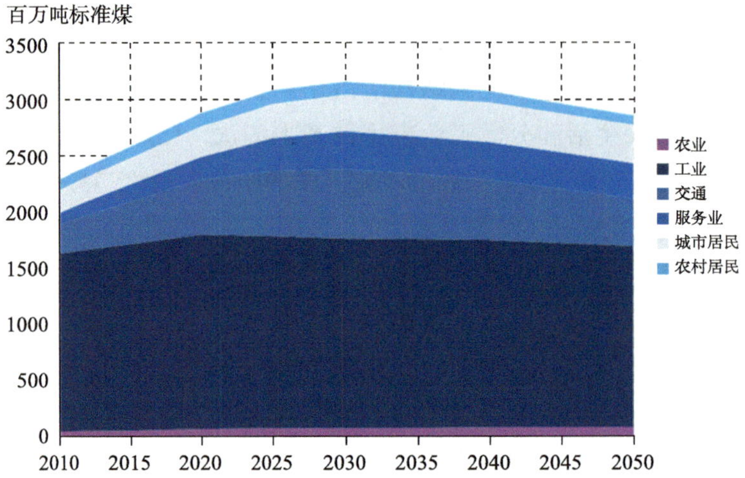

图 2 - 12　2010—2050 年中国分部门终端能源需求构成

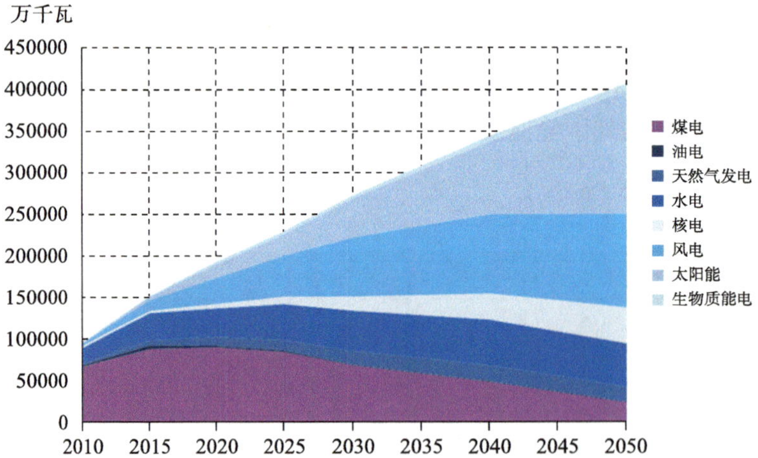

图 2 - 13　2010—2050 年中国发电装机容量及构成

三、结论与建议

（1）高耗能工业占 GDP 的比重将从 2014 年的 16% 下降到 2030 年的 9% 以及 2050 年的 6%。大部分高耗能工业产品产量将于 2020 年前达峰甚至开始下降，部分石化产品产量还会继续增长，但增速较慢。2050 年高耗能产品产量大部分将下降到目前的

50% 左右。由于目前高耗能产品产量消耗了全部能源消费量的 50% 以上，工业部门能源消费量的 70% 以上，这种格局基本决定了中国未来能源需求以较慢的速度增长。

（2）对于其他工业部门以及交通、居民、服务业、农业的能源需求，情景中已经给予了较大的空间。由于节能技术的快速发展、建筑用能设备效率明显提升、高效机动车和电动汽车快速发展，这些部门的能源需求增长也不明显。即使在考虑了中国不断提升的城市化率（我们的城市化率是国内模型组中最高的之一）、机动车快速发展（机动车拥有量也是国内模型组中较高的），中国未来交通用能和建筑用能也将保持较低的增长率。

（3）低能源增长率可以有力地帮助中国实现大气雾霾治理和温室气体减排目标。在我们的情景分析中，2030 年中国大气质量达到年均 35ppm 的国家标准，2050 年实现世界卫生组织（WHO）的 10 ~ 15ppm 推荐标准。2050 年中国能够达到发达国家目前的大气质量。

（4）能源革命和绿色低碳转型可以实现低能源消费和碳排放下降的目标，未来能源供应不断走向清洁化。电力系统中可再生能源（包括大水电）和核电将占据 80% 以上的发电份额。中国的投资能力完全可以支撑能源结构调整的投资需求。高比例非化石能源所需的能源总投资在未来的投资总额中所占的比重还会下降。技术进步和新技术的市场普及可以支撑高比例非化石能源电网的可靠运行。

（5）绿色低碳能源情景可以促进中国可持续发展目标的实现。2015 年联合国提出了新的 2030 年可持续发展目标，中国在 2016 年 11 月公布了实现可持续发展目标的行动方案。17 个可持续发展目标中共有 169 个指标，其中近 100 个指标和未来能源转型相关。绿色低碳能源转型可以更好地促进这些指标的实现。

（6）低能源情景中需要大量的先进能源供应和能源利用技术的发展和应用，这一需求可以有力支持中国的技术研发和创新，并逐渐在全球占据领先地位。中国早在 2006 年就提出了科技创新强国的基本战略，2009 年中国科学院公布的 2050 年中国科技发展路线图中，一半左右和能源相关。

（7）开放发展是中国五大发展理念之一。“一带一路”建设也需要绿色低碳发展引路。实现绿色低碳能源发展，是中国“走出去”战略的重要条件。打造中国绿色低碳发展形象，带动中国对外投资的绿色低碳化，促进周边国家和地区的绿色低碳发展，将会有力支撑中国的国际和平发展战略。

（8）要长期持续保持中国对核能和可再生能源投入的力度，防止政策摇摆。核电是最清洁和最安全的发电方式之一，低碳发展情景中采用了中国工程院的相关研究方案，到 2030 年达到 1. 5 亿千瓦以上的装机，2050 年达到 4 亿千瓦以上。从技术角度而言，核电可以支撑大规模发展，但更好地进行科学普及，加强正面公众沟通，提升对核电的接受度才是核电未来发展的关键。

附表

附表 1　一次能源消费量

单位：百万吨标准煤

	煤	油	天然气	水电	核电	风电	太阳能	生物质能电	醇类燃料	生物柴油	合计
2010 年	2430.7	534.8	109.9	196.5	48.1	22.6	0.4	7.1	2.0	1.0	3353.2
2020 年	2514.0	907.7	477.6	340.8	129.8	199.4	71.9	41.7	17.8	5.8	4706.5
2025 年	2212.4	1013.1	616.8	422.0	198.6	297.9	101.8	47.2	44.6	9.8	4964.1
2030 年	1910.9	1008.1	621.1	452.3	372.5	425.7	180.9	53.2	44.6	29.8	5099.1
2040 年	1476.0	879.2	689.1	500.5	688.1	594.3	337.8	81.3	54.9	44.7	5345.9
2050 年	975.6	711.4	695.0	474.9	949.9	712.4	563.1	125.5	71.4	76.0	5355.1

附表 2　终端能源消费量

单位：百万吨标准煤

	煤	焦炭	煤气	油品	天然气	热力	电	合计
2010 年	827	269	38	499	67	111	478	2288
2020 年	777	198	27	846	223	174	792	3039
2025 年	704	157	21	933	274	198	892	3180
2030 年	656	130	19	933	284	208	983	3212
2040 年	558	107	16	793	303	226	1160	3164
2050 年	462	83	13	613	304	236	1269	2980

附表 3　分部门终端能源消费量

单位：百万吨标准煤

	煤	焦炭	煤气	油品	天然气	热力	电	合计
农业								
2010 年	16.5	2.2	0.0	23.9	0.0	0.0	13.1	55.9
2020 年	26.5	3.6	0.0	27.2	0.0	0.1	18.5	75.9
2025 年	30.5	3.8	0.0	28.1	0.0	0.1	20.1	82.7
2030 年	31.6	3.6	0.0	29.0	0.0	0.1	21.7	86.0
2040 年	31.6	3.6	0.0	31.0	0.0	0.1	23.2	89.5
2050 年	30.9	3.5	0.0	32.3	0.0	0.1	24.8	91.7
工业								
	煤	焦炭	煤气	油品	天然气	热力	电	合计
2010 年	655.4	267.3	30.4	171.4	37.2	58.9	359.5	1580.2
2020 年	623.9	194.5	21.4	263.4	65.4	82.9	476.0	1727.4
2025 年	567.7	153.7	18.8	279.0	71.9	98.6	514.1	1703.9
2030 年	529.6	126.1	16.9	272.0	76.6	108.0	553.3	1682.4
2040 年	465.0	103.9	13.6	264.4	86.3	117.1	615.6	1665.8
2050 年	396.2	79.8	10.5	245.4	98.2	126.5	651.6	1608.3
服务业								
	煤	焦炭	煤气	油品	天然气	热力	电	合计
2010 年	28.4	0.0	0.3	18.1	9.0	2.9	45.5	104.2
2020 年	33.0	0.0	0.1	26.9	33.4	7.1	103.1	203.7
2025 年	30.1	0.0	0.0	26.7	70.1	9.2	154.6	290.7

（续表）

	煤	焦炭	煤气	油品	天然气	热力	电	合计
服务业								
2030 年	21.5	0.0	0.0	25.0	93.1	10.9	186.0	336.4
2040 年	10.7	0.0	0.0	25.6	96.8	11.5	193.4	338.1
2050 年	5.5	0.0	0.0	26.3	89.1	10.8	179.9	311.5
城市居民								
	煤	焦炭	煤气	油品	天然气	热力	电	合计
2010 年	61.4	0.0	7.0	22.8	20.3	48.7	37.8	198.0
2025 年	38.1	0.0	7.8	22.9	61.8	71.3	70.9	272.7
2020 年	31.2	0.0	5.5	18.3	80.3	82.0	90.0	307.3
2030 年	25.1	0.0	2.3	15.4	96.3	88.7	102.2	330.0
2040 年	18.8	0.0	2.2	14.9	106.0	97.6	112.4	351.9
2050 年	9.6	2.1	14.5	107.0	98.6	113.5	345.3	
农村居民								
	煤	焦炭	煤气	油品	天然气	热力	电	合计
2010 年	65.4	0.0	0.0	6.5	0.0	0.0	19.7	91.6
2020 年	65.7	0.0	0.0	16.4	0.1	0.0	33.7	115.9
2025 年	59.2	0.0	0.0	19.7	0.2	0.0	38.8	117.8
2030 年	48.2	0.0	0.0	20.9	0.2	0.0	43.1	112.5
2040 年	31.8	0.0	0.0	21.2	0.2	0.0	43.5	96.7
2050 年	19.7	20.5	0.2	40.9	81.4			

（续表）

交通								
	煤	焦炭	煤气	油品	天然气	热力	电	合计
2010 年	0.0	0.0	0.0	255.9	0.4	0.0	2.1	258.5
2020 年	0.0	0.0	0.0	494.5	7.6	0.0	10.8	489.0
2025 年	0.0	0.0	0.0	565.7	12.1	0.0	37.0	581.6
2030 年	0.0	0.0	0.0	570.3	17.7	0.0	44.4	618.0
2040 年	0.0	0.0	0.0	436.0	14.2	0.0	87.5	534.3
2050 年	0.0	0.0	0.0	274.1	9.9	0.0	144.4	425.7

附表 4 工业分部门终端能源消费量

单位：百万吨标准煤

采掘业								
	煤	焦炭	煤气	油品	天然气	热力	电	合计
2000 年	33.7	0.0	0.0	0.0	0.0	0.5	3.0	37.2
2005 年	59.0	0.0	0.0	0.0	0.0	0.9	7.8	67.7
2010 年	72.7	0.0	0.0	0.0	0.0	1.1	11.3	85.2
2020 年	72.5	0.0	0.0	0.0	0.0	1.0	17.2	90.7
2030 年	46.5	0.0	0.0	0.0	0.0	1.3	18.5	66.4
2040 年	42.8	0.0	0.0	0.0	0.0	1.2	18.5	62.6
2050 年	38.5	0.0	0.0	0.0	0.0	1.2	18.0	57.7

（续表）

制造业								
	煤	焦炭	煤气	油品	天然气	热力	电	合计
2000 年	276. 8	81. 5	7. 3	59. 1	15. 3	30. 2	98. 2	568. 3
2005 年	434. 4	190. 2	19. 6	101. 0	27. 6	52. 3	192. 2	1017. 3
2010 年	582. 7	267. 3	30. 4	128. 8	37. 2	57. 8	348. 2	1452. 4
2020 年	551. 4	194. 5	21. 4	190. 6	65. 4	81. 9	458. 8	1564. 0
2030 年	483. 1	126. 1	16. 9	216. 0	76. 6	106. 8	534. 7	1560. 1
2040 年	422. 2	103. 9	13. 6	210. 9	86. 2	115. 9	597. 0	1549. 7
2050 年	357. 7	79. 8	10. 5	198. 6	98. 2	125. 3	633. 6	1503. 8
纺织业								
	煤	焦炭	煤气	油品	天然气	热力	电	合计
2000 年	9. 1	0. 0	0. 0	1. 0	0. 0	2. 9	4. 9	17. 9
2005 年	15. 9	0. 0	0. 0	1. 8	0. 0	4. 7	8. 5	31. 0
2010 年	19. 3	0. 0	0. 0	2. 0	0. 0	5. 1	12. 2	38. 5
2020 年	18. 5	0. 0	0. 0	2. 1	0. 0	4. 8	14. 9	40. 3
2030 年	19. 2	0. 0	0. 0	2. 2	0. 0	4. 7	17. 2	43. 3
2040 年	19. 4	0. 0	0. 0	2. 2	0. 0	4. 8	18. 9	45. 3
2050 年	19. 6	0. 0	0. 0	2. 3	0. 0	4. 9	19. 3	46. 0
化学原料及制品制造业								
	煤	焦炭	煤气	油品	天然气	热力	电	合计
2000 年	45. 1	4. 3	0. 0	11. 1	13. 0	0. 0	16. 9	90. 3
2005 年	53. 8	10. 2	0. 0	14. 4	23. 3	0. 0	29. 5	131. 2

（续表）

	煤	焦炭	煤气	油品	天然气	热力	电	合计
化学原料及制品制造业								
2010 年	46.7	13.9	0.0	23.4	31.0	0.0	45.4	160.3
2020 年	41.3	11.0	0.0	29.7	56.2	0.0	48.0	186.3
2030 年	35.2	8.1	0.0	26.7	62.7	0.0	43.4	176.1
2040 年	35.7	7.6	0.0	25.9	65.9	0.0	41.5	176.7
2050 年	34.8	4.7	0.0	23.1	66.5	0.0	38.0	167.1
非金属矿物制品业（水泥、玻璃、砖瓦、石灰）								
	煤	焦炭	煤气	油品	天然气	热力	电	合计
2000 年	141.8	0.0	0.0	3.2	0.0	0.0	14.3	159.3
2005 年	207.4	0.0	0.0	6.9	0.0	0.0	24.0	238.3
2010 年	271.5	0.0	0.0	10.3	0.0	0.0	41.2	323.1
2020 年	218.7	0.0	0.0	7.8	0.0	0.0	33.7	260.2
2030 年	169.8	0.0	0.0	6.6	0.0	0.0	25.3	201.7
2040 年	134.6	0.0	0.0	6.0	0.0	0.0	19.7	160.3
2050 年	103.0	0.0	0.0	4.9	0.0	0.0	15.0	123.0
钢铁								
	煤	焦炭	煤气	油品	天然气	热力	电	合计
2000 年	21.7	74.1	7.3	6.3	0.0	4.4	12.7	126.5
2005 年	43.8	174.3	19.6	13.1	0.0	7.3	28.2	286.2
2010 年	74.9	245.5	30.4	8.0	0.0	6.5	51.1	416.4

（续表）

钢铁								
	煤	焦炭	煤气	油品	天然气	热力	电	合计
2020 年	124. 5	170. 5	21. 4	13. 7	0. 0	7. 0	49. 3	386. 5
2030 年	113. 0	99. 2	16. 9	11. 9	0. 0	6. 9	46. 1	294. 0
2040 年	87. 2	79. 7	13. 6	8. 1	0. 0	5. 9	44. 4	238. 8
2050 年	61. 7	62. 0	10. 5	5. 3	0. 0	4. 6	43. 2	187. 3
有色金属冶炼及压延加工业								
	煤	焦炭	煤气	油品	天然气	热力	电	合计
2000 年	7. 9	0. 2	0. 0	2. 8	0. 1	2. 7	8. 1	21. 7
2005 年	15. 8	0. 3	0. 0	4. 6	0. 1	3. 9	18. 8	43. 5
2010 年	24. 8	0. 4	0. 0	6. 5	0. 1	4. 4	31. 5	67. 7
2020 年	23. 6	0. 5	0. 0	7. 6	0. 2	5. 4	29. 6	66. 9
2030 年	20. 3	0. 6	0. 0	7. 3	0. 2	6. 2	30. 4	64. 9
2040 年	19. 0	0. 6	0. 0	6. 9	0. 2	7. 3	28. 6	62. 7
2050 年	15. 4	0. 5	0. 0	5. 6	0. 3	8. 2	23. 8	53. 8
机械制造业								
	煤	焦炭	煤气	油品	天然气	热力	电	合计
2000 年	15. 4	0. 0	0. 0	0. 3	2. 2	0. 0	14. 6	32. 5
2005 年	31. 5	0. 0	0. 0	0. 6	4. 2	0. 0	31. 8	68. 1
2010 年	49. 2	0. 0	0. 0	1. 0	6. 0	0. 0	63. 1	119. 3
2020 年	31. 6	0. 0	0. 0	1. 0	8. 5	0. 0	106. 0	147. 2

（续表）

机械制造业								
	煤	焦炭	煤气	油品	天然气	热力	电	合计
2030 年	30.8	0.0	0.0	1.0	9.8	0.0	136.6	178.2
2040 年	30.2	0.0	0.0	0.8	10.3	0.0	163.9	205.2
2050 年	29.6	0.0	0.0	0.6	10.8	0.0	180.3	221.3
其他制造业								
	煤	焦炭	煤气	油品	天然气	热力	电	合计
2000 年	16.2	0.0	0.0	0.0	0.1	0.0	6.2	22.4
2005 年	24.7	0.0	0.0	0.0	0.1	0.0	10.1	34.9
2010 年	32.9	0.0	0.0	0.0	0.1	0.0	19.0	52.0
2020 年	33.0	0.0	0.0	0.0	0.2	0.0	40.5	73.7
2030 年	39.5	0.0	0.0	0.0	1.9	0.0	64.2	105.6
2040 年	39.9	0.0	0.0	0.0	4.2	0.0	85.3	129.5
2050 年	38.7	0.0	0.0	0.0	8.9	0.0	97.3	144.9
其他工业								
	煤	焦炭	煤气	油品	天然气	热力	电	合计
2010 年	1.0	7.5	0.0	41.3	0.0	41.9	75.7	167.3
2020 年	2.2	12.5	0.0	73.0	0.2	64.7	127.8	280.5
2030 年	2.9	18.2	0.0	86.3	1.9	89.0	163.6	361.9
2040 年	3.2	16.0	0.0	76.2	5.5	97.9	186.5	385.3
2050 年	3.5	12.5	0.0	59.9	11.6	107.7	208.9	404.0

附表 5　发电量

单位：10 亿千瓦时

	煤电	油电	天然气发电	水电	核电	风电	太阳能	生物质能电	合计
2000 年	1042	45	14	233	17	1	0	3	1354
2005 年	1938	62	25	396	60	2	0	10	2494
2010 年	3193	58	83	575	141	66	1	21	4138
2015 年	3979	65	166	996	169	186	39	50	5618
2020 年	4275	73	498	1076	410	629	227	132	7320
2025 年	4021	66	610	1401	659	989	338	157	8239
2030 年	3205	64	744	1543	1271	1453	617	182	9079
2040 年	2238	54	878	1714	2356	2035	1157	278	10710
2050 年	1078	47	832	1640	3280	2460	1944	433	11713

附表 6　发电用能

单位：百万吨标准煤

	煤电	油电	天然气发电	水电	核电	风电	Solar	生物质能电	合计
2000 年	382. 5	16. 8	4. 5	85. 5	6. 4	0. 4	0. 0	1. 0	497. 0
2005 年	725. 9	22. 4	8. 4	147. 9	22. 4	0. 9	0. 1	3. 7	931. 7
2010 年	1093. 4	20. 6	25. 2	196. 5	48. 1	22. 6	0. 4	7. 1	1414. 0
2020 年	1372. 2	25. 6	136. 9	340. 8	129. 8	199. 4	71. 9	41. 7	2318. 2
2025 年	1239. 0	16. 1	159. 7	422. 0	198. 6	297. 9	101. 8	47. 2	2482. 3
2030 年	968. 2	21. 6	186. 1	452. 3	372. 5	425. 7	180. 9	53. 2	2660. 4
2040 年	688. 1	18. 2	219. 6	500. 5	688. 1	594. 3	337. 8	81. 3	3127. 9
2050 年	342. 7	15. 9	207. 9	474. 9	949. 9	712. 4	563. 1	125. 5	3392. 4

附表 7 发电装机容量

单位：万千瓦

	煤电	油电	天然气发电	水电	核电	风电	Solar	生物质能电	合计
2000 年	20859	922	301	7603	218	52	0	60	30015
2005 年	37273	1286	453	12133	798	119	13	222	52297
2010 年	66974	1287	1820	19431	1876	3308	95	460	95252
2015 年	88419	3965	6637	31937	2608	12900	4318	1100	150673
2020 年	90106	1627	10630	33943	5465	31377	17455	2928	193530
2025 年	84658	1465	12853	43219	8788	49282	25985	3479	229729
2030 年	68189	1412	16064	48398	16947	70828	47320	4035	273194
2040 年	48661	1190	19047	53961	31416	95747	88404	6188	344615
2050 年	23427	1041	17925	51853	43730	111921	148395	9631	407923

第三章

不同温升控制目标下全球气候变化对中国的影响研究[①]

① 主要作者：罗勇、张建松、卢鹰、喻朝庆、杨军、黄建斌、姜海如、赵宗慈、周大地、郁聪；贡献作者：王蕾、郭晓君、汪伟、李成伟、倪少强、肖雨晨、武超。

引　言

采用第五阶段耦合模式比较计划（CMIP5）的若干个全球模式的模拟结果，以及分布式水文模型 CLM4 - MOSART、农田生态系统的生物地球化学模型 DNDC 和大尺度植被模型 SEVER - DGVM，分析了全球地表温度较工业革命前分别上升 1.5℃、2℃、2.5℃、3℃、3.5℃、4℃、4.5℃和5℃等不同气候情景对中国的高温热浪事件和极端降水事件、水资源、农业以及森林生态系统的可能影响。主要研究内容及结论如下：

1. 温升对中国主要极端天气气候事件的可能影响

通过 CMIP5 中的全球模式对高温热浪和极端强降水的模拟研究表明：①中国的温升幅度高于全球平均温升幅度；②随着全球变暖幅度的增加，中国区域的热浪日数也呈现急剧增加的趋势，在基准气候态（1971—2000 年）热浪最显著的地区（如长江中下游地区）在未来也将经历强度更大、持续时间更长的热浪事件；③总体而言，到 21 世纪末前中国平均的极端强降水事件将会更加频繁，极端强降水量也会有显著的增加；④中国极端强降水频次在丰水地区增长明显，缺水地区减少。

2. 温升对中国水资源的可能影响

采用第三代陆面过程模型 CLM4 模型（V4.0）与美国 PNNL 实验室的 MOSART 汇流方案进行耦合，建立 CLM4 - MOSART 模型。利用 GTOPO30 的全球 1km 分辨率 DEM 数据生成数字流域和河网，采用历史的大气强迫数据来驱动 CLM4 - MOSART 模型开展模拟。研究表明：①降水和蒸散总体增加，时空分布更加不均，中国区域夏季降水时空分布更加不均，中国绝大部分区域的蒸散均有增加态势，中国大部有效降水呈增加趋势，但空间分布更加不均；②产流量随温度升高而增加，区域差异明显，夏季中国流域更易遭受南涝北旱；③径流变化地域特征明显，南北差异大。

3. 温升对中国农业的可能影响

基于农田生态系统的生物地球化学模型 DNDC，建立了全国 2403 个县级单元水稻、玉米和小麦的农业数据库，利用 2000—2011 年的历史数据对模型进行了率定和验证，基于过去 60 年的逐日模拟结果，生成了农业旱灾损失概率曲线。利用 2010—2100 年的 GCM 情景数据分析全球不同温升控制目标下，中国农业的可能影响和潜在风险。主要研究结论表明：①近 20 年，中国农业旱灾频率和强度较前 40 年有明显增加，在雨养条件下，全国粮食因旱损失平均达到 31.3%，灌溉对降低旱灾风险的作用明显；②在当前灌溉条件下，水稻、玉米和小麦农业旱灾风险的空间分布表明，中国农业旱灾风险主要集中在东北—西南的第二级阶梯上；③未来中国农业旱灾风险增大，粮食减产加剧。在 RCP8.5 情景下，2050 年后粮食因旱减产量持续下降，到 2100 年左右，粮食减幅大约为 9%。这相当于类似 2000 年的超过百年一遇的旱灾在 RCP8.5 情景下未来可能成为常态。在雨养条件下，产量波动的变幅增加，到 2100 年在 RCP2.6、RCP4.5 和 RCP8.5 情景下，粮食产量与当前雨养产量相比分别降低 0%、5% 和 9%。在温升 3.5℃ ~5.0℃的情景下，即使灌溉条件满足，全国的粮食产量也会随温度的升高而降低，与当前的平均产量相比，最高减产率可达 11%。如果全国农业没有灌溉支撑，随着温度的升高，减产情况总体趋势加剧，与当前的平均产量相比，最大减产率可达 38.5%。

4. 温升对中国森林生态系统的可能影响

中国森林的分布现状空间数据的制备使用了 520 景美国陆地卫星数据，以 2010 年为基准年，进行解译制图，最终将中国的森林类型分为 6 大类和 28 个亚类。采用 CMIP5 中 25 个气候模式在中国范围内的模拟结果，包括模拟温度分别上升 1.5℃、2℃、3℃、4℃和 5℃五种情景。采用 SEVER - DGVM 来模拟气候驱动下中国森林植被潜在分布及碳库的变化，主要结论表明：①高温升情景下，森林资源对气候变化的适应能力降低；②未来森林潜在分布与碳储量格局变化明显，温度升高 4℃和 5℃时，中国东北地区的寒带森林消失，青藏高原地区北方森林占据主导地位，热带森林分布向北逐渐推进；③增温效应会增加中国大部分地区植被碳含量，但东北地区特别是黑龙江地区森林植被碳出现大幅减少，且温度上升越快，植被碳减少的地区面积越大；④增温效应对中国土壤碳的影响具有明显的地带性，中国青藏高原地区土壤碳含量会随着温度升高而增加，当温度升高后，东北特别是大兴安岭地区、长白山地区和新疆西北地区土壤碳含量显著减少；⑤未来森林野火空间格局发生改变，野火频发区域由东北转向青藏。

主要结论与建议：①未来极端事件的影响可能比预估的结果更严重；②水资源短缺与水文极端事件频发可能并存；③粮食安全形势将更加严峻；④森林生态系统的变化将改变中国生态安全格局；⑤减少温室气体排放迫在眉睫。

一、温升对中国主要极端天气气候事件的可能影响

（一）方法与数据

为了刻画高温热浪事件和极端降水事件，本研究定义了热浪频次、最长热浪持续天数、热浪日数和高温日数 4 个高温热浪指标和 R25、R50、R95p 和 R99p 四个极端强降水指标（见表 3 -1）。本研究选取 12 个全球气候模式对全球不同温升情景下中国的温升情景进行模拟。选取 CMIP5 中的 12 个全球模式对中国区域的热浪事件进行模拟，选取 CMIP5 中的 17 个全球模式对中国区域的极端强降水进行模拟（见表 3 -2）。经过与历史观测资料的验证，全球气候模式对高温热浪事件和极端强降水事件的时间特征和空间特征模拟能力较好。

表 3－1 极端事件（高温热浪、极端强降水）指数的定义

	指数名称	定义（单位）
高温热浪	热浪频次	每年热浪发生的次数（次）
	最长热浪持续天数	每年最长热浪过程持续的天数（天）
	热浪日数	每年出现热浪过程的累计日数（天）
	高温日数	每年日最高气温≥35°C 的累计日数（天）
极端强降水	R25	日降水量≥25 毫米的累计降水天数（天）
	R50	日降水量≥50 毫米的累计降水天数（天）
	R95p	日降水量不低于基准时段（1971—2000）样本概率分布第 95 个百分位降水值的累计降水总量（毫米）
	R99p	日降水量不低于基准时段（1971—2000）样本概率分布第 99 个百分位降水值的累计降水总量（毫米）

表 3－2 用于高温热浪和极端强降水模拟的 17 个 CMIP5 全球模式的基本信息

模式名称	机构/国家	水平分辨率	历史时段	未来时段
* ACCESS1－0	CSIRO－BOM/澳大利亚	192×145	1850—2005	2006—2100
* BCC－CSM1－1	BCC/中国	128×64	1850—2012	2006—2100
* BNU－ESM	GCESS/中国	128×64	1850—2005	2006—2100
* CanESM2	CCCMA/加拿大	128×64	1850—2005	2006—2100
* CCSM4	NCAR/美国	288×192	1850—2005	2006—2100
CMCC－CM	CMCC/意大利	480×240	1850—2005	2006—2100
* CNRM－CM5	CNRM－CERFACS/法国	256×128	1850—2005	2006—2100
CSIRO－Mk3.6.0	CSIRO－QCCCE/澳大利亚	192×96	1850—2005	2006—2100
FGOALS－s2	LASG－CESS/中国	128×60	1850—2005	2006—2100
* GFDL－ESM2G	NOAA GFDL/美国	144×90	1861—2005	2006—2100
* HadGEM2－ES	MOHC/英国	192×145	1860—2005	2006—2100
* IPSL－CM5A－LR	IPSL/法国	96×96	1850—2005	2006—2100
* MIROC－ESM－CHEM	MIROC/日本	128×64	1850—2005	2006—2100
MIROC5	MIROC/日本	256×128	1850—2005	2006—2100
* MPI－ESM－MR	MPI－M/德国	192×96	1850—2005	2006—2100
MRI－CGCM3	MRI/日本	320×160	1850—2005	2006—2100
* NorESM1－M	NCC/挪威	144×96	1850—2005	2006—2100

注：标注＊号的 12 个模式用于温升幅度和高温热浪研究，全部的 17 个模式用于极端强降水研究。

（二）主要结论

1. 中国的温升幅度高于全球平均温升幅度

12 个全球气候模式模拟了在 RCP4.5 和 RCP8.5 情景下，全球达到不同温升控制目标的时间（如图 3－1，表 3－3）。在 RCP4.5 情景下，能模拟出全球达到 1.5℃、2℃、2.5℃和 3℃的模式个数分别为 12 个、11 个、10 个和 5 个，没有模式能模拟出全球超过 3℃。而在 RCP8.5 情景下，能模拟出全球达到 3.5℃、4℃、4.5℃和 5℃的模式个数分别为 12 个、10 个、9 个和 5 个。总体来说，RCP8.5 情景下，达到同一温升控制目标的达到时间比 RCP4.5 情景下要早。而 RCP4.5 情景下模式集合模拟的达到不同温升控制目标的时间相差 20 年左右，而 RCP8.5 情景下达到不同温升控制目标的时间相差 10 年左右。

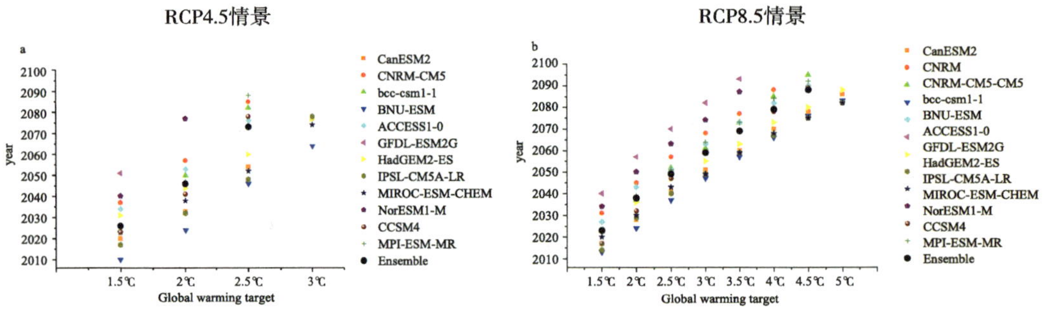

图 3－1　12 个模式及模式集合模拟的在两个情景下全球达到 8 个温升控制目标的时间

表 3－3　全球达到不同温升目标的时间（相对于工业革命前 1861—1880 年）

ENSEMBLE	Warming Targets						
	5℃	2℃	2.5℃	3℃	3.5℃	4℃	4.5℃
RCP4.5	2026	2046	2072				
RCP8.5	2023	2037	2049	2059	2069	2078	2087

模式还模拟了在 RCP8.5 和 RCP4.5 情景下，相对于工业革命前（1861—1880 年），当全球达到不同温升控制目标时，中国的温升情况（如表 3－4，表 3－5 所示）。可见，当全球达到不同温升控制目标时，中国的温升幅度均高于全球的温升幅度。

表 3－4　RCP4.5 情景下全球与中国的温升情况对比（相对于工业革命前 1861—1880 年）

全球温升控制目标	1.5℃	2℃	2.5℃
到达的年份	2026	2046	2072
中国平均的温升（℃）	1.76	2.47	3.21

表 3－5 RCP8.5 情景下全球与中国的温升情况对比（相对于工业革命 1861—1880 年）

全球温升控制目标	1.5℃	2℃	2.5℃	3℃	3.5℃	4℃	4.5℃
到达的年份	2023	2037	2049	2059	2069	2078	2087
中国平均的温升（℃）	1.82	2.48	3.23	3.93	4.59	5.29	5.97

2. 中国区域热浪事件呈急剧增加趋势

在 RCP8.5 情景下，当全球温升达到 8 个不同温升控制目标时，中国区域热浪日数的变化情景如图 3－2 所示。可以看出，随着全球变暖幅度的增加，中国区域的热浪日数也呈现急剧增加的趋势。其中，在基准气候态（1971—2000 年）热浪最显著的地区（如长江中下游地区）在未来也将经历强度更大、持续时间更长的热浪事件。例如，长江中下游在全球温升 2℃时，热浪日数相比于基准气候态增加约 12 天/年，而在 5℃时增加约 80 天/年。当全球温升达到 8 个温升控制目标时（1.5℃、2℃、2.5℃、3℃、3.5℃、4℃、4.5℃和 5℃），中国区域平均的热浪日数相比于基准态分别增加 4.1 天/年、7.3 天/年、11.0 天/年、14.9 天/年、18.9 天/年、23.2 天/年、27.8 天/年和 30.7 天/年。

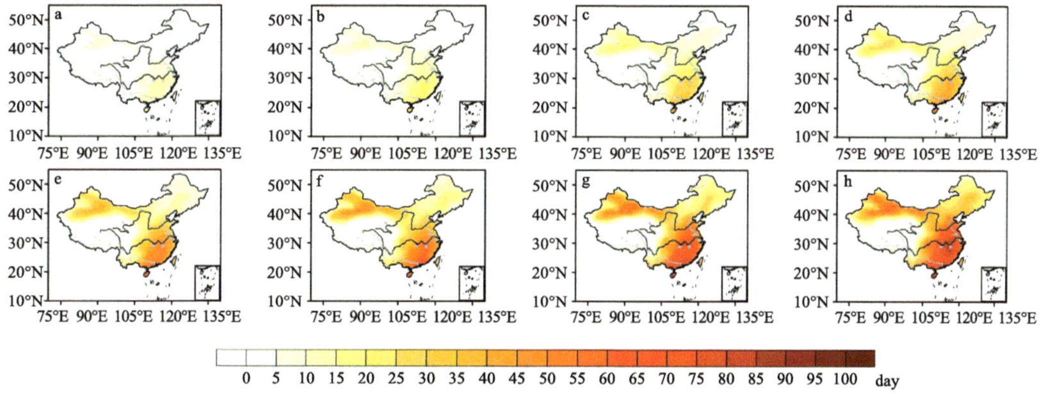

图 3－2 12 个模式集合模拟的 RCP8.5 情景下在 a1.5℃，b2℃，c2.5℃，d3℃，e3.5℃，f4℃，g4.5℃ and h5℃温升控制目标下中国区域热浪日数变化的空间分布（相对于基准气候态 1971—2000 年）

3. 中国极端强降水事件更频繁、强度更大

中国区域平均的 4 个极端强降水指数均呈增长趋势表明（图 3－3），在 2006—2099 年，相对于基准气候态（1971—2000 年），在 RCP4.5 和 RCP8.5 情景下，中国极端强降水事件将会更频繁，强度更大。值得注意的是，2050 年是两种情景下极端强降水变化的转折点，在 2050 年以前，两种情景下的极端强降水指数之间的增长值和增长趋势均相似，但在 2050 年以后，RCP8.5 情景下极端强降水增长趋势显著提高，在到达 2099 年以前，两者的差距越来越大。在 RCP8.5 情景下四个极端强降水指标的线性增长趋势是 RCP4.5 情景下的 2～3 倍。到 2099 年，在 RCP4.5（RCP8.5）情景下模式

集合预估的中国区域平均的 R25、R50、R95p 和 R99p 的数值分别大约为 3.9（5.0）天、0.7（1.1）天、215.0（281.8）mm 和 95.2（145.3）mm。总体而言，到 21 世纪末前中国平均的极端强降水事件将会更加频繁，极端强降水量也会有显著的增加。

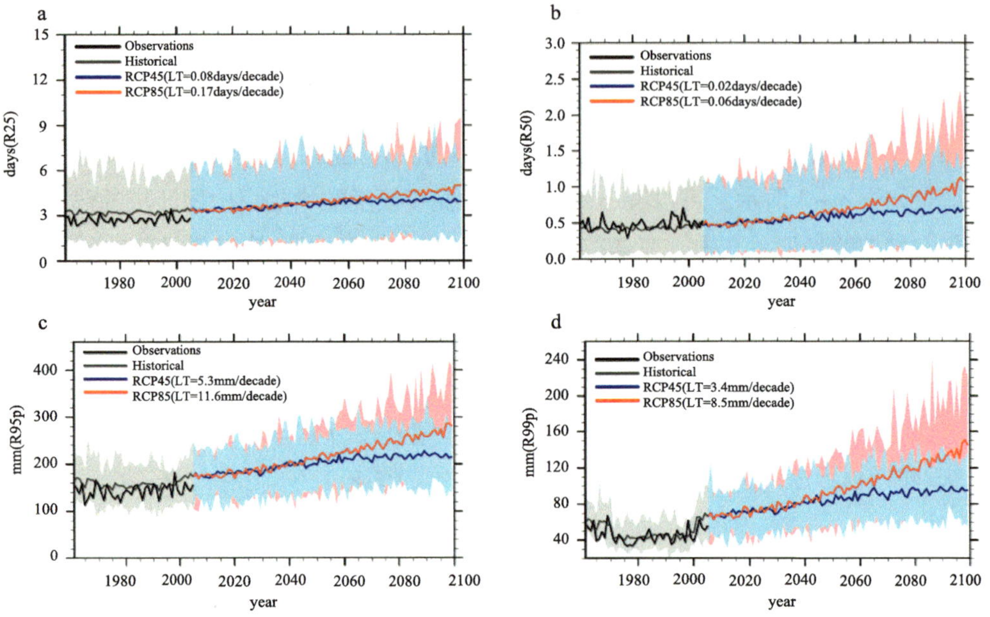

图 3-3　2006—2099 年在 RCP4.5 和 RCP8.5 温升情景下四个极端强降水指标（a）R25（b）R50（c）R95p（d）R99p 的年际变化图

4. 中国极端强降水频次在丰水地区增长明显，缺水地区减少

随着全球变暖幅度的增加，中国区域的极端降水事件呈增长趋势。中国平均的四个极端强降水指数 R25、R50、R95p 和 R99p 的增长值将会从 1.5℃温升控制目标下的 0.26 天/年、0.11 天/年、30.41 毫米/年和 30.51 毫米/年增加到 5℃温升控制目标下的 1.46 天/年、0.52 天/年、113.95 毫米/年和 92.29 毫米/年。（表 3-6）。当全球温升从 1.5℃上升到 5℃时，在基准气候态时有更多极端强降水事件发生的地区（如华南地区、长江中下游地区和西南地区）将会经历更多强度更大的极端强降水事件。而中国北部和西北部的一些缺水地区的极端强降水日数将会减少（图 3-4），但极端强降水量增加（图 3-5）。

表 3-6　8 个温升控制目标（1.5℃，2℃，2.5℃，3℃，3.5℃，4℃，4.5℃和 5℃）下中国区域平均 R25、R50、R95p 和 R99p 的变化（相对于基准气候态）

	1.5℃	2℃	2.5℃	3℃	3.5℃	4℃	4.5℃	5℃
R25（days/yr）	0.26	0.45	0.66	0.94	1.11	1.14	1.30	1.46
R50（days/yr）	0.11	0.17	0.23	0.31	0.37	0.40	0.47	0.52
R95p（mm/yr）	30.41	42.00	56.64	73.49	86.19	88.34	99.63	113.95
R99p（mm/yr）	30.51	38.34	48.47	59.46	69.58	71.59	81.41	92.29

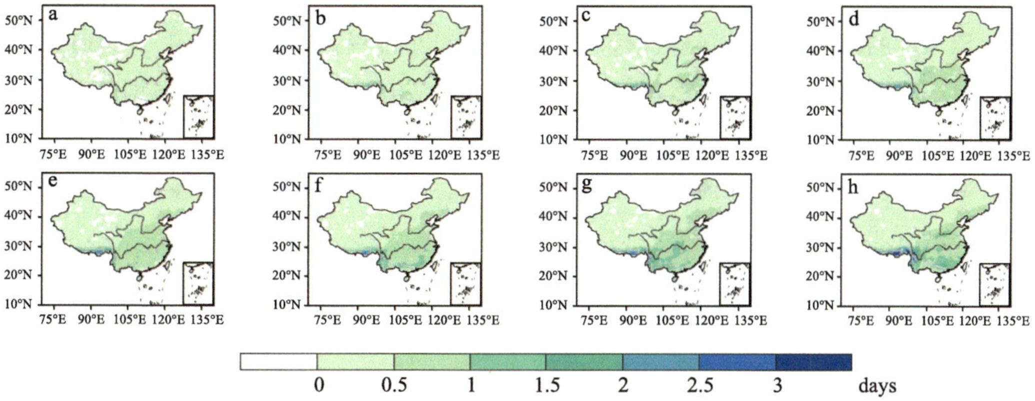

图 3-4　8 个温升控制目标（1.5℃，2℃，2.5℃，3℃，3.5℃，4℃，4.5℃和 5℃）下极端强降水指数 R25 的变化（相对于基准气候态 1971—2000 年）的分布

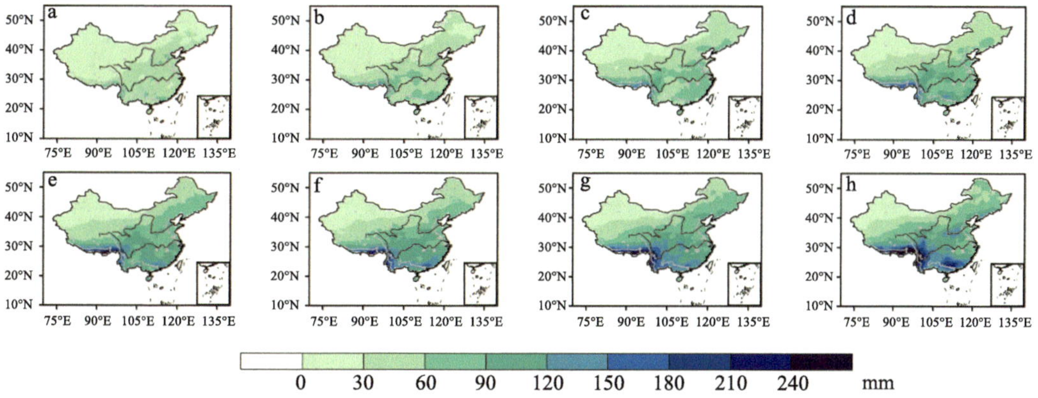

图 3-5　8 个温升控制目标（1.5℃，2℃，2.5℃，3℃，3.5℃，4℃，4.5℃和 5℃）下极端强降水指数 R50 的变化（相对于基准气候态）的分布

二、温升对中国水资源的可能影响

（一）方法与数据

1. 分布式水文模型开发与率定

本研究采用最新版本的第三代陆面过程模型 CLM4 模型（V4.0）（Community Land Model，Dai et al，2003）开展中国区域的水文离线模拟。同时，考虑到 CLM4 模型自带的汇流方案 RTM（River Transport Model）比较简单，我们将美国 PNNL 实验室的 MOSART（Model for Scale Adaptive River Transport，Li et al，2013）汇流方案耦合进 CLM4 中，替代 CLM4 自带的 RTM 汇流方案，建立 CLM4-MOSART 模型。相比于 RTM 方案，

MOSART 汇流方案更真实地描述了流域汇流过程。本研究在 0.5°空间上进行河网汇流演算，该尺度的河网能够很好地进行洲际尺度的水文过程模拟（Li et al.，2015）。利用 GTOPO30 的全球 1km 分辨率 DEM 数据生成的数字流域和河网，将中国划分为 11 个大流域区，分别是：Ⅰ松花江流域、Ⅱ辽河流域、Ⅲ海河流域、Ⅳ黄河流域、Ⅴ淮河流域、Ⅵ长江流域、Ⅶ珠江流域、Ⅷ澜沧江流域、Ⅸ怒江流域、Ⅹ雅鲁藏布江流域和Ⅺ黑河流域（见图 3-6）。

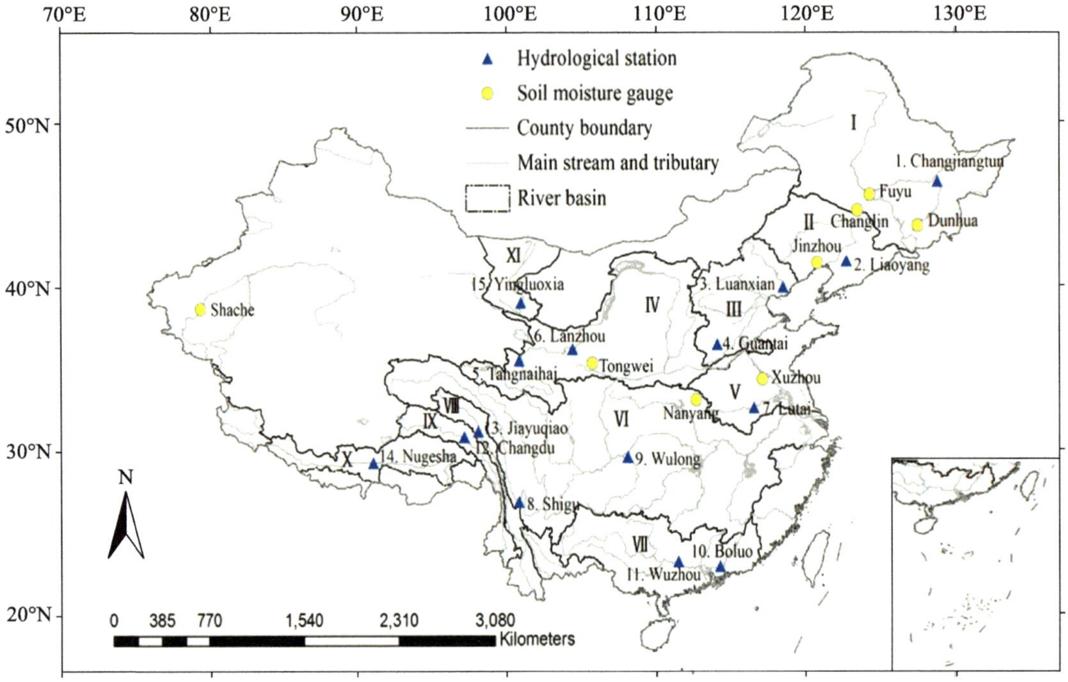

图 3-6　IGSNRR-VIC 中国流域区划分以及径流测站分布图（zhang et al.，2014）

在参数率定和精度评价阶段，我们根据流域的物理划分，以及观测资料的可行性，对这 11 个流域进行计算。CLM4-MOSART 中大部分参数（如汇流面积、河道宽度、坡度、汇流长度等）都是基于现有数据集可以直接得到或者提取的，只有少数参数（如河道曼宁系数、坡面曼宁系数）需要进行率定。这里我们采用模型开发者已经在全球范围内率定好的数据集中的参数（Li et al，2015）。这套参数在全球范围已经得到验证，比较可靠。

为了确保 CLM4-MOSART 模型能够准确可靠地模拟中国区域宏观尺度（0.5°）的水文过程，需要利用历史数据对模型进行精度评价。其中，需要通过历史的大气强迫数据来驱动 CLM4-MOSART 模型开展模拟，需要用观测的径流数据来评价模型对水文过程的模拟精度。CLM4-MOSART 模型所需的大气驱动数据包括：降水、风速、气温、水汽压、气压、下行长短波辐射，来自 NCEP-NCAR 的六小时再分析数据（Qian et al，2006）作为历史模拟驱动数据，数据覆盖范围为1948—2004年。

在水文模拟的率定和验证中，常用纳什系数（NASH）和相对误差（RE）来描述模型精度，利用中国区域的15个径流站的长期观测数据对CLM4－MOSART模型进行了参数率定和精度评价，站点分布如图8蓝色三角所示。CLM4－MOSART模型在11个大流域中，应用15个径流站的20年历史观测资料，在不同的时期进行参数率定，然后，针对1981—2000年有观测数据的6个站进行了模拟结果验证和精度评价。结果表明，在20年的参数率定期，绝大多数的站点纳什系数都大于0.8，而且相对误差绝对值都小于25%，这意味着CLM4－MOSART模型在中国的大部分流域能够很好地重现实测径流过程。20年的验证期模拟结果也证明经过参数率定后，CLM4－MOSART模型能够很好地模拟出1981—2000年的径流过程。经过长时间系列的径流资料率定后，CLM4－MOSART模型能够比较准确地重现中国大陆区域的水文过程和水资源分布情况，可以用来模拟和预估气候变化对中国水资源的可能影响。

2. 未来水文模拟驱动数据制备

在研究中，需要制备基于未来预估气候数据的地表大气强迫场数据，用来驱动CLM－MOSART模型，本研究的气候数据来自NCAR集合36套GCM预估的平均结果，空间分辨率为192×288，时间分辨率为逐日，时间跨度为1950—2099年。在假设CLM4－MOSART模型参数稳定的基础上，我们利用经过参数率定的CLM4－MOSART模型，基于集合平均的预估数据，开展了不同温升情景下的中国区域水文过程模拟研究，时间为跨度为1965—2099年。在除去前20年的预热数据后，我们利用1986—2099年的集合数据开展分析，其中以1986—2015年为基准期（参考期），研究未来不同温升控制目标情况下中国水资源的变化情景。

（二）主要结论

1. 降水和蒸散总体增加，时空分布更加不均

（1）中国区域夏季降水时空分布更加不均

图3－7所示为基于CLM4－MOSART集合数据预估的未来中国区域年均降水的变化及其空间分布。八幅图分别为到达不同温升目标的十年相对于基准期的年均降水变化情况。整体上看，中国长江中下游地区降雨呈现增多的趋势，华北及西北内陆地区和新疆地区降雨变化不明显。东北和青藏高原降雨也有增加的趋势。同时，随着温升控制目标的升高，长江中下游地区降雨量逐渐增多，而华北地区、新疆北部及西北地区在低温升情景下降雨则呈现出加剧减小的趋势。

图3－8显示不同温升情景下的中国地区夏季降雨变化。由于中国大部分地区主要降雨发生在夏季，故而夏季降雨的变化与图3－9所示的年均降雨的变化基本一致。值

得注意的是，相对于年均降雨来说，在黄河流域，西北内陆河区域，夏季降雨减小趋势更为显著，而长江、珠江流域夏季降雨的增加趋势更为明显。这表明，在未来温升情景下，夏季降雨的空间分布更加不均。

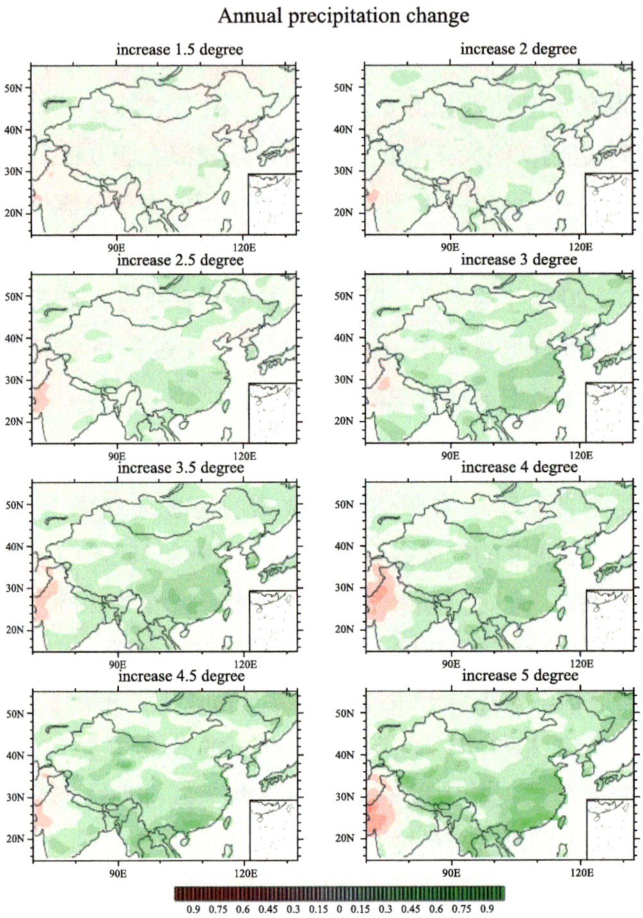

图 3－7　不同温升情景下年均降水（单位：mm/d）相较于基准期（1986—2015 年）之差

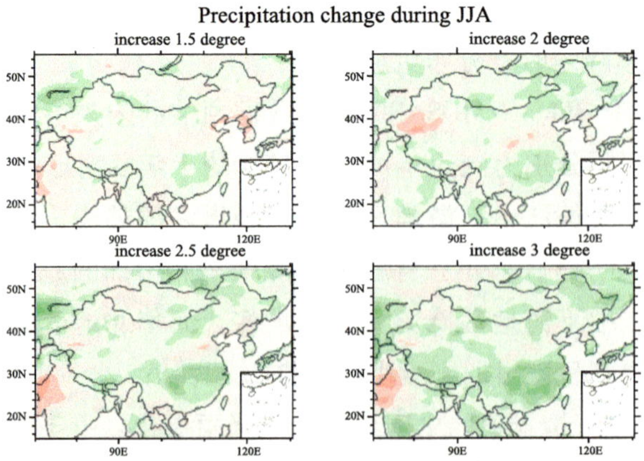

图 3－8　不同温升情景下夏季（JJA）降水（单位：mm/d）相较于基准期（1986—2015 年）之差

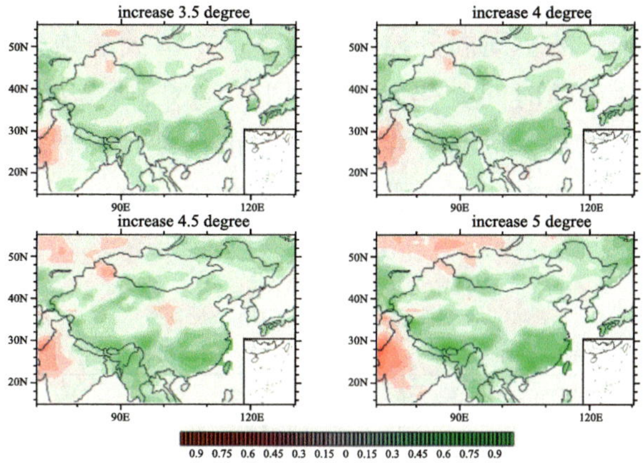

图 3－8（续）

（2）中国绝大部分区域的蒸散均有增加态势

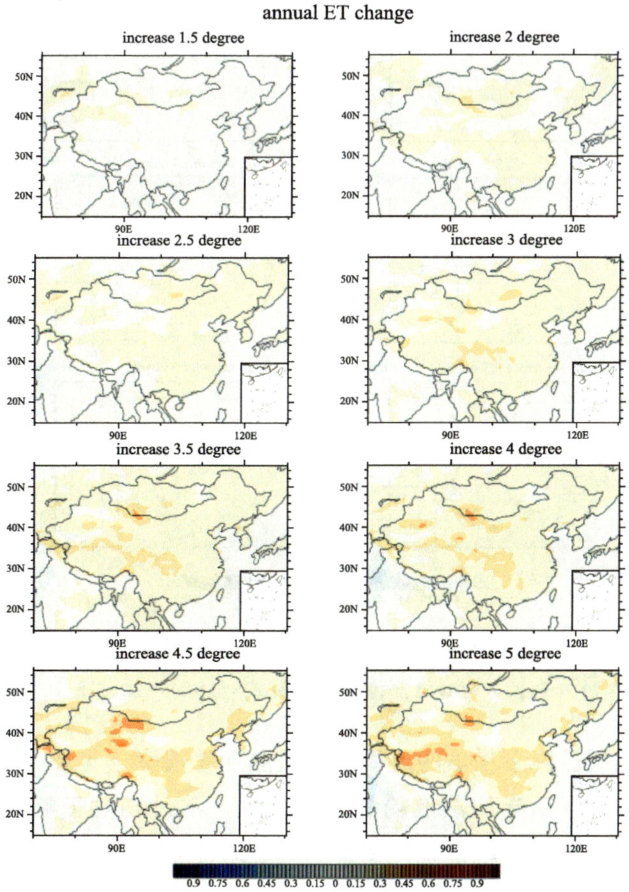

图 3－9　基于 CLM4－MOSART 模拟结果的未来不同温升情景集合平均的年均蒸散（单位：mm/d）相较于基准期（1986—2015 年）之差

基于 CLM4 - MOSART 模拟结果的未来年均集合平均蒸散变化表明（见图 3 - 8），与基准期相比，未来的不同温升控制目标下，中国大陆绝大部分区域的蒸散都有增加态势，而且增加量随时间变化而增大，其中 4℃、4.5℃和 5℃温升控制目标情景下年蒸散增加最为明显。同时，在黄河流域的内蒙古、青海、甘肃、新疆的局部地区出现一些零星的蒸散降低区域。而在青藏高原、四川盆地和长江中游地区蒸散增加明显。

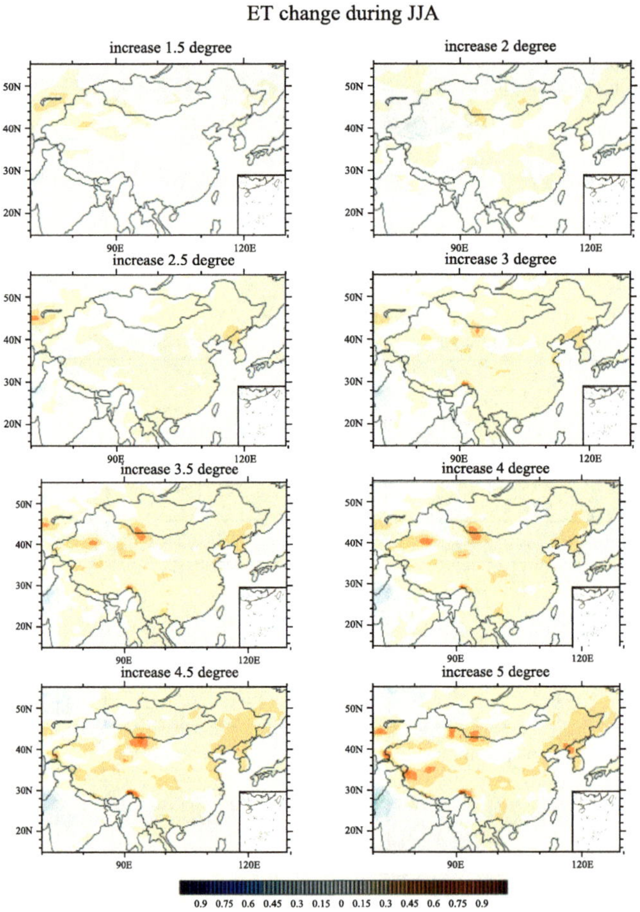

图 3 - 10　基于 CLM4 - MOSART 模拟结果的未来不同温升情景下夏季（JJA）平均蒸散（单位：mm/d）相较于基准期（1986—2015 年）之差

未来不同温升控制目标下预估的夏季平均蒸散变化表明（见图 3 - 5）。夏季平均蒸散变化趋势与图 3 - 11 所示年均蒸散趋势基本一致，不过相对于年均蒸散的增加，夏季蒸散增加趋势稍弱一些。也就是说，冬季的蒸散增加相比于夏季来说更为显著。

综合图 3 - 7、图 3 - 8、图 3 - 9、图 3 - 10 可知，在 21 世纪中国区域南方降水呈现增加态势，而北方降雨增加不明显，同时蒸散出现明显更大的增加态势，伴随着同期的增温，这可能导致地表水流减少，并增加干旱灾害的频率和烈度。

（3）中国大部有效降水呈增加趋势，但空间分布更加不均

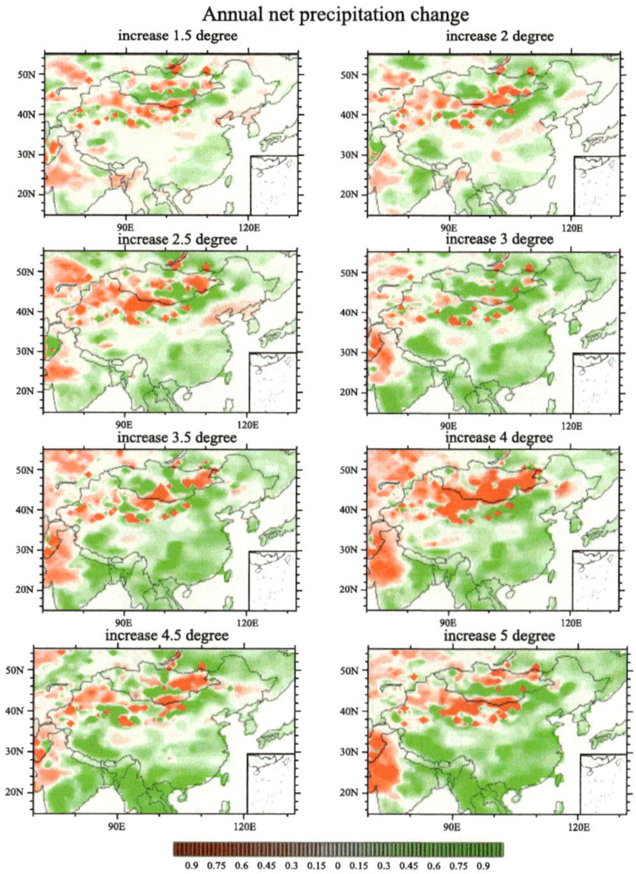

图 3－11　基于 CLM4－MOSART 模拟结果的不同温升情景下集合平均的年均有效降水（P－ET）（单位：mm/d）相较于基准期（1986—2015 年）之差

基于模拟结果的未来年均有效降水的变化表明（见图 3－11），中国大部分地区有效降雨呈现增加趋势，这主要是由于年均降雨增加引起的。南方地区（长江、珠江流域）有效降雨呈现出增加的趋势，温升幅度越高增加越多。北方地区（西北新疆、宁夏、内蒙古和黄河上游、东北地区）有效降雨则呈现出不同程度的减小趋势，尤其以新疆北部地区减小最为显著。黄河流域在低温升情景下有效降雨呈现出减小趋势，而在高温升情景下，有效降雨有一定程度的增加。

未来夏季集合平均有效降水的变化（见图 3－12）的地区差异较为明显。青藏高原、长江中下游、珠江流域有效降雨呈现出明显的增加趋势，主要是由于降雨的显著增多导致的。在宁夏、甘肃、新疆等西北地区一带，有效降雨呈现出明显的减小趋势，而且随着温升控制目标的提高而加剧。这主要是由于温升导致的蒸发增加，该地区降

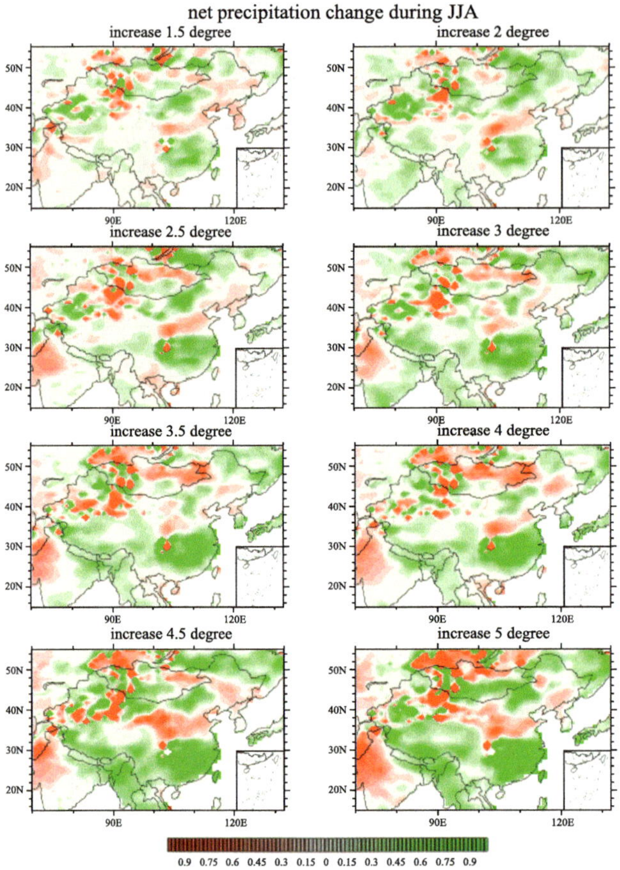

图 3－12　基于 CLM4－MOSART 模拟结果的不同温升情景下集合平均的夏季有效降水（P－ET）相较于基准期（1986—2015）之差

雨并没有显著增加而导致的有效降雨减小。相对于年均有效降雨趋势来说，夏季有效降雨减小趋势更明显，范围也更大。

综合图 3－11、图 3－12 的结果表明，在 21 世纪，尽管中国部分流域出现降水持续增加，但未来中国区域地表可得水资源量（有效降水）空间分布更加不均的趋势将不可逆转。富水的南方更加富水，而缺水的西北地区则有可能面临更严峻的缺水情况，特别是在夏季。

2. 产流量总体增加，区域差异明显，南涝北旱加剧

（1）产流量随温度升高而增加，区域差异明显

未来中国区域年均产流相对变化及分布表明（见图 3－13），在低温升情景下，西北内陆河区域、黄河海河流域水流呈现减小趋势，而长江、珠江、松花江流域水流呈现出微小增加趋势。在高温升情景下，除新疆地区以外，大部分中国区域水流都呈现

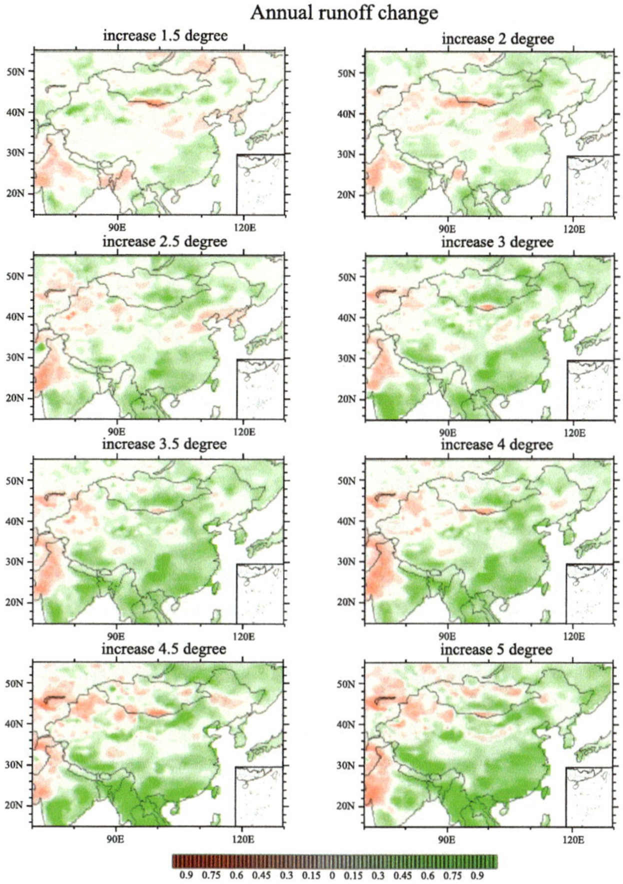

图 3－13　基于 CLM4－MOSART 模拟结果的未来不同温升情景下集合平均的年均产流相对变化（%）

出增加趋势，而且温升越高增加越显著。其中华北地区增加不显著，而新疆地区水流一直呈现出减小的态势，这主要是由于该地区降雨减小蒸散增加引起的。这同净降雨的时空分布趋势是一致的。这一趋势将使中国的水资源时空分布不均的问题更加突出和严峻。

（2）夏季中国河流更易遭受南涝北旱

不同温升情景下夏季水流相对变化表明（见图 3－14），同年均产流变化分布类似，长江、珠江流域产流呈现增加趋势，而北方流域则呈现出不同程度的减小趋势。同时，相比于年均变化来说，夏季产流减小的趋势和范围更加明显。这就意味着未来夏季南方地区流域更易遭受洪涝灾害，而北方流域则更易遭受干旱灾害。

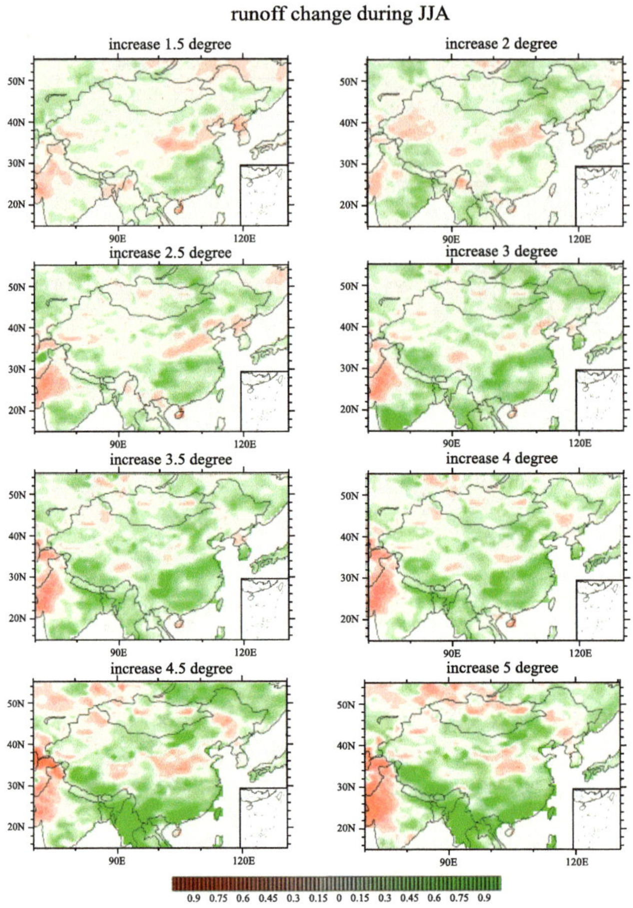

图 3－14　基于 CLM4－MOSART 模拟结果的未来不同温升情景下集合平均的夏季（JJA）产流相对变化（%）

3. 径流变化地域特征明显，南北差异大

不同温升控制目标下，中国 11 个主要流域的径流变化情况（见图 3－15）表明，不同流域在未来的产流变化差距明显，具有十分显著的地域特征。在北方流域中，松花江流域径流呈现减小趋势，辽河流域径流在温升 2℃～3℃时增加不明显，在高温升情况下径流有显著增加。黄河流域在低温升（1.5℃、2℃和 2.5℃）和高温升（4.5℃和 5℃）情况下径流呈现减小的趋势，其中温升 2℃时径流减小超过了 10%；在中等温升（3℃、3.5℃和 4℃）情况下径流有所增加。对于南方河流来说，大部分流域径流都呈现出增加的趋势，而且随着温升控制目标的增加而增加。尤其是珠江流域增加最为显著，在高温升的情景下径流增加超过 40%。而西南诸河（雅鲁藏布江、怒江和澜沧江）在温升目标逐渐增加的情形下径流表现出持续增加的趋势。

在 21 世纪，中国区域地表产流的变化呈现南北变化不一致的对比态势。尤其在缺水的华北地区（黄河、海河流域）径流减小趋势较为明显，在水量充足的长江、珠江

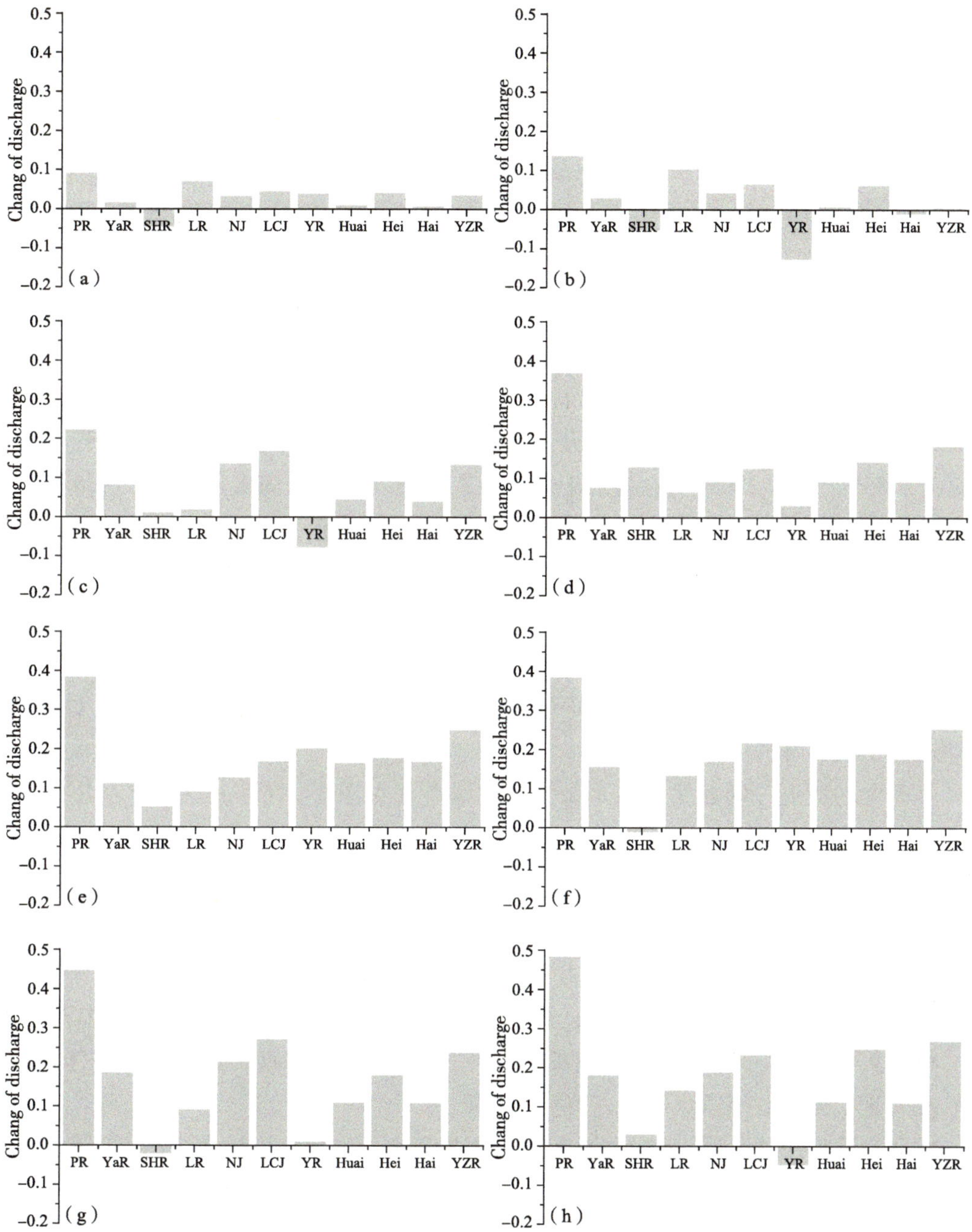

图 3 −15 基于 CLM4 − MOSART 模拟的集合年均产流相对变化。(a)、(b)、(c)、(d)、(e)、(f)、(g) 和 (h) 分别为温升目标 1.5℃、2℃、2.5℃、3℃、3.5℃、4℃、4.5℃和 5℃等不同情况下的变化

注：PR − 珠江、YaR − 雅鲁藏布江、SHR − 松花江、LR − 辽河、NJ − 怒江、LCJ − 澜沧江、YR − 黄河、Huai − 淮河、Hei − 黑河、Hai − 海河和 YZR − 长江。

流域径流增加明显。这表明在未来中国水资源的空间分布不均情况将更加严重，水资源管理将面临更加严峻的挑战。

三、温升对中国农业的可能影响

（一）方法与数据

全球较高长期温升控制目标下，气候变化对中国农业的可能影响和潜在风险，本部分研究基于农田生态系统的生物地球化学模型 DNDC，建立了全国 2403 个县级单元水稻、玉米和小麦的农业数据库；利用 2000—2011 年的历史数据对模型进行了率定和验证；基于过去 60 年的逐日模拟结果，生成了农业旱灾损失概率曲线。利用 2010—2100 年的 GCM 情景数据分析全球不同温升控制目标下，中国农业的可能影响和潜在风险。

首先，本研究基于 DNDC 模型开展，该模型侧重土壤水分、碳和氮的迁移转化（Li et al. 1992，Li，2008）。在最近十多年中，为加强对土壤固碳过程和农作物生产量的模拟，该模型的农田管理和作物生长模拟部分得到全面发展（Zhang et al，2002）。DNDC 模型中的输入参数主要包括四大类：气象、土壤、作物和耕作管理。气象参数包括大气、辐射、降水、温度等多方面。但经概化后，只需日降水量、日最高温度和日最低温度这三个指标就能够基本满足日常模型运转的需求。目前 DNDC 已具备较为完善的土壤—植物系统模拟功能，尤其对土壤的水分模拟的提高，能同时满足对模拟作物生长和土壤温室气体排放的需求。

本研究的历史气候数据采用 622 个气象站点（见图 3 – 16 – a），1955—2014 年的逐日气象数据资料（日降水、日最高温和日最低温）。未来气候情景采用 GMIP5 中 14 个模式在 RCP2. 6、RCP4. 5 和 RCP8. 5 的逐日数据，时间跨度为 2010—2100 年。土壤数据包括土壤类型、黏土含量、有机碳含量、容重、酸碱度（pH 值）等。地形参数以坡度为主，由 DEM 数据计算获得。作物数据主要考虑了玉米、水稻和小麦。在 DNDC 中，这些作物的主要生理参数包括：积温、需水量、最大籽粒产量，主要器官（根、茎、叶、籽粒）的生物量比例和碳/氮（C/N）比例，播种/收获日期等。耕作管理数据包括犁地、施肥、灌溉、覆膜、秸秆处理等。

本研究重点针对水稻、玉米和小麦进行模拟研究。这三种作物占目前全国大陆地区谷物种植面积的 98%、粮食作物种植面积的 90%，基本能够反映中国粮食生产的基本状况。根据水稻、玉米和小麦的种植情况，确定了 2403 个县级行政单元作为基本模拟单元（见图 3 – 16 – b）。建立了全国 2403 个县级单元水稻、玉米和小麦的农业数据库。

其次，利用 2000—2011 年的历史数据对模型进行了率定和验证。我们利用 2000—2007 年县级产量数据对模型进行参数率定（图 3 – 2，rice – c、corn – c、wheat – c），用 2008—2010 年数据进行模型验证。图 3 – 17 （Rice – v、Corn – v、Wheat – v）表示县级和国家级的水稻、玉米和小麦的统计县级产量验证结果模型，能够较好地代表各个区域和全国尺度的粮食生产情况。

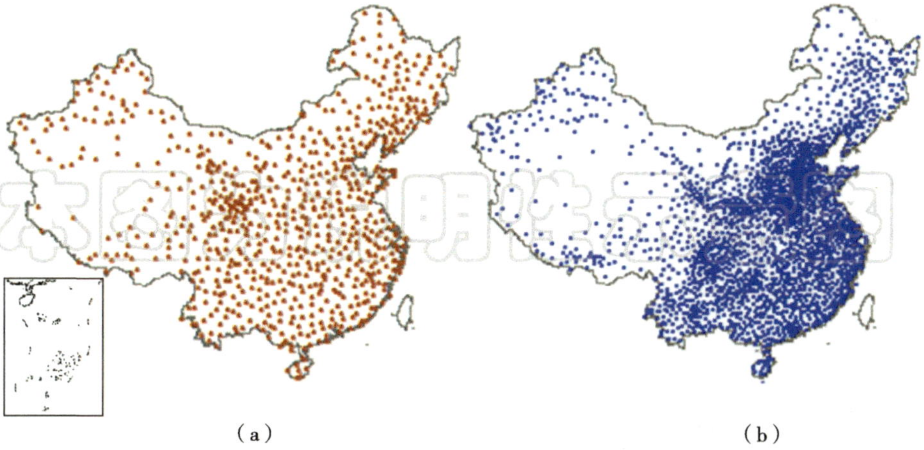

图 3-16 （a）采用的气象站点分布图 （b）2403 个县级行政区的重心点位置图

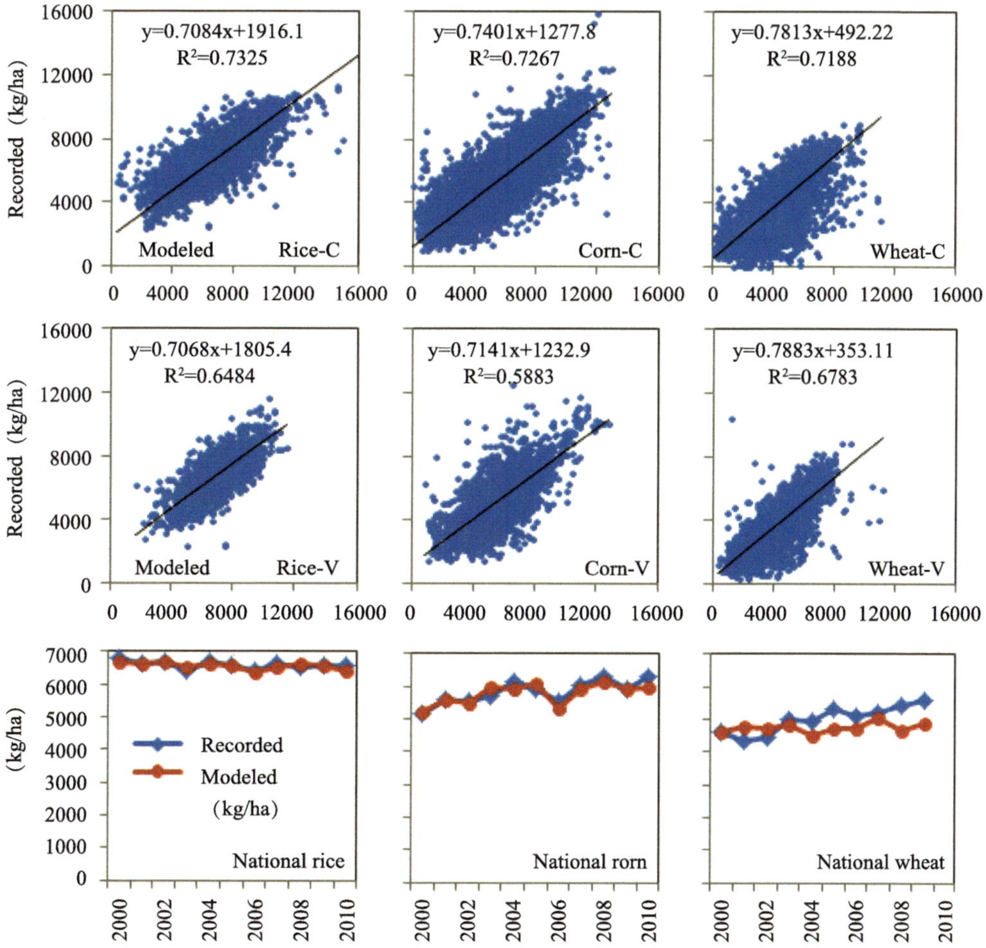

图 3-17 第一行参数率定（2000—2007 年），第二行模型参数验证（2008—2010 年），第三行国家级产量验证数据

风险包括了损失和不确定性。采用如下公式定义农业旱灾风险：

$$R = \int_0^1 D(p)\,dp$$

其中 D 为某次旱灾造成的损失，p 为这次旱灾的概率。R 为风险，其物理意义为某一地区在气候态相对稳定的条件下，足够长时间内旱灾造成的平均损失。采用该方法的优点在于考虑了各种概率事件的损失情况，但要求有长时间序列的历史数据为基础。

（二）主要结论

1. 近 20 年农业旱灾频率和强度增加，灌溉对降低旱灾风险的作用明显

以 2007—2011 年的灌溉、种植结构和产量等平均状态为基准线（baseline），我们用 1955—2014 年的日气象数据驱动模型，计算得到在完全雨养和基准条件下因为干旱导致的逐年产量变化（见图 3－18）。模拟结果表明，基准条件下 1990 年全国的单产最高。以 1990 年的模拟单产为最大值，得到过去 60 年雨养（rainfed）条件下的平均产量的减产率为 30%，基准条件下平均减产率为 4.5%。其中，最严重的旱灾出现在 2000 年，雨养条件下减产率为 41%，基准条件下减产率为 8.8%。由此可见，灌溉对中国粮食安全起到了至关重要的作用。

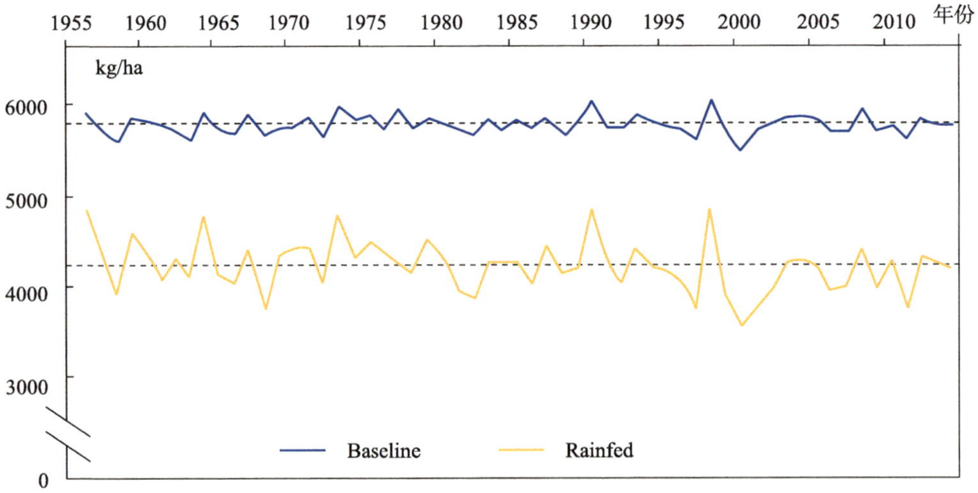

图 3－18　全国水稻、玉米和小麦综合产量在基准线和雨养条件下的变化

基于通用极值分布曲线 GEV，以 1955—2014 年逐年因干旱导致的粮食损失为序列数据，计算得到中国农业旱灾风险的概率，可形成以下结论：

（1）近 20 年，中国农业旱灾频率和强度较前 40 年有明显增加

近 60 年来，中国农业旱灾的重现期表明（见图 3－19－a），2000 年的干旱造成的农业损失最严重，为 136 年一遇旱灾。近 20 年的农业旱灾的频率和强度较前 40 年明显

增加。计算表明 1995—2014 年粮食的平均因旱减产量比 1955—1994 的平均值增加了 5%，但灌溉使得该值降到了 0.9%。

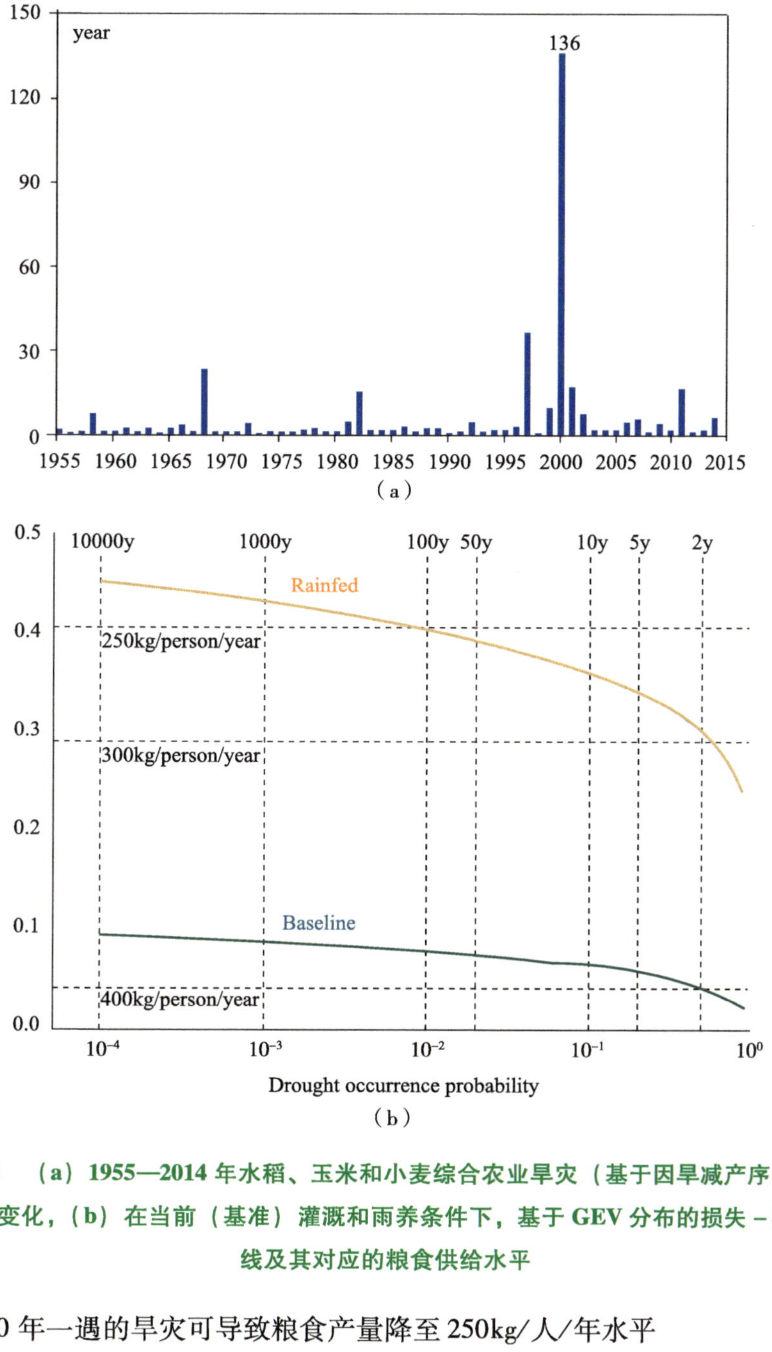

图 3－19　（a）1955—2014 年水稻、玉米和小麦综合农业旱灾（基于因旱减产序列数据）重现期变化，（b）在当前（基准）灌溉和雨养条件下，基于 GEV 分布的损失－概率曲线及其对应的粮食供给水平

（2）100 年一遇的旱灾可导致粮食产量降至 250kg/人/年水平

在基准和雨养条件下的粮食损失—概率曲线表明（见图 3－19－b），灌溉大幅度降低了中国的农业旱灾风险。在当前灌溉（基准）条件下，如果水资源可以得到满足，在正常情况下（小于 2 年一遇的干旱），中国粮食产量可以维持在较高水平（400 千克/人

/年)，而因旱导致粮食产量降低到300千克/人/年（1980年以前供给水平）或250千克/人/年（1960年左右供给水平）的可能性微乎其微。在雨养情况下则相反，达到400千克/人/年供给水平的可能性是几乎不存在的，即使在正常情况下（2年一遇左右的干旱）粮食产量也难以达到300千克/人/年，而100年一遇的旱灾可导致粮食产量降低到250千克/人/年的水平。因此，水资源的可持续利用是维持中国粮食安全的关键因素。

（3）在雨养条件下，全国粮食因旱损失平均达到31.3%

在雨养和当前灌溉条件下，由气象干旱造成的中国主要粮食作物（水稻、玉米和小麦）逐年单产变化情况表明（见图3－20）：在雨养条件下，全国水稻平均因旱损失为25.5%，玉米为13.2%，小麦为55.3%。但灌溉使得水稻损失值降低到2.8%，玉米降低到8.6%，小麦降低到11.5%。维持种植结构的相对平衡有利于降低农业旱灾风险。例如模拟结果表明，水稻、玉米和小麦的受旱最严重年份分别是1963年、1997年和2011年。但对全国综合产量而言，2000年的粮食因旱减产量最大。另外，由于水稻主产区在南方，生长季节在集中春夏；小麦主产区在北方，生长季节主要为秋冬春；而玉米分布由东北向西南呈条带状，生长季节主要集中在湿热的夏季。这三种作物在时间和空间分布的多样性使得全国性旱灾发生的概率减小。因此，维持合理的粮食种植结构对减小中国的旱灾风险是有利的。

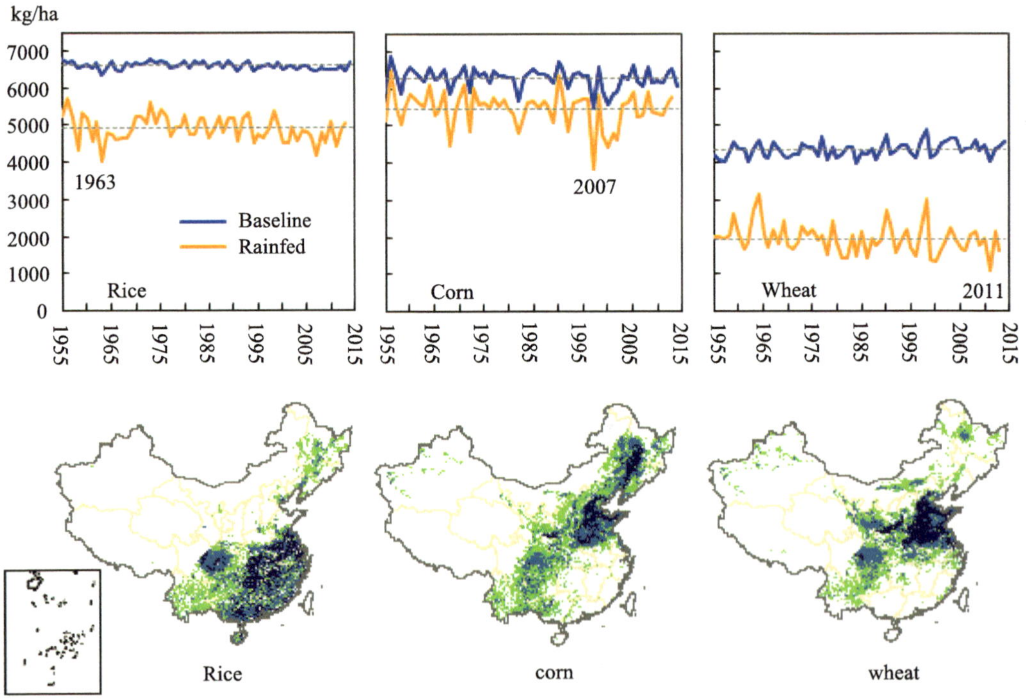

图3－20　第一行，气象干旱驱动的水稻、玉米和小麦在雨养和当前灌溉条件下的单产变化情况，第二行，水稻、玉米和小麦的主要空间分布情况

在当前灌溉条件下，水稻、玉米和小麦农业旱灾风险的空间分布表明（见图 3 - 21），中国农业旱灾风险主要集中在东北—西南的第二级阶梯上。旱灾风险最大的区域在甘肃东南、陕西北部、宁夏东南部和太行山区等。东北的雨养农业和西南山区的农业旱灾风险较高。西北地区、银川平原、河套地区和关中平原等地由于灌溉比例很高，农业旱灾风险相反很小。

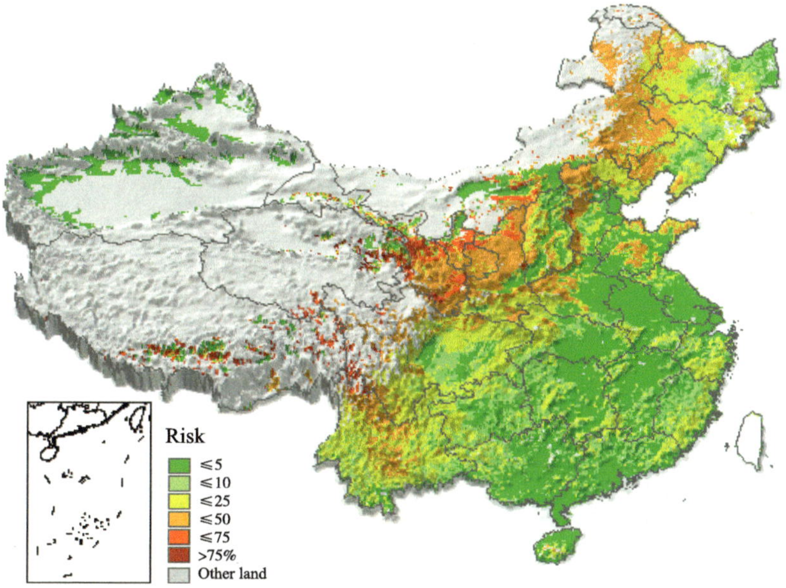

图 3 - 21　全国水稻、玉米和小麦在当前灌（基准线）溉条件下农业旱灾风险图（空间分辨率 10km）

2. 未来中国农业旱灾风险增大，粮食减产加剧

根据 DNDC 模型需求，我们选取了 IPCC 第五次模式评估比较计划（CMIP5）中的 13 个模型作为模型输入数据，评估未来气候变化对中国粮食风险的影响。这些模型包括：ACCESS1 - 0、ACCESS1 - 3、BNU - ESM、CMCC - CM、GFDL - ESM2G、MIROC - ESM、MIROC5、MPI - ESM - LR、HadGEM2 - ES、IPSL - CM5A - LR、MIROC - ESM - CHEM、NorESM1 - M、BCC - CSM1 - 1。图 24 反映了中国在未来情景下，水稻、玉米和小麦综合产量（基准线条件）随气候变化的波动趋势。图 3 - 24 - a 显示，直到 2100 年，与当前平均产量水平相比（基准年），在 RCP2. 6 和 RCP4. 5 情景下，平均粮食因旱减产率分别为 1% 和 3%，变化幅度不大。但在 RCP8. 5 情景下，在 2050 年之前，粮食产量与当前相比变化不大，但过了 2050 年后粮食因旱减产量持续下降。到 2100 年左右，粮食减幅大约为 9%。这相当于类似 2000 年的超过百年一遇的旱灾在 RCP8. 5 情景下未来可能成为常态。在这种情景下，9% 的减产率实际是处于被低估状态。这是因为我们把当前的灌溉条件假设为没有水资源限制。但事实上，干旱期水资源量会剧烈下降，导致灌溉用水无法满足，从而造成粮食的进一步减产。图 3 - 22 - b

显示在雨养条件下，产量波动的变幅增加，到2100年在RCP2.6、RCP4.5和RCP8.5情景下，粮食产量与当前雨养产量相比分别降低0%、5%和9%。

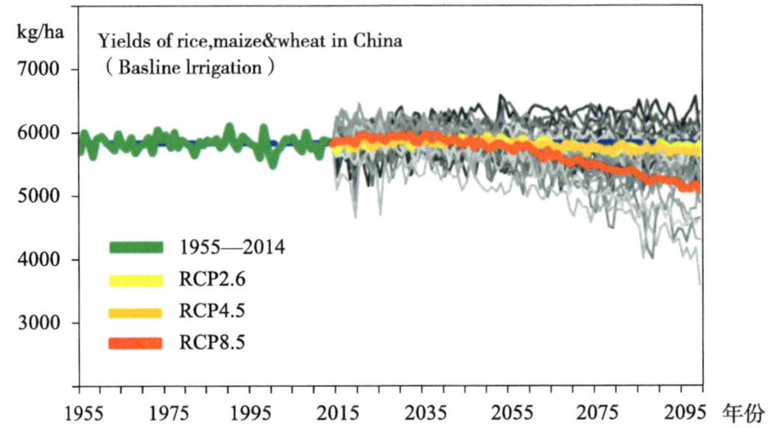

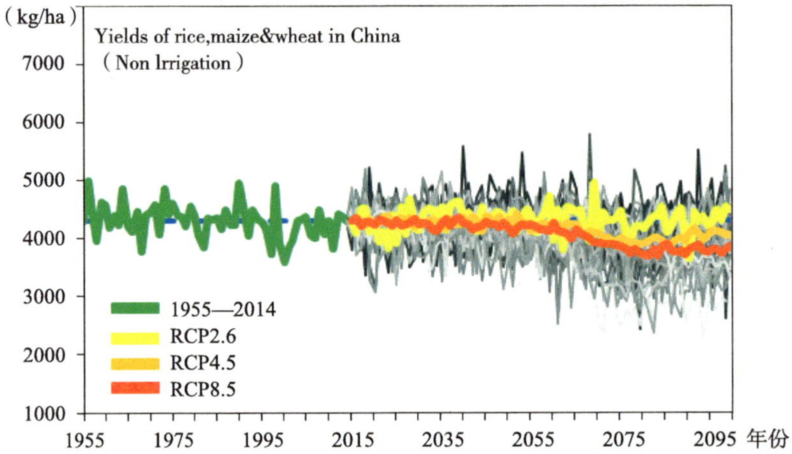

图3-22　中国水稻、玉米和小麦综合产量在不同GCM模型驱动下的产量年际波动及RCP2.6、4.5和8.5情景下，未来（a）基准条件下和（b）雨养条件下的平均变化趋势。

由图3-23可见，如果灌溉水资源能够得到保障，温升1.5℃-3.0℃的情景下，13个模型表现的平均趋势表明，全国粮食单产在RCP4.5情景时受气候变化的影响不大，在RCP8.5情景时产量略有降低。在温升3.5℃~5.0℃的情景下，即使灌溉条件满足，全国的粮食产量也会随温度的升高而降低，与当前的平均产量相比，最高减产率可达11%。但如果全国农业没有灌溉支撑，在温升1.5℃~3.0℃的情景下，RCP4.5与RCP8.5排放路径的减产情况大体一致，三大主粮平均减产28%。随着温度的升高，减产情况总体趋势加剧，与当前的平均产量相比，最大减产率可达38.5%。以上这些结论是建立在一个作物模型和特定的气象数据基础上的。如果采用不同数据源的气象数据、不同的作物模型或同时采用多种作物模型，可能会导致结论略有偏差。

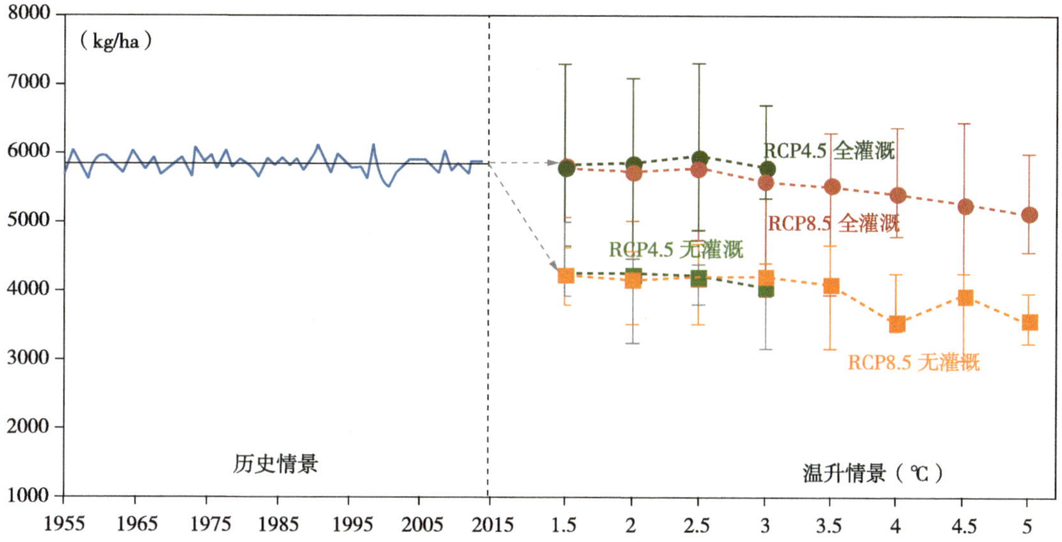

图 3－23　全国水稻、玉米和小麦在当前灌溉（基准线）条件下，不同温升情景下粮食单产在有灌溉和无灌溉时的变化趋势

四、温升对中国森林生态系统的可能影响

（一）方法与数据

1. 数据预处理

完成本研究需要中国森林的分布现状空间数据和未来不同温升控制目标下的气候变化数据。中国森林的分布现状空间数据的制备使用了 520 景美国陆地卫星数据，以 2010 年为基准年，结合了土地利用图、地形图和高分辨率影像等辅助信息进行解译制图（见图 3－24），最终获得包括落叶针叶林、常绿针叶林、落叶阔叶林、常绿阔叶林、针阔混交林和竹林在内的 6 种森林类型在中国的空间分布。为更加准确地预测气候变化的影响，将该数据与中国植被区划图结合，进一步将中国的森林分为 28 个类别（见表 3－7）。

表 3－7　研究中采用的 28 种森林类型

植被区划	森林类型分布
寒温带落叶针叶林区域	落叶针叶林、落叶阔叶林、常绿针叶林、针阔混交林
温带针叶阔叶混交林区域	落叶针叶林、落叶阔叶林、针阔混交林
暖温带落叶阔叶林区域	落叶阔叶林、常绿针叶林、针阔混交林
亚热带常绿阔叶林区域	落叶阔叶林、常绿针叶林、常绿阔叶林、针阔混交林、竹林

（续表）

植被区划	森林类型分布
热带季雨林、雨林区域	常绿阔叶林、常绿针叶林、针阔混交林
温带草原区域	落叶阔叶林、落叶针叶林、常绿针叶林、针阔混交林
温带荒漠区域	落叶阔叶林、落叶针叶林、常绿针叶林、针阔混交林
青藏高原高寒植被区域	常绿针叶林、针阔混交林

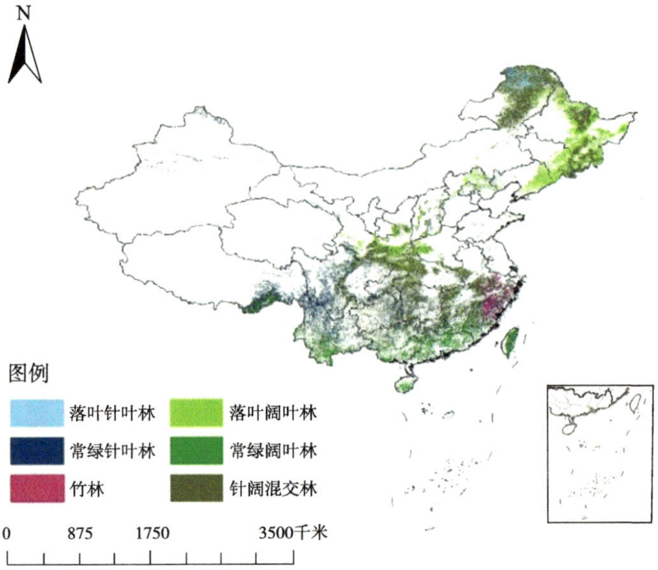

图 3－24　中国主要森林类型分布图

研究所使用的未来气象数据来自 CMIP5 25 个气候模式在中国范围内的模拟结果的集合数据，包括模拟温度分别上升 1.5℃、2℃、3℃、4℃和 5℃几种情景假设，每种假设下气象数据包括 0.5°×0.5°空间分辨率的日降水量、日平均气温、日最高气温和日最低气温 4 个变量。

2. 升温对现有森林资源影响的分析方法

从森林的气候变化暴露度分析升温对现有森林的影响。一个森林类型的气候变化暴露度表示为森林对高温变化胁迫的暴露程度（$E_{i_{max}}$）和森林对低温变化胁迫的暴露程度（$E_{i_{min}}$）两个指标，分别代表高温和低温情况下该森林类型的适应情况。其计算公式如下：

$$E_{i_{min}} = \frac{JanTV_i}{Range_{i_{min}}}$$

$$E_{i_{max}} = \frac{JulTV_i}{Range_{i_{max}}}$$

其中 $JanTV_i$ 和 $JulTV_i$ 分别是一种森林类型的最低温的时间变率和最高温的时间变率，$Range_{i_{min}}$ 和 $Range_{i_{max}}$ 是该森林类型的热生态位的宽度。$E_{i_{max}}$ 和 $E_{i_{min}}$ 的值越高代表该森林类型受到温度变化的影响越大。

3. 升温对未来森林潜在分布的影响分析方法

本研究采用 SEVER－DGVM 来模拟气候驱动下中国森林植被潜在分布及碳库的变化，SEVER－DGVM 属于中等复杂度的 DGVM，是当前大尺度植被模拟中应用最广泛的模型。SEVER－DGVM 模型集成了大范围的生物物理、植被生理和生态过程，能够对陆表物理过程、植被生理过程、植被物候、植被动态与竞争、营养物质（碳氮）循环等过程进行模拟，包括动态的生物地球化学模型（植被与环境之间物质的交换）和动态的生物地球物理模型（植被和环境之间的能量和动量的交换）两类，可用于全球范围内植被分布，碳库和碳通量的模拟。

研究所需模型气象驱动数据来自 CMIP5 25 个气候模式集合数据。对于历史植被分布的模拟的气象驱动数据采用 NCEP 1957—2002 年的再分析数据，其中包括日降水量、日平均气温、日平均太阳短波辐射等。以 2002 年作为当前时间状态点与假设温度分别上升 1.5℃、2℃、3℃、4℃和 5℃后的潜在植被分布进行对比分析。模型中每个栅格的土壤物理和热力学特性根据简化的 FAO 分类确定。历史大气 CO_2 浓度数据来自冰芯分析记录。单一栅格中植被分布在本研究中采用树叶投影覆盖（FPC）百分比来描述，包含 10 种植物功能型，对应于中国不同顶级气候植被类型，对栅格结果集合能够得到中国植被在温度分别上升 1.5℃、2℃、3℃、4℃和 5℃后的潜在分布。

植被碳和土壤碳被认为能够很好地反映森林生态系统的固碳能力。本研究中利用 SEVER－DGVM 分别对植被碳和土壤碳含量进行历史重建模拟和温度分别上升 1.5℃、2℃、3℃、4℃和 5℃后模拟，从而探讨增温效应对中国现有森林生态系统碳汇功能的影响。以每个栅格现有的植物功能型细分为 7 种碳库：叶、边材、心材、细根、地上凋落物快速分解库、地上凋落物缓慢分解库和地下凋落物库。两个土壤库用来收集来自栅格内植物功能型凋落物库的输入。三个碳通量用来连接陆地栅格和大气、植物功能型的净初级生产力、土壤（异养）呼吸和燃烧的生物量。

在本研究中采用 SEVER－DGVM 对未来不同温升情景下森林火灾发生频率的变化。SEVER－DGVM 主要模拟气候条件驱动下的火灾发生、传播以及对生态系统的影响，并且根据在受到人类活动严重影响的中国森林火灾有很大一部分是由于人为活动所导致的情况，加入了能够分别模拟人为火和雷击火火源的模块。

（二）主要结论

1. 高温升情景下，森林资源对气候变化的适应能力降低

（1）当温升目标在5℃时，所有森林对气候变率的适应能力降低

图3－25显示对温升情景下低温的变率最敏感的森林类型主要为寒温带常绿针叶林、温带常绿针叶林、寒温带落叶阔叶林、寒温带落叶针。这些寒温带森林类型主要分布在东北黑龙江地区，温带常绿针叶林主要分布在高山地区。对低温变率不敏感的森林类型主要分布在热带和亚热带。另外一个值得注意的现象是当温升控制目标在5℃时，所有森林对低温变化胁迫的暴露程度都大幅上升，这说明在该温升目标下森林对气候变率的适应能力降低，敏感的类型（如寒温带常绿叶林）会被其他更适应的植被类型取代，而这一类型的森林包含红松等珍贵用材树种。

（2）在不同温升控制目标下，不同类型的森林对高温胁迫敏感度有一定差别

在不同温升控制目标下，各种森林类型对高温胁迫的暴露程度（见图3－26）和对低温胁迫的暴露程度（见图3－25）具有相同的趋势，寒温带的森林类型和温带的针叶森林都对高温胁迫最敏感，而亚热带和热带的森林类型敏感度最低。温带荒漠地区（如新疆）的落叶阔叶林和常绿针叶林对高温也不敏感，这可能与该地区植被稀疏且已

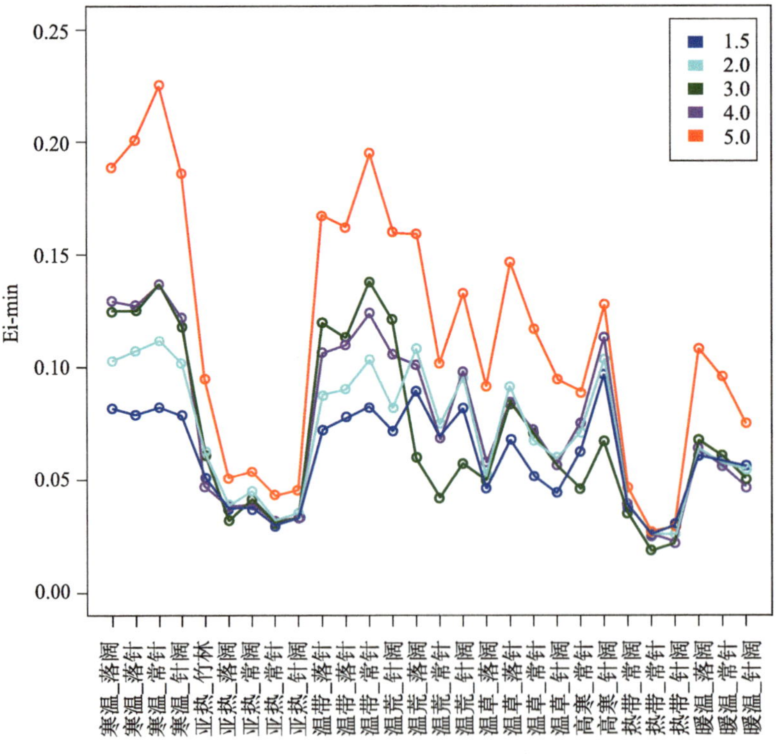

图3－25　不同森林类型在不同温升控制目标下对低温变化胁迫的暴露程度

经长期形成了对高温干旱气候的适应有关。单纯升温效应对包含红树林等具有高生物多样性保护价值的热带常绿阔叶林的胁迫较小。

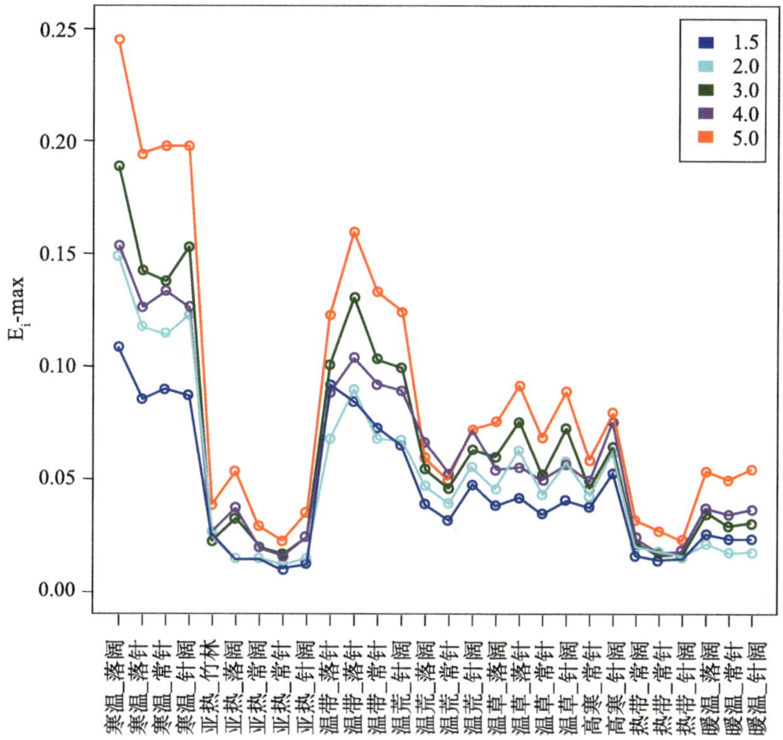

图 3-26 不同森林类型在不同温升控制目标下对高温变化胁迫的暴露程度

2. 未来森林潜在分布与碳储量格局变化明显

(1) 不同温升控制目标下森林潜在分布的变化

在不同温升控制目标下，气候对森林潜在分布区的影响模拟结果（见图 3-27）表明：增温效应对中国主要森林植被覆盖区影响较大，特别是东北林区和青藏高原地区。

当温度升高 1.5℃时，东北特别是黑龙江地区北方森林开始减少，而温带森林逐渐增加，在中部温带森林迅速增加，青藏高原地区开始生长北方森林。

当温度升高 2℃时，温带夏绿阔叶林由南到北大幅增加，中国中部、西北地区特别是新疆地区同样会增加温带夏绿阔叶林的覆盖。

当温度升高 3℃时，中国北方地区特别是吉林、辽宁、内蒙古和西北地区温带夏绿阔叶林显著增加；而大兴安岭地区的寒带森林迅速减少，仅存在于黑龙江省和内蒙古北端交界处，这可能是由于增温效应对寒带森林造成了生理生态上的不可逆破坏。

温度升高 4℃和 5℃时，中国东北地区的寒带森林消失，青藏高原地区北方森林占据主导地位，热带森林分布向北逐渐推进。

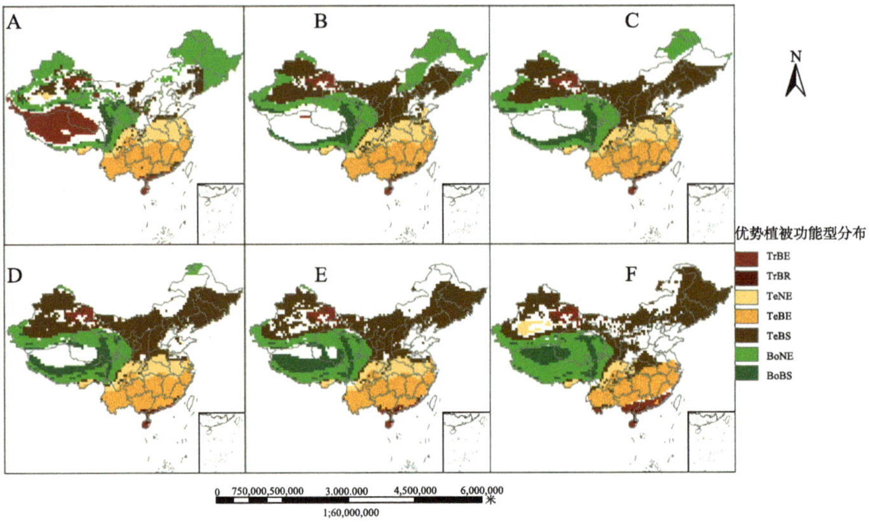

图 3－27　中国潜在植被分布

A：当前植被分布；B：温度升高 1.5℃植被分布；C：温度升高 2℃植被分布；D：温度升高 3℃植被分布；E：温度升高 4℃植被分布；F：温度升高 5℃植被分布；植被功能型（PFTs）：TrBE：热带常绿阔叶林；TrBR：热带阔叶季雨林；TeNE：温带常绿针叶林；TeBE：温带常绿阔叶林；TeBS：温带夏绿阔叶林；BoNE：北方常绿针叶林；BoNS：北方夏绿阔叶林；BoBS：北方夏绿针叶林。

（2）不同温升控制目标下森林碳储量分布的变化

不同温升控制目标对森林植被和土壤中的碳含量都将产生影响。与当前相比，不同温升控制目标下森林植被中的碳含量变化表明（见图 3－28）：增温效应会增加中国大部分地区植被的碳含量，但东北地区特别是黑龙江地区森林植被碳出现大幅减少，这可能也是因为温度的增加对于北方森林的生理生态造成了不可逆的破坏，从而使主要生长于黑龙江地区的北方森林植被碳大幅减少，且温度上升越快，植被碳减少的地区面积越大。青藏高原地区是植被碳增加最明显的地区，这是因为随着温度的上升，青藏高原地区森林覆盖率明显增加。

增温效应对中国土壤碳的影响具有明显的地带性（见图 3－29）。中国青藏高原地区土壤碳含量会随着温度升高而增加，这可能是由于温度增加有利于喜阳植被生长，增加了凋落物中的碳含量，从而使土壤碳含量增加。当温度升高后，东北特别是大兴安岭地区、长白山地区和新疆西北地区土壤碳含量显著减少。这可能是由于温度升高加速了土壤有机碳的分解。增温效应对中国植被碳和土壤碳含量的影响表明（见表 3－11）：增温效应会减小植被碳含量和土壤碳含量，且温度越高碳含量减少越多。

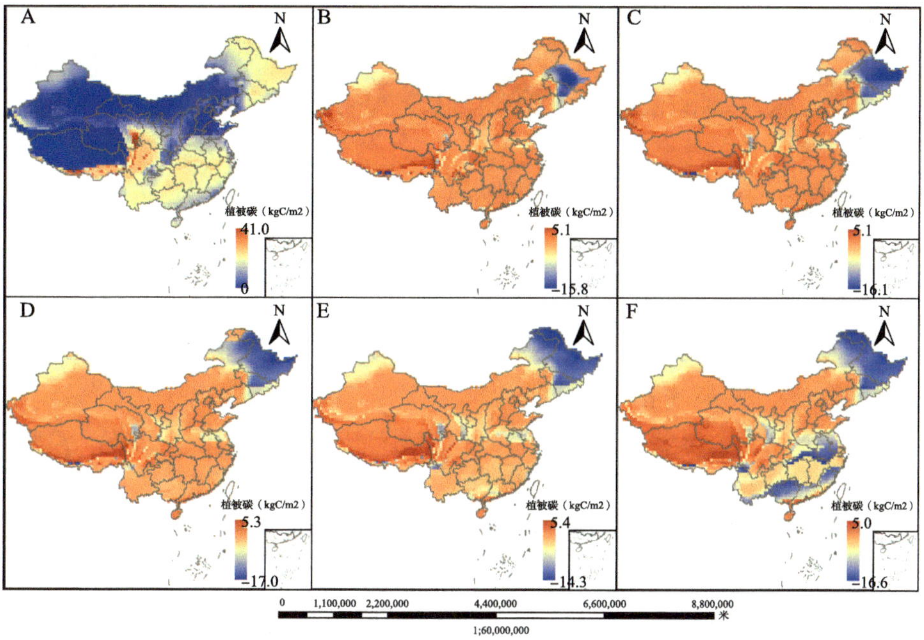

图 3－28　A：当前植被碳含量分布；B：温度升高 1.5℃；C：温度升高 2℃；D：温度升高 3℃；E：温度升高 4℃；F：温度升高 5℃

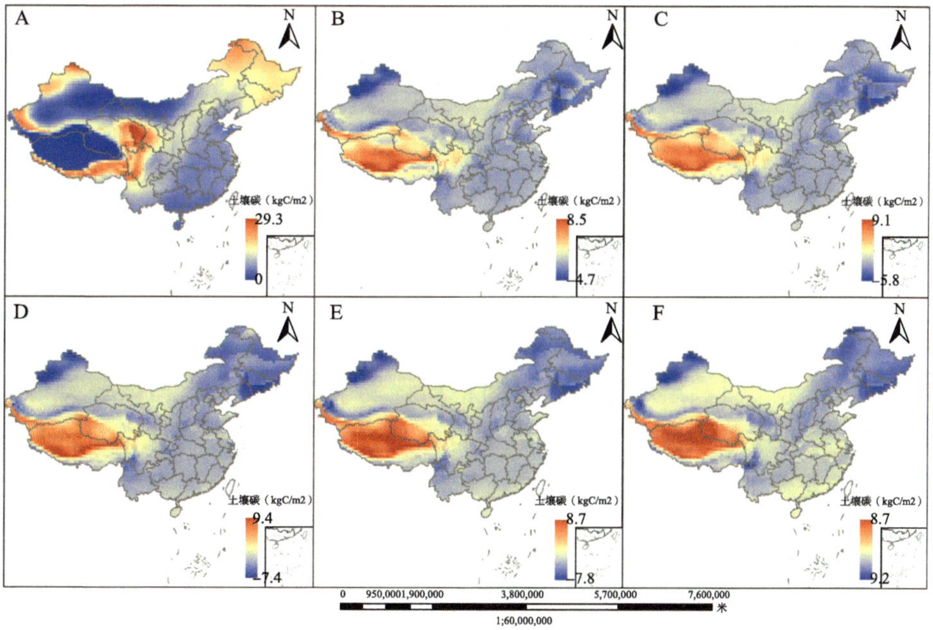

图 3－29　增温效应对中国土壤碳含量分布的影响。A：当前土壤碳含量分布；B：温度升高 1.5℃；C：温度升高 2℃；D：温度升高 3℃；E：温度升高 4℃；F：温度升高 5℃

表 3－11　增温效应下中国植被碳和土壤碳变化

	当前	温度升高 1.5℃	温度升高 2℃	温度升高 3℃	温度升高 4℃	温度升高 5℃
植被碳含量（KgC/m^2）	6. 26	5. 67	5. 20	4. 86	4. 63	3. 74
土壤碳含量（KgC/m^2）	8. 52	8. 46	8. 25	7. 84	7. 57	6. 96

3. 未来森林野火空间格局发生改变，野火频发区域由东北转向青藏

（1）增温效应对中国野火空间分布具有显著影响

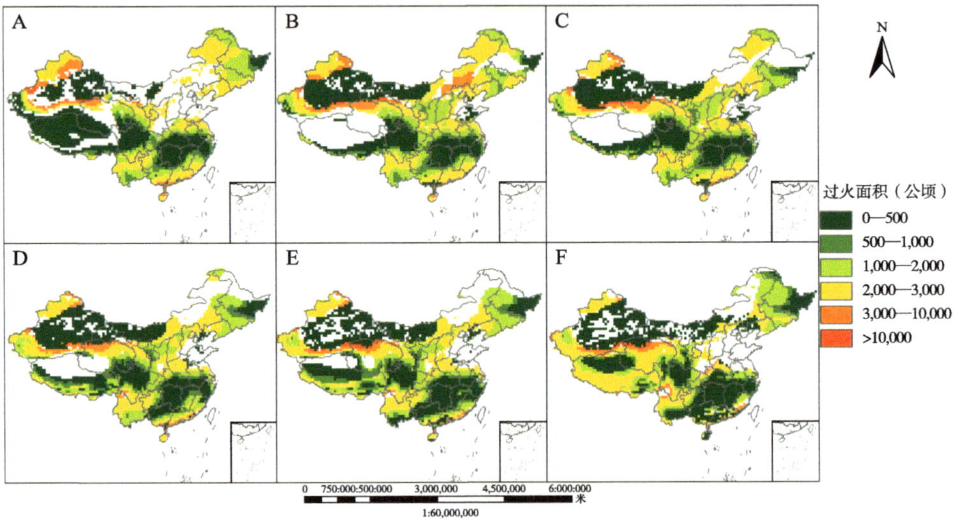

图 3－30　中国潜在野火面积分布。

A：当前过火面积空间分布；B：温度升高 1.5℃过火面积空间分布；C：温度升高 2℃过火面积空间分布；D：温度升高 3℃过火面积空间分布；E：温度升高 4℃过火面积空间分布；F：温度升高 5℃过火面积空间分布。

中国森林生态系统在空间上和时间上受气候影响而导致的火灾发生情况表明（见图 3－30）：温度升高后中国野火空间格局将发生重大改变，当前野火频发的东北大兴安岭、小兴安岭地区将向西南地区特别是青藏高原方向转移，同时西北部的火灾会随着温度升高而降低。温升越高，青藏高原地区过火面积越大，而东北林区的森林火灾逐渐减少直至消失。这可能的原因主要有东北地区易燃生态系统（北方森林）随着温度升高逐渐减少，从而减少了野火所必需的可燃物；另一个原因是青藏高原地区增温效应使植被更容易达到着火点而引发森林火灾。但由于该地区海拔较高，空气稀薄，发生长时间森林火灾的可能性不大。总体来说，随着温度升高，过火面积会略有增加（表 3－9）。

表 3 – 9　增温效应下中国过火面积变化

	当前	温升 1.5℃	温升 2℃	温升 3℃	温升 4℃	温升 5℃
面积（ha）	4198888	4744218	4289071	4264584	4204769	4244897

（2）当温度上升 5℃时，东北地区过火面积会有所增加

东北地区是中国森林火灾频发地区，东北地区在不同温升情景下的过火面积分布表明（见图 3 – 31）：过火面积空间分布主要集中在黑龙江北部、内蒙古北部和长白山部分地区。东北地区过火面积随着温度升高总体呈减小趋势（见表 3 – 10），但当温度上升 5℃时，过火面积会有所增加，但东北地区过火面积在全国总过火面积的百分比会随着温度升高减少。

表 3 – 10　增温效应下中国东北地区过火面积变化

	当前	温升 1.5℃	温升 2℃	温升 3℃	温升 4℃	温升 5℃
面积（ha）	911000	906527	658035	564220	551802	616074
面积占全国（%）	21.70	19.11	15.34	13.23	13.12	14.51

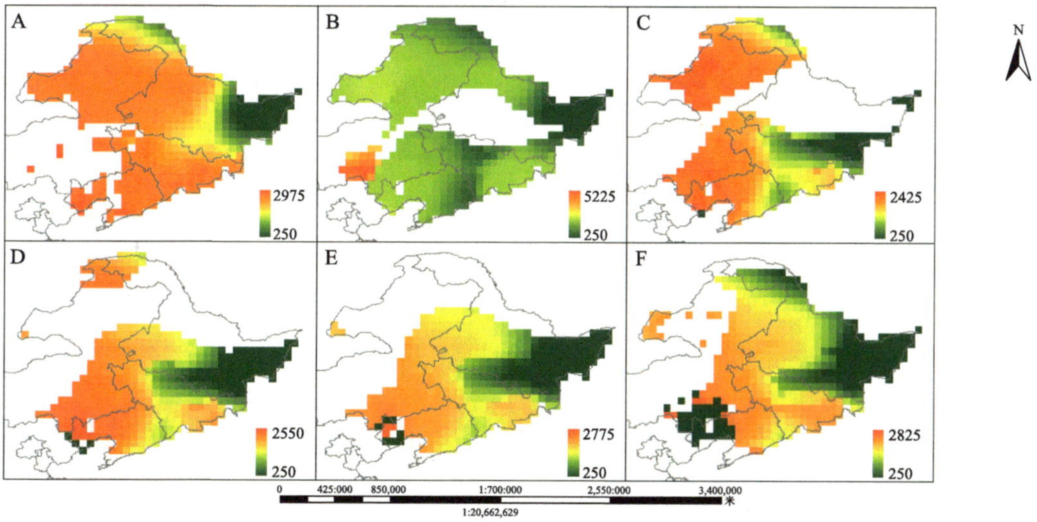

图 3 – 31　中国东北地区潜在火灾面积分布。

A：当前过火面积空间分布；B：温度升高 1.5℃过火面积空间分布；C：温度升高 2℃过火面积空间分布；D：温度升高 3℃过火面积空间分布；E：温度升高 4℃过火面积空间分布；F：温度升高 5℃过火面积空间分布。

（3）随着温度升高青藏高原地区过火面积显著增加

青藏高原地区是对气候变化响应最敏感的地区之一，青藏高原地区潜在火灾过火面积空间分布图（见图 3 – 32）表明：青藏高原过火面积空间分布特征为北部地区显著

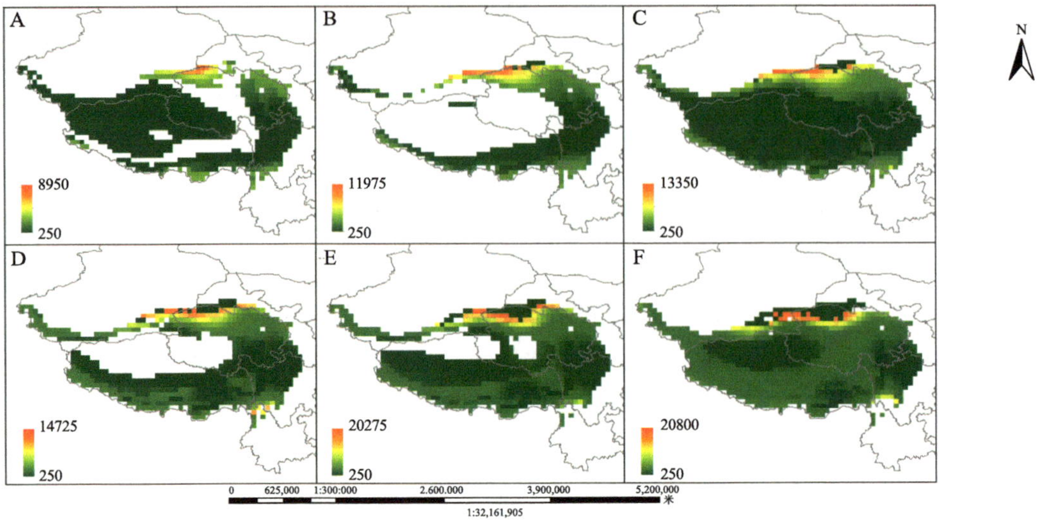

图 3－32 中国青藏高原地区潜在火灾面积分布

A：当前；B：温升 1.5℃；C：温升 2℃；D：温升 3℃；E：温升 4℃；F：温升 5℃。

高于其他地区，随着温度的升高青藏高原地区将会成为中国火灾主要分布地区。随着温度升高，青藏高原地区过火面积显著增加（见表 3－11），且所占全国总过火面积的比例也逐渐增大。温度升高 5℃后，近一半的过火面积发生于该地区，所以青藏高原地区被认为是气候变暖对火灾格局影响的敏感带。

表 3－11 增温效应下中国青藏高原地区过火面积变化

	当前	温升 1.5℃	温升 2℃	温升 3℃	温升 4℃	温升 5℃
面积（ha）	488099	725090	1000625	1169747	1420302	1960832
过火面积占全国百分比（%）	11.62	15.28	23.33	27.43	33.78	46.19

总体而言，随着温升控制目标的调高，气候变化对中国森林系统的冲击加大。其中一些敏感区域（如中国东北和华北）的落叶针叶林和常绿针叶林的面积将减少，甚至在部分区域消失。中国北方森林系统储藏的碳将减少，西南地区和青藏高原地区的森林火灾将加大。同时，较高的温升控制目标对制定林业的中长期发展战略构成了挑战，增加了林业项目的潜在风险。

五、结论与建议

为了更全面、更深入地认识不同长期温升控制目标下全球气候变化对中国的深远影响，更好地理解应对气候变化，促进国内经济增长方式向绿色、低碳转型的必要性和紧迫性，本文采用参加第五阶段耦合模式比较计划（CMIP5）的若干个全球模式的模拟结果，以及分布式水文模型 CLM4 - MOSART、农田生态系统生物地球化学模型 DNDC 和大尺度植被模型 SEVER - DGVM。分析了全球地表温度较工业革命前分别上升 1.5℃、2℃、2.5℃、3℃、3.5℃、4℃、4.5℃和 5℃等不同气候情景对中国的高温热浪事件和极端降水事件，对水资源、农业以及森林生态系统的可能影响。

1. 未来极端事件的影响可能比预估的结果更严重

研究表明，在 21 世纪，随着全球平均温度的逐渐升高，高温热浪和极端强降水等极端事件的发生频率将更高，强度更大，极端事件的影响将比预估的结果更严重。主要体现在：①极端事件的区域特征明显，将使极端事件在部分区域的影响更加突出。比如，在温升 5℃时，长江中下游地区的热浪日数将增加 100 天/年，也就是说，在当前气候条件下定义的热浪事件，在未来将成为常态。这对于在当前气候态下热浪事件本来就频发的长江中下游地区来说，将进一步加剧对人类生存的影响。②极端强降水将在丰水地区增长明显，缺水地区增长微弱。由于丰水地区的水体接近饱和，极端强降水的明显增长，将极易造成这些地区发生水土流失、泥石流、山洪、滑坡和洪涝等地质灾害。③未来极端事件的频发，将导致某个区域在一定的时间范围内出现多种自然灾害事件的接连发生，如一次极端强降水之后，又发生一次高温热浪，这对于当地的人类生存造成较大影响。同时，由于中国地域辽阔，北方高温热浪、南方极端强降水的事件可能同时发生，这给中国的防灾减灾形势造成极大挑战。

2. 水资源短缺与水文极端事件频发可能并存

通过对降水、蒸散发和径流的预估研究表明，随着温度升高，降水和蒸散发总体上呈增加趋势，但空间分布不均的态势更加明显。中国比较丰水的南方（长江流域、珠江流域等）出现降水和径流增加的趋势，而中国比较缺水的北方地区（华北地区、西北地区）却呈现降水和径流增加不明显甚至减少的趋势。这将导致中国北方水资源短缺的态势加剧，同时，南方的洪涝风险大幅度增加，夏季“南涝北旱”的趋势将愈演愈烈。值得一提的是，新疆地区的水文水资源变化对温升比较敏感，在不同的温升情景下，新疆地区的降水和径流都出现减小的趋势，这对于本来就缺水的新疆地区（尤其是南疆）将是雪上加霜。如果水资源短缺进一步加剧，将导致新疆部分地区不得不实施生态移民，这将是关乎少数民族地区稳定繁荣的重大政治问题。另外，通过对高温热浪、极端强降水和水资源的综合研究表明，在局部区域将会出现水资源短缺、高温热浪等极端事件同时发生的现象，区域综合自然灾害风险大大提高。

3. 粮食安全形势将更加严峻

通过气候模式与生物地球化学模型的预估研究表明，在 2050 年后粮食因旱减产量持续下降，到 2100 年左右，粮食减幅大约为 9%，这相当于类似 2000 年的超过百年一遇的旱灾在未来可能成为常态。如果全国农业没有灌溉支撑，在温升 1.5℃ ~3.0℃的情景下，粮食平均减产28%；随着温度的升高，减产情况总体趋势加剧，最大减产率可达38.5%。可见，灌溉是当前以及未来粮食生产的主要限制因素。在本文的研究中，假设水资源没有限制，但事实上，在未来的高温升和干旱情景下，北方粮食主产区的水资源会进一步短缺。如果考虑到未来的人口增长和产业扩张，工业和生活用水会进一步争夺农业用水，因此，未来粮食减产的趋势可能比当前预估的结果更严重。

4. 森林生态系统的变化将改变中国生态安全格局

森林资源是陆地生态系统的主体，具有调节气候、涵养水源、保持水土、防风固沙、改良土壤、减少污染、美化环境、保持生物多样性等多种功能，对改善生态环境、维护生态平衡，起着决定性的作用。经过长期建设，中国已经完成了对国土生态安全格局有重大影响的一批林业工程，如北方防护林体系、青藏高原生态屏障区等。

未来温升情景对森林生态系统的影响研究表明，未来森林野火的过火面积有所增加，且野火频发区域由东北转向青藏，这将危及这两个区域的森林生态系统，对东北生态林和青藏高原生态屏障区造成影响。不仅如此，由于中国地域辽阔，在中国国土范围内分布的森林种类较多，东北和青藏地区的森林对温升比较敏感，在高温升情景下，东北地区的寒带林减少，而温带林增加；青藏地区的北方森林逐渐占据主导。事实上，不同种类森林的碳储量和森林生态功能均不相同，不同区域森林类型的变化将直接改变中国的国土生态安全格局。

5. 减少温室气体排放迫在眉睫

为了减缓未来温升对中国极端事件、水资源、农业和森林生态系统的影响，中国应进一步提升应对气候变化意识，强化减排政策和技术措施，力争把温升控制在低排放情景下，以降低气候变化风险。调整能源结构，降低化石能源在能源消费结构中的比例；实施新能源开发利用鼓励政策，大力支持和发展非化石能源，提高可再生能源的利用率；推进产业结构绿色低碳转型，实施末端超低排放、提标改造、节能降耗，加强企业和产品的低碳管理，发展低碳农业；实施扩大森林覆盖鼓励政策，大力提升生态系统碳吸收功能；实施低碳科技创新鼓励政策，发挥低碳技术在减排中的关键作用；实施居民参与减排政策，引导全民参与节能降耗减排行动。

参考文献

[1] C. S. Li, R. P. Zentner, B. G. McConkey. Development and evaluation of a new Canadian spring wheat sub - model for DNDC, Can. J. Soil Sci. (2011) 91: 503_ 520 doi: 10.4141/CJSS2010 - 059.

[2] Dai Yongjiu, et al. The common land model [J]. Bulletin of the American Meteorological Society 84.8 (2003): 1013.

[3] Fang, J., Wang, Z., Tang, Z.. Atlas of woody plants in China – distribution and climate [J]. Higher Education Press, 2009.

[4] Hempel S, Frieler K, Warszawski L, et al. A trend – preserving bias correction—The ISI – MIP approach [J]. Earth Syst Dynam, 2013, 4: 219 – 236.

[5] Institute of Botany. Chinese Virtual Herbarium (CVH). Institute of Botany, Chinese Academy of sciences (CAS), Beijing. URL: http://www.cvh.org.cn/ (accessed 21 June 2015), 2006.

[6] Li. Quantifying soil organic carbon sequestration potential with modeling approach, In: Simulation of Soil Organic Carbon Storage and Changes in Agricultural Cropland in China and Its Impact on Food Security, Eds. Tang, Ranst and Qiu, China Meteorological Press, 2008.

[7] Li, C. Mitigating greenhouse gas emissions from agroecosystems: Scientific basis and modeling approach. In: "Understanding Greenhouse Gas Emissions from Agricultural Management" (Ed. L. Guo). ACS Books, California, 2011.

[8] Li, C., Frolking, S., Frolking, T. A model of nitrous oxide evolution from soil driven by rainfall events: 1. Model structure and sensitivity. Journal of Geophysical Research, 1992, 97: 9759 – 9776.

[9] Li, C. Quantifying soil organic carbon sequestration potential with modeling approach. In: Simulation of Soil Organic Carbon and Changes in Agricultural Cropland in China and Its Impact on Food Security, Eds. Tang, Van Ranst and Qiu. Pp. 1 – 14. China Meteorological Press, Beijing, 2007.

[10] Li, C., Wang, J., Hu, L et al. A circa 2010 thirty meter resolution forest map for China. Remote Sensing, 2014, 6: 5325 – 5343.

[11] Li, Hong – Yi, et al. A physically based runoff routing model for land surface and earth system models. Journal of Hydrometeorology, 2013, 14.3: 808 – 828.

[12] Li, Hong – Yi, et al. Evaluating global streamflow simulations by a physically based routing model coupled with the community land model. Journal of Hydrometeorology, 2015, 16.2: 948 – 971.

[13] Otto – Bliesner, Bette L., et al. Climate variability and change since 850 CE: an ensemble approach with the community earth system model (CESM). Bull. Am. Meteorol. Soc, 2015.

[14] Qian, Taotao, et al. "Simulation of global land surface conditions from 1948 to 2004. Part I: Forcing data and evaluations." Journal of Hydrometeorology, 2006, 7.5: 953 – 975.

[15] Xu, Y., Shen, Z., Ying, L et al. The exposure, sensitivity and vulnerability of

natural vegetation in China to climate thermal variability (1901 – 2013): An indicator – based approach. Ecological Indicators, 2016, 63: 258 – 272.

[16] Zhang, Xuejun, Qiuhong Tang, Ming Pan and Yin Tang. A long – term land surface hydrologic fluxes and states dataset for China, Journal of Hydrometeorology, 2014, 15: 2067 – 2086.

[17] Zhang, Y., C. Li, X. Zhou, and B. Moore III. A simulation model linking crop growth and soil biogeochemistry for sustainable agriculture. Ecological Modeling, 2002, 151: 75 – 108.

[18] Zheng, W. et al. Tree Species of China, China Forest Press, 2004.

[19] 水利部 2014, http://www.mwr.gov.cn/zwzc/hygb/dxsdtyb/.

[20] 王守荣，罗勇，姜海如．气候变化对中国经济社会可持续发展的影响与应对[M]．北京：科学出版社，2011.

[21] 朱建华，侯振宏，张小全．气候变化对中国林业的影响与应对策略［J］．林业经济，2009（11）：78 – 83.

第四章 世界低碳发展的进展和趋势

高翔 朱松丽 王克

引 言

低碳转型是近年来随着全球应对气候变化的进程而主动提出的发展战略，其核心是减缓气候变化，大幅度提高社会生产力和经济整体效率，减少发展过程对物质资源、能源的消耗和温室气体排放。2015 年底达成的《巴黎协定》是全球气候治理继《联合国气候变化框架公约》（以下简称“公约”）和《京都议定书》之后的又一个里程碑，传递了全球向绿色低碳转型的积极信号，为 2020 年后全球合作应对气候变化指明了方向和目标。

《巴黎协定》的达成表明，全球公认气候变化是具有科学支撑的事实，积极应对气候变化是科学的要求，也是基于科学形成的政治共识。政府间气候变化专门委员会为公约下的谈判提供了科学支撑。无论从古气候研究、古代文献分析，还是从近代气象和气候观测、气候模式分析等的结果看，气候变化都是不争的事实。人类活动排放的温室气体和其他人为强迫被证明是导致 1951 年以来气候变化的主要原因。而近年来地球气候系统更以极高的速率变化，给人类社会和生态系统带来了巨大的风险，这就要求人类社会积极应对气候变化，从减排温室气体入手，减缓气候变化，同时积极采取适应气候变化的措施。

世界低碳发展的根本动力在于应对气候变化，尤其是控制全球温升的幅度和速率。全球确定将温升控制在 2℃或者 1.5℃是一个重要的政治决策，是世界各国在力图尽可能减少人为因素对全球气候系统的干扰和现实可能性之间的一种权衡结果。各国在应对气候变化，尤其是减缓温室气体排放和提供实施手段方面的责任承诺，也反映了全球在气候变化问题上的政治经济博弈结果。但无论是目标设定，还是承担责任，其核心目的都是为了加快控制温室气体排放，相互鼓励和促进实施减缓政策与技术革新，通过真实的减排成效使全球建立起合作应对气候变化、实现低碳发展的决心和信心，而不是寻求借口置身事外。

《巴黎协定》的达成，表明绿色低碳发展已成为世界经济的新趋势。人类社会低碳转型是经济发展的必然趋势，这体现了经济效率的提高，而低碳发展也是顺应温室气体减排要求的必要途径。全球各国的决策者在科学认知的逐步深入与普及中，加深了对气候变化的科学问题、人为因素归因、自然和社会系统影响、适应和减缓策略响应的认知，确认了人类活动对地球气候系统的影响必须通过积极、全面、尽快、有力的合作来应对，尤其是必须从整个经济社会发展的角度，系统性地控制温室气体排放，这就要求人类社会必须走低碳发展的道路，而不能仅仅依赖某项或某些具体的技术去实现减排。低碳发展就是通过消费更少的含碳资源来满足人类社会发展需求，这是世界经济发展和技术变革的必然方向。

低碳发展具有现实的、动态发展的技术支撑。实现低碳发展的系统性工程，需要在能源、交通、建筑、工业、农业、管理等领域实现技术突破来支撑。当前世界各国在数字化智能管理、可再生能源技术、节能技术等方面都投入了大量资源，也在不断取得成果，有力支撑了全球低碳转型的进程。

世界主要国家都在转向低碳发展，各国选择的路径各有特点，其中欧洲走在了前列。这首先是因为低碳发展需要坚定的政治意愿和社会共识以及法律基础，而在德国、英国、法国、丹麦等欧洲中坚国家，这种社会和政治基础已经基本形成，绿色低碳转化成为较强劲的内部驱动力。实际上，主要大国都制定了低碳发展的整体规划，许多国家以法律形式明确了低碳发展和控制温室气体排放的地位，但各国由于资源禀赋、发展阶段、政治经济模式等的不同，选择的路径有所不同。欧盟和许多欧洲国家在行政体系、经济结构、能源结构、技术研发、公众意识等方面都开展了积极探索，并且取得了显著成效，为其他地区树立了榜样。但从全球和国别而言，低碳发展仍需要深入研究，包括进一步开展技术经济分析和综合宏观模型评估，以建立完善低碳战略路线图，确定经济和技术可行的脱碳路径与速度。

低碳发展是一个综合性的系统工作。低碳发展需要动员决策层、科学界、企业、公众的全面参与，需要多学科、跨领域的全面合作和系统整合。低碳发展也需要组合型的低碳政策，例如排放交易、碳税等碳价政策，可再生能源配额、可再生供热激励、标杆电价等技术支持政策，电力市场改革等体制保证政策，能效管理政策，投资政策等。不能仅从经济学理论出发，将所有政策聚焦到碳价政策上。低碳政策必须直面更广泛的社会经济影响，解决企业竞争性、能源安全、能源贫困、支付能力等问题，展示更多的协同效益证据，否则政策效果会受到限制和质疑。

《巴黎协定》的超快速生效，标志着各国政府和议会以严肃的态度参与全球气候治理，履行法律义务。这表明全球气候治理进入了新的历史时期，全球应对气候变化合作进入了共同目标、各尽所能、合作促进的新阶段。各国都需要严肃认真地应对气候变化，促进发展模式的低碳转型，以实现经济增长与环境保护双赢的可持续发展。

总体而言，自低碳经济（Low Carbon Economy）一词由英国贸易工业部在2003年出版的能源白皮书《我们的能源未来——创造低碳经济》中提出以来，先行发达国家和集团，在长期对环境与发展问题关注和行动的基础上，积极推进应对气候变化的国际合作与国内低碳转型，在法律法规建设、经济和市场手段应用、科技研发推广、社会共识凝聚方面进行了成效不凡的实践；部分发展中国家也努力超越发展阶段，积极探索低碳发展路径。低碳发展已经逐渐成为全球共识。

一、低碳发展及其目标是基于科学认知的全球政治共识

低碳发展源于全球应对气候变化的需求。气候变化是地球系统的一种自然状态。通过仪器直接测量、卫星及其他平台的遥感手段，可以直接证明19世纪中叶以来的全球气候变化，而古气候重建则可以使人类对气候变化的认知上溯到几百年甚至几百万年以前。① 最新研究结论表明，改变地球能量收支的自然和人为物质与过程是气候变化的驱动因子，并且极有可能的是，观测到的1951—2010年全球平均地表温度升高的一半以上是由温室气体浓度的人为增加和其他人为强迫共同导致的。② 这就表明，尽管人类的力量可能无法完全改变导致气候变化的自然过程，但工业革命以来，高强度的人类活动已经明显地影响到地球能量收支，气候自然变率范围被突破。基于自然科学和社会科学的研究，国际社会在1988年组建了政府间气候变化专门委员会（IPCC），整合人类对气候变化的认知，并为如何合作应对气候变化提出政策建议。

（一）IPCC 系列评估报告提供了科学支撑

IPCC 在1990年完成并发布了第一次评估报告（FAR），对气候变化的科学、影响和响应对策进行了评估。③ 基于对自然科学和社会科学研究结论的理解与综述，IPCC在第三工作组报告④中对“气候变化框架公约”的内容提出了具体的要素建议。基于IPCC的这些建议，1992年，各国通过谈判形成了《联合国气候变化框架公约》（以下简称“公约”），国际社会第一次形成了共同应对气候变化的政治共识。

IPCC 于1995年完成了第二次评估报告（SAR）⑤，该报告的核心是阐释公约第2条的有关科学技术信息。尽管当时的研究还十分初步，但其成果推动了发达国家率先采取阶段性量化减排指标，进行全经济范围量化减排，同时推进发达国家向发展中国家提供资金与技术支持，建立基于市场手段的灵活减排合作机制。这些都成为1997年国际社会谈判达成的《京都议定书》的核心内容。第三次评估报告（TAR）⑥ 进一步阐述了自然、技术和社会科学对于确定哪些成分构成“气候系统危险的人为干扰”提供

---

① 政府间气候变化专门委员会.2013：决策者摘要。政府间气候变化专门委员会第五次评估报告第一工作组报告——气候变化2013：自然科学基础。[Stocker，T. F.，秦大河，G. - K. Plattner，M. Tignor，S. K. Allen，J. Boschung，A. Nauels，Y. Xia，V. Bex 和 P. M. Midgley（编辑）]。剑桥大学出版社，第2页。

② 同上。第11页、第15页。

③ 政府间气候变化专门委员会. 政府间气候变化专门委员会综述.1990.

④ 政府间气候变化专门委员会.Possible elements for inclusion in a Framework Convention on Climate Change. In Climate Change：The IPCC Response Strategies. Geneva：Intergovernmental Panel on Climate Change. 1990.

⑤ 政府间气候变化专门委员会.IPCC第二次评估：气候变化1995——政府间气候变化专业委员会报告.1995.

⑥ 政府间气候变化专业委员会. 气候变化2001：综合报告——政府间气候变化专业委员会的评估.2001.

了所需的实质性的信息和证据。第三次评估报告使用了一系列温室气体排放情景，对未来25年、50年和100年的区域和全球气候、环境以及社会经济的后果进行了评估。第四次评估报告（AR4）① 进一步认定自20世纪中叶以来，大部分已观测到的全球平均温度的升高很可能（>90%的概率）是由于人为活动引起的温室气体浓度增加而导致的；温室气体以当前或高于当前的速率排放将会引起21世纪进一步变暖，并会诱发全球气候系统中的许多变化，这些变化很可能大于20世纪期间所观测到的，并有可能诱发突变的或不可逆转的影响；在减缓方面，AR4给出了"公约附件一缔约方和非附件一缔约方的减排情景"，这是IPCC首次就不同国家集团在不同温升控制情景下，总结出各研究得出的排放控制建议。这一总结具有显著的政策意义。在TAR和AR4的影响下，国际社会通过谈判形成了"巴厘岛路线图"，确认所有国家都要努力采取减缓行动，并加强合作。

2013—2014年，IPCC陆续发布了第五次评估报告（AR5）。第一工作组②得出了两个极具政策含义的结论：一是认为极有可能的是（95%～100%的概率），观测到的1951—2010年全球平均地表温度升高的一半以上是由温室气体浓度的人为增加和其他人为强迫共同导致的，这确定了人类社会通过合作减排温室气体实现减缓气候变化的科学逻辑性；二是定量给出了将温升控制在工业化前不超过2℃所剩余的全球碳排放空间，这为全球合作减排给出了明确的量化要求。

第三工作组则指出，根据各国依"坎昆协议"所做承诺，2020年全球温室气体排放水平与低成本、高成效的长期减缓轨迹不一致，如果要实现2℃目标，需要全球在2020年以后进一步大幅减排。而"坎昆承诺"基本上与那些具有成本有效、可将温度控制在不超过工业时代前水平3℃的情景相一致。如果排除目前已采取的努力，将减缓努力拖延到2030年，预计会大大增加长期稳定低碳转型的难度。这些结论表明，要将全球温升控制在2℃以内，必须尽早提高各国和全球减排力度。

在AR5的推动下，国际社会在2015年年底达成了《巴黎协定》（以下简称"协定"），协定的核心是广泛参与和提高行动力度。在机制上，协定建立了全球所有国家参与、自主提出减排目标、公开交流行动进展、通过全球盘点识别整体力度差距的全球减缓合作新模式；在理念上，协定确认了温室气体低排放发展战略的必要性，并要求所有国家都制定、提交并实施。这也是低碳战略首次作为政治共识写入国际条约。

---

① 政府间气候变化专门委员会．气候变化2007：综合报告——政府间气候变化专门委员会的报告．2008.

② 政府间气候变化专门委员会．政府间气候变化专门委员会第五次评估报告第一工作组报告——气候变化2013：自然科学基础。[Stocker，T. F.，秦大河，G. -K. Plattner，M. Tignor，S. K. Allen，J. Boschung，A. Nauels，Y. Xia，V. Bex 和 P. M. Midgley（编辑）]。剑桥大学出版社，英国剑桥和美国纽约。

（二）“2℃”反映了科学评估基础上的政治共识，成为低碳发展的共同目标

在低碳发展的政治共识形成过程中，“2℃共识”具有十分重大的意义。所谓“2℃共识”是指到21世纪末将全球平均温升控制在与工业化前相比不超过2℃以内。

“2℃目标”的提出最早见于1996年欧盟理事会会议决定。[①] 欧盟理事会基于SAR信息，认为将大气中二氧化碳浓度控制在工业化前浓度的二倍，即约550 ppm,[②] 将需要全球排放在当时水平基础上减半，如果做到的话，基本可将温升控制在与工业化前相比不超过2℃以内。考虑到这种情景所代表的巨大、快速变化将带来的严重风险，欧盟理事会认为应当把温升控制在与工业化前相比不超过2℃以内，也即是说将大气中二氧化碳浓度控制在550ppm的水平，并将其作为全球减缓合作的目标。

欧盟委员会在2005年应欧盟理事会要求，就中长期减排战略和目标的成本效益分析进行了报告。[③] 该报告认为按当时全球排放趋势发展下去，到2100年，全球平均气温将比1990年升高1.4℃~5.8℃，其中欧洲气温将上升2.0℃~6.3℃；如果将温升控制在2℃，其效益将足以抵消减缓政策的成本；而如果温升超过2℃，则极有可能引发更快和难以预期的气候反应，甚至造成不可逆的灾难性后果。这份报告进一步使欧盟确认了将“2℃目标”作为其在全球气候治理和国际谈判中的目标。

欧盟“2℃目标”国际化的重要一步是2009年的“八国集团”（G8）[④] 会议和紧随其后的“经济大国能源与气候论坛”。G8第35次峰会于2009年7月在意大利拉奎拉（L'Aquila）举行。时值举世瞩目的哥本哈根气候大会前夕，这一届G8峰会对气候变化问题的关注提到了空前的高度，并且加强了与主要发展中国家的对话，紧接着召开了第一次“经济大国能源与气候论坛”（Major Economies Forum on Energy and Climate，以下简称“MEF”）。这次会议上，G8表示要给年底召开的哥本哈根大会传递强烈的政治信号，包括认同要将全球平均气温升高控制在工业化前2摄氏度的“2℃目标”，认同全球到2050年将温室气体排放减少50%的“双五零”减排目标，以及发达国家整体到2050年排放量降低80%或更多的目标。G8也同意要有与上述长期目标相一致的中期减

---

① EU Council of Ministers. 1996. Community Strategy on Climate Change – Council Conclusions. Luxembourg，25 June 1996.

② 随着科学研究的不断推进，后来科学界认为需将温室气体浓度控制在450ppm二氧化碳当量，才能实现2℃目标。

③ Commission of the European Communities. 2005. Communication from the Commission to the Council，the European Parliament，the European Economic and Social Committee and the Committee of the Regions：Winning the battle against global climate change. COM（2005）35 final. Brussels，9 February 2005.

④ G8成员国包括德国、法国、英国、意大利、日本、美国、加拿大、俄罗斯，欧盟也出席会议；MEF在G8的基础上，增加了澳大利亚、欧盟，发展中国家大国的中国、印度、巴西、南非、印度尼西亚，以及墨西哥和韩国。

排目标，并且要求尽快实现全球排放峰值，其中最重要的是所有排放大国要做出量化的减排行动承诺。在 MEF 会上，包括时任中国国家主席胡锦涛在内的十七国领导发表了政治宣言，要求哥本哈根会议成果符合公约目标和科学要求，一致认同全球平均气温的升高不应高于工业化前水平的2℃以上，这使得“2℃目标”首次在主要发达国家和发展中国家中达成了共识。

在主要大国的推动下，“2℃共识”写入了当年的“哥本哈根协议”。由于“哥本哈根协议”没有得到公约缔约方的一致认可，不具有法律效力，因此后来又在 2010 年的“坎昆协议”中正式认可，成为全球共识。

从“2℃共识”的形成过程可以看出，这是一个不断努力的过程，主要的推动力量来自欧盟。“2℃共识”在 2010 年正式确立后，对 AR5 产生了重大影响。由于 IPCC 的评估工作需基于国际社会的科学研究成果，而“2℃共识”的确立使得国际学术界，尤其是温室气体排放模型研究界纷纷以实现“2℃目标”作为情景研究的对象，这些工作为 IPCC 继续深入研究提供了技术和经济分析基础。

（三）《巴黎协定》达成后各国进入应对气候变化合作新阶段

2015 年年底达成的《巴黎协定》是全球气候治理继公约和《京都议定书》之后的又一个里程碑。国际社会普遍认为协定是一个全面平衡、持久有效、具有法律约束力的气候变化国际协议，传递了全球向绿色低碳转型的积极信号，为 2020 年后全球合作应对气候变化指明了方向和目标。

《巴黎协定》体现了全球气候治理的新方案。协定反映了发达国家和发展中国家“共同但有区别的责任”原则，维护了中国的发展中国家定位；建立了“贡献由国家自主决定”的“自下而上”模式，使各国能够根据历史责任、自身国情、发展阶段和实际能力，自主决定将采取的应对气候变化行动；明确了发达国家继续承担向发展中国家提供支持的法定义务，而发展中国家没有这样的义务，但可以出于自愿提供相应支持；建立了促进性、鼓励性的全球盘点机制和非侵入性、非惩罚性的透明度体系，有助于各国在通用的技术环境下开展应对气候变化的经验交流，深入参与国际合作，持续加强国内行动。当然，《巴黎协定》并不完美，其履行也还有许多具体规则需要设定，例如“2℃目标”的内涵、可行性和实现途径，五年一度全球盘点的机制，落实资金和技术支持，对气候变化及其风险做更深入的研究和评估，更有效和互利的国际合作等。①

《巴黎协定》的签署与批约，标志着各国政府和议会以严肃的态度参与全球气候治理，履行法律义务。2016 年 10 月 5 日，协定生效所需要的两个条件已经满足（全球至

① 杜祥琬．应对气候变化进入历史性新阶段［J］．气候变化研究进展，2016，12（2）：79－82.

少55个公约缔约方批准协定，所占全球排放量份额不低于55%）；11月4日，协定生效。《巴黎协定》的达成和快速生效标志着全球气候治理进入了新的历史时期，全球应对气候变化合作进入了共同目标、各尽所能、合作促进的新阶段。尽管世界上充满差异和矛盾，甚至冲突，但共生在一个星球上的人们毕竟有着现实的和潜在的共同利益。在全球化时代，各国需树立“命运共同体”的理念，寻求利益的最大公约数，合作共赢，为人类共同的美好未来携手努力。站在建设世界命运共同体的战略制高点上，各国都应严肃认真应对气候变化，促进发展模式的低碳转型，以实现经济增长与环境保护双赢的可持续发展。①

二、低碳发展的经济学理论已经有所发展

（一）环境库兹尼茨曲线及其不足

环境库兹尼茨曲线（Environmental Kuznets Curve，EKC）规律是描述环境质量与经济增长关系的主要理论。EKC规律认为，伴随现代经济的发展，环境质量将出现不同程度的退化，直至人均GDP达到一定程度后，环境质量又会随着经济的进一步发展而好转。这一假设以图形表示，形成类似库兹尼茨曲线的“倒U型”曲线，故而命名为“环境库兹尼茨曲线”。这一概念最早由世界银行在1992年《世界发展报告》中提出。

对于以二氧化碳为代表的温室气体排放而言，EKC规律同样适用：随着现代经济的发展，尤其是第一次产业革命以来，人类社会大量消费化石能源，排放了大量的二氧化碳和其他温室气体；当这一排放与经济共同增长的趋势达到一定程度（拐点）后，温室气体排放导致的环境损害压力，迫使人类社会采取各种措施，改变排放的趋势，使其在经济增长的同时，排放下降。我们可将其称为碳排放环境库兹尼茨曲线（C-EKC）。主要发达国家经济增长和低碳发展的实证研究都或多或少证明了C-EKC的客观性和规律性。

时至今日，以C-EKC来解释和引领低碳发展已经稍显简单，甚至会成为一些国家重走“先高碳再迫降”道路的理论依据。环境问题的所谓倒U型，往往反映的是问题发生和逐渐积累并引发危机，人们不得不去了解问题为什么发生，如何治理，进而掌握治理技术，形成治理制度，逐步治理和缓解问题；而且一旦经历和了解了这个过程，就可以大大减少问题的重复，加快治理的进度，降低问题可能达到的严重性。因此，EKC曲线的积极意义是可以让我们更加认识到环境问题和高碳问题有可能出现，要予以预防，而不是任其发展，更不是说问题的一再重复是必然、不可逆转的。因此，

① Xiangwan Du. 2016. Responding to Global Changes as a Community of Common Destiny [J]. Engineering, 2(1): 52-54.

低碳发展不仅需要目前的实证经验，更需要在理论上进行突破。

（二）以斯特恩报告为代表的新气候变化经济学理论

受英国政府委托、世界银行前首席经济师尼古拉斯·斯特恩（Nicholas Stern）领导的小组于2006年10月完成了题为“从经济学角度看气候变化”的专门报告，并于2007年正式出版《The Economics of Climate Change：The Stern Review》,[①] 简称“斯特恩报告”。该报告在大量、具体和广泛调研的基础上，从经济学的角度对气候变化进行了全新的审视，评估了在气候变化背景下向低碳型经济转变以及采取不同适应办法的可能性，并分析了气候变化对英国等国家经济的影响。

“斯特恩报告”首先认同气候变化的存在并正在产生非常严重的全球性风险这一事实，赞成人类社会应该立即采取全球性的响应措施来应对气候变化及其风险，这是该报告所有分析的出发点。在此科学共识的基础上，斯特恩报告调查了气候变化本身所带来的经济学影响的证据，对控制大气温室气体浓度行动的经济学进行了阐述，并对人类社会如何向低碳经济模式转变、规避气候变化的不利影响进行了深入思考。该报告对政府部门、决策者和科学界具有重要的参考价值，也成为欧盟应对气候变化和低碳转型政策的经济学理论基础。

斯特恩认为，气候变化经济学属于环境经济学的范畴，但又与一般的环境经济学问题有显著不同。环境经济学认为，许多环境问题都是市场失灵的结果。这种失灵可能源于外部——即一项交易的成本和收益没有完全反映在市场价格上。污染往往伴随生产而产生。由于私人边际成本仅包括生产厂商实际支付的成本，而对于整个社会而言，还存在像污染之类的更广泛的成本，因此社会边际成本将超过私人边际成本。如果供给者不考虑这些额外的成本，那么其产量将大于价格等于社会边际成本时的产量。相应地，污染也供给过量。这时政府的主要职能就是纠正这样的负外部性。但是温室气体排放的影响与一般环境问题有四个基本方面的不同：它的外部性是长期的，它是全球性的，它包含着重大的不确定性，它具有潜在的巨大规模，因此温室气体排放是人类有史以来最大的市场失灵。

基于以上讨论，斯特恩报告对低碳转型的研究亮点可总结为：①代际公平问题；②减缓气候变化的国际合作问题；③政策工具问题。

气候变化的代际公平问题，反映的是人们对于气候变化影响的认识和对未来世代福利效用的态度，它往往决定了决策者们采取减缓气候变化措施的紧迫性和严格程度。斯特恩计算得出气候变化的损失约为GDP的5%，而减缓的成本仅为GDP的1%左右，进而建议，当代人应当采取紧迫和严格的减排措施，应对气候变化。斯特恩认为一般

① Stern N. 2007. The Economics of Climate Change：The Stern Review. Cambridge University Press.

来说经济学讨论政策在一个世代以内（即最多几十年）的成本收益时会采用贴现的方法；但是气候变化是事关代际的问题，当代的政治决策，会替后代人制定发展路线。如果按照大卫·休谟（David Hume）等哲学家的思想，即人赋予自己家庭福利的权重要高于赋予其他社会成员的权重，也就是“亲疏有别”的原则，就应当给当代人赋予更高的决策权重。斯特恩认为这不公平，是出生时间的歧视。为了遵循自己所理解的代际公平伦理思想，斯特恩在研究中将时间贴现率取值为0.1%，接近于零，尽量降低其影响。斯特恩对总贴现率的取值为1.4%，远低于实际的资本市场贴现率，例如经济学家们通常选择的市场回报率6%。他认为在考虑气候变化尤其是伦理问题的情况下，不能要求计算贴现率与实际的资本市场贴现率接近，反而应该取较低的数值，因为第一，如果忽视气候变化问题可能导致后代人的境况比当代人差，因此额外一单位社会福利对于后代人的价值将比当代人高，也就是说贴现率为负；第二，任何金融市场和任何形式的实物市场，都不能揭示时间长达一两个世纪的政策选择组合；第三，实践中长期的、真实的（即扣除通胀因素的）、低风险的消费或其他贷款（例如美国或英国国债）利率50年里约1.5%，远低于5%～6%的长期投资回报率；第四，由于气候变化经济学讨论的是一种公共的环境商品或服务，在未来其供给可能发生剧烈变化，因而不适宜用市场贴现率来表达。

减缓气候变化的责任分担和合作问题，是要解答如何公平、高效地促进全球应对气候变化的合作，解决这一全球性的市场失灵。斯特恩认为全面参与是全球气候变化机制的重要因素，各国不能看别国的行动再行动，而应该主动承担责任，相互树立榜样和提供正面激励。他认为发达国家应当在2020年比1990年减排20%～40%，并且到2050年至少减排80%；发展中国家尽快推出可信的、到2050年达到人均排放2吨的计划，并在2030年前实现排放峰值；通过国家减排和碳交易计划的市场手段赋予碳排放价格，以碳资源的国际流动解决公平问题和国际协议所必需的资金来源问题。斯特恩研究中的减排责任分担，基本遵循了《联合国气候变化框架公约》下谈判对发达国家和发展中国家的定性区别，但没有给出具体国家应当承担的减排责任。

就政策工具而言，环境经济学领域控制污染或排放的经济激励手段主要有两种：基于数量控制的排放权交易手段，以及基于价格控制的税收手段或排污收费。对于温室气体减排，采用控制排放量的排放权交易还是采用控制价格的碳税哪一个更有效，一直是学术界讨论的焦点。斯特恩认为排放权交易手段的第一个优点是，它令排放数量有了更大的确定性，因为数量是政府直接设定的，尤其是考虑到对于温室气体排放而言，如果超过既定浓度目标，相关的风险十分严重。排放权交易的另一个优点是可以使得国际性私人部门的碳金融从发达国家流向发展中国家，这有利于发展中国家支持基于这一体系形成全球减排协议。斯特恩不反对各国采用不同的政策工具组合，但是认为各国总的减排意愿水平应当强烈且相当，并且应当基于交易体系构建全球减排协议，来吸引广泛的参加。对于碳排放限额交易体系的设计，斯特恩认为必须考虑三个要点：排放权配额的分配、价格的可预见性和对外部交易的开放性。他鼓励的做法是全额拍卖排放权配额，以避免配额过多；稳定预期价格的措施，应当是使交易体系覆盖的时间较长，且允许排放权配额跨期储蓄和借贷，而设定上下限区间则有突破排放控制数额的风险；建立不同交易体系之间的连接，则是私人部门资金流动和吸引发展中国家参与的必要条件。

斯特恩的这些观点，构成了全球，尤其是欧盟2007年以来应对气候变化和低碳转型政策的基本框架，也为其他国家践行低碳发展进行了理论准备：①积极推动自身实现低碳转型；②在国际上推动全球所有国家有力度地进行减排；③积极实践和推动采用碳排放限额交易体系作为激励减排的工具。

三、低碳发展的政策工具得到多方面深入应用

低碳发展虽然是较新的发展理念和战略概念，但是与低碳发展相关的政策工具早已在各国的经济社会发展实践中得到采用，为世界各国的低碳发展建立起了相应的政策工具基础。

（一）行政和规划手段

气候变化是典型的环境外部性问题，其解决必须通过政府干预来实现。环境经济学为解决这一问题，通常有三种手段：行政命令、排放权交易、环境补贴和税。行政命令的颁布在西方国家往往被认为是与“小政府大市场”价值观相违背，因此普遍不受欢迎，但是在现实中，各国也都通过制定规划方案、设定法定标准等措施来管控温室气体排放。

在国家（联盟）层面，欧盟制定了系统的“20－20－20”行动方案，设定了2020年欧盟整体比1990年减排温室气体20%、节能20%、可再生能源消费比例提高到20%的目标，并通过按国别的目标责任分解、建立欧盟碳市场、提高机动车排放标准等一系列的配套措施来落实这一整体行动方案。美国奥巴马政府制订了“总统行动计划”，也对2020年比2005年温室气体排放减排17%的目标进行了按领域的分解落实，包括更新新建以及既有发电厂碳排放标准、发展新能源、激励对清洁能源的长期投资、提高能源效率、确立四年一次的能源评估制度等。印度在2008年宣布了首个《气候变化国家行动计划》，该计划作为纲领性文件，包括应对气候变化的原则、规划以及组织实施方式等，其重点是八项国家行动计划，其中侧重于减缓领域的是太阳能国家计划、提高能源效率国家计划和可持续生活环境国家计划；适用领域包括水资源国家计划、喜马拉雅生态保护国家计划、绿色印度国家计划和农业可持续发展国家计划；另有一

个加强气候变化战略研究的能力建设规划。巴西制定颁布了国家应对气候变化法——《应对气候变化国家计划》,[①] 明确规定巴西的减缓行动目标是2020年将在BAU情景下偏离36.1%~38.9%，并且在相应的法令和国家信息通报中提出了各部门的行动和相应的减排量;[②] 如果实现这一目标，将意味着巴西2020年的排放量比2005年绝对减少5.7%~9.8%。中国也在2007年发布了首份《中国应对气候变化国家方案》,[③] 详细介绍了中国在应对气候变化方面的目标、原则、政策和行动，在说明中国面对气候变化的脆弱性的同时，也充分强调中国已在能力范围内为全球应对气候变化做出了相应贡献。2014年中国又发布了《国家应对气候变化规划（2014—2020年)》。这是中国应对气候变化领域首个国家专项规划。[④]

在国际层面，实际上《联合国气候变化框架公约》下的国际谈判，就是各国政府共同采取行政干预手段，合作应对气候变化的方式。各国通过谈判，共同设定全球应对气候变化，尤其是减排温室气体的目标，并设计相应的实施手段，例如资金支持机制、技术转移机制、能力建设机制、灵活减排机制等，其典型案例就是《京都议定书》、“坎昆协议”和《巴黎协定》。

总的来说，由于温室气体排放导致气候变化的经济学属性，使得行政干预手段虽不为西方发达国家和“市场至上”的观点所喜，但确是解决气候变化问题的必要手段，也是排放权交易等其他手段的基本前提。

（二）排放权交易手段

如前所述，环境经济学领域控制污染或排放的经济激励手段主要有两种：基于数量控制的排污权交易手段，以及基于价格控制的税收手段或排污收费。碳交易实际上就是碳排放权限额交易的简称。

排放权限额交易是对排放物排放进行管理和控制的一种经济手段，是一种以法定排放限额为核心，以市场为基础的控制策略。它通过建立合法的污染物排放权利，并允许这种权利像商品那样买入和卖出来进行排放控制。

---

① 巴西总统 . 2009. Institui a Política Nacional sobre Mudança do Clima – PNMC e dá outras providências. LEI No 12. 187, DE 29 DE DEZEMBRO DE 2009.

② 巴西总统 . 2010. Regulamenta os arts. 6o, 11 e 12 da Lei no 12. 187, de 29 de dezembro de 2009, que institui a Política Nacional sobre Mudança do Clima – PNMC, e dá outras providências. DECRETO No 7. 390, DE 9 DE DEZEMBRO DE 2010. 巴西科技部（Ministry of Science and Technology, Federative Republic of Brazil）. 2010. Second national communication of Brazil to the United Nations Framework Convention on Climate Change. Brasília. 巴西环境部（MMA）. 2009. Cenários para Oferta Brasileira de Mitigação de Emissões. http://www.mma.gov.br/estruturas/182/_arquivos/cenarioemissoes_182.pdf

③ 国务院办公厅. 国发〔2007〕17号国务院关于印发中国应对气候变化国家方案的通知. 2007年 http://www.gov.cn/zwgk/2007-06/08/content_641704.htm.

④ 中新社. 中国发布首个应对气候变化国家规划，中国新闻网，2014年09月19日 http://www.chinanews.com/gn/2014/09-19/6611338.shtml.

产权经济学和环境经济学为建立排污权/排放权交易制度提供了经济学理论根据。诺贝尔经济学奖得主科斯（R. Coase）认为，所有权、财产权失灵是市场失灵的一个根源，资源配置的外部性是资源主体的权利和义务不对称所导致。只要明确界定所有权，市场主体或经济行为主体之间的交易活动或经济活动就可以有效地解决外部不经济性问题。

排放权交易就是对以上理论的实际应用。其做法一般是，政府机构评估出使一定区域内满足环境要求的污染物/排放物的最大排放量，并将最大允许排放量分成若干规定的排放量，每份允许排放量为一份排污权，政府可以用不同的方式分配这些权利，如有选择地卖给出价最高的购买者，并通过建立排放权交易市场使这种权利能合法地买卖。在排放权市场上，排放者从其利益出发，自主决定买入或卖出排污权。因总的权利是以满足环境容量要求为限度的，所以无论这些权利是如何分配的，环境质量不会违反环境标准。

从广义上讲，碳交易还包括自愿碳减排交易，但是从经济学原理上看，在没有政府干预设定碳排放权限额时，自愿碳减排交易的需求是不固定的，供求关系不受政府调控，无法起到纠正市场失灵的作用，因此与碳排放权限额交易不是一回事；而当这种自愿碳减排交易与某个或某些限额交易体系具备法定的联系时，其供求也就纳入了这个或这些体系，也就受到政府调控，实际上也就是一回事了。

排放权交易制度具有以下优点。第一，排放权交易有利于保证环境质量，因为其直接与排放总量的降低挂钩。第二，会创设一个新的碳信用交易市场，那些能够以较低成本削减碳排放的企业或许借此可以获得利润。第三，能将碳排放所导致的社会成本内部化。第四，可以在一定程度上避免征税带来的公众阻力。第五，可以通过市场方式为发展中国家提供资金，作为正向激励推动参与，促生全球减排协议。

排放权交易制度也有明显的缺点。第一，要想制定合理的排放总量额并非易事，因为确定最优的环境污染水平在现有的技术条件下无法完成。第二，排放权的价格波动往往十分剧烈，为减排决策带来极大的困难。第三，排放权制度中通常存在补偿条款，这就导致排放权交易无法确保减排目标的实现。第四，排放权交易由于需要设定排放权的分配方法，需要监督和执行复杂的排放权制度，大大增加了行政和管理成本。第五，初始排放权的分配，很可能成为腐败的温床。

自 20 世纪 70 年代开始，美国将基于产权理论的排污权交易用于大气污染源管理，逐步建立起系统的排污权交易政策和体系。最早开始的也是迄今为止最广泛的排污权交易实践是美国以二氧化硫（SO_2）为交易对象的“酸雨计划”。这一计划通过在电力行业实施 SO_2 排放权限额交易，来实现到 2010 年美国的 SO_2 年排放量比 1980 年的排放水平减少 1000 万吨的政策目标，取得了积极而显著的效果。基于对环境经济学和二氧化硫排放权限额交易应用的拓展，R. Sandor[①]于1992年提出了碳排放权限额交易的概念，成为后来应对气候变化国际实践中的重要内容。欧盟、英国、美国、墨西哥、澳大利亚、新西兰、日本、韩国等国家和地区都陆续开展了碳排放权交易的探索。

（三）财税手段

对于环境污染的外部性问题，庇古（Pigou）在其著名的《福利经济学》中，详尽地分析了边际私人净产值与边际社会净产值背离的原因。他认为这一现象的出现源于“外部经济”或“外部不经济”。庇古认为，正是因为边际私人净产值与边际社会净产值背离现象的存在，使得国家干预有了必要性与合理性。他建议，政府应根据污染所造成的危害对排污者收税，以税收形式弥补私人成本和社会成本之间的差距，将污染的成本加到产品的价格中去。这种税被称之为“庇古税”（Pigovian Taxes）。从经济学的意义分析，“庇古税”所偏重的是效率原则，从中性立场出发，引导资源配置优化，以实现帕累托准则，也就是说，建立碳税制度并以此来控制CO_2的排放量，可以使不同企业根据各自的控制成本来选择控制量。相比较而言，“庇古税”较之其他控制手段，如排污标准、罚款，在同样的排污控制量的情况下，成本相对要低。所以人们认为，征收碳税可以获得“双倍红利”，即用中性的碳税来替代如收入调节税等现有税收，在总税收水平不变的情况下，达到减排温室气体的目标与调整现有税收制度对经济绩效扭曲程度的双重效果。

从经济学角度说，对排放符合标准的先进企业进行补贴和对排放超过标准许可的企业进行征税，其意义是相同的；但补贴由于需要额外的财政预算来实施，因此往往不被采纳。碳税的优点主要包括：第一，如同其他市场机制一样，碳税能够为碳排放的外部性提供价格信号，从而纠正市场失灵。第二，碳税的税率根据碳排放的社会成本来确定，符合污染者付费原则。第三，碳税制度可以为碳减排行为提供税收优惠，从而激励企业进行节能减排。第四，碳税可以获得财政收入，用这些收入可以资助替代能源的研发。第五，根据碳税的执行效果，以及新的社会情况，政府可以对碳税税率进行必要的调整，但其不会导致碳价格的剧烈波动，有利于稳定减排决策的预期。第六，与排污权交易制度相比，在无须创设新的行政机构的情况下便可执行碳税。第七，由于碳税会对低收入群体带来负面影响，政府可以用碳税收入解决碳税的累退效果。

尽管碳税具有种种优点，但是政府在征收污染税时也面临许多问题。第一，碳税与排放总量不直接挂钩，引起环保主义者的担心；第二，税收的政治阻力较大。第三，

① Sandor R. 1992. Combating global warming: study on a global system of tradeable carbon emission entitlements. Geneva: United Nations Conference on Trade and Development.

碳税税率的设置不易，如果税率太高，减排成本就会过高，如果税率太低，预期减排量可能又无法实现。

尽管如此，碳税和与之相关的能源税、环境税、资源税等一直在世界许多地方都有所应用。丹麦、芬兰、荷兰、挪威、波兰和瑞典等国已经开始推行不同的碳税政策。瑞典是在消费端征收此税。加拿大魁北克省也已经开始对石油、天然和煤征税。美国科罗拉多州的玻尔得市（Boulder）向所有的消费者——房屋所有者和商业组织征收本市的地方碳税。中国则表示将不会单独设立碳税，而是将碳税安排在目前准备的税种里作为一个税项，如环境税或资源税。①

四、低碳发展的技术基础不断夯实

能源系统革命是低碳发展的关键，低碳发展需要能源系统的各个环节都做出革命性的变化，从能源的生产、加工转换到能源输送和终端利用。在能源生产环节，非化石能源（可再生电力、核电、生物能源）的成本和安全性都需要越来越具有竞争性；在（化石）能源加工转换环节，能源效率得应到最大幅度的提高，碳捕集与封存（CCS）在比较大的范围内得到利用以降低全球深度减排的成本；在传输环节，传统电网向能容纳多点输入、双向流通的智能电网转换；在终端利用环节，替代技术和产品的渗透、能源效率持续提高。总体而言，低碳发展下的能源系统将向能源品种多样化、电网智能化、用能设备高效化方向发展，体现出融合性（各个环节之间的联系前所未有的紧密）、多样性（能源品种多样化对基础设施提出新要求）以及高效性（无所不在的效率问题）特点。网络、大型计算工具和大数据为优化系统效率提供了基础。

（一）电力生产环节

可再生电力发展逐步进入市场竞争阶段：2014 年全球风电装机已经达到 3.7 亿千瓦，其中 5100 万千瓦是在 2014 年安装的；光伏发电装机达到 1.78 亿千瓦，其中 4000 万千瓦是在 2014 年完成的。成本的不断下降是可再生电力持续增长的重要原因，以太阳能发电为例，2014 年多晶硅价格比 2006 年下降了 90% 以上，多晶硅电池组件价格下降了 85%。晶体硅电池效率在不断提升，薄膜和聚光光伏电池效率也在提升，新型电池技术研发活跃，推动光伏技术不断发展，为光伏技术未来大幅度降低成本提供了广阔的空间。随着风电制造、开发技术的日益成熟和风电的规模化发展，风电成本在近 20 年中不断下降。目前中国陆上风电单位装机平均投资为 8000 元/千瓦 – 9000 元/千瓦，2030 年和 2050 年可能降低到 7500 元/千瓦和 7000 元/千瓦。海上风电的发电效率高于陆地风电，对景观、闪烁和噪声的要求标准也比较低，但成本大约是后者的 1.5 ~

---

① http://finance.ifeng.com/a/20160321/14279658_0.shtml.

2 倍。随着开发技术的成熟，近海风电的运行维护成本将会逐渐与陆上风电持平。

太阳能利用出现新趋势：太阳能热发电的全球市场发展还不成熟，但因具有稳定性、承担基础负荷的技术特点，因此仍受许多国家的重视，市场规模逐步扩大。2014 年太阳能热发电装机容量达到 440 万千瓦，相对于 2013 年增长 27%。美国新增太阳能热发电装机量连续两年位居全球第一。太阳能热利用技术与火电厂一体化发电系统也是目前的研发方向。这种技术将太阳能引入常规火电发电机组回热系统，为火电机组的节能减排和太阳能大规模利用提供新途径。

超超临界燃煤发电技术仍大有用武之地：常规燃煤发电技术依然在各国电源结构中占据最重要的位置，未来的发展方向是通过提高蒸汽的温度和压力参数实现效率提升降低煤耗。目前先进超超临界机组的主蒸汽参数已经达到 600℃，其发电效率可以达到 45% 以上，煤耗约为 271 克/千瓦时。相对传统的燃煤机制 35% 左右的发电效率，超超临界机组的发电煤耗可降低 80 克/千瓦时左右。2011 年，中国还启动了 700℃ 超超临界技术的研发，计划在 2021 年前完成工业示范，预计发电效率为 51%，单位发电煤耗可降低至 241 克/千瓦时。

核电依然是低碳电力的重要组成部分：虽然全球核电发电量从 2004 年的 2760 太瓦时下降到 2014 年的 2537 太瓦时（下降了 8%），除德国坚定弃核之外，其余主要国家对核电的态度相对积极乐观。以美国为例，从 2012 年开始，5 台核电机组退役，到 2019 年还将有一台机组退出生产。同时，一台新核电机组开工建设，另有四台第三代机组（西屋公司的 AP1000）也在开工。新增机组在安全性方面的保障措施非常到位。欧洲先进压水堆 EPR 是第三代核技术的另一个代表。EPR 是法国法马通公司和德国西门子公司联合设计和开发的面向二十一世纪的新一代改进型压水堆核电技术。第四代国际核能论坛（GIF）选出了六种优先发展的第四代核能系统：钠冷快堆（SFR）、铅冷快堆（LFR）和气冷快堆（GFR）、超临界水冷堆（SCWR）、超高温气冷堆（VHTR）和熔盐对堆（MSR）。

（二）电力传输技术——智能电网和储能技术

传统的电力基础设施已经可靠地供电长达一个世纪，但目前能源发展对这些设施提出了新的要求：电力供应和发电构成发生了重大变化，需求依然在上升，但消费者与生产者“合二为一”——在美国，安装光伏发电设施的用户从 2004 年的 15，500 家上升到 2014 年的超过 60 万家，装机容量增长到 146 万千瓦（其中 80% 是在 2010 年以后安装的）；“插电式”电动汽车异军突起——预计在美国 2013 年到 2022 年的年均增长率将达到 18.6%，将形成新的、显著的电力需求。电子控制和通信设备的发展在管理分布式发电、能源储存方面提供了机会，但也带来新的安全和整合挑战，同时持续可靠的供应依然具有高度的优先性。因此，现代电网技术必须足够灵活、敏捷和动态，能够整合和优化范围越来越广的发电设备、需求和存储能力。智能电网的概念和实践应运而生。智能电网控制技术和电力储能技术可以为更好地将新能源发电整合到电力系统提供关键的解决方案。

虽然各国对智能电网的理解和路线图设计不尽相同，总体而言，智能电网是将现代先进的传感测量技术、通信技术、信息技术、计算机技术和控制技术与物理电网高度集成而形成的新型电网。目前智能电网的关键技术包括用于传输的相位测试装置（PMU）、用于配电的自动大电容组和线路以及用于用户端（以及新的发电端）的先进测量设施。从 2006 年以来，美国在这三项技术上的投入呈现跳跃状态（图 4－1），这与 2009 年出台的《美国复兴和再投资法案》相关，预计未来将稳定增长。可以看出，对 PMU 的投入还显不足。从 2010 年到 2014 年，美国共有 1300 套 PMU 与电网连接。

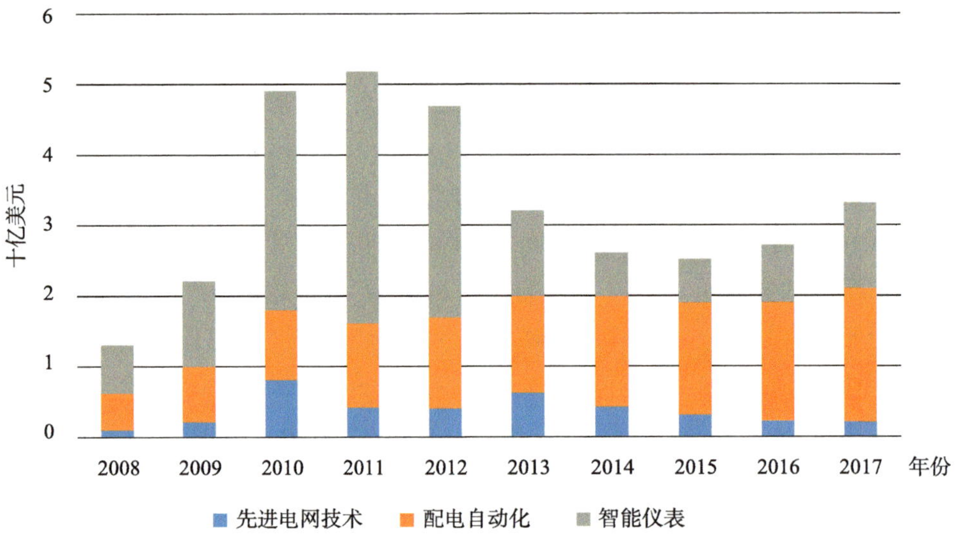

图 4－1　美国智能电网投资

数据来源：美国 2015QTR。

目前，欧洲也将大量智能电网投资用于智能电表的安装，先进的计量技术是智能电网市场发展最好的一块。法国伊西已经建成了第一个地区级智能电网 ISSYGrid。

智能电网的发展离不开储能技术，特别是电网级储能技术。欧盟 2012—2013 年启动的智能电网项目就将储能技术作为主题。目前储能技术主要分为物理储能（如抽水储能、压缩空气储能、飞轮储能等）、化学储能（如铅酸电池、氧化还原液流电池、钠硫电池、锂离子电池）和电磁储能（如超导电磁储能、超级电容器储能等）三大类。目前应用最广泛的储能技术还是抽水蓄能，占全球储能容量的 95% 左右。抽水蓄能规模可以很大，美国最新建造的洛基山抽水蓄能电站可以以 109.5 万千瓦的功率持续供电超过 10 个小时，而且其循环次数可达到 25000 次以上，生命周期内储存的能量是建造运行过程中消耗能量的210倍。另外一种大型储能技术为压缩空气储能（CAES），目前有两处示范应用项目，分别位于美国和德国。其他储能技术有各自的特点，适应不同的场合，但相对来说能量存储容量要小得多。

（三）替代燃料技术

1. 非常规油气

页岩气开发技术引领了美国的“能源革命”，为近期部分国家减排路径提供了选择。美国从20世纪80年代开始投资水力压裂技术，同时产业界也在持续投资和应用这些技术，终于在21世纪头十年后期带来了非常规油气产量的攀升（图4－2）。到2014年，非常规天然气（包括煤层气）在天然气产量中的比例已经达到48%，占到半壁江山。

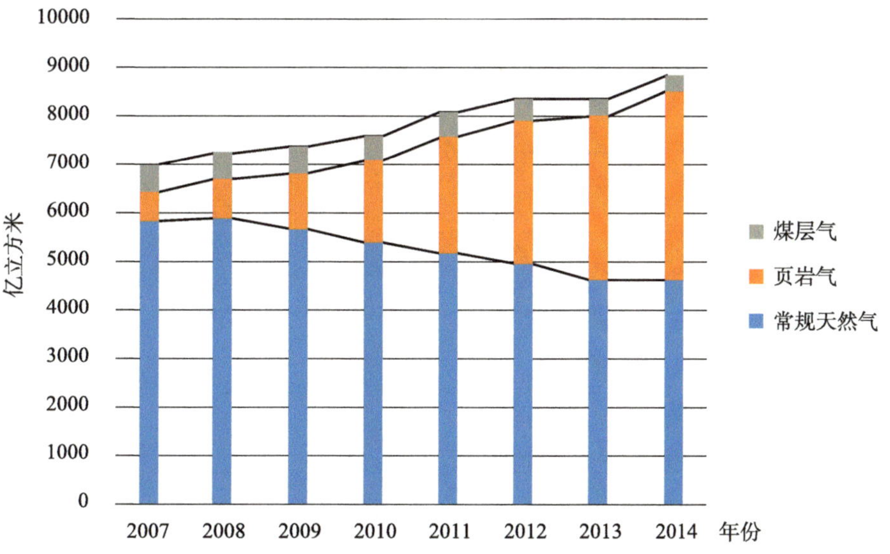

图4－2 美国天然气产量和构成

数据来源：EIA数据。

非常规油气规模的扩大，不仅降低了美国的石油进口和本国石油产量以及促进LPG出口，更通过替代煤炭而较大幅度地降低了火电的温室气体排放。2005年美国电力行业的CO_2排放为24.17亿吨，到2013年降到20.53亿吨（2014年几乎与2013年持平），其中“煤转气”的减排贡献率大约为27.8%。

2. 生物燃料

生物燃料可以为道路交通、航空以及用于化工行业的油品提供减排机会，尤其是后两个领域，现在几乎没有可行的其他替代品。目前，作为世界上最大的生物燃料生产国，美国生物质能商业化应用的规模大约是2亿吨（干吨），其中80%以上用于生产生物燃料，到2030年，这个规模可能拓展到10亿吨，其中90%以上用于生产生物燃料（见图4－3）。

2014年，美国211家生物炼厂生产了4272万吨燃料乙醇，占世界产量的58%，大部分用作交通燃料。美国重视燃料乙醇产业发展的一个重要原因是该产业能够提供稳定的就业机会，达到社会和环境的双重效益。根据美国可再生燃料协会统计数据，2014年美国燃料乙醇产业在整个经济领域提供了38万个工作岗位，其中8.4万个直接岗位；乙醇生产商为美国贡献了530亿美元GDP和100亿美元税收；燃料乙醇的应用减少了3960万吨CO_2排放，相当于840万辆汽车的排放量。

相比之下，除巴西外，欧洲、中国的生物燃料规模要小得多，所受到的制约因素比较多。

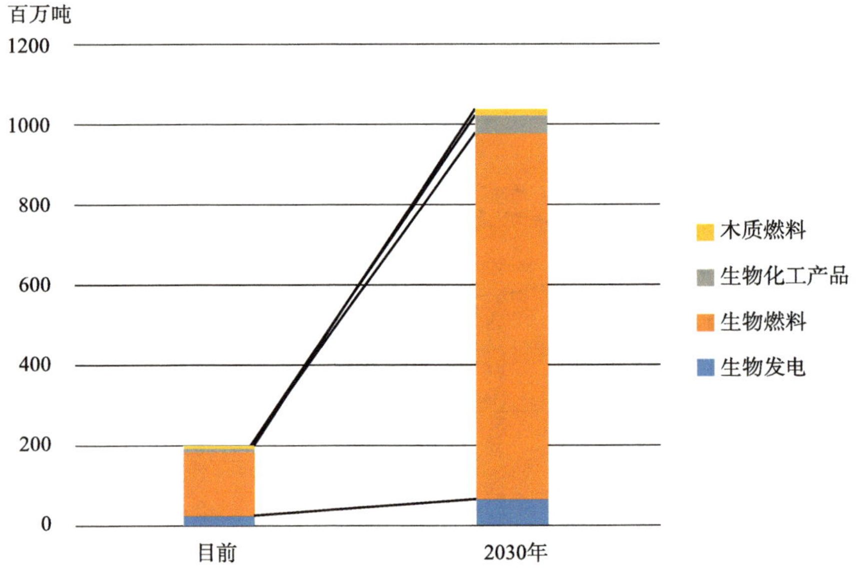

图4－3　美国生物燃料经济发展现状和潜力

（四）交通减排技术

交通GHG排放特征有别于工业排放，其特殊性表现在以下几个方面：第一，随着社会经济的发展，排放重点领域由工业排放为主转向交通、建筑排放为主，这是后工业化时代的显著特点，从各国的发展历程看似乎是一条难以超越的发展道路；第二，汽柴油主导的内燃发动机技术已经相当成熟，交通基础设施建设也非常完善，因此替代燃料的渗透相对困难；第三，排放源分散，既不宜实施排放权交易，强制性行政措施在社会交通中也容易引发争议，效果逊于工业领域；同时由于油品价格相对较高，交通部门对碳税不敏感。因此，要想使交通部门走向低碳，多重策略是非常必要的。其中技术发展是非常重要的减排措施。

1. 电动汽车

通过使用先进电极、提高工艺、改良设计、优化组合等措施，在过去几年里，电动汽车的成本已经大幅度降低：锂离子的成本降低了70%，能量密度提高了60%。如果能够批量生产（产量达到10万辆/年），插电式电动汽车的电池成本将从2008年的1000美元/kWh下降到2014年的289美元，市场价格也会显著下降。这还远远没有达到电池的理论极限水平。在未来5年里，通过利用高容量电力材料、高电压电解质、用高容量硅片或锡基合金替代石墨电极，锂电池技术的能量密度有望从目前的125Wh/kg提高到250Wh/kg。目光再长远一些，新型电池（例如锂硫二次电池、锂空气电池、镁二次电池）将进一步提高电池的能量密度。

Nykvist和Nilsson的研究也认为，① 从2007年到2014年，全球锂离子电池的成本从约1000美元/千瓦时下降到410美元/千瓦时，先进生产企业的成本已经降低到300美元/千瓦时；产量倍增所带来的成本下降率在6%～9%。该研究还认为锂电池的成本还将不断下降，尤其是龙头企业的成本将比预计成本低很多，这将为未来的低碳交通带来福音。

2. 氢燃料电池汽车

相比电动汽车，氢燃料电池汽车可以在几分钟之内完成充电，能广泛地应用于不同车型，续驶里程可超过300英里。如果氢来自低碳资源，这种汽车可以带来很大的减排潜力。

虽然目前氢燃料电池汽车依然面临着很大的技术、经济和体制障碍，过去几年的研发已经在很大程度上降低了成本。如果能够批量生产——例如年产量能达到50万辆，氢燃料电池汽车的成本将从2006年的124美元/千瓦降低到2014年的55美元/千瓦。当成本进一步降低到30美元/千瓦以下时，氢燃料电池汽车就与汽油内燃机车具有了竞争性（美国2020年的目标是40美元/千瓦）。

3. 大数据时代的无人驾驶汽车和“on-demand”服务技术

基于互联网技术的Uber、Lyft、滴滴打车、快滴打车等按需、“专车”服务（on-demand service）以及拼车APP、公交APP已经在大中型城市相当普及。移动互联和信息化技术的发展创造了更多的数据资源，并可通过大数据技术实现更好的数据可视度，为获取大量数据创造条件。但在已有研究中还比较缺乏此类“智慧交通”及其在私人交通领域的扩展是否能真正促进低碳交通的机制研究和定量分析，相关管理政策相比

① Björn Nykvist and Mäns Nilsson, Rapidly falling costs of battery packs for electric vehicles. 2015. Vol. 5 (4): 329-332.

创新应用也较为滞后。有研究指出，租车空载率的下降可有效降低大气污染物排放、[①]交通拥堵的缓解也可以有效降低温室气体排放，[②]可以定性判断智慧交通对低碳交通有积极正面的贡献。

（五）节能技术

1. 建筑节能技术——被动式节能建筑

被动式节能住宅是在低能耗建筑的基础上发展起来的一个全新的节能概念，1990年始于德国。此种节能建筑在室外温度为零下20℃的情况下，室内可以不必开空调或暖气就保持正常生活所需的温度，意味着房屋基本不需要主动供应能量。被动式节能住宅每年单位面积供热能耗仅为15千瓦时，远远低于目前的标准75千瓦时。而达到这种节能效果，只需通过材料、设计、施工等手段就可实现。

被动式建筑的核心内容是最大限度地减小热损失，同时要求充分利用当地太阳辐射入室（非主动式利用太阳能），以达到供暖需热量低于15千瓦时/平方米·年。此外，被动式建筑还必须达到其他技术要求，例如，室内换气次数应为n50＜0.6小时，即在室内外压差为50帕斯卡时，室内空气换气率应低于每小时0.6次室内空气容量；又如，热水供应和用电所需的一次能源需求量应低于120千瓦时/平方米·年。在被动式建筑应用较多的德国，基于这几项关键的具体技术参数，被动式建筑对建筑材料、结构和技术设备都提出了非常高的要求，主要包括：25～40厘米厚的高性能外保温材料（构成采暖系统边界的屋顶、外墙和地面）；含三层玻璃和镀膜的高性能窗体；无热桥；建筑“外壳”高气密性能；带有高效热回收装置的可控新风系统；供水给水超低热损失和高效的家用电器等。

2. 工业节能技术

经过长期实践，传统制造业的能效技术已经得到长足发展。随着科技革命和信息革命的深入，工业节能领域依然有潜力可挖，尤其是在全过程控制方面。总体而言，工业节能技术的覆盖面非常广泛，涉及先进制造技术、装备材料、自动化技术、循环经济、余热回收等各个环节。

五、低碳发展的社会基础有待巩固

低碳发展应该是一场社会革命。源于欧洲的第一次和第二次工业革命，推动主要国家或主动或被动地进入现代化进程。这个过程中，以“启蒙运动”为代表的社会科

① 王健，池利兵，胡晓伟. 考虑空驶距离的出租汽车空气污染排放模型［J］. 城市交通，2015，13（2）：72－77.

② Barth. M.，Boriboonsoms. k. 交通拥堵和温室气体排放［J］. 城市交通，2012，10（1）：89－94.

学发展推动科学战胜宗教、理性压倒“神性”，人类的创造力得到前所未有的释放，精神文明发展有力地推动了物质文明的发展。然而物极必反，长期以来，自由主义和理性过度发展，科学技术被任意应用，对“非人类”或“超人类”世界的敬仰和尊重消失殆尽，物质主义大行其道，精神文明停滞不前——哲学逐渐萎缩，沦为实用性“工具”；信仰被遗忘，变成可有可无的消费品。社会进步的阴暗面越来越支配社会和政治，人类坐在文明的“火山口”。低碳发展是一个让我们审视过去发展道路的机会——低碳发展需要产业和技术的进步，更需要让人们回想一下那些原初的、被遗忘的问题，生命的价值和意义是什么，人类将何去何从。每一代人都需要回答这个问题，这应该是低碳发展的根本所在，否则低碳发展仅仅是技术的革命而不是真正意义的社会革命。

（一）应对气候变化社会理论

尽管相比物质文明发展，社会思想发展陷入混沌，由于环境生态问题的一再显现，相应的应对理论还是处在发展之中，虽然这些理论或是已经“过时”，或是以“理念”宣传为主，还无法指导需要在社会各个方面都做出重大调整的低碳发展。

1. “生存主义理论”阶段

产生于20世纪60年代末，其核心思想是“生存危机论”，即经济增长与环境保护之间的矛盾是不可协调的，如果不从根本上改变人类的消费行为，发展和增长将不可避免地导致生态崩溃。主要代表人物和著作是蕾切尔·卡逊（Rachel Carson）的《寂静的春天》（1962），“罗马俱乐部”的《增长的极限》（1972）。其他著作诸如《地球的毁灭》（1970）、《生存的蓝图》（1972）、《人类的最后时刻》（1974）等，也都对工业文明的未来表现出深切的忧虑。

1972年斯德哥尔摩人类环境会议就是在这样一种以“生存危机论”为基础的氛围下召开的。大会通过的《人类环境宣言》及其《原则声明》构成了国际社会关于环境事务最早的“软法律”基础，并成为世界各国包括发展中国家此后20年环境保护实践的行动指南。

这种生态崩溃的观点进入80年代以后逐渐失去其在环境理论中主流地位，主要原因是“生存危机论”既低估了人类社会协调自身活动的能力，也忽视了科技发展及其应用对人类未来经济活动可能产生的巨大影响，但它的理论遗产构成了几乎所有激进环境政治理论与运动的根基。“危机论”并非耸人听闻，它给人类社会带来的警示永远具有价值。

2. “可持续发展理论”阶段

“可持续发展理论”旨在通过建立世界不同经济社会发展水平国家和人类不同代际的需求平衡来解决生态环境问题，以1987年发表的联合国环境与发展委员会报告《我们共同的未来》和1992年举行的里约热内卢环境与发展大会为标志，其基本思想是通过确定走向“可持续发展”这一国际社会认可的共同目标，协调发达国家和发展中国家之间、人类不同代际、经济目标与环境、社会与政治目标之间的矛盾和利益冲突。除了进一步认可人类的当务之急是依据生态可持续原则，重建现有的经济社会活动秩序外，“可持续发展理论”的突出特色在于它认为经济要素是一个广阔视野下的三维目标“经济、社会和生态相统一”的内在组成部分，经济增长不是一个被动必需而是一个应主动追求的目标，问题在于经济增长的方式或手段而不是经济增长本身。也就是说，真正可持续的经济增长完全可以与可持续的社会福利与生态环境相一致。

经过二十多年的演变，可持续发展理论已经发展成为较为完整的绿色经济、绿色增长发展理论，到目前为止，可持续发展依然是世界各国所追求的目标。

3. “生态现代化理论”阶段

生态现代化理论产生于20世纪90年代，与可持续发展理论类似，是对环境保护与经济增长不相融性理论的反思。生态现代化理论的核心是，环境保护不应被视为对经济活动的一种负担，而应视为未来可持续增长的前提，工商界及其他利益相关者应该积极参与其中。它包含三个理论要点：①

一是环境保护与经济目标的协调性。两者可以相互促进，经济增长与环境目标的政策一体化完全可以赢得一个环境、经济和商业“三赢”的理想结果；

二是技术中心主义或“技术预防”。技术创新可以同时带来增长和环境改善，相应地，严厉的环境标准和政策不再被视为工商界的一种支出负担，视为实现其技术创新和提高竞争力的动力。全球化背景下的竞争力更依赖于经济增长与环境保护的成功连接，优先使用新型环境标准的企业，由于资源使用效率高，将具有更强的国际竞争力。

三是市场的优先性。强调市场作用是生态现代化理论的重要特征。要求政府部门通过税收、生态商标、排放贸易等手段，建立和创造有利于市场发展与环境保护的政策环境，而不是单纯地通过行政命令手段实现其目标。

生态现代化理论的核心之处在于对当代社会面临的生态挑战做出了积极的解释，认为不必对现行的社会经济秩序做出大规模或深层次的重建，通过市场激励和政府推动，完全可以在实现经济繁荣的同时避免和减少环境破坏。

4. “气候变化风险管理理论”

风险指的是造成人类宝贵事务（包括人类本身）处于危境且结果不明等后果的可能性，通常表述为危害性事件和趋势发生的概率乘以这些事件和趋势的后果。IPCC评估报告将风险纳入气候变化领域，对气候变化风险问题的认识不断深入。特别是AR4

---

① 郇庆治．生态现代化理论与绿色变革［M］//薛晓源，李惠斌．生态文明研究前沿报告．上海：华东师范大学出版社，2007：80－81.

以来，“风险”成为适应研究领域的最核心关键词。2011 年 IPCC 发布了《管理极端事件和灾害风险，推进气候变化适应》的特别报告（SREX）。报告指出，极端天气气候事件常常但并非总是与灾害相关，极端和非极端天气气候事件的严重程度和影响在很大程度上取决于承载体的暴露度和脆弱性。SREX 以来的研究更明确地将经济系统、发展路径纳入到气候变化风险评估框架内。研究认为人类和生态系统关键脆弱性的决定因子，如暴露度、影响敏感性和适应能力在很大程度上取决于社会经济发展路径和状态；不仅如此，社会经济路径、适应和减缓措施以及治理策略还可以通过温室气体排放和其他辐射强迫以及土地利用变化来对气候系统的物理属性产生影响。① 因此，影响、暴露度、脆弱性和适应等基本概念得到了清晰的界定，气候变化风险评价框架得到了重新认识，气候变化、影响和适应已经不再是一个简单的单向线性关系，而需要在一个复合系统的框架内予以理解和评估。提高整体适应气候变化能力涉及整个政治、经济和社会系统的转型。

英国科学家在气候变化风险认知和管理方面的研究相对深入。2015 年 7 月正式发布的、由英国科学家主持完成的《气候变化风险评估》对这一理念进行了深入阐述和分析。② 报告与 IPCC 的评估报告不同，采用了不确定性下的决策方法，将评估气候变化影响的危险阈值与其概率相结合，对气候变化的风险进行了评估。风险报告认为气候变化风险是非线性的，而且充满巨大的不确定性，气候变化各领域之间的相互影响和联系将会放大气候变化的风险。现在的研究（包括 IPCC 研究）普遍关注的是最可能发生的情景或我们努力追求的情景，风险认知需要更加关注危害最大（虽然发生概率可能比较低）的情景。更为难能可贵的是，报告还将保险公司对风险进行评估的理论和经验纳入到气候变化风险评估中，为读者提供直观的经济量化概念。同时，报告没有回避 IPCC 一直回避的伦理问题，即我们应该承担多少对子孙后代的义务、对弱势群体的义务、对非人类环境的义务。这一系列评估将不仅会加强决策者对适应的重视，更会引起大家对减缓紧迫性的进一步重视。

（二）欧盟低碳发展的社会基础

相比较而言，欧盟民众对气候变化及其应对手段有比较清晰的科学认知和认同度，使低碳转型拥有较广泛的社会支持。

在气候变化被广泛作为单独的问题之前，公众倾向于将其作为一类环境问题来考虑。20 世纪 30 年代发生的比利时马斯河谷烟雾事件和 50 年代频繁发生的伦敦烟雾事件，使得欧洲民众切身感受到环境保护的重要性。社会发展水平的提高也使得欧洲民

① 李莹，高歌，宋连春. IPCC 第五次评估报告对气候变化风险及风险管理的新认知［J］. 气候变化研究进展，2014，10（4）：260－267.

② David King，Dinel Schrag，Zhou Dadi，Qiye and Arunabha Ghosh. Climate Change – a Risk Assessment.

众更多地关注环境保护。早在 Eurobarometer（1973）第一次民意调查中，当问及时下最关注的问题时，环境保护在 9 个成员国的民众中就成为排名第五的问题，位列物价、欧洲货币、能源和地区问题之后，如图 4－4（a）所示。

IPCC 在 2007 年发布的第四次评估报告和 2013 年发布的第五次评估报告第一卷中认为，气候变化引起的热浪事件对欧洲民众的健康带来了巨大损失，并且这种事件将变得越来越普遍，频率、强度和持续时间都很有可能增加；特别是有一些地区，近年来的热浪事件跟历史记录相比增加异常。① 这证实了欧洲民众在 2003 年、2006 年、2010 年、2013 年等夏季感受到的极端热浪，也提高了欧洲民众对应对气候变化的认同度。

在科学应对气候变化方面，2006 年发布的《斯特恩评估报告》引发了广泛的公众关注。尽管学界基于这份报告，对气候变化经济学中如何看待伦理问题展开了没有结论的辩论，但是这份报告确确实实起到了向公众普及气候变化科学知识，向决策者提供决策参考的作用，强化了欧洲政府和公众对需要尽快应对气候变化的统一认识。

而 1973 年和 1979 年两次国际石油危机，也使欧洲民众将能源安全作为政治和经济议程中的重要问题。这让节约能源、提高能源利用效率，大力发展国内（境内）的可再生能源，成为应对能源安全的重要举措，也让这些低碳发展的基本举措获得民众的广泛认同。

调查研究表明，早在 1988 年，当时欧盟 12 个成员国的调查受访者中，就有 76% 的比例关注或十分关注气候变化问题，到 1992 年，这一比例上升到 89%。尽管 2006 年以来，气候变化怀疑论者在欧盟民众中的比例也在增加，但高度关注气候变化的公众比例仍在 75% 以上，并且近年来稳定在这一水平。

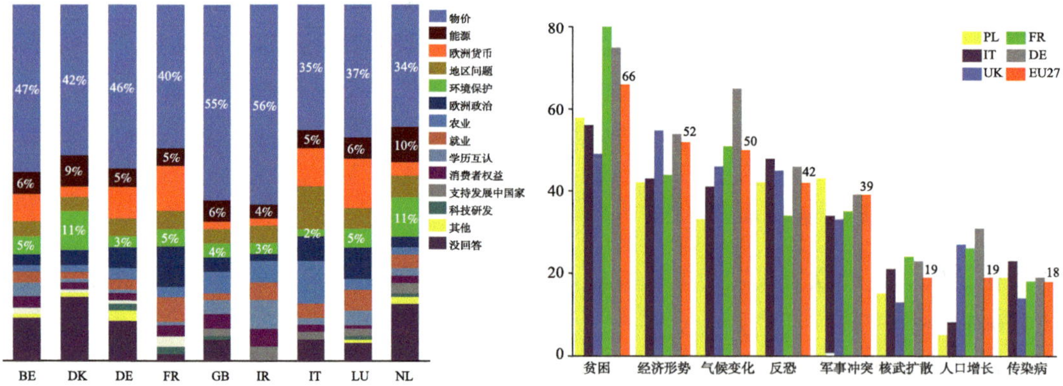

（a）1973年欧盟民众最关心的国际问题　　（b）2009年欧盟民众最关心的国际问题

图 4－4　欧盟民众最关心的问题民意调查

数据来源：Eurobarometer，1973；2009.

① 见 WMO（2011）；IPCC 第四次评估报告综合报告 3.3.2 节，第一卷 11.3.3.3 节，FAQ10.1 等；第五次评估报告第一卷决策者摘要（SPF）B.1 节，技术摘要（TS）专栏 TFE.9，FAQ2.2 等。

根据 Eurobarometer“气候变化特别报告”,① 气候变化与消除贫困、全球经济危机一道，位列欧盟民众最关注的三大全球问题，如图 4 - 4（b）所示。即使面对经济危机这样显而易见的严峻问题，仍有 67% 的欧盟民众认为气候变化是十分重要的问题。调查还显示，欧盟民众中有 52% ~56% 的人认为较好地接收到了气候变化成因、后果和应对方式的信息，其中瑞典、荷兰、芬兰、英国的这一部分民众比例在 70% 以上。欧盟民众中大多数（65%）认为气候变化的严峻性没有被夸大，但对于防止气候进一步恶化仍持乐观态度（62%）。对于应对气候变化的措施，75% 的民众认为能源转型是有效手段，并且 62% 的民众认为应对气候变化对欧盟经济有促进作用。

由于民众的广泛支持，欧洲积极推行环境保护、应对气候变化、低碳转型的政治势力也十分活跃。欧盟的“下议院”欧洲议会（European Parliament）第 7 届（2009—2014）议员中，来自欧洲绿党 - 欧洲自由联盟（European Greens - European Free Alliance，EG - EFA）的有 58 名，占全部 765 名议员的 7.6%，他们在不少成员国的议会中也占有席位。这些绿党势力为欧盟推进低碳转型的战略发挥了重要作用。

（三）案例：德国能源转型背后的社会思潮

德国能源转型以低碳发展为最终目的。这场“能源转型”是经过长时间酝酿、辩论而形成的一种变革，而非剧烈的“革命”。社会、技术和政治因素都起到很强大的作用，其中社会因素起到的作用不能忽视。

德国的能源转型可以追溯到 20 世纪 80 年代（福岛核事故仅仅是一个导火索而已），环境运动兴起和绿党崛起起到了初始但决定性的作用。德国绿党作为一个新的政治力量诞生后，对德国政治带来了深刻影响，主要表现在三个方面：第一是带来了德国政党格局的变化，第二使得传统政党纷纷“绿化”，第三是绿色理念渗透到德国的国家政策中。②

德国绿党于 1980 年 1 月成立于卡尔斯鲁厄，由德国原有的绿色团体合并而成，是在德国二十世纪六七十年代的环境保护运动、反核运动、和平运动、妇女运动以及第三世界运动等社会运动的基础上发展起来的，至今已经发展成为欧洲最成功的绿党。它最鲜明的特点是提出了一些不同于传统政党的原则如生态优先、社会公正、基层民主、非暴力等。早在 1980 年成立不久，绿党就参加了德国的联邦选举，虽然只赢得 1.5% 的选票，算是啼声小试。到 1983 年，绿党一举突破了 5% 的界限，成为联邦议院的第四大党，长期以来被联盟党、社民党和自民党垄断的“两党半”格局被打破，绿党在联邦层面的参政道路就此开始。1990 年绿党在竞选纲领中提出了“关注气候变化

① Eurobarometer. Europeans'attitudes towards climate change. Special Eurobarometer 313/Wave 71. 1. http://ec. europa. eu/public_ opinion/index_ en. htm. 2009.

② 沈素红，邢来顺 . 20 世纪 80 年代以来德国绿党对德国政治的影响分析［J］. 长江论坛，2006（4）：69 - 75.

问题”的口号。到1994年大选中，绿党得票率超过自民党，成为第三大党。1998年，德国绿党赢来了更值得庆祝的一年：不仅保持了第三大党的地位，而且还与社民党签署了联合执政协议，组成了德国历史上第一个“红绿联盟”政府，绿党因此成为德国的执政党。

由于绿党的冲击和环境意识的广泛增强，其他传统大党不得不提出一些与绿党类似的理念和主张，以争取选票，其中受到影响最大的是社民党。社民党于1989年通过了新纲领，提出生态现代化和质量增长的概念，处处可以看到绿党的痕迹。由此也奠定了两党联合执政的基础。

不仅是环境保护思想，绿党的经济发展理念也为国家政策接受。绿党在1983年纲领序言中宣称：“我们不承认目前的浪费经济能够增加兴奋或生活的成就感，尽管它可以增加收入。……我们只有把自己从过分看重生活的物质标准中解放出来，我们的创造力才能获得解放，才能在生态基础上重新塑造我们的生活。”为此，“对我们短视的经济理性进行激进的重组是至关重要的”。由此可见，绿党经济政策的首要目标是重新确定经济理性，使经济活动的目的从单纯追求增长和创造利润转到满足人们必要需求，减少浪费和污染，保护生态环境，实现社会和谐的可持续发展道路上来。在这样的观念影响下，德国制定了环保和经济同步发展的生态社会市场经济政策。为此，德国政府把环境保护列为经济发展战略目标之一，把保护环境、生态和资源作为发展经济的一项长期战略措施，并且每年给予大量资金保证和落实。

德国绿党的诞生对德国和世界的影响都是深远的。虽然很多人批评绿党的主张过于激进，但30年的实践表明，德国绿党的主张和政策不仅是超前的，也是可实践的，符合德国和全世界人民的根本和长远利益。目前德国以及欧盟在低碳发展方面的成就首屈一指，正是绿党积极探索人类发展精神家园的成果。

此外，妇女运动是绿党发展的基础之一。绿党中女性成员的比例远远高于其他政党。在1983年进入联邦议院时，28个绿党议员中就有10个女议员。在绿党的压力下，其他传统政党一方面规定自己女党员的比例必须达到40%，另一方面也不得不增加自己在各级议会中的女议员比例。到2002年，联邦议院中的女议员已由1983年的56名增加到196名；不仅如此，2002年大选后，联邦政府的13个部长中就有6个部长职务由女性来担任。2005年，默克尔任联盟党和社民党大联合政府总理，成为德国历史上第一位女总理，连任至今。2016年初，欧美多家媒体机构包括法新社、《时代》周刊和《金融时报》都把默克尔封为2015年全球最具影响力的人物。

（四）低碳发展需要精神家园

工业革命创造了现代性、现代社会和现代生活，也播下了高碳的种子。科学、技术和产业发展一路高唱凯歌，科学战胜神学，自由主义战胜宗教思想，理性完胜信仰，推动物质文明不断向前迈进。进入20世纪，物质文明发展愈加快速，直到比尔盖茨缔造微软帝国、乔布斯开创苹果王国，甚至马云创造阿里巴巴神奇乐园，几百年弹指一挥间，人类眼前的地平线从此无限延展。而精神文明/社会思想陷入困境，哲学变得越来越小、越来越不清晰。起始于培根、笛卡儿的近代西欧哲学，仰仗着逐渐强大的近代科学技术，将哲学从天国拉回到地上，从宇宙本体论后撤至基于人类经验与理性的认识论和以人类自身为本位的世俗人道主义价值学。如日中天的现代科学主义思潮将哲学逼到了知识的边沿。

物极必反。理性和科学发展到极致使得现代社会日趋功利化、商业化和世俗化。无穷欲望滋生实利主义冲动，科技沦为现代社会和现代人用以实现最大功利和最大幸福的工具。沦为“管理哲学”“技术哲学”乃至“发财哲学”的现代哲学远离了对世界的惊异和曾经开辟的宇宙本体论通道，无法为越来越多的全球化问题提供明确的理论指导，以生态问题为首的各种问题处于放任自由的阶段。现代社会所生产的问题，从人性角度看，都与人的狂妄和贪婪有关。

在低碳发展方面，西方环境理论和实践有成功的故事，例如德国的能源转型，但局部成功经验只是验证了工业文明本身具有一定修正错误的能力，并没有从根本上指出摆脱工业文明之困的道路。最突出的表现就是生态现代化理论认为不必对现行的社会经济秩序做出更大规模或更深层次的重建就可以实现环境代价的不断减小，缺少全球性绿色变革所必需的环境想象空间。因此不能完全照搬西方的发展模式来实现应对气候变化的全球目标。必须从根本上改变人与自然的关系，在发展模式上和消费模式上进行变革，必须对现有的社会经济秩序和消费意识进行重建，逐步摆脱工业文明所产生的无限索取、过度消费的弊端。

社会主义制度是实现生态文明的根本途径。[①] 马克思指出，人、社会与自然生态系统的和谐统一只有到了社会主义社会，“社会化的人，联合起来的生产者，将合理调节他们和自然之间的物质变换，把它置于他们的共同控制之下，而不让它作为盲目的力量来统治自己”时才能真正形成，“这种共产主义，作为完成了的自然主义，等于人道主义，它是人和自然界之间、人与人之间的矛盾的真正解决，是存在和本质、对象化和自我确证、自由和必然、个体和人类之间斗争的真正解决。”中国先后提出科学发展观，建设社会主义和谐社会与资源节约型、环境友好型社会等一系列新的政治理念，完全可以与生存主义理论、世界可持续发展思想、生态现代化理念以及中国的传统文化相互借鉴。他们之间的融合，必将促进中国特色社会主义生态文明建设，开创全世界可持续发展的新潮流，促成人的全面发展和人类社会的和谐。

---

① 《生态文明建设学习读本》编写组．生态文明建设学习读本［M］．北京：中共中央党校出版社，2007：10－11.

六、欧盟低碳发展取得显著成效

（一）欧盟形成了系统的低碳发展政治决策机制和应对模式

低碳发展首先以一种“政治共识”的样貌出现在世人面前，而非自由经济发展的必然结果。将自上而下的意志贯彻到主权国家、特别是市场经济占绝对主体地位国家的政治决策机制中，需要坚定明确的战略导向和精心设计的政策措施以及来自社会各阶层的支持。在这个方面欧盟提供了较好的范例。2007 年 7 月，欧盟委员会发布了“气候与能源”一揽子计划草案（Climate and Energy Package），首次完整地提出了欧盟 2020 年的低碳发展目标和相关政策措施；在广泛征询公众意见的基础上，欧盟委员会于 2008 年 1 月正式提出了“气候与能源”一揽子方案的立法建议，并于当年底获得欧盟首脑议会和欧洲议会的批准，成为正式法律。2014 年 1 月，欧盟委员会提出了《2030 年气候和能源政策框架通讯》（communication），公布了欧盟 2030 年低碳发展目标和政策框架，2014 年 10 月，欧洲理事会通过了该框架，成为全球主要经济体中第一个正式宣布的 2030 年应对气候变化政策和温室气体量化减排目标。其间，欧盟还发布了《构建 2050 年具有竞争力的低碳经济路线图》和《“2030 年气候和能源政策框架”绿皮书》，对中长期低碳发展的路径进行了规划。其中《构建 2050 年具有竞争力的低碳经济路线图》旨在为欧盟塑造一个具有竞争力的低碳经济发展模式，包括低能耗、低排放、智能化、清洁化的生活模式，并期待与所有主要经济体一道，为实现将世纪末全球平均气温升高控制在 2℃以内而努力。为实现这一目标，欧盟 2050 年需要在境内比 1990 年减排 80%，比 2005 年节能 30%；相应地，在 2030 年和 2040 年分别要实现比 1990 年减排 40% 和 60%。这一系列鲜明坚决的低碳发展目标是在把握挑战、凝聚共识和依法决策的政策响应模式下形成法律基础并被各成员国贯彻实施的。①

1. 直面挑战

当全球气候变化这一问题越来越明显地出现在大家视野后，长期以来受理性主义和科学精神熏陶的欧洲科学界开始认真地探索这一问题，发现真相，揭示挑战。在过去几十年里，除主导 IPCC 研究外，欧盟一直通过财政手段对若干气候研究和评估项目提供资助，评估气候变化在未来可能给欧盟国家带来什么样和何种程度的自然灾害以及由这些自然灾害引发的经济、社会和政治后果。这些研究项目的主持者既有官方（例如欧洲环境署 EEA）、半官方的机构，也有纯粹民间性质的非政府组织。其中最具

① 王伟男．欧盟应对气候变化的基本经验及其对中国的借鉴意义［D］．上海社科院博士论文，2009.

代表性的成果是2007年出版的《适应气候变化在欧洲：欧洲的行动选择》，系统地介绍了欧盟面对的气候变化挑战。斯特恩报告也对气候变化可能给欧洲和世界造成的经济后果提出了明确的评估。此外，2008年3月，欧盟负责外交与安全事务的高级代表索拉纳向欧盟理事会提交了题为《气候变化与国际安全》的报告，忧心忡忡地提出了气候变化的社会和政治后果——大批气候难民由南向北涌入欧洲发达地区，对其社会秩序和政治稳定构成严峻挑战。

在揭示气候变化挑战方面，欧洲的非政府环境组织功不可没，尤其是在揭示事实真相、跟踪事态发展、吸引公众关注、督促政府行动等方面。欧洲地区拥有当今世界上最发达的非政府组织，他们通过对公共事务的专业程度、参与程度、参与质量，对公共决策的最终影响力不可小觑。欧盟非政府组织参与公共事务的主要方式包括对公众进行宣传教育、发出倡议、向当局游说或施压、参与决策咨询、直接同政府谈判、直接参与立法或决策程序、领导或参与公益活动等。在这些行为中，他们往往具有多重角色：信息传播者、观念倡导者、舆论引导者、职务代行者、决策干预者等。与官方相比，环境非政府组织对相关环境状况的描述往往更加令人印象深刻、振聋发聩，更容易引起关注和共鸣。

如果说环境非政府组织在气候挑战问题上与欧盟及其成员国官方有什么不同的话，那也可能是他们抱怨官方对气候变化的重视程度依然不够，对挑战的评估依然不足。正因为如此，环境非政府组织建议的各项政策目标往往高于官方标准。这也是欧盟委员会与非政府组织关键博弈之所在。

2. 凝聚共识

在欧盟，针对某一具体挑战或重大事务凝聚共识的过程，其实就是广泛征询意见、倾听各界声音、吸取民间智慧的过程，也是决策和立法的必要前奏，或者说进入政策酝酿阶段。同时，这个过程也是环境非政府组织与欧盟公共事务部门、民间与官方互动合作最充分、最活跃的环节。

在这个凝聚共识的政策酝酿阶段，起到关键作用的是欧盟委员会以及欧盟理事会工作小组，体现了国家和超国家行为体的明显特征。在涉及气候变化领域的重大事项时，一般是由欧盟委员会先以绿皮书的形式提出一项政策咨询文件，目标是就该领域面临的重大问题在公共中引发讨论、辩论和协商。欧盟的绿皮书虽然也是正式的官方文件，但并不具有法律效力和约束力，所以严格地说不是法律文件，而只是政策咨询文件，属于“软法”范畴。它只是把欧盟委员会正在考虑、有待决策的相关问题提出来供社会各界讨论，希望各界、特别是利益攸关者提出自己的看法或建议。环境非政府组织总是其中积极的参与者。他们甚至还是讨论的引导者、组织者、相关回应文件的起草者。他们会充分利用欧盟提供的各种途径，表达自己的看法和主张。

在经过一段时间（一般为半年到一年）的讨论和协商后，欧盟委员会一般会在广泛吸收各方意见的基础上，并根据实际需要，再发布一份新的政策动议文件（称为白皮书、通讯、意见等），经过多方协商和必要的检查后，提交给欧盟理事会和欧洲议会。在这份文件中，欧盟委员会会对各种意见、建议或方案的优劣可行性进行评价，发表委员会自己的倾向性看法，并系统地提出对策草案。这份动议文件可以看成是正式法律文件之前的过渡性文本。

3. 依法决策

欧盟制定与气候变化相关的法律遵循“共同决定”程序，即由欧洲议会和欧盟（环境部长）理事会共享立法权。两个机构都批准后才能成为正式法规。欧盟委员会把它的提案提交给这两个机构，如果他们以有效多数表决通过后，就成为正式的法规。如果部长理事会在一读中首选拒绝，欧盟会员会就要对提案进行重新修改，然后再提交。在部长理事会通过后，该理事会就把提案接着送到欧洲议会审议，是为二读。如果欧洲议会在二读中以多数票否决，部长理事会会把提案提交给一个调解委员会，这个委员会由欧盟委员会和欧洲议会各派出相同数量的代表组成。一旦调解委员会达成一致，商定的文本再提交欧洲议会和环境部长理事会进行三读，它们最终可能把提案作为法律通过。

欧盟涉及气候变化法规或法规性文献主要包括“指令”（Directive）、“条例”（regulation）和“决定”（decision），他们被统称为“法规”（legislation）。其中，“指令”用以设定必须达成的目标，但成员国可以选择达成目标的具体途径。“指令”被通过后，成员国必须在规定的时限内（一般为两年到三年）转换为自己的国内法。“条例”是有约束力的法规，在欧盟官方公报上发布若干天后，自动在所有成员国内生效。

欧盟部长理事会是所有决策和立法主体中最重要的部分。它对所有立法提案拥有最后的否决权。它的成员是各个成员国的环境部长，因此直接听命于各自所属的成员国政府。如果在政策动议阶段体现了“超国家行为体”特征—即欧盟委员会在发布政策咨询文件和动议文件中并不特别考虑国家立场而更像倾向于集体合作利益，那么在决策阶段各国政府的权利会更大一些。尤其当涉及对外的气候变化政策（例如制定公约框架下欧盟2020年和2030年温室气体减缓目标），协商一致是欧盟部长理事会的议事规则。欧洲议会在近年来逐渐获得了越来越大的决策、立法和监督的权限，在包括气候和环境在内的许多领域都与部长理事会共享立法权。

欧盟严谨的决策和立法程序是欧盟法治传统的重要标志之一。

4. 贯彻实行

在气候战略目标以法律形式固定下来之后，欧盟及其成员国将制定和应用各种政策工具贯彻实施气候政策和法规。主要的政策工具包括：法治、市场、财税、标准标识、自愿协议等。

法治是根本，是其他所有政策工具的依据和保证。前文已经有所论述，总体而言欧盟应对气候变化领域的法律法规既包括指令、条例、决定等硬性法规（即所谓“硬法”），也包括许多行动计划、政策文件、路线图、建议、意见等所谓“软法”。欧盟应对气候变化的战略、政策和措施，本质上就是一套庞杂的、由各种“硬法”和“软法”构成的法律体系。

温室气体排放交易机制是欧盟气候变化战略的基石，即使目前在各种因素影响下出现了一些问题。同时，欧盟利用财税等经济激励政策，一方面直接用于低碳能源技术的研发（例如著名的上网电价政策）、另一方面也通过减免或加征税收的办法，激励与节能减排相关的技术、商品和服务的发展。欧盟还通过强制性的标准标识制度和导向性的生态设计、绿色证书等政策措施，引导生产者生产、消费者购买更低碳环保的商品和服务。

简言之，面对气候变化挑战，欧盟的政策响应体系由直面挑战、凝聚共识、依法决策和贯彻实施等四个鲜明完整的阶段构成，社会各阶层充分参与，决策过程既体现超国家特征也不乏国家政府之间的博弈，充分体现了欧洲各国的合作和法治精神。为世界各国和国际社会应对气候变化树立了良好的榜样。

（二）欧盟形成了贯彻实施低碳发展战略目标的路线图和一整套包括市场、财政金融、标准标识、自愿协议、信息传播等工具的政策措施

法治是根本，是其他所有政策工具的依据和保证。如前文所述，总体而言欧盟应对气候变化领域的法律法规既包括指令、条例、决定等硬性法规（即所谓“硬法”），也包括许多行动计划、政策文件、路线图、建议、意见等软性法规。欧盟应对气候变化的战略、政策和措施，本质上就是一套庞杂的、由各种“硬法”和“软法”构成的法律体系。

通过法律程序确定了长期减排目标后，低碳发展路线图是欧盟首要解决的问题。2013 年欧盟发布了《构建 2050 年具有竞争力的低碳经济路线图》，旨在为欧盟塑造一个具有竞争力的低碳经济发展模式，包括低能耗、低排放、智能化、清洁化，并期待与所有主要经济体一道，为实现将世纪末全球平均气温升高控制在 2℃以内而努力。为实现这一目标，欧盟 2050 年需要在境内比 1990 年减排 80%，比 2005 年节能 30%；相应地，在 2030 年和 2040 年分别要实现比 1990 年减排 40% 和 60%。英国于 2008 年通过了《气候变化法案》，以法律形式明确中长期减排目标（2030 年降低 34%，2050 年降低 80%），随后在斯特恩报告理论指导下，气候委员会为英国设定了具体的低碳发展路线图：2008—2030 年，年均温室气体排放量降低 3.2%；2030—2050 年，年均排放降低 4.7%，确定低碳电力是英国低碳发展的核心；从 2008 年到 2030 年，电力的排放

强度从超过500克二氧化碳/千瓦时降低到50克二氧化碳/千瓦时。这些研究成为英国政府设定碳预算的基础。目前英国实施的四期碳预算与路线图基本吻合。德国于2010年9月和2011年8月分别提出的“能源概念”和“加速能源转型决定”，形成了完整的“能源转型战略”（Energiewende）和路线图：与1990年相比，2030温室气体排放降低55%，至2050年温室气体的排放至少要降低80%，到2022年核能完全退出能源市场，可再生能源将在未来成为德国能源供应的主要支柱，能源效率也要得到大幅度提高。

市场机制是欧盟最为依赖的政策工具。在斯特恩理论的指导下，欧盟积极实践和推动采用碳排放限额交易体系作为激励减排的工具。目前已经进入第三期，覆盖全境不到50%的排放，交易规则在不断完善。目前遭遇一定困境，欧盟试图通过设立市场稳定库存、电力市场改革、建立碳价格通道等改革措施稳定碳交易市场。

对于排放交易没有覆盖的建筑和交通领域，欧盟成员国也制定了相应的措施控制排放。英国从2001年就开始针对工商业和公共部门使用的燃料征收气候变化税（CCL），近年来又实施了面向5000多家包括超市、旅店、制造商、医院和政府部门在内的大型机构在内的CRC能效计划。标准/标识也是控制建筑和交通等面源排放的有效手段。2014年5月，欧盟通过了全球最严格的汽车碳排放标准，要求到2020年欧盟范围内所销售的95%的新车二氧化碳排放平均水平须达到每公里不超过95克，到2021年这一要求必须覆盖所有在欧盟范围销售的新车。德国在建筑节能方面走在欧洲各国前列。2002年德国发布了新的《建筑节能条例》（EnEV），它对建筑保温、供热、热水供应和通风等设备技术的设计和施工提出了全面和全新的要求，建筑节能要求达到70%；2007年和2009年对《建筑节能条例》进行了两次修订，采暖能耗限值进一步下降到45千瓦时/平方米·年，节能率接近80%；被动式房屋标准更低至15千瓦时/平方米·年，节能率超过90%。

欧盟各国广泛利用财税等经济激励政策。一方面直接用于低碳能源技术的研发、另一方面也通过减免或加征税收的办法，激励与节能减排相关的技术、商品和服务的发展。上网电价政策（feed－in－tariff）是被广泛采用的促进可再生电力发展的经济激励措施，为世界各国提供了丰富经验。该政策在德国实施14年来，可再生能源所占比率从2000年的6%上升到2014年的28%。随着光伏发电和风电技术的进步，2017年以后，德国将不再实施固定的上网电价，而是要走向更市场化。英国实施了基于上网电价的差价合约制度（CFD），目的在于确保再生能源发电业者能有长期而稳定的收益，同时也避免其享有超额利润。为鼓励绿色投资，英国建立了政府拥有的绿色投资银行，希望在解决影响绿色基础设施项目的市场失灵上起到关键性作用，并撬动私人投资。2013年银行共支持了25个项目，投资7.64亿英镑，同时撬动24.36亿私人投资。该银行80%的资金支持投入到海上风电、能效和废弃物处理项目，20%投入到CCS、潮汐能和生物质能转换项目。出于对市场秩序的考虑，银行不允许投资陆上风电、太阳能、水电站等比较成熟的可再生能源技术。

（三）欧盟的温室气体排放与经济发展取得“硬脱钩”

欧盟28国作为一个整体，是世界上第一大经济体，但美国与欧盟的差距在逐步缩小。从温室气体排放看，欧盟28国整体的排放量比美国低，并且这一差距在扩大。欧盟的经济增长和温室气体排放呈现出显著的“脱钩”趋势。

欧盟在2004年以前的15个成员国，除了因德国统一纳入的民主德国部分外，其余都是传统意义上的西欧资本主义国家；而2004年及以后陆续加入的欧盟的，几乎都是原东欧和苏联的社会主义国家。在气候变化领域，1997年达成的《京都议定书》对欧盟的规定，实际上也是对2004年以前的15个成员国的一体化规定，因此在气候变化领域，有必要将其加以区分。这里以EU15代表2004年以前的15个成员国，EU13new代表2004年开始陆续加入的13个新成员国，EU28代表整个欧盟。

总体来看，欧盟经济除了因2007—2008年国际金融危机和2009—2010年欧债危机影响而衰退外，基本上呈现增长趋势；人均GDP也同步增长。但EU13new的经济总量远低于EU15，大约只是EU15的7.5%；其人均GDP也远低于EU15，大约只是后者的25%。1990年东欧剧变以前，EU15和EU13new经济增速没有太大差异，如图4－5（b）所示；但东欧剧变使得这些国家经济陡然下降，1991年EU13new整体的经济比1990年下降了7.1%，直到1993年才恢复经济增长，然而EU15却在1993年迎来一次经济下滑；之后两者的经济增长趋势基本相似，包括共同经历了2008—2009年国际金融危机导致的经济大幅下滑，尽管增速有所不同。

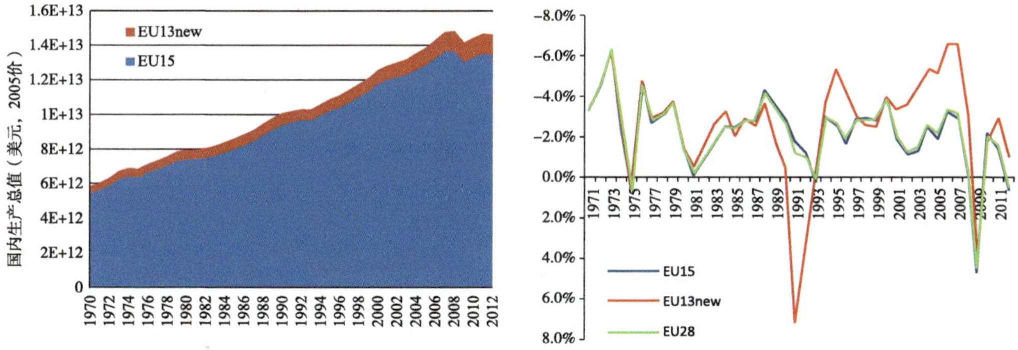

（a）国内生产总值（1970—2012）①　　（b）国内生产总值历年增速（1971—2012）

图4－5　欧盟经济

数据来源：World Bank，2013.

① 按照世行说明，对于欧元区国家，其不变价美元的算法是先将本币按欧洲理事会规定的定比转换为欧元，再行计算，因此在其以欧元作为法定货币前的数值并不完全代表真实的GDP。

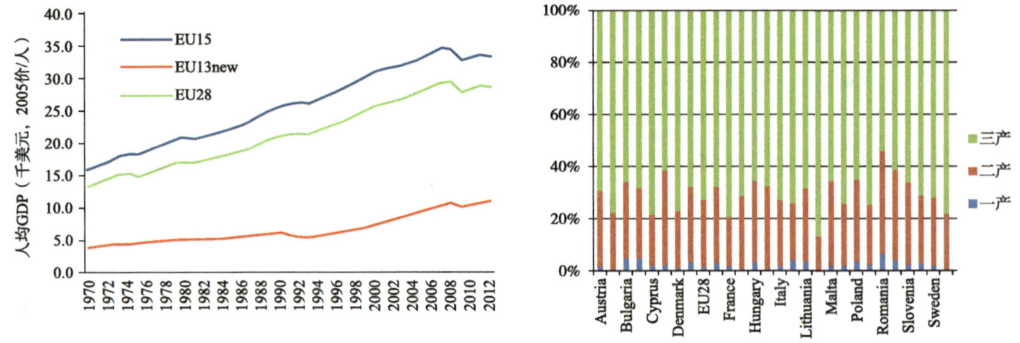

（c）人均国内生产总值（1970—2012）　（d）产业结构（2010）

图 4 -5（续）

从产业结构看，EU28 整体的三项产业结构为 1.6 ∶ 25.6 ∶ 72.8。欧盟国家都已经形成了第三产业占主导的经济结构，但各国份额差异也很大，从最低罗马尼亚的 53.8%，到最高卢森堡的 86.5%；一产所占比重都已经低于 7%，其中最高的罗马尼亚仍占到 6.7%，最低的卢森堡、英国、比利时、德国都已经只占到 1% 以下。

与此同时，欧盟的温室气体排放比 1990 年大幅削减，如图 4 -6 所示。2011 年，EU28 不含土地利用、土地利用变化和林业部门（LULUCF）① 的温室气体排放总量为 45.78 亿吨二氧化碳当量（CO_2eq.），比 1990 年的 55.02 亿吨下降了 18.3%；在《京都议定书》第一承诺期②，2008—2011 年平均比 1990 年排放量下降了 15.6%。在欧盟整体的温室气体排放中，老成员国 EU15 的排放量占到整体的 79.9%，最高时期占到 81.4%（2002 年），最低时期占到 75.9%（1990 年）。同期，EU28 单位 GDP 的温室气

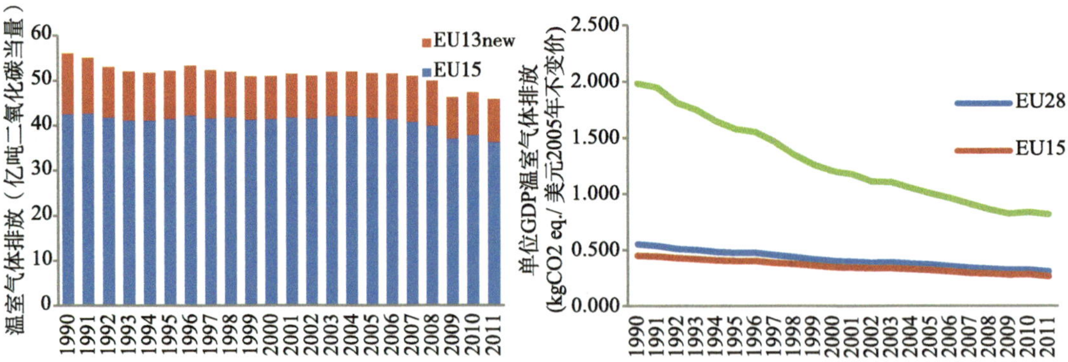

（a）温室气体排放（1990—2011）　（b）单位国内生产总值排放（1990—2011）

图 4 -6　欧盟温室气体排放

数据来源：UNFCCC，2013.

① 如非特别注明，文中的温室气体排放量数据均不含 LULUCF 部门。
② 2008—2012 年。

体排放量也大幅下降，从 1990 年的 0.554 千克二氧化碳/美元（2005 年价），下降到 2011 年的 0.312 千克二氧化碳/美元，降幅达到 43.8%，显示出欧盟整体经济效率的提高。

相应地，欧盟出现了经济增长与排放“脱钩”的情况。尽管总体而言，欧盟 EU28 包括老成员国 EU15 和新成员国 EU13new 都呈现出这一“脱钩”趋势，但是其程度差异非常显著，老成员国 EU15 的这一趋势比新成员国 EU13new 明显许多。由于 EU15 在整个 EU28 的经济总量和温室气体排放量中都占据绝对多数，因此 EU28 的这一“脱钩”趋势更接近 EU15。

七、美国的低碳发展也取得积极进展

（一）美国低碳发展主要政策

1. 总统气候变化行动计划

奥巴马总统发布的一份“应对气候变化国家行动计划”是迄今为止美国总统发布的最为全面的气候变化应对计划。该计划的目标是全面减少温室气体排放，并保护美国免受日益严重的气候影响。通过制定并切实落实清晰的国家战略，美国政府不但能够保护本国人民，而且能够提振国际社会应对气候变化的雄心。这一目标是有可能实现，但前提是多个经济部门必须联合开展行动。其中，减排的最大机遇存在于四个领域：电厂、能源效率、氢氟碳化合物和甲烷，这些领域都已明确列入气候变化应对计划。同时，该计划的内容还涉及应对气候影响和鼓励增强参与国际进程。这些措施将帮助美国在气候变化问题上重振国际形象和领导力。虽然许多细节还有待完善，但总体而言，该计划将有利于美国迈向更加安全的未来。

表 4－1　总统气候变化行动计划的主要内容

	《总统气候变化行动计划》 2009 年奥巴马承诺，2013 年再次承诺
基准年	2005
目标年	2020
减排目标	减排 17% 的全经济范围减排目标
气体种类	CO_2，CH_4，N_2O，HFCs，PFCs，SF_6，NF_3
涵盖的行业	所有 IPCC 考虑的排放源和排放行业，以完整的年度 GHG 清单衡量（例如能源、交通、工业生产过程、农业、LULUCF、废弃物等）
LULUCF	纳入核算范围
其他	符合美国法律的规定

总统气候变化行动计划中具体的一些行动包括：

（1）减少发电厂的碳排放。为了达到这些目标，奥巴马向环保署签发了总统备忘录，要求环保局短期内完成对新建以及现存发电厂碳排放标准的制定（2013—2016 年）。

（2）发展新能源。该计划呼吁美国到 2020 年将可再生能源产量翻一番，并向可再生能源发展开放公共土地，加速清洁能源许可证的发放，力争到 2020 年将公共土地上的可再生能源发电装机容量增加 10GW，这将满足 260 万个美国家庭的用电需求。该政策为即将出台的电厂排放标准提供了有力支持，并为电厂达到排放标准提供了便利。联邦政府拥有美国大约 28% 的国土，有选择地对清洁能源项目开放一些公共土地将有利于缓解电厂和项目开发商在选址方面的担忧。

（3）激励对清洁能源的长期投资。奥巴马要求能源部颁布一项“联邦登记通知”，发布一项贷款请求的草案，在 1703 号贷款担保项目下，为新一代化石能源项目提供 80 亿的贷款资金。

（4）提高能源效率，提高能效是实现减排最为经济有效的方法之一。能效较高的设备能耗较低，可为消费者节约成本。已有数十项产品符合新的和升级能效标准，其中有些还在等待审批。此外还可通过多种途径在民用、商用和工业领域轻松实现减排目标。有分析表明，尚有 6 项标准正在等待审批，而审批每拖延一个月，都会给消费者带来 2 亿美元的储蓄损失，并向大气中多排放 300 万吨二氧化碳。对家用电器和公共建筑采取新的或现行能效标准之后，预计可以使 2030 年二氧化碳减排量达到 30 亿吨，如此大规模的减排几乎相当于美国燃煤电厂两年的排放总量。此外，在奥巴马总统的第二任期内，美国政府将再次与领军企业以及其他利益相关方合作，制定 2018 年后重型交通工具的燃油经济性标准。

（5）确立四年一次的能源评估制度。要求美国政府停止支持在海外用公共融资去建燃煤电厂。

2. 清洁电力计划

2014 年 6 月 2 日，推出“清洁电力计划”。要求 2030 年之前将发电厂的二氧化碳排放在 2005 年排放水平上削减至少 30%，这是美国首次对现有和新建燃煤电厂的温室气体排放进行限制。该计划只提出电厂的减排目标和指导原则，不规定具体的实现路径和方法，允许各州将整合资源，形成最佳成本效益组合方案。全面、详细和透明的成本效益分析是计划的一大亮点。美国政府在网站上详细介绍了该计划对成本效益分析、指标设计方法的考虑以及对电力行业未来发展的预估。其计算方法不仅涵盖了减缓碳排放的效益，还考虑到改善空气质量对公众健康产生的衍生效益。除此之外，美国的机动车燃油经济性标准也在不断提高。在国会“不给力”的情况下，美国环保局将像对待其他环境问题一样对待气候变化问题。

3. 地区行动

以加州为代表的地方行动为美国低碳发展注入活力。2006 年加州通过了 AB32 法案，要求 2020 年的温室气体排放量降低到 1990 年的水平。在 AB32 法案通过之后，加州实施了一系列环保项目，包括“总量限制与交易”计划、低碳燃油标准、可再生电力强制措施和低排放汽车激励措施等。目前加州温室气体稳步下降，特别是由于高效节能汽车的普及，加州在 2005—2012 年与交通相关的排放降低了 12%。2002—2012 年，加州的人均温室气体排放量也降低了 12%。

4. 其他主要气候能源政策

除以上政策和行动之外，美国应对气候变化领域最主要的政策行动还包括：

（1）清洁空气法案。EPA 于 2014 年 6 月提出指导现有电厂运行和电厂新建的规定。要求电力行业到 2030 年在 2005 年的基础上减排 30%，可以通过改善公共卫生、减少碳污染而获得 550 亿～930 亿美元。

（2）发动机和机动车标准。按照最新的机动车燃油经济性标准，美国市场上各车企到 2017 至 2025 年款新车的燃油经济性平均值应当达到 54. 5 英里/加仑，约合百公里 4. 3 升油耗，比当前车辆水平几乎提高一倍。

（3）能源效率标准。美国能源部预计这个能效标准可以贡献到 2030 年累计减碳 30 亿吨。这种能效标准可以帮助全国消费者每年节约数十亿的电费。

（4）全经济范围减少其他温室气体的措施。美国环保署和其他机构正通过采取多种不同的措施来减少垃圾填埋，煤炭、石油开采，天然气开采运输，以及农业部门的甲烷排放量。国务院在《蒙特利尔议定书》下，努力削减全球工业氢氟烃的排放。美国环境保护署制定了新替代政策（SNAP）以削减国内氢氟烃的排放。此外，私营部门承诺到 2025 年为全球减排氢氟烃 7 亿吨。

（二）美国低碳发展主要成效

相比 20 世纪 90 年代和 21 世纪前五年，美国的温室气体排放呈现出明显的稳中有降趋势。2007 年达到接近 73 亿吨二氧化碳当量的峰值排放量后，出现显著下降，即使经济复苏之后排放增量也很有限（图 4－7 和图 4－8）。2013 年排放量降低到 66. 5 亿吨二氧化碳当量，是 1996 年以来的最低值，比 1990 年高 6. 91%。由于人口持续增加，人均排放量的降低更为明显（图 4－9）：2013 年人均排放为 20. 8 吨二氧化碳当量，比 1990 年降低了 15%。

总体来看，与 1990 年相比，2013 年美国能源消费增长了 15%（其中化石能源消费增长了 10%，电力消费增长了 35%），GDP 增长了 75%，人口增长了 26%，而温室气体排放量只增长了 6%（表 4－2），已经呈现出明显的相对脱钩趋势。虽然相比欧盟的绝对脱钩有差距，但也可以给其他国家带来有益启示。

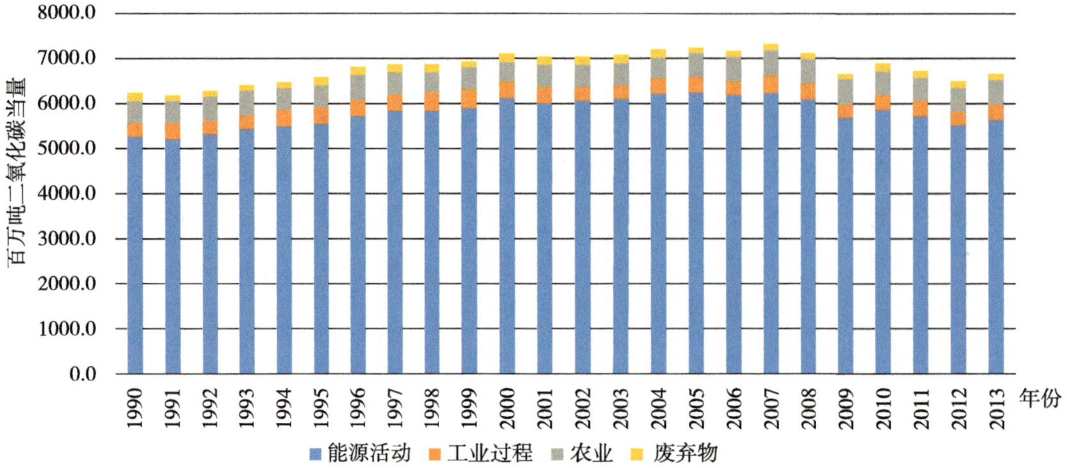

图4-7 美国温室气体排放趋势（1990—2013）

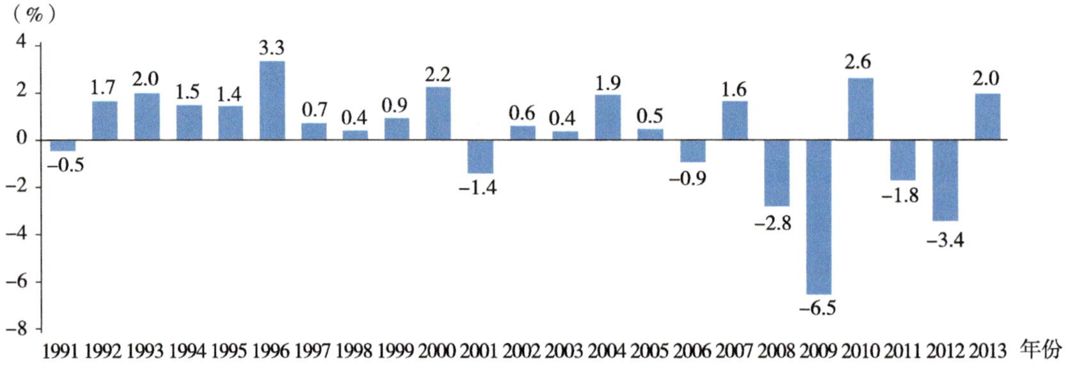

图4-8 美国温室气体排放年际减排率图示（图片来源：美国 BUR2①）

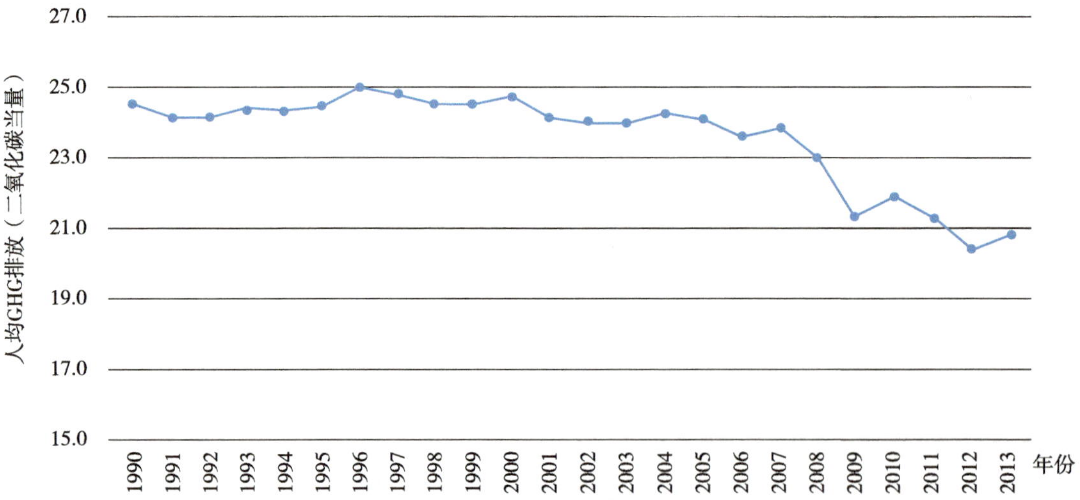

图4-9 美国人均温室气体排放情况图示（1990—2013）

① USA，2016. Second Biennial Report of United States of America under UNFCCC.

表 4－2 美国 GHG 排放相对脱钩指标

变量	1990	2005	2009	2010	2011	2012	2013	年均增长率（%）
温室气体排放	100	117	107	109	108	104	106	0.3
能源消费	100	118	102	116	115	112	115	0.6
化石燃料消费	100	119	108	112	110	107	110	0.4
电力消费	100	134	131	137	137	135	135	1.3
GDP	100	159	161	165	168	172	175	2.5
人口	100	118	123	124	125	125	126	1.0

数据来源：美国 NIR－2015①。

美国能源燃烧 CO_2 排放量在总排放量中的比例在 77%～82%，如图 4－10 所示。随着能源消费的平稳和能源结构的优化，1990—2013 年能源活动 CO_2 排放量增长了 5.8%（而化石燃料消费量增长了 10%），年均增长率不到 0.25%，2013 年排放不到 52 亿吨，大致相当于中国 2003—2004 年的水平。从图 4－10 还可以看出，增量主要出现在交通行业，其次是电力行业（相比电力消费 35% 的增量，该行业排放增量很小），其他部门则略有下降。

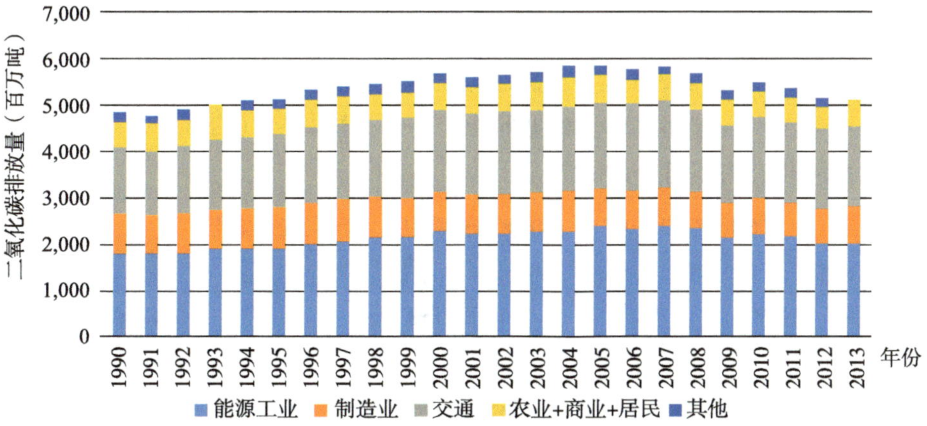

图 4－10 能源燃烧 CO_2 排放（2013 数据来自 2015NIR，与之前数据口径略有不同）

尽管电力和交通行业的排放相比 1990 年还有上升，但与活动水平相比，排放增加幅度很小。以电力行业为例。从 1990 年到 2013 年，单位电力排放由 601 克二氧化碳/千瓦时下降到 525 克二氧化碳/千瓦时，降幅达到 12.6%，其中化石能源的电力生产单位排放更降低了 14.2%（见图 4－11）——由于水电萎缩和核电比例保持平稳，非化石电力的比重出现了些微下降。在交通行业，虽然替代燃料的渗透不比电力行业，但燃油经济性也在大幅度提高，完成单位英里服务量的 CO_2 排放量从 1990 年的 553 克下降到 2013 年的 495 克。

① US EPA. 2015. Inventory of U. S. Greenhouse Gas Emissions and Sinks：1990—2013（EPA 430－R－15－004）.

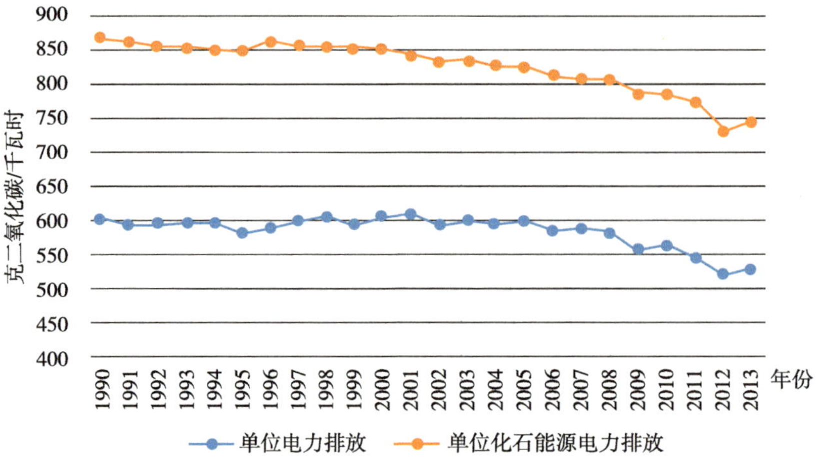

图 4-11　美国单位电力生产排放图示（1990—2013）

能源排放的平稳和下降来自于能源结构调整和能源技术进步以及消费水平的趋稳。从 1990 年到 2014 年，美国的能源消费可以分两个阶段来看：1990 年到 2007 年，总体处于上升通道（从 1990 年的 21.29 亿吨标准油上升到 2007 年的 25.43 亿吨标准油）；2008 年后开始出现下降以及稳中有降的趋势，2014 年约为 24.74 亿吨标准油。如果说 2008 年能源消费总量的下降有显著的经济原因，那么之后则更多依赖于“页岩气”革命和其他变革所引发的技术进步。从 2010 年到 2014 年，美国的能源消费只增长了 1%，而这期间人口增长了 3.1%，经济总量增长了 8.2%。难能可贵的是，在这个阶段电力消费和油品消费需求都出现了少见的稳定甚至下降趋势（表 4-3），这更与耗能设备小型化、高效化有密不可分的原因。

表 4-3　2010—2014 年美国能源供应和消费变化情况一览

部门	2010 年	2014 年
国内石油生产	7.56 百万桶/天	11.7 百万桶/天
石油需求	19.2 百万桶/天	19.0 百万桶/天
石油净进口	9.44 百万桶/天	5.04 百万桶/天
煤炭消费	1050 百万短吨	919 百万短吨
非常规天然气产量	5.8 万亿立方英尺	13.8 万亿立方英尺
天然气发电装机	4.07 亿千瓦	4.32 亿千瓦
核电建设	一个反应堆在建	五个反应堆在建
风电累计装机	4030 万千瓦	6590 万千瓦
光伏累计装机	202 万千瓦	1830 万千瓦
终端电力消费	38870 亿千瓦时	38620 千瓦时

数据来源：美国能源技术评估（2015）。①

① US DOE. 2015. Quadrennial technology review: an assessment of energy technologies and research oppertunites.

能源结构出现了明显的优化趋势。煤炭在一次能源中的比例从1990年的22.7%下降到2014年的18.5%，而天然气则从23.2%上升到27.6%，非化石能源从14.4%上升到18.1%（见图4－12）。如前所述，生物燃料在美国非化石能源重占有重要地位（图4－13）。电力结构的优化更为明显。煤电发电比例从1990年的50.58%下降到2014年的40.67%（依然是最大的电力供应者），而气电比例从12.64%猛增到29.07%（见图4－14），核电比例略有上升变化不大，可再生电力比例有所下降——主要原因是水电发电量下降较快（其他可再生电力增长速度较快，但由于基数小，还不能完全弥补水电的下降）。

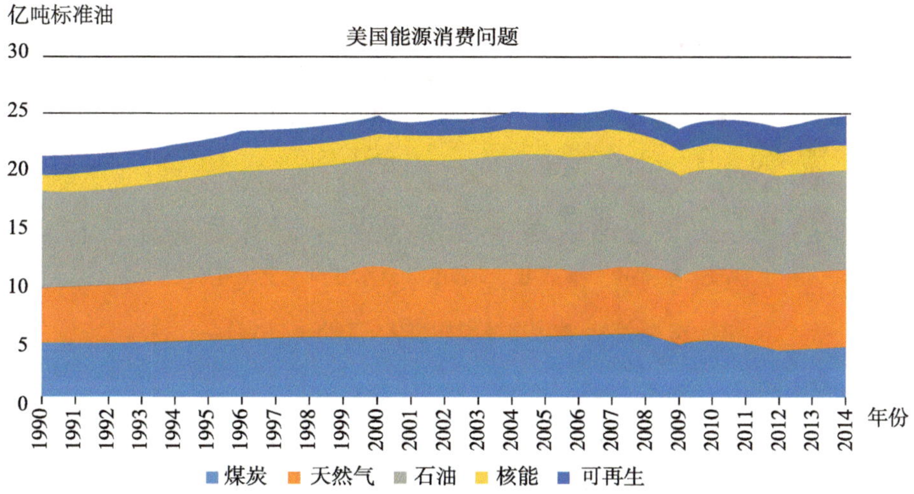

图4－12　美国的能源消费总量和结构变化（1990—2014）

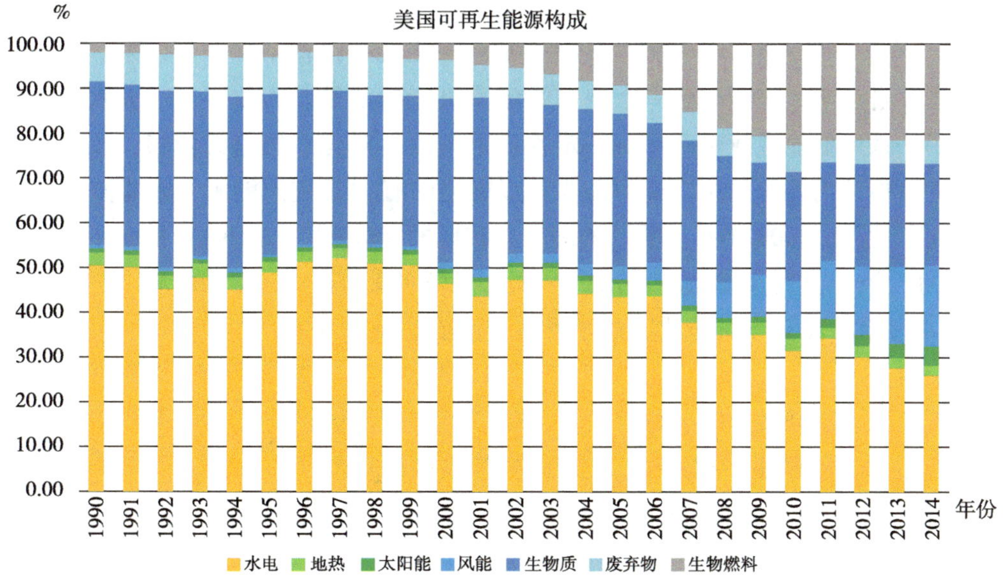

图4－13　美国可再生能源构成（1990—2014）

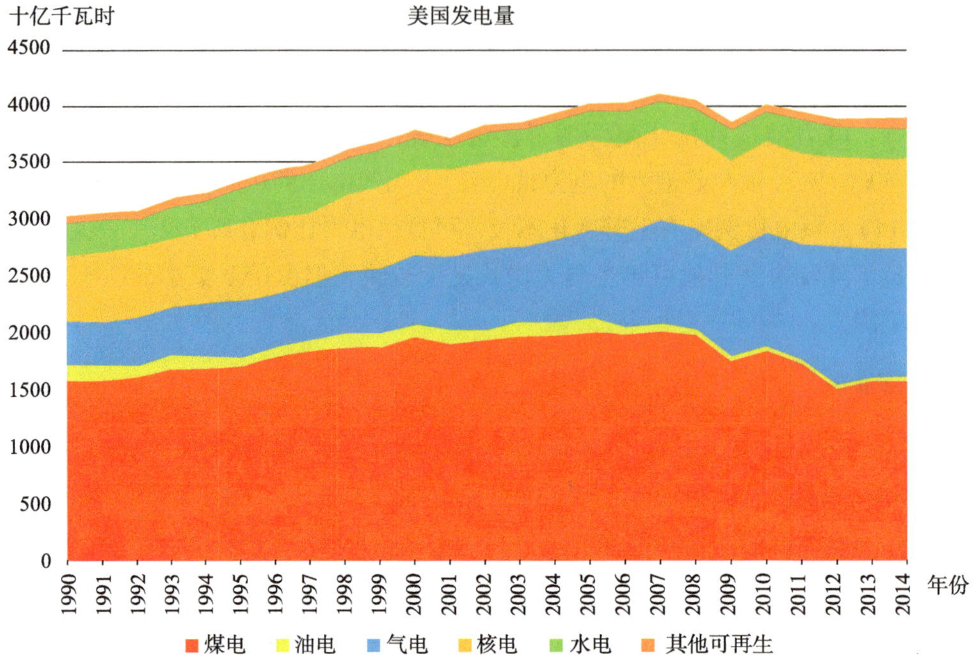

图 4－14　美国电源结构变化（1990—2014）

（三）美国低碳发展的挑战

虽然美国近几年在应对气候变化方面已经显著的进展，但仍存在着问题：

（1）美国仍然缺少气候与能源中长期战略与目标，这会使得政策的长期性、持续性、一致性和确定性难以保证。

（2）联邦层面的能源与气候变化政策缺乏一个统一的框架。一直以来，有许多外内部的批评者认为，美国缺乏一个统一的国家级能源政策。为此，在过去六年中，美国制定了一系列的能源战略政策，一定程度上解决了对化石燃料的依赖，致力于建立更独立的可持续的能源系统。其中需要重点突出的有“总统的能源未来蓝图”和各类能源战略。此外，2009 年制定的《美国复苏和再投资法案》（ARRA）扩大了对能源基础设施的投资，从而对能源行业产生重大积极的影响。通过 ARRA，美国能源部（DOE）投资逾 310 亿美元来大范围地支持清洁能源技术发展。

（3）联邦层面，能源、环境、经济和安全政策缺乏协调性，职权分散，国会、白宫和州政府以及联邦政府下的行政和立法部门之间协调难度很大。

（4）联邦层面缺少碳排放交易或者碳税等碳价格政策。

在缺乏以市场为基础工具（如碳税）的情况下，美国实现气候目标的主要方法是联邦政府层面的监管控制。虽然监管控制手段同样可以实现投资的准确性和合理的成本。但是经济学家倾向于认为给温室气体排放定价（如总量控制、排放交易、碳税）加上有效的技术政策才是最具成本效益的减排方法。用监管控制的方法来实现减排排放，即使内置了非常灵活的行动方案，仍然会比简单的市场机制更加昂贵。

（5）页岩气发展可能带来甲烷泄漏及环境污染风险，减排效果的长期可持续性还存在风险。如果不控制页岩气生产和分配过程中的甲烷排放，对气候变化也会造成重大影响。此外，排放减少的趋势是否能持续还取决于未来煤炭和天然气的相对价格。如果未来煤炭的价格比天然气更低，就会存在排放回弹的风险，虽然新的排放标准能在一定程度上抑制煤炭的使用，但这个风险仍然存在。

（6）可再生能源支持政策等存在不确定性。以联邦可再生能源生产税收减免政策（PTC）为例，PTC 是对符合条件的可再生能源发电量，做通胀调整后对每度电予以税收减免。PTC 的实施规则自制定以来，做过多次的调整，会在不同时刻偏向于不同的资源类型和设施类型，对可再生能源的投资造成影响，因为能源基础设施建设的周期往往比较长。例如某些投资者在风电有税收优惠时开始建设风电项目，但是项目还没完工，风电的税收优惠政策如果取消，将会影响投资收益。2013 年初美国 PTC 延期一年，但是未来是否还能延期存在不确定性。这种政策的不确定性削弱投资者的信心，造成可再生能源装机量年际之间的波动。

（7）预算约束着对能源气候政策的进一步财政激励。

八、印度低碳发展的行动与效果

（一）概览

对于印度应对气候变化的国内政策，学界在 2008 年印度政府首次发布“气候变化国家行动计划”（National Action Plan on Climate Change，以下简称“行动计划”）[①] 时有较多研究。研究普遍认为，“行动计划”关注可再生能源开发，强调适应气候变化，而回避具体减排目标。[②] 同时，在国内政策上，印度经济相对落后，社会分化严重，在制度压力、国内认知和利益结构的驱动下，印度的气候政策更看重促进经济发展。[③] 研究普遍注意到印度在应对气候变化国际合作中强调确保发展权的坚定态度，分析称印

---

① Government of India. 2008. National Action Plan on Climate Change [R]. http://www.moef.nic.in/downloads/home/Pg01-52.pdf. 2015 年 7 月 7 日获取。

② 曹建如．浅析印度气候变化国家行动计划［J］．全球科技经济瞭望，2009，（3）：5-10；孙振清，刘滨，何建坤．印度应对气候变化国家方案简析［J］．气候变化研究进展，2009，5（5）：298-303；时宏远．印度应对气候变化的政策［J］．南亚研究季刊，2012，（3）：88-94.

③ 孙振清，刘滨，何建坤．印度应对气候变化国家方案简析［J］．气候变化研究进展，2009，5（5）：298-303；程晓勇．国际气候治理规范的演进与传播：以印度为案例［J］．南亚研究季刊，2012，（2）：26-32+110；时宏远．印度应对气候变化的政策［J］．南亚研究季刊，2012，（3）：88-94.

度认为“贫困是气候变化最大的危害”，因而坚称减排不能影响发展。① 但近年来随着国际社会压力增大和国内环境状况恶化，印度气候政策已经出现一定灵活性，主要表现在认同并积极实施《京都议定书》的灵活机制，提出了本国减排目标，部分承担起发展中大国和西方国家“共同的责任”。②

生态环境和能源状况与印度应对气候变化政策密切相关。印度水资源匮乏、时空分布不均，水资源问题已经成为印度与邻国发生争端的主要原因之一。③ 印度粮食生产增长低于人口增长，且受西南季风影响，每隔几年产量有较大波动。④ 受气候变化影响，印度高温、洪涝等灾害发生频率增加、强度增大，生态环境状况恶化，粮食安全、水资源安全受到威胁。⑤ 在能源领域，印度能源供应高度依赖煤炭，石油进口率高，能源安全是印度的“达摩克利斯之剑”。因此，向可再生能源转型，包括积极吸纳国际先进能源技术，成为印度能源政策的当务之急，是印度确保国家的发展不因自然资源的匮乏而受限的必要途径。⑥

（二）印度气候变化国家行动计划及进展

自 2008 年“行动计划”发布以来，印度在实施计划的同时，也根据国内需求和联合国气候谈判的进展，制定和更新了应对气候变化的目标、政策与行动，逐步形成了应对气候变化的政策体系。“行动计划”设定了 8 项国家行动，概括起来主要包括能源开发、资源利用、生态保护和能力建设四个方面。

能源开发类项目包括尼赫鲁国家太阳能计划、国家提高能源效率计划；资源利用类项目包括国家可持续人居计划、国家水资源计划、国家可持续农业发展计划；生态保护类项目包括喜马拉雅生态保护计划、绿色印度计划；能力建设类为气候变化战略研究计划。在“行动计划”公布后，印度政府逐步调整和完善其气候政策，设立了“国家清洁能源基金”、制定了“汽车燃油目标与政策 2025”。在推动太阳能利用方面，印度政府做出了多项调整。2014 年 10 月，莫迪政府公布了新计划，决定 5 年内投入 1 万亿卢比（约合 153 亿美元）使太阳能发电装机总量达到 10 万兆瓦。在巴黎气候大会上，印度又提出建立“国际太阳能联盟”的倡议。国际层面，印度 2012 年向气候变化

---

① 黄云松，黄敏．浅析印度应对气候变化的政策［J］．南亚研究，2010，（1）：65 – 77.

② 张海滨，李滨兵．印度在国际气候变化谈判中的立场［J］．绿叶，2008，（8）：64 – 74.

③ 钟华平，王建生，杜朝阳．印度水资源及其开发利用情况分析［J］．南水北调与水利科技，2011，（1）：151 – 155.

④ 叶世隆，吴道显．论印度粮食安全［J］．特区经济，2014，（6）：128 – 130.

⑤ Guhathakurta，P.，et al. 2011. Impact of climate change on extreme rainfall events and flood risk in India. Journal of Earth System Science 120（3）：359 – 373.

⑥ 黄正多．印度多边外交实践的成效与局限［J］．国际问题研究，2013，（6）：55 – 64；张玉银，张抗．印度能源构成特点和发展趋势［J］．中外能源，2014，（11）：1 – 10.

框架公约大会提交了《第二次国家信息通报》,[①] 明确到2020年碳排放强度在2005年基础上削减20% ~25%，并进一步在向《联合国气候变化框架公约》秘书处提交的“国家自主贡献”（Intended Nationally Determined Contribution）中提出，到2030年使国家碳排放强度在同样基础上削减33% ~35%。[②] 可以说，印度已经制定了完善的气候政策体系。

根据“行动计划”和印度政府发布的“印度应对气候变化进展报告”（India's Progress in Combating Climate Change）,[③] 截至2014年底，印度“行动计划”实施进展较为缓慢。“行动计划”中预计实施所有项目需要413亿美元的投资，并计划于2017年全部到位。而根据进展报告所列出的已到位资金，投资总数至多为63亿美元。其中，“尼赫鲁太阳能计划”资金到位情况较好，已投入14亿美元，但从莫迪（Narendra Modi）政府公布的新计划来看，距离其1万亿卢比的目标还相去甚远。其他计划中，“可持续农业发展计划”投资21亿美元，是全部投资中占比最高的一项，但距其预期投入的174亿美元还有相当距离；“绿色印度计划”投资21亿美元，仅完成了其预计投资的30%。“水资源计划”需要144亿美元的投资，目前仅投入3100万美元；“喜马拉雅生态保护计划”预计投资2.7亿美元，现仅投资8100万美元，进展十分缓慢。

（三）印度国内应对气候变化行动的政策取向

温室气体减排不是印度应对气候变化的首要目标。分析“行动计划”以来，印度各项应对气候变化政策和行动，可以发现其在气候变化领域始终坚持的解决能源危机、资源危机和粮食危机的目标没有改变，相对于确保能源、水资源和粮食安全的目标，温室气体减排并不是印度应对气候变化政策的首要目标。这使得印度在气候变化谈判上立场更为灵活。拉梅什在2009年哥本哈根会议上解释印度一贯坚持的“公平原则”时，调整了其过去强调的按照历史排放和人均排放数据作为公平分担减排责任依据的立场，称公平即“每个人都享有同等的可持续发展的权利”。

发展可再生能源处于核心地位。相比于中国、美国、欧盟、日本等在一揽子减排政策中同时重视节能和发展非化石能源，重视发电和机动车的技术效率提高、碳捕集与封存技术的实践与应用等，印度的温室气体减排主要依赖发展可再生能源。辛格

---

① Ministry of Environment and Forests, Government of India. 2012. India. Second national communication to the United Nations Framework Convention on Climate Change [R]. http://unfccc.int/resource/docs/natc/indnc2.pdf. 2015年7月7日获取。

② Government of India. India's intended nationally determined contribution: Working towards climate justice [R]. http://www4.unfccc.int/submissions/INDC/Published%20Documents/India/1/INDIA%20INDC%20TO%20UNFCCC.pdf. 2016年1月12日获取。

③ Ministry of Environment, Forests and Climate Change. India's progress in combating climate change [R]. 2014. http://www.moef.nic.in/sites/default/files/press-releases/Indian_Country_Paper_Low_Res.pdf. 2015年7月16日获取。

（Manmohan Singh）政府时期，印度制订了“尼赫鲁太阳能计划”，莫迪承接了辛格政府对于发展可再生能源的战略，并在与美国等发达国家的合作中将可再生能源问题放在首位。在政府的积极推动下，印度可再生能源占全国能源消费的比重从 2008 年的 1.07%，上升到 2014 年的 2.08%，年均增速达到 19.4%，高于同期世界年均 17% 的增速。①

印度制定和实施应对气候变化政策的根本考虑是稳定“安全纽带”（Security Nexus），即平衡水资源、能源、粮食三者之间彼此影响、彼此制约且极具敏感性和脆弱性的关系。安全纽带理论强调气候变化背景下，水、粮食、能源三者之间的纽带性。气候变化通过传导性联系，影响到水资源、粮食和能源等问题。② 印度将“安全纽带”作为其气候政策取向，是基于其国情的选择。安全纽带的核心是水资源。印度人均可再生内陆淡水资源仅为 1140 立方米，是世界平均水平的 1/6，仅为中国的一半，并且水资源受气候变化影响和不确定性都很大。恒河、布拉马普特拉河等主要大江大河水源来自青藏高原地区，使得印度与中国、巴基斯坦、孟加拉国等重要邻国产生了水资源争端。③ 印度粮食安全问题始终存在，④ 尽管“绿色革命”使印度自 20 世纪 80 年代起粮食基本自足并略有出口，然而印度粮食损失较大，农民销售环节的损失率达 3.4%。近年来，粮食年平均 1.7% 的增长率已低于 1.9% 的人口增长率。⑤ 受西南季风的影响，粮食产量每隔几年便会出现波动。1999 年到 2005 年，粮食产量最低值为 1.74 亿吨，最高值为 2.13 亿吨，相差 0.39 亿吨。⑥ 由此可见，受持续的气候变化影响，印度的粮食安全压力有可能增大。能源方面，印度在 2013 年下半年对进口能源的依赖度达 82%，当前以煤炭为主要能源的印度，在未来还会提高石油和天然气的使用，这将进一步提高印度的能源对外依存度。⑦ 气候变化在水资源、粮食和能源三个方面，都极大威胁了印度的安全纽带。

安全纽带旨在解决印度的发展问题，可以有效遏制气候致贫、返贫。印度是世界

① BP. BP Statistical Review of World Energy 2015 [R]. http://120.52.72.44/www.bp.com/c3pr90ntcsf0/content/dam/bp/pdf/energy-economics/statistical-review-2015/bp-statistical-review-of-world-energy-2015-full-report.pdf. 2015 年 7 月 7 日获取. 注：BP 统计可再生能源时不计水电。

② Rasul, G. 2014. Food, water, and energy security in South Asia: A nexus perspective from the Hindu Kush Himalayan region. Environmental Science & Policy 39: 35-48; Bazilian, M., et al. 2011. Considering the energy, water and food nexus: Towards an integrated modelling approach. Energy Policy 39 (12): 7896-7906; 于宏源. 浅析非洲的安全纽带威胁与中非合作 [J]. 西亚北非，2013，(6): 114-119.

③ 李帅. 印巴、印孟水资源争端的比较研究 [D]. 外交学院，2014.

④ Kumar, M. D., et al. 2012. The food security challenge of the food-land-water nexus in India. Food Security 4 (4): 539-556.

⑤ Auffhammer, M., et al. 2011. Climate change, the monsoon, and rice yield in India. Climatic Change 111 (2): 411-424; 叶世隆，吴道显. 论印度粮食安全 [J]. 特区经济，2014，(6): 128-130.

⑥ Government of India: Economic Survey, 2004-2005.

⑦ Harvey, M. and S. Pilgrim 2011. The new competition for land: Food, energy, and climate change. Food Policy 36, Supplement 1: S40-S51.

人口数量第二的国家，贫困人口数量达到2.8亿人，占全国人口的31.9%。[①] 这些贫困人口，以及占印度人口绝大多数的农民，受气候变化导致的高温、台风、干旱、洪涝等灾害的损害极大。防止气候变化致贫、返贫是印度气候政策的重点关注，因此选择安全纽带作为政策出发点和基础，保证发展机遇是印度气候政策的必然选择。[②]

九、结论与建议

欧洲国家是绿色低碳发展的首倡者和先行者。目前欧洲低碳发展已经取得重大进展，美国凭借其科技创新特点和自由经济发展的某些优势，在低碳发展方面也取得了进步，与其比较消极的国际立场形成对比。中国实践绿色低碳发展的起点与欧美国家不一样，所遭遇的挑战也不一样，难度更大。不论怎样，欧美国家的绿色低碳实践可以为我们提供多个方面的经验和启示：

第一，绿色低碳发展需要坚定的政治意愿和社会共识以及法律基础。在欧洲的中坚国家中已经基本形成了这种社会和政治基础，绿色低碳转化为较强劲的内部驱动力。能源政策与气候政策完全融合。如果说还存在争议的话，这些争议也只针对目标和政策措施的力度以及对产业、就业的多方面影响，而非绿色低碳发展本身。就中国而言，如果说大范围的污染和生态退化使绿色发展比较容易达成共识的话，"低碳"发展的社会和政治推动力要弱得多，甚至"气候变化陷阱说""帝国主义威胁论"还有相当市场。只能从"绿色"的角度推动"低碳"，而很难从"低碳"的角度推动"绿色"，这虽然不会过多影响政策措施和技术选择的范围，但却容易引发在应对气候变化国际合作中的保守倾向。中国《应对气候变化法》迟迟不能出台，在一定程度上影响了应对气候变化的决心和信心。在中国，应对气候变化已经到了拥有自己专属目标和政策的时候，而不是完全依赖于其他可持续发展政策，法律的支持必不可少。

第二，低碳发展需要基于深入研究，建立低碳战略路线图以确定经济和技术可行的脱碳速度。自下而上和自上而下的模型工具和工作十分必要。"终端电力化、电力生产低碳化"是欧洲低碳发展的共同特点，基于此形成了各具特色的低碳道路：德国完全依赖可再生能源、法国注重核电、英国突出天然气和核能发展。特殊的国情使中国低碳发展必须走更多样化的道路。中国社会经济发展远没有到达平稳阶段，能源需求也存在相当的增长空间；但煤炭为主体的能源结构短期内难以撼动，温室气体排放总量的增长趋势还将维持一定时期。在这种情况下，在能源供应方面，中国需要将天然气，包括大水电在内的可再生能源和核能作为绿色低碳发展的必然选择，使之尽量满足新增能源需求，进而逐步取代煤炭；在能源消费方面，节能优先、提高能源效率依然大有可为；在消费

---

① 按世界银行2009年数据，以每人每天消费1.9美元以下为标准。

② 高翔，朱秦汉．2016．印度应对气候变化政策特征及中印合作［J］．南亚研究季刊．(1)：32－38.

模式和生活方式方面，必须大力提倡和鼓励节俭生活，杜绝奢靡倾向，制止城市规划和建设贪大求洋求新求奇，防范背离国情的消费观念和消费模式滋生。

第三，低碳发展需要组合型的低碳政策。碳价政策（排放交易、碳税等）、技术支持政策（可再生能源责任、可再生供热激励、标杆电价等）、投资保证政策（电力市场改革）、能效管理政策、投资政策等都应发挥作用。这不是单纯的碳价政策能够做到的。目前欧洲排放贸易下的碳价萎靡不振，对企业的激励作用大大减弱，英国和德国等国家等实施了众多排放贸易之外的政策以保持持续的减排压力。中国的气候变化政策集中于碳排放交易试点和推广，忽视其他政策，存在一定风险。

第四，应对气候变化是一个综合性的系统工作，需要动员决策层、科学界、企业、公众的全面参与，需要多学科、跨领域的全面合作和系统整合。与欧洲一些国家相比，中国在气候变化科学研究、技术研发、政策制定、市场活力激发等方面仍显得分散和缺乏动力。一些政策从制定到实施也存在缝隙。在适应气候变化方面，还多以常规思维和分部门定式开展，系统性的灾害风险管理手段尚在探索中，适应、减缓和可持续发展协同的内生动力仍需加强。

第五，低碳政策必须直面更广泛的社会经济影响，解决企业竞争性、能源安全、能源贫困、支付能力等问题，展示更多的协同效益证据，否则政策效果会受到限制和质疑。

第五章 产业结构调整和优化研究

顾阿伦　陈文颖　齐天宇

引 言

2015 年 12 月，巴黎气候大会 196 个缔约方一致通过《巴黎协定》，协定的实施将有效促进全球合作应对气候变化的进程。中国在《巴黎协定》下提出的 2020 年后国家自主决定贡献目标（INDC），包括到 2030 年单位 GDP 的 CO_2 强度比 2005 年下降 60% ~ 65%，非化石能源在一次能源消费中的比重提升到 20% 左右，森林蓄积量比 2005 年增加 45 亿立方米，特别是提出 CO_2 排放到 2030 年左右达到峰值并争取早日达峰。这些目标既符合中国发展中国家定位和发展阶段特征，有别于发达国家全经济尺度的所有温室气体排放总量绝对下降的目标，又展现对全球事务负责任的大国担当，需要付出极大的努力才能实现。这也是统筹国内国际两个大局，积极促进经济发展方式低碳转型，实现“发展”与“降碳”双赢的指导性目标和行动计划。

中国实现 CO_2 排放 2030 年左右达峰值的目标，即意味着届时中国经济持续发展将不再依赖化石能源供应的增加，使 GDP 增长与 CO_2 排放增长完全脱钩。化石能源消费量的稳定和下降趋势，也将使二氧化硫、氮氧化物、PM2.5 等常规污染物排放得到根本控制，使国内环境质量根本性好转，这将成为中国经济发展方式根本性转变的重要转折点和里程碑。中国自“十一五”期间就开始提出节能减排目标以来，初步核算，“十二五”期间，中国能源活动单位国内生产总值 CO_2 排放下降 21%，超额完成 17% 的约束性目标。[①] 中国的减排努力得到了明显的成效，但是减排量仍然不足以抵消经济活动增加带来的排放量的增长。中国为实现 INDC 承诺的目标，2030 年单位 GDP 的碳强度仍需要在 2014 年的基础上下降 40% ~47%，减排任务艰巨。与发达国家碳排放峰值自然而然的形成过程不同，中国是提前主动设置碳排放峰值目标，能否实现还取决于工业、能源、建筑、交通等关键排放部门的发展路径。随着工业化进程逐渐加快和经济增速趋缓，工业增长趋缓降低了碳排放压力，碳排放峰值对中国经济发展的影响将逐渐减弱。2005—2015 年，工业能源消费的年均增长为 2.6%，随着工业化进程的加快，工业领域的增速将降至年均 1%。研究显示，钢铁和水泥行业碳排放到 2020 年将稳定在 2015 年前后的水平。中国的排放峰值可能提前完成的最大影响因素就是经济转型的速度和力度。

中国正在经历经济增长方式的重大变革，政府决心改变过去依赖资源大量投入驱动的经济增长模式，提出从“需求侧”和“供给侧”两个方面来共同促进中国经济增

① 国家发改委．中国应对气候变化的政策与行动 2016 年度报告［R］．2016.

长向价值创造型的可持续发展方式的转型。“需求侧”改革重点是降低投资扩大消费，调整需求结构；而“供给侧”改革则主要是提高全要素生产力与促进产业转型升级，优化生产结构。

根据kaya公式，单位GDP碳强度下降与单位能源消费的二氧化碳强度和单位GDP的能源强度两个因素相关。前者反映了能源系统的低碳化的程度，后者则可以视为产业结构与各个产业单位产出的能源强度等两个因素。利用分解方法分析发现，中国自“十一五”以来第二产业结构粗放式增长的趋势得到了初步的抑制，虽然三大产业结构的变动对碳排放的贡献较小，但工业内部的行业结构和产品结构的调整和优化显示出较大的节能减排效益，产品结构调整和增加值率的提高对减排的贡献率超过一半。中国经济转型政策在过去虽然还没有改变工业对经济增长的主导作用，但是抑制了工业在国民经济中占比的增长。

2011—2015年，中国经济年均增长7.8%，比日本、韩国高速增长阶段结束前5年的增速略高。通过比较可以看出，中国的经济增速回落符合经济发展的一般规律，目前中国的经济结构也已经到达了产业结构调整的关键时期，预计未来5年GDP增速将保持6.5%左右。2020年后将降至5%~6%，2030年前后将保持在4%~5%，经济增速下降有利于实现碳排放峰值目标。能源环境的可承受力也决定中国需要适当控制经济增长速度，在产业经济结构调整的时期，必须通过保持适度的经济增长速度，把握好稳定增长和调整结构之间的平衡。产业结构的优化，包括第二产业内部行业结构和产品结构的进一步优化，有利于中国碳排放峰值的提前实现。这种优化的重点体现在减少单位产值或者是单位增加值中间投入的比例，提高增加值率。预计“十三五”及以后，大规模基础设施建设、房地产开发和工业产能扩张速度将放缓，对钢铁、水泥等基础原材料需求增长相应放缓或趋于稳定甚至下降。高耗能原材料产量将陆续达到峰值，而内涵提高式的增长方式则将使高科技产业、装备制造以及信息、医药产业呈现较快的增长势头，使得高耗能工业占比GDP的比重下降，加大高科技行业的比重，有效促进单位增加值的能源消耗的下降。预计生物医药行业单位GDP的能源强度年均至少下降2.6%，而其他行业要保持至少1.5%以上的下降水平。结合目前中国经济的实际发展阶段、资源和环境约束条件、社会发展程度等，未来经济发展方向需要强调先进制造业和现代服务业并行发展的策略，带动产业结构的整体升级。预计2025年实现碳排放达到峰值，届时第三产业的比重至少达到52%，第二产业至少下降至42%(2010年不变价)。

提高和改善国内消费需求是实现中国碳排放达到峰值的必要条件之一，目前最终消费对服务业的需求比较明显，而投资和出口则更加依赖于工业的发展，尽管中国经济政策一直致力于扩大内需，但是中国最终消费比例从2005年的43%下降到2014年的38%，低于世界其他主要发达国家与发展中国家的水平。对比主要国家最终消费、资本形成及出口的排放构成，美国经济总量最大，其最终消费是资本形成的五倍之多，日本、德国和巴西的最终消费是其资本形成的3至4倍，印度消费是投资的2.3倍，而中国的投资、消费基本持平，近70%的二氧化碳排放与工业生产相关，中国目前较高的碳排放属于社会经济特定发展阶段的发展排放。

因此，产业结构改革的一个重点就是从需求侧着手，采取有力措施促进最终消费的增长，加快消费需求对投资需求和出口需求的替代。若假设其他因素不变，最终需求中消费每替代投资一个百分点，将促进工业增加值在GDP中占比下降0.4个百分点，服务业增加值在GDP中占比上升0.3个百分点，单位增加值能耗下降0.6%，若2030年提高消费比例到目前发达国家的水平（50%～70%），则预计单位GDP能源强度可比2012年下降7.8%～21%，因此中国需求结构的引导需要增加服务业的消费比例。

经济调整的另一个重点则是强化“供给侧”改革，转变生产方式，实现产业升级。改革的重点是减少单位产值中间投入的比例，降低成本，提高增加值率，提升企业生产效率，也就是实现由依靠产品和资源投入驱动的“加工型”生产模式向靠知识创新驱动的“价值型”生产模式进行转型。这一改革将对生产部门内部的能源生产力（单位能耗的产值）产生重要影响。中国出口额一半以上的机电产品的单位产出增加值率比日本和美国低8～18个百分点，若通过供给侧的大力改革，5个高耗能工业部门的增加值率每提高1个百分点，则GDP能源强度下降1.24%，其中提高机电、建筑和高耗能部门增加值对降低能源强度的贡献尤为突出。

预计中国的经济结构调整有助于减排，有助于中国CO_2排放尽早达到峰值，但是对于减排的贡献则取决于转型的速度和力度。过去三大产业结构占GDP比例的结构调整对中国减排的贡献不大，但是工业内部的行业结构和产品结构的调整抑制了工业能源消耗的过快增长，对降低单位GDP能源强度发挥了重要作用。工业部门单位增加值能源强度下降的速度快于单位GDP能源强度下降的速度，未来需要不断挖掘这部分的减排潜力。从当前的改革趋势来看，投资增速的快速下降已经开始对产业结构产生影响，但是未来需要进一步加速最终消费的增长，以弥补投资下降所带来的需求不足，并鼓励服务业需求的发展，保持一定程度的以消费导向为基础的投资，缩小城乡居民的收入差距，改变农村居民的消费选择。总之，确保经济结构调整各项目标的顺利实现，则是提高中国未来减排潜力，尽早实现碳排放达峰的关键。

一、中国经济转型与产业结构调整的减排机遇

2015年12月，巴黎气候大会196个缔约方一致通过《巴黎协定》，12月22日世界地球日在联合国总部开放签署，175个国家现场签署了协定，开创了联合国公约开放首日签署国家数量最多的纪录。大多数国家都表示将加紧推进国内法律程序，尽快批准协定并提交加入文件，中国也表示将在9月G20峰会之前完成参加协定的国内法律

程序，并向其他 G20 集团成员发出倡议，与世界各国一道，推动协定获得协定普遍接受和早日生效。2016 年 11 月，《巴黎协定》正式生效，协定的生效和实施将有效促进全球合作应对气候变化的进程。

中国在《巴黎协定》下提出的 2020 年后国家自主决定贡献目标，包括到 2030 年单位 GDP 的 CO_2 强度比 2005 年下降 60% ~65%，非化石能源在一次能源消费中的比重提升到 20% 左右，森林蓄积量比 2005 年增加 45 亿立方米，特别是提出 CO_2 排放到 2030 年达到峰值并争取早日达峰。这些目标既符合中国发展中国家的定位和发展阶段特征，有别于发达国家全经济尺度的所有温室气体排放总量绝对下降的目标，又展现对全球事务负责任的大国担当，需要付出极大的努力才能实现。是统筹国内国际两个大局，积极促进经济发展方式低碳转型，实现“发展”与“降碳”双赢的指导性目标和行动计划。

中国实现 CO_2 排放 2030 年左右达峰值的目标，意味着届时中国经济持续发展将不再依赖化石能源供应的增加，使 GDP 增长与 CO_2 排放增长完全脱钩。化石能源消费量的稳定和下降趋势，也将使二氧化硫、氮氧化物、PM2.5 等常规污染物排放得到根本控制，使国内环境质量根本性好转，这将成为中国经济发展方式根本性转变的重要转折点和里程碑。

二、产业结构调整、经济转型与碳排放现状

（一）产业结构及演变规律

产业结构，也称国民经济三次产业的结构。是国民经济三次产业部门之间以及各产业部门内部的构成。社会生产的产业结构或部门结构是在一般分工和特殊分工的基础上产生和发展起来的。产业结构调整是当今各国发展经济的重要课题，调整和建立合理的产业结构，目的是促进经济和社会的发展，还有人民物质文化生活的改善。

产业结构演化呈现出多种规律可循：受到威廉·配第思想的启发，统计学家克拉克提出了三次产业分类法，统计分析了若干国家发展过程中的产业结构特点，并考察了劳动力在各产业中的分布状况，得出了著名的配第—克拉克理论，揭示了人力资源配置结构随着经济发展所发生的规律性变化，即随着人均收入的提高，第一产业的就业人口将依次向第二、第三产业转移。霍夫曼对工业化过程中工业结构演变规律进行了开拓性的研究，通过对近 20 个国家系列数据的分析研究，提出了著名的霍夫曼定理，即随着工业发展，制造业中的消费资料工业所占比率呈下降趋势，生产资料工业呈上升趋势。

库兹涅茨认为，经济增长是一个总量过程，部门变化与总量变化互相关联，结构变化只有纳入到总量框架中才能得到恰当的衡量。库兹涅茨在总结霍夫曼和克拉

克研究的基础上仔细挖掘了各国的历史资料，其中对英国、法国、德国的统计资料追溯到19世纪初。他认为，在总量与结构变动的关系中，首要的问题是总量增长，通过总量的增长来带动经济结构包括产业结构的变化。其主要研究结论是，随着经济的发展，第一产业在总产值中的比重渐渐降低，第二、第三产业在总产值中的比重逐步增加，这个趋势在各部门劳动力占总劳动力的比重的变化中也同样明确地反映出来。钱纳里等人在库兹涅茨等人研究的基础上，把经济增长理解为经济结构的全面转变，并将研究领域扩展到低收入国家群体，提出了标准工业化结构转换模型，揭示了不同经济发展阶段结构变化的标准模式，以统计分析来说明产业结构变量在经济增长中的作用。世界银行关于制造业增加值占国民生产总值的比率为：非工业发展小于20%、工业发展初期为20%～40%、半工业发展为40%～60%和工业发展大于60%等。

“配第—克拉克定理”所总结的经济规律以及库茨涅兹等对产业结构演变规律的进一步研究，实际上阐明了主要发达国家的工业化过程。众所周知，工业化过程是以18世纪60年代英国产业革命为起点，以后逐步波及欧洲的其他一些资本主义国家。从世界发达国家工业结构演变的历史进程看，工业化大致经历了三个时期：

1. 以轻纺工业发展为主的时期

在工业化初期，轻工业特别是纺织业首先获得迅速发展，成为工业的主导行业，这个时期也称为劳动密集型工业发展时期。

2. 以重化工业发展为主导的时期

这个时期又分为两个阶段：第一阶段是以煤炭、电力、冶金、化学等能源、原材料工业为主导的发展阶段，也称为资金密集型工业的发展阶段；第二阶段是以电子、机械等加工组装工业为主的发展阶段，也称为技术密集型工业的发展阶段。

3. 以高技术工业发展为主的时期

目前，一些工业化发达国家或地区正在步入这一时期，即所谓的“后工业化社会”。微电子、激光、机器人、生物技术、航天技术、核能技术、新型材料等新兴的高技术工业获得迅速发展，也极大地改变了传统工业的面貌，逐步取得主导地位。以高科技工业为主导的第三时期，也称为知识密集型工业的发展阶段。

上述工业化发展的三个时期，是产业结构（工业结构）演变的渐进过程，对于一个具有较为完整的国民经济体系的国家或地区来说，产业结构演变都遵循这一规律。世界先行工业化国家的发展历史表明，一国产业结构和能源需求有着十分密切的联系，不同的产业结构具有不同的能源需求特征。在三次产业中，第一产业和第三产业的单位增加值能耗很低。而在第二产业中，由于一些资金密集型和资源消耗型的重化工业成为带动经济增长的主导产业，因此第二产业对能源的需求量是很高的。

一般来说，产业结构转变经历了从轻工业为中心转向以重工业为中心，从以原材料工业为中心转向以加工、组装工业为中心，然后再转向以技术密集产业为中心这样一个产业结构转变过程。与之相应的是，能源消费强度经历了由低到高，再由高到低的变化过程，形成倒 V 型曲线，工业化进程开始的时间越早，则碳排放强度达到峰值的时间也越早，相应的峰值也较高一些。

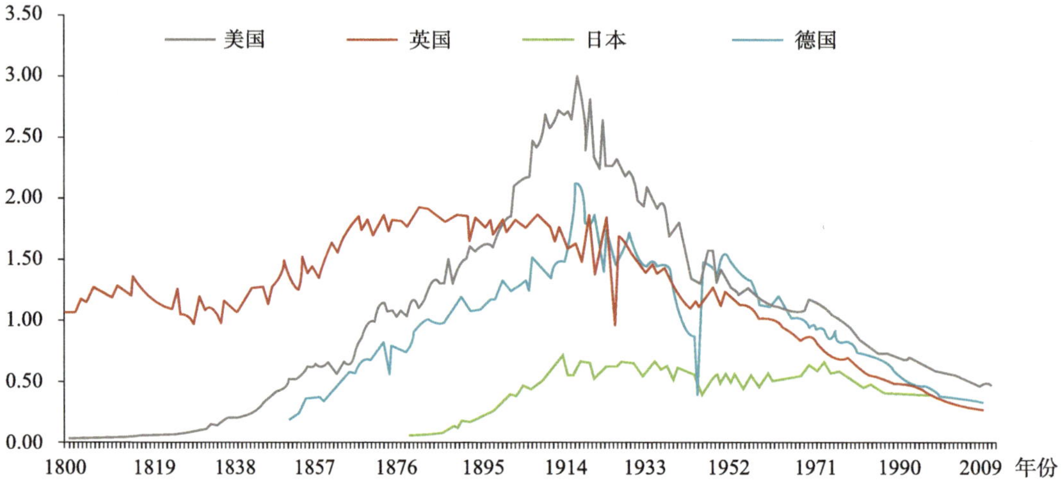

图 5－1　主要发达国家的能源强度变化

数据来源：IEA，CO_2 emissions from fuel combustion，IEA statistics，2011，$kgCO_2$/US \$ （PPP 2000 年价格）。

发达国家能源强度峰值与下降的速度比较见表 1 所示。美国开始于第二次世界大战期间，尽管主要工业化发达国家的碳排放强度都已经达到峰值，但是其达到峰值对应的人均 GDP 差异很大。结果显示，大部分发达国家的单位 GDP 碳排放强度达到峰值后并没有立即快速下降，存在一定的滞后，主要是因为单位 GDP 碳排放强度的变化与能源结构、产业结构、技术进步等多个方面相关，而能源结构、产业结构和技术进步的变化通常是一个渐进的变化过程。

表 5－1　各国单位 GDP 碳排放强度峰值与下降速度

国家	碳排放强度峰值年	碳排放强度峰值（$kgCO_2$/US \$）	碳排放强度下降最快的 10 年	碳排放强度下降最快 10 年的年均降幅（%）
英国	1883	2.00	1916—1926	4.20
美国	1917	3.00	1934—1944	3.58
德国	1917	2.20	1990—2000	3.37
日本	1914	0.60	1977—1987	3.20

（二）加快产业结构调整是中国未来实现减排的重要途径之一

伴随着30多年经济的快速发展，中国的能源消费和CO_2排放量都呈现了快速增长的态势。在全球气候变暖造成全球CO_2排放空间严重压缩的背景下，中国未来的节能减排势在必行。

改革开放30年来，中国三次产业变动趋势符合一般规律，产业结构的发展方向日趋合理化。中国已进入了工业化中期的后半阶段，这就意味着第二产业在经济增长中的比重即将达到峰值，由第二产业逐渐向第三产业转移的结构调整是大势所趋，完全符合经济发展的内在规律。1978年以来，中国第一产业增加值比重持续降低，第三产业增加值比重持续上升（如图5－2），但与已实现工业化的发达国家相比，中国第三产业比重仍然不够高，反之第二产业增加值比重却较高，这表明除了依靠技术进步和能源效率提高，进一步加快产业结构调整将是中国未来实现CO_2减排的重要途径之一。

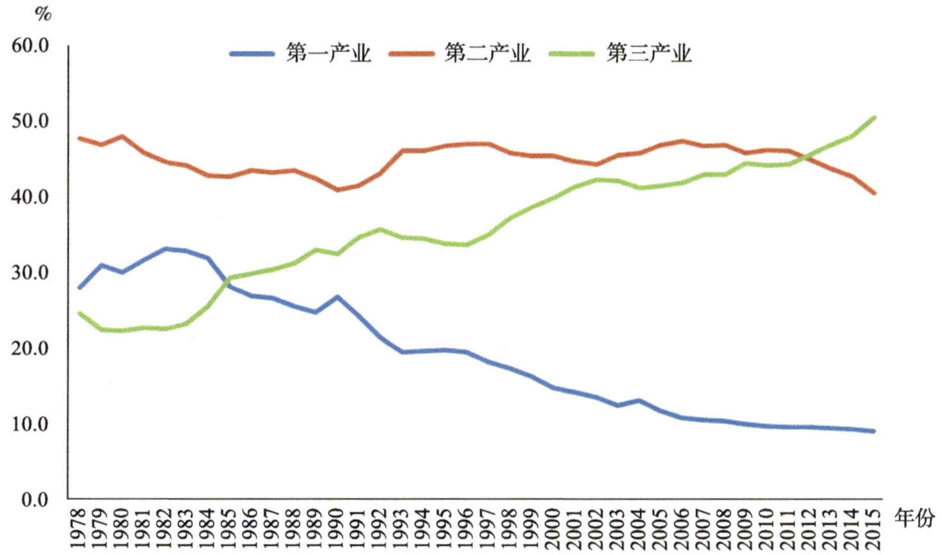

图5－2 中国历年三次产业结构变化

（三）"十一五"期间第二产业粗放式增长的趋势得到了初步抑制

"十五"和"十一五"以来，中国高新技术制造业规模不断扩大，高耗能行业增速减缓，服务业比重在三次产业中的比重得到了增加，三次产业结构得到了一定的优化。根据分解结果的分析显示："十五"和"十一五"期间，中国CO_2排放量增长了28.53亿吨，其中经济总量效应、三次产业结构效应、能源强度效应和能源结构效应分别为34.97亿吨、4.10亿吨、－10.91亿吨、0.36亿吨，贡献度分别为122.56%、

14.37%、-38.25%、1.25%，① 经济总量对能源消耗和碳排放的正面拉动作用一直是影响碳排放的最主要因素，如图 5-3 所示，而相比于经济总量效应的作用，产业结构效应的贡献程度影响小，显示当前粗放式增长的趋势得到了初步的抑制。

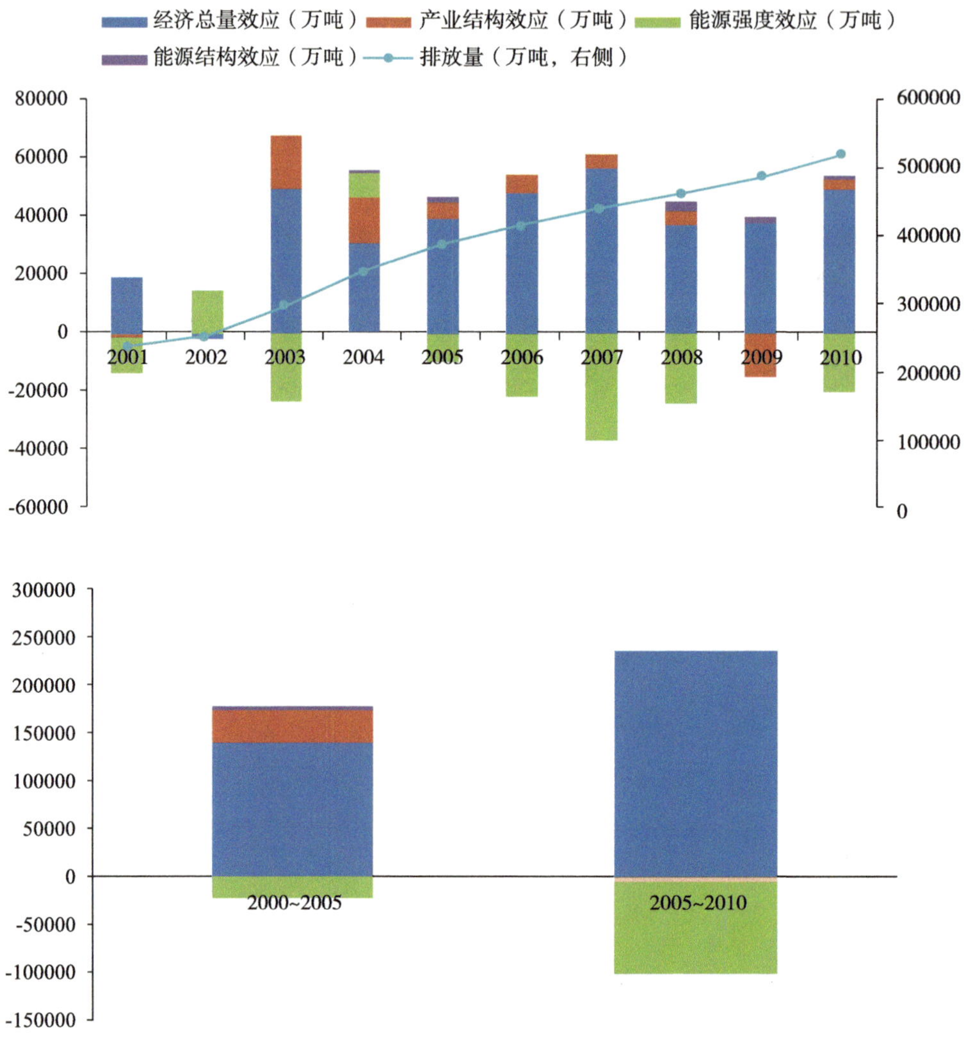

图 5-3 中国碳排放增长的因素分解（2000—2010 年）

"十一五"期间产业结构内部的行业结构和产品结构的调整和优化显示出较大的节能减排效益。产业结构既包括传统的三次产业，也包括各个产业内部的行业结构，同时也包括随着产业技术升级改造的产品结构。产业结构合理，单位产值所消耗的能源和碳排放则减少；产业结构不合理，单位产值所消耗的能源和碳排放则增多。

① 清华大学测算结果，2014，具体方法学见附录 1。

“十一五”期间，尽管三次产业的结构调整缓慢，但是高新技术制造业规模不断扩大，高耗能行业增速放缓，行业结构得到了一定的优化。初步测算，六大高耗能行业累计节省近4亿吨标准煤，对全社会贡献超过60%。[①] 而全国规模以上万元工业增加值能源消耗累计下降超过了26%，实现节能量6.3亿吨标准煤，减少二氧化碳排放14.6亿吨，其中产业结构[②]节能贡献为-0.51亿标准煤，对“十一五”总节能量的贡献为-8.0%。2007—2009年，产业结构对全国总节能量负的贡献有所明显减缓趋势，而且由于“四万亿经济刺激计划”的实施，“十一五”末期产业结构变化使得能源消耗量增加了0.3亿标准煤，是“十一五”前4年增量的近2倍，抵消了“十一五”前4年结构调整的成果，而且也加大了“十二五”节能减排的难度，如图5-4所示。行业结构的[③]贡献率为53.8%；产品结构优化和升级的[④]节能贡献最为突出，占结构节能量的81.8%，实现节能量1.17亿标准煤。如图5-5所示。

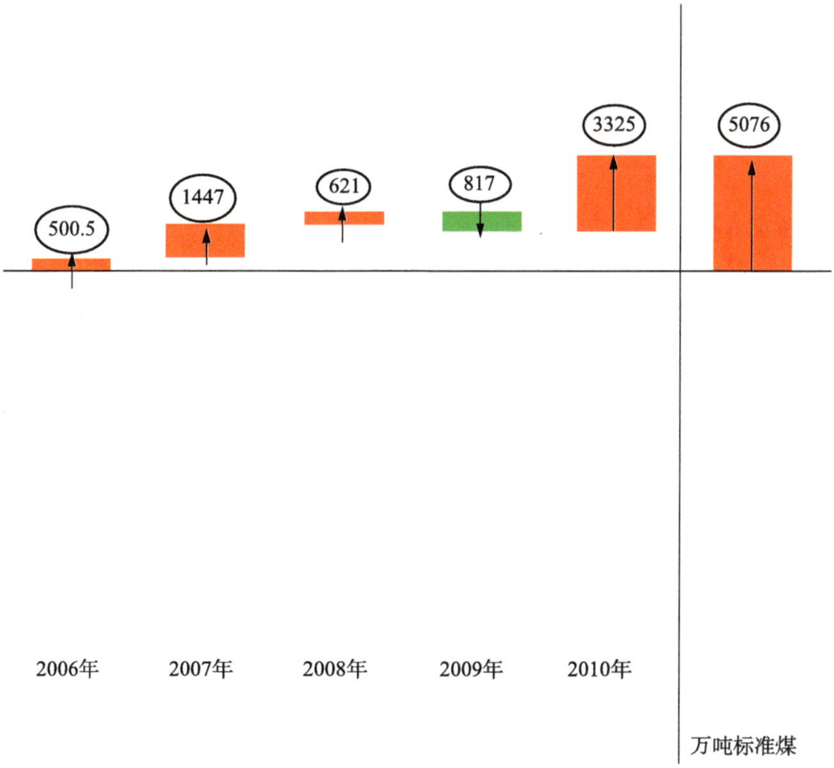

图5-4 “十一五”期间中国三次产业结构节能变化

① 国家统计局。
② 主要是指第一产业、工业、建筑业和第三产业。
③ 主要是指按照国民经济行业分类标准将第二产业和第三产业再细化的划分。
④ 主要是考虑隶属于六大高耗能行业的13种产品，其能源消耗约占工业能源消耗总量的45%。

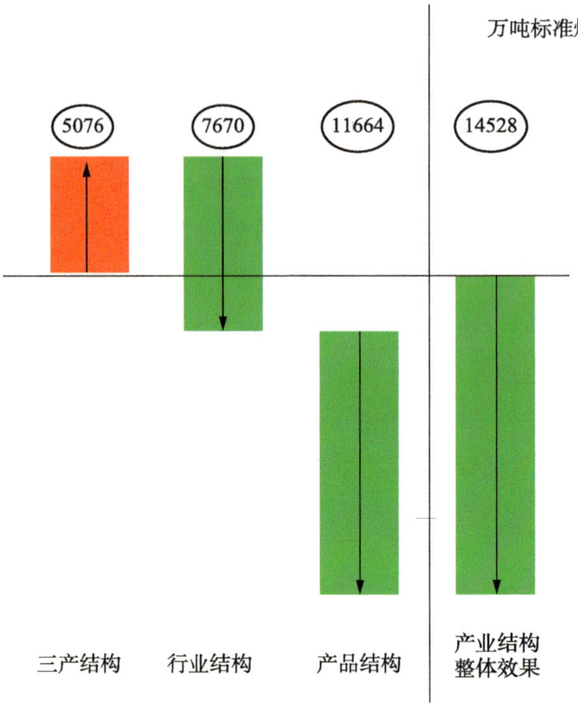

图 5 -5　“十一五”期间中国产业结构整体节能效果

过去的 30 年间，经济总量是促进碳排放增长的主导因素，也是最为稳定的因素，从“六五”时期到“十一五”时期都为正且呈逐渐增长的趋势；在“六五”“七五”“九五”和“十一五”时期，三次产业结构都是促进碳排放减少的因素，但是贡献较小，“八五”“十五”两个时期三次产业结构成了促进碳排放增长的因素；能源强度在各个时期都是促进碳排放减少的因素，但在“十五”期间的作用较小，这是由加入世贸组织后高耗能行业比例先大幅上升又趋缓，从而使得能源强度效应互相抵消造成的。

过去的 30 年期间，中国碳排放强度的下降年均降幅达到 3.71%（2005 年不变价），这个速度与发达国家最快下降的速度基本相同，说明中国节能减排的成效显著。同时可以看出，对于这种下降速度贡献较大的是技术的改进，而三次产业结构调整的贡献较小，但工业内部的行业结构和产品结构的调整和优化显示出较大的节能减排效益。因此，产业结构的调整包括行业结构和产品结构的调整和优化对未来的经济增长、能源需求和二氧化碳排放量的降低都具有重要的作用。

（四）需求结构失衡对中国碳排放产生了一定的影响

中国经济的快速发展离不开国内的投资与消费，同时出口贸易也对经济的发展起到了强有力的拉动作用。目前国内全社会部门固定投资中，制造业和房地产的投资占比接近60%，其中房地产的投资接近一半，使得与之相关联的上下游行业包括钢铁、建材、电力等行业的能源消耗增长较快，但是钢铁、电力行业的增加值率却有所下降（如图5－6所示），显示这些部门的投资产出比在下降，直接导致投资的碳生产效率偏低。

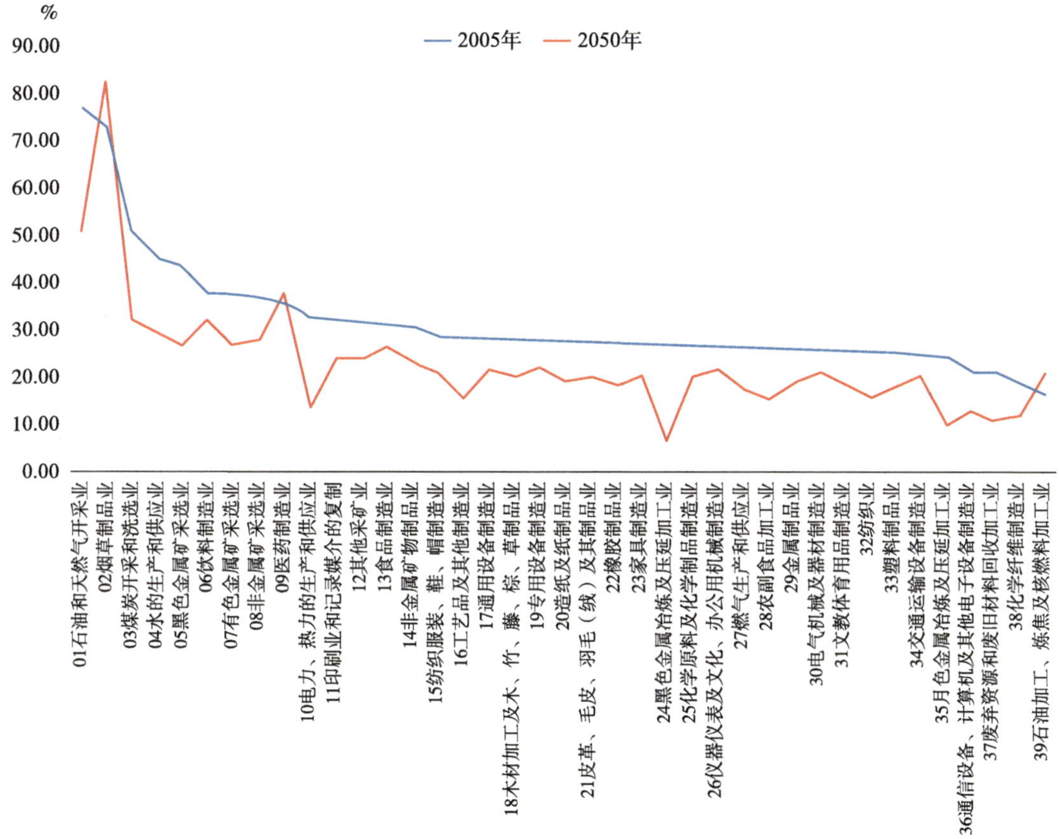

图5－6　工业部门增加值率变化的比较（2005年和2010年）

近年来，随着中国经济的快速增长，对外开放不断扩大，中国对外贸易取得了突飞猛进的发展，一方面扩大了中国经济活动的有效边境，拉动了中国经济的快速发展；另一方面，对外贸易的增长并不一定意味着自然资源的有效利用和环境质量的改善。在中国对外贸易中，加工贸易是其重要组成部分，占比接近半壁江山。发展加工贸易在一定程度上不仅解决了中国的就业问题，而且弥补了对外贸易中中国资金、技术的不足，同时有利于中国产业结构的调整与升级。而中国出口产品主要集中在高耗能、高污染的劳动密集型和资源密集型产业上，随着中国2001年底正式加入世界贸易组织（WTO），近年来出口贸易得到强劲增长，出口了大量高耗能行业的产品。

中国自1994年以来一直保持着对外贸易顺差，且国内能源强度高的特点导致了中国出口内涵能源高于进口内涵能源，中国为转移排放的净出口国。中国净出口内涵能的先升后降一方面是由于进出口产品结构的变化，如2008年后钢铁出口的大幅下降。另一方面原因是中国进出口不同贸易方式间相对值的变动。图 5－7 中最高的两条线——出口与进口总额显示中国在对外贸易总量上一直保持着贸易顺差，尤其是 2005 年以来贸易顺差扩大为 1000 亿美元以上。如果从贸易方式结构来看，中国的高顺差主要来源于加工贸易产品，而非加工贸易产品基本为贸易逆差，2008 年以来非加工贸易产品的逆差逐渐扩大，2011 年该差额高达 2000 亿美元。非加工贸易产品的内涵能源是进出口内涵能的主要组成部分，非加工贸易产品的逆差导致了净出口内涵能源出现缩窄的趋势。

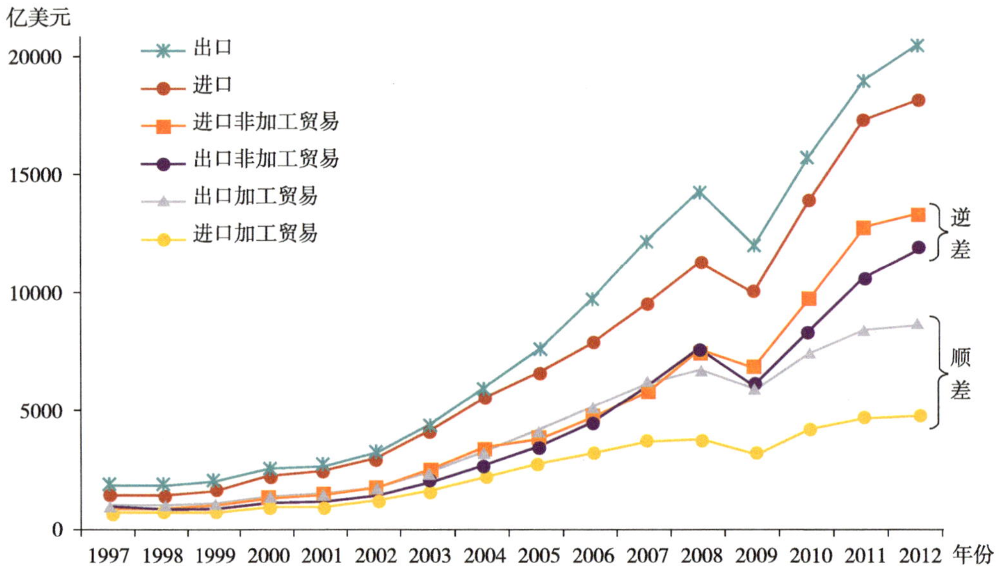

图 5－7　1997—2012 年中国进出口总额及其贸易方式结构

2002—2012 年中国净出口商品内涵碳排放即转移排放的计算结果，如图 5－8 所示。显示中国转移排放与净出口内涵能源同样呈现先增后降及后稳步上涨的趋势。2002—2004 年中国出口内涵排放总量为 5 亿～7 亿吨，2005—2012 年中国出口内涵排放为 10 亿～15 亿吨。与出口内涵能类似，中国出口产品导致的二氧化碳排放占排放总量的比重由 2005—2008 年 20%～24% 下降为 2009—2012 年的约 16%。中国进口内涵排放量逐年稳步上升，由 2002 年的 1.3 亿吨增加到 2012 年 4 亿吨，年均增长约 11%，进口内涵排放在中国排放总量的比重保持 5% 左右，低于进口内涵能所占比重。综合来看，2005—2008 年中国转移排放约为 7 亿～12 亿吨左右，占当年排放总量的约 15%～20%；2009 年以来中国净出口内涵排放保持在 8 亿吨左右，约占 11%。

总体上随着进出口额的快速增长，中国进出口内涵排放也呈上升趋势。同时中国单位能源产品的排放系数高导致了中国出口内涵排放量远高于进口内涵排放，因此中国长期以来一直是内涵排放的净出口大国，承担其他国家大量的转移排放的同时也面临着巨大的减排压力。高转移排放源于较高的贸易顺差，中国以煤为主的能源结构、高能耗强度及排放强度等，而最直接、最本质的原因在于中国进出口贸易的产品结构。

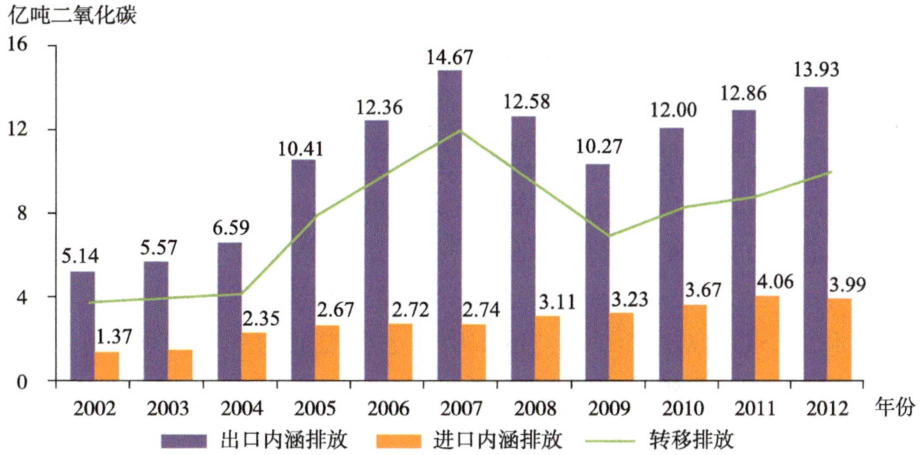

图 5－8　2002—2012 年中国转移排放量

中国进出口产品内涵排放伴随着产品的进出口贸易国有所不同如图 5－9 所示，结果显示亚洲国家和地区是中国进出口贸易的主要伙伴国。出口内涵排放量最多流向亚洲国家和地区，占出口产品内涵排放总量的近 40%，主要包括日本、韩国、印度、中国台湾、马来西亚以及泰国。其次为欧洲，占内涵排放总量的 27%，主要包括德国、俄罗斯等国。流向北美洲的出口内涵排放绝大部分出口到美国，美国也是中国出口内涵排放去向中最大的国家，占中国出口内涵排放总量的 20%。2007 年中国进口内涵排放总量为 3.28 亿吨 CO_2，其中主要来源于亚洲国家和地区，主要包括日本、韩国、印度等国家。

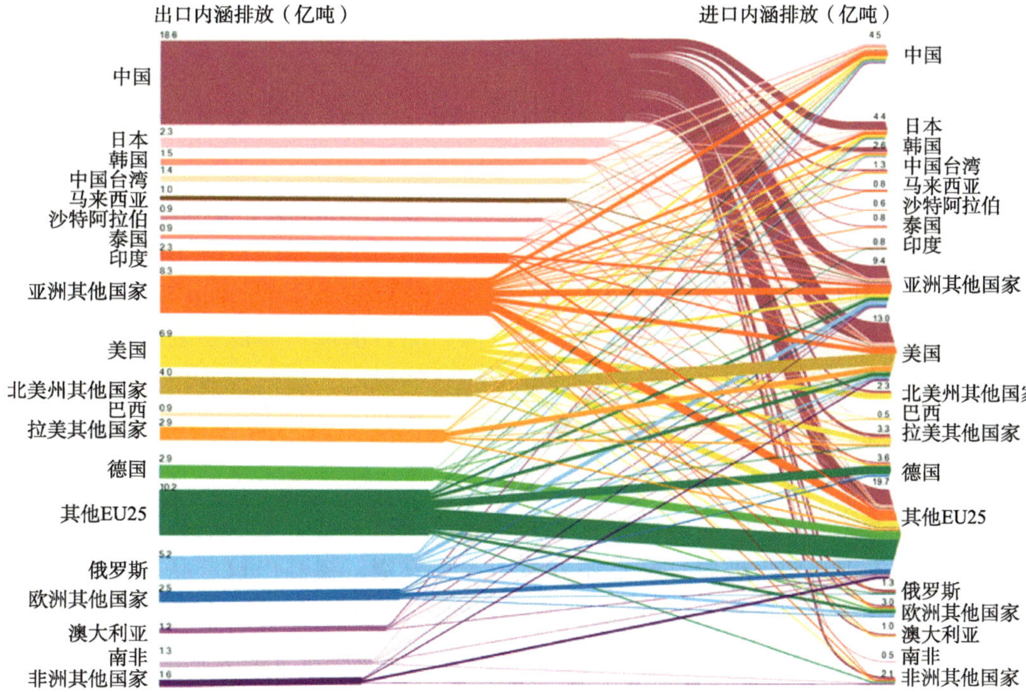

图 5－9　中国出口产品内涵排放的全球主要国家与地区

中国出口内涵排放总量大，行业相对集中，而且行业出口额排放强度与行业总体出口额都对行业出口内涵排放有一定的影响。中国特定的经济发展阶段，使得中国进出口贸易得到迅猛发展，能源密集型产品的出口一方面带来的资金和技术，有利于国内经济的发展，但是另一方面也加剧了国内能源的需求，带来了严重的环境问题。中国出口产品结构和贸易形式的不同，在各个部门出口内涵排放也呈现出不同的影响。出口内涵排放最大的六个部门依次为化学工业、金属冶炼及压延加工业、纺织业、交通运输及仓储业、石油加工以及通信设备、计算机及其他电子设备制造业。2007 年出口内涵能源前 20 个部门累计出口额约占 2007 年出口总额的 96%，其累计的内涵排放占出口内涵排放总量的 96%，如图 5－10 所示。

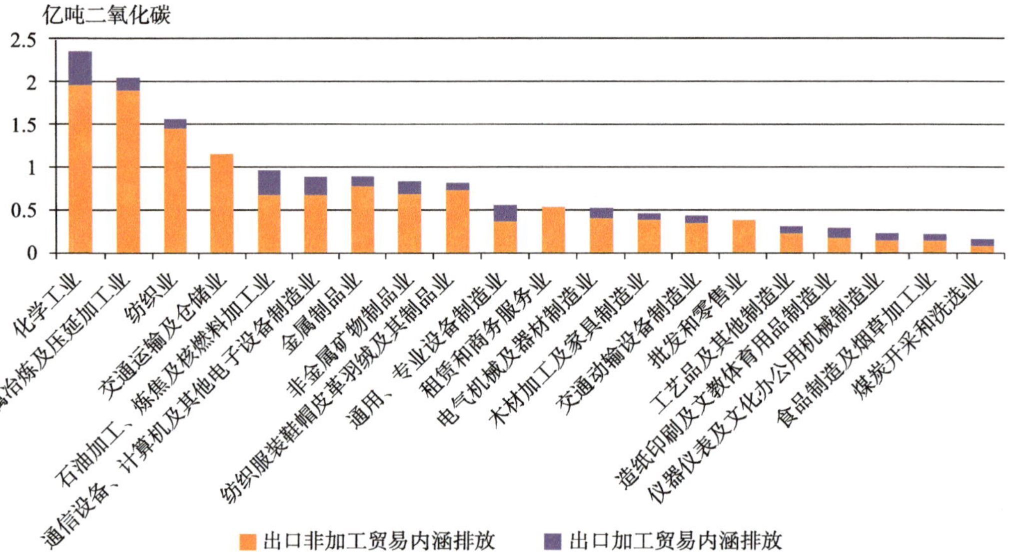

图 5－10　2007 年中国出口产品内涵排放较高的部门

中国分行业出口内涵排放相对比较集中，而且行业出口额排放强度与行业总体出口额对行业出口内涵排放均有一定的影响。纺织业并非传统的高耗能产业，但是由于其出口额非常大，导致其整个行业内涵排放量高；而石油加工和炼焦业、非金属矿物制品以及金属冶炼及压延加工业属于排放强度较高的部门，制定行业相关政策时需要进行充分的考虑。对于排放强度过高的行业部门，应严格控制产品出口，降低出口内涵排放；而对于排放强度不高的部门，如化工、交通运输及金属制品业等，这些产业部门对于拉动经济的正面作用比内涵排放的负面作用更大，不需要对其进行过多的政策干预和限制，但是应该鼓励该行业不断进行产业升级，提高出口产品附加值，通过进一步降低部门能源强度来降低其总的内涵排放量，鉴于这些行业出口产品较高的内涵排放量，采取相应的能效措施的效果可能比限制高耗能产业发展的政策效果会更好。

由于中国进出口贸易方式以及产品结果的差异，使得中国进出口贸易中价值流与实物流存在一定的失衡。目前中国出口产品增加值能源强度高于工业增加值能源强度但低于 GDP 能源强度，2005 年中国货物贸易的出口额是进口额的 1.15 倍，而相应的出口内涵碳排放是进口内涵碳排放的 1.92 倍。制造业大量出口是造成中国第二产业比重持续增加的重要原因之一，随着未来产业升级、能源效率提高以及能源结构的调整，出口产品的增加值能源强度预计会进一步的下降。

（五）中国大部分的二氧化碳排放属于发展排放

从全球范围来看，能源消费与排放和经济发展水平有着明显的相关性。中国的 GDP 在未来 10 年仍将保持中高速增长。尽管在节能减排、发展可再生能源等方面取得了阶段性成效，但中国当前处于也将长期处于社会主义初级阶段，工业化以及城镇化水平的进一步发展，未来的能源需求还会保持一定的增长。

当前，中国经济发展方式主要依靠投资拉动国内的需求，碳排放总量大，但有别于发达国家的消费排放和奢侈排放。比较分析主要国家最终消费、资本形成及出口额的构成如图 5－11 所示，其中美国经济总量最大，其最终消费是资本形成的与倍之多。日本、德国和巴西的最终消费是其资本形成的 3 至 4 倍，印度消费是投资的 2.3 倍，而中国的投资、消费基本持平。对于出口，德国和中国均为出口大国，出口总额占当年 GDP 比重较高，分别为 50% 和 40%，其他国家的出口份额相对较小。

从最终使用产品的内涵排放角度来看，美国生产侧排放总量为 57.02 亿吨，其中 75% 的排放源于消费排放，属于奢侈排放。日本、德国、巴西、印度的消费排放占比分别为 63%、54%、60% 及 56%，一半以上的能源消耗是由消费引致的。而中国该比例仅为 35%。

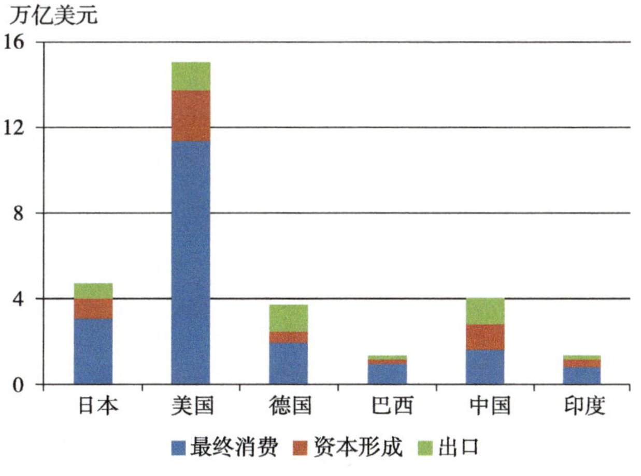

图 5－11　2007 年各国投资、消费及出口总额

处于工业化发展阶段的中国，为最终消费提供产品和服务所消耗能源的二氧化碳排放仅占生产侧排放总量的 35%，与资本形成产品导致的排放基本持平，出口内涵排

放约占四分之一。

图 5－12a 给出 2007 年中国及五个主要国家的最终消费、资本形成及出口占各国 GDP 的比重。散点图中发达国家日本、美国、德国及发展中国家巴西其最终消费的比重均在 80% 左右，印度略低为 70%，中国消费占 GDP 比重仅为 50%。而当前中国第二产业比重大，主要依靠投资拉动社会经济发展。中国资本形成占比高达 42%，有别于发达国家的约 20%，同时高于印度的投资比重。中国消费比重低、投资比重高使得消费投资比仅为 1.1，该值远远低于发达国家 3～4 的消费投资比，印度其比值为 2，介于发达国家与中国之间。图中还可以看出德国和中国为出口大国，出口比重高，分别为 42% 和 36%，其他国家的出口份额相对较小。

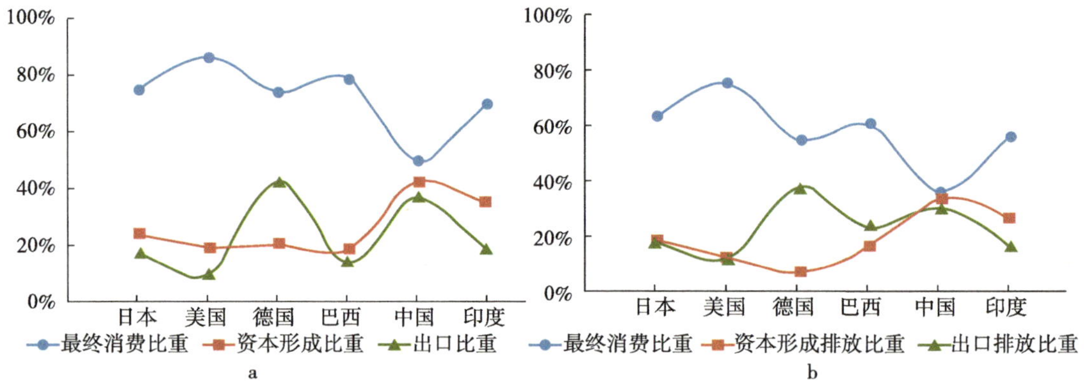

图 5－12　2007 年代表国家最终消费、资本形成及出口比重

通过对排放总量的结构分解得到图 5－12b，美国最终消费产品的内涵排放总量为 43.2 亿吨，占排放总量的比重最高为 76%，投资排放份额仅为 12%，其高排放属于消费型排放。此外依次为日本、巴西、印度、德国，最终消费产品的排放所占比重分别为 64%、61%、57% 及 55%，即一半以上的国家排放是由居民及政府使用的消费品所引致的，其中发展中国家巴西和印度的投资排放相对略高。而中国最终消费的排放仅为 21.8 亿吨，占比 36%，不足美国最终消费排放比重的一半，中国投资排放所占比重为 34%，与国内消费相当。

高投资、低消费是发展中国家的阶段发展特点。处于工业化阶段的中国最终消费产品的排放仅占排放总量的 36%，与资本形成产品导致的排放基本持平，出口内涵排放约占 30%。可见中国近 70% 的二氧化碳排放主要与工业生产相关。中国高排放属于社会经济特定阶段的发展排放。中国当前处于也将长期处于社会主义初级阶段，工业化及城镇化的进一步发展也将使得中国未来能源需求保持一定的增长趋势。中国在国内努力推行节能减碳、发展可再生能源、增加碳生产率的同时也需要国际社会给予所有发展中国家以合理的发展空间与排放容量。

三、产业供给与需求结构优化对能源消耗和碳排放的影响

随着《“十三五”规划纲要》中提出要全面推进创新发展、协调发展、绿色发展、开放发展、共享发展的新发展理念，其中绿色发展是统筹国内国际大局的战略取向，其核心理念在于促进人与自然的和谐共生，促进人类社会与资源环境的协调和可持续发展。目前中国国内新常态下发展动力的转换，将有效促进产业结构的调整，将从过去依靠资源大量投入驱动的经济增长方式，向“需求侧”和“供给侧”两个方面的改革来促进经济增长向价值型的可持续方式的转变。“需求侧”改革重点是降低投资扩大消费，调整需求结构；“供给侧”改革则主要是提高要素的生产力与促进产业产品的升级，进一步优化生产结构。

（一）供给结构（产业结构）调整对碳排放的影响

产业结构的调整通常是指传统产业包括第一产业、第二产业以及第三产业结构的进一步优化，产业结构的进一步优化是供给侧改革的重要因素，也是提高全要素生产率的重要体现。供给侧改革将使企业生产模式由要素投入驱动的“加工型”向知识技术创新驱动的“价值型”转变，从而降低生产过程中中间物质投入的比例，提高产品的增加值率。

2015 年年底，在巴黎召开的联合国第二十一次气候大会促使世界各国达成了面向2℃温升的控排目标与行动协议。作为全球第一大温室气体排放国，中国未来的减排能力受到世界的广泛关注。中国在不久前公布的国家自主决定贡献（INDC）目标中提出到 2030 年单位 GDP 的 CO_2强度比 2005 年下降 60% ~65%，非化石能源占一次能源消费比例达到 20% 左右，并且要在 2030 年左右实现 CO_2排放峰值并争取尽早达峰。中国自“十一五”（2006—2010）期间开始提出节能减排目标以来，到 2014 年这九年单位 GDP 的 CO_2强度已经下降 33.8%（年均下降 4.47%），非化石能源消费比例达到11.2%。中国的减排努力取得了明显的成效，但减排量仍不足以抵消经济活动增加带来的排放量增长。中国为实现 INDC 承诺目标，2030 年 CO_2强度仍需在 2014 年的基础上下降 40% ~47%，减排任务艰巨。另一方面，中国正在经历经济增长方式的重大变革。新一届政府决心改变过去依靠资源大量投入驱动的经济增长方式，提出从“需求侧”和“供给侧”两方面改革来共同促进中国经济增长向价值创造型的可持续发展方式转型。“需求侧”改革重点是降低投资扩大消费，调整需求结构；而“供给侧”改革则主要是提高要素生产力与促进产品升级，优化生产结构。2015 年，中国固定资产投资同比增速仅为 12%，2014 年增速为 15%，2013 年为 19%，而 2005—2012 年增速都在 20% 以上。投资增速的快速下降导致主要工业品的需求也开始明显下降。以钢铁产业为例，2014 年中国粗钢产量 8.2 亿吨（占全球 49.4%），增速比 2013 年下降 6.6

个百分点；消费量7.4亿吨，比2013年下降4%，经济增速也随之放缓。2015年，中国经济增速降到6.9%，同时能源消费增速也下降到0.9%，都是近二十五年以来的最低水平。中国经济发展方式的转变正在对能源消费与CO_2排放产生重要影响。未来中国经济进一步调整会对减排产生怎样的影响，中国需要做出怎样的努力才能实现甚至提前完成INDC承诺目标，是本部分讨论的重点。

根据Kaya公式，CO_2强度的下降与单位能源消费的CO_2强度和单位GDP的能源强度两个因素相关。前者反映了能源系统的低碳化程度，后者又可继续分解为产业结构与各产业单位产出的能源消费量两个因素乘积的按产业加和。因此，经济转型和改革对减排的影响一方面体现在生产部门产出结构的变化上，另一方面则体现在各产业内部生产方式的变化上。而这两点也正好是中国经济改革重点调整的两个方向。基于最新发布的2005—2013年修正后的能源经济数据，分析能源消费CO_2强度、GDP的产业结构（按三产划分）以及各产业单位增加值能耗这三个因素的减排贡献结果显示，能源消费CO_2强度下降对减排的贡献为12.46%，部门单位产出能耗下降的减排贡献最大（81.5%），而三次产业结构变化的作用小（6.1%）。可见各生产部门的能源生产力（增加值除以能源消费）的提升是过去减排的主要驱动力。这一方面源于技术进步所带来的能源利用效率的提升，另一方面则源于产业升级促进了增加值率的提高。2005年到2013年中国吨钢可比能耗下降9.5%，电解铝每吨电耗下降5.7%，水泥综合能耗每吨下降16.1%，技术节能效果明显。同时，基于投入产出表测算中国2012年全产业增加值率为34%，比2007年（32%）提高了2个百分点。三次产业结构调整对减排的贡献则小。进一步研究发现，尽管中国一直以来都在致力于降低经济结构中工业的比例，从现价来看中国工业增加值GDP占比也的确从2005年的46.9%下降到2013年的43.7%（下降3.2个百分点），但从更能反映经济产出数量变化的不变价来看（以2005年不变价计），中国工业经济占比实际上是从2005年的46.9%上升到2013年的49.6%

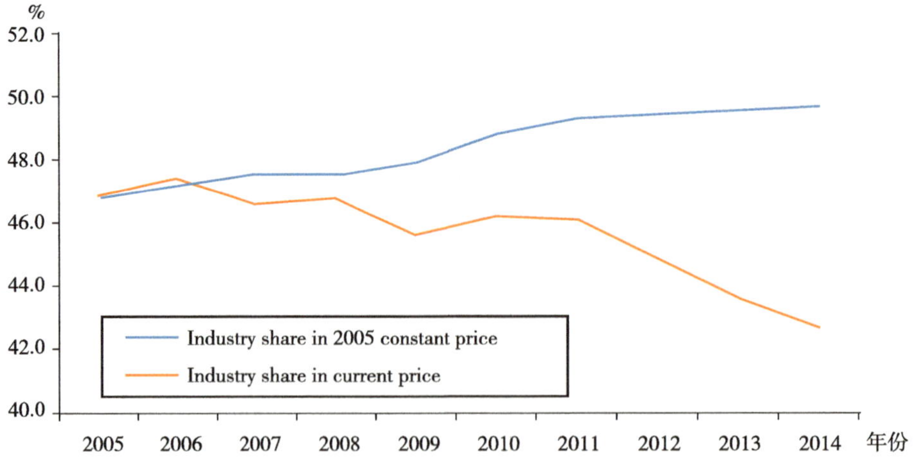

图5－13　2005—2014年中国现价与不变价计量工业增加值占GDP的比例

（上升了2.7个百分点），工业增加值占到了GDP总量的一半左右（图5－13所示）。中国的经济转型政策在过去虽然还没有改变工业对经济增长的主导作用，但有效抵制了工业在国民经济中占比的增长。2014年中国工业经济占比与2013年相比持平没有继续增长，中国产业结构调整的效果正在显现。

明确了未来经济转型的方向，随之而来的问题是未来经济进一步转型究竟会给中国带来多少减排能力。中国的经济改革正在从“需求侧”和“供给侧”同时发力，“需求侧”改革旨在调整产业结构，“供给侧”改革旨在转变生产方式，提高增加值率。首先从产业结构调整来看，基于最新发布的中国2012年投入产出表与经济能源统计数据，计算出2012年中国15个经济部门单位增加值能耗与单位产值的增加值率（如图5－14所示）。可以看出，工业各部门的单位增加值能耗要明显高于服务业，而单位产值的增加值率则低于服务业。具体来看，工业平均单位增加值能耗为0.157（kg标煤/元），单位产值增加值率为22.9%；服务业平均能耗为0.038（kg标煤/元），增加值率为54%；工业部门中能耗最高的石油、化工、电力、金属以及非金属五个行业的平均能耗为0.357（kg标煤/元），是服务业的9倍，而增加值率（20.5%）仅为服

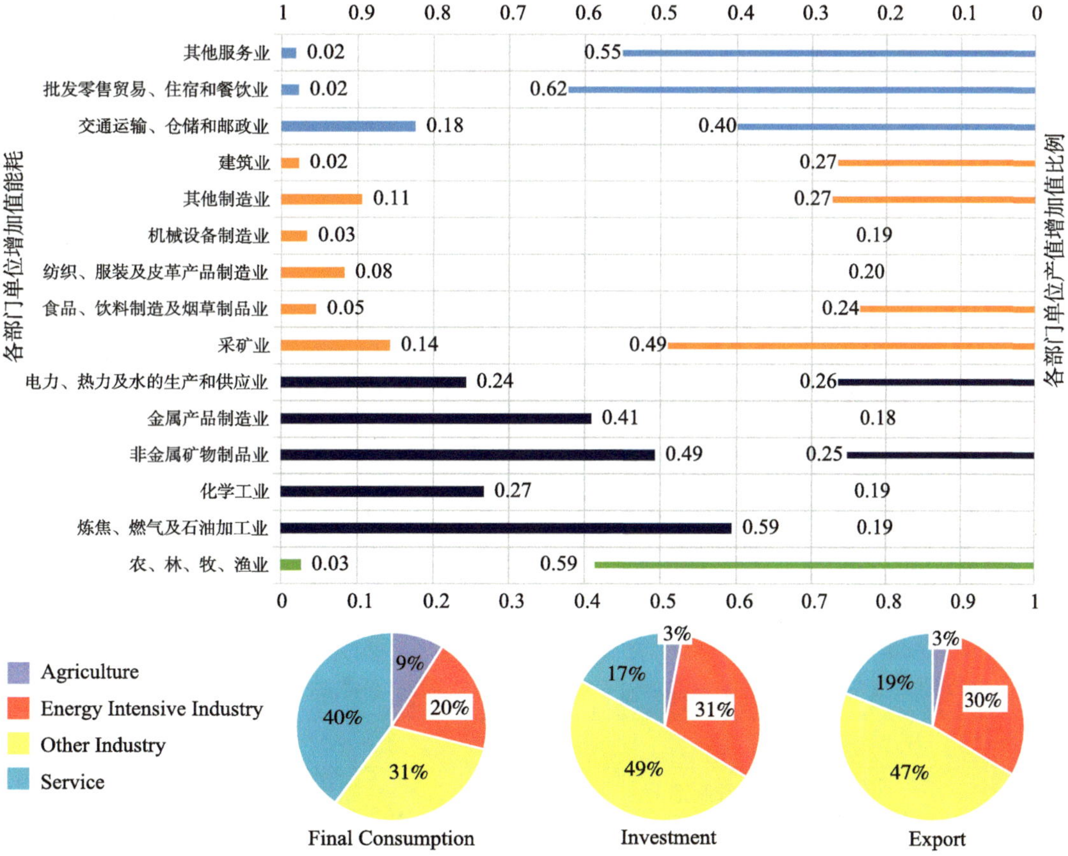

图5－14 中国生产部门单位增加值能耗、单位产值比例及消费部门完全需求的产业比例（2012）

务业的三分之一。因此与工业相比，服务业可以用更少的能源消耗换来更多的经济增加值。所以中国一直致力于推动服务业替代工业带动经济发展。但如上文所述，中国过去工业在 GDP 中的占比实际还在增长。

（二）实现峰值的产业结构路径

1. 研究方法

本研究主要采用以下方法步骤来分析研究中国碳排放峰值的产业结构路径：

（1）针对情景发展框架，给出主要的发展指标数据，即 GDP 增速、各产业部门的增加值增速、各产业部门增加值能耗强度降速、各产业部门增加值率、单位能源的碳排放因子等指标；

（2）对情景发展框架进行定量分析，报告期各部门增加值乘以增加值能耗强度，再乘以单位能源的碳排放因子，即得到预测期内的 CO_2 排放量。

情景各报告期的基础数据均为投入产出表，为了方便比较，均以官方公布的 2007 年 42 部门 IO 表为基础对各年 IO 表进行更新，因此所有经济数据的基年均为 2007 年，42 部门。考虑到情景设计的繁简复杂程度，以及国家对于工业转型升级发展的远景规划，需要对 42 部门进行整合，主要是将工业各部门分成若干大类，参考国民经济行业分类代码表，具体整合为 8 大部门，分类情况如表 5－2 所示。

表 5－2　投入产出部门大类整合对应表

部门序号	部门	大类部门
1	农林牧渔业	第一产业
2	煤炭开采和洗选业	
3	石油和天然气开采业	
10	造纸印刷及文教体育用品制造业	
11	石油加工、炼焦及核燃料加工业	能源部门
23	电力、热力的生产和供应业	
24	燃气生产和供应业	
25	水的生产和供应业	
12	化学工业	生物医药
14	金属冶炼及压延加工业	
15	金属制品业	
16	通用专用设备制造业	装备制造
17	交通运输设备制造业	
18	电气机械及器材制造业	

（续表）

部门序号	部门	大类部门
19	通信设备、计算机及其他电子设备制造业	信息技术
4	金属矿采选业	其他部门
5	非金属矿及其他矿采选业	
6	食品制造及烟草加工业	
7	纺织业	
8	纺织服装鞋帽皮革羽绒及其制品业	
9	木材加工及家具制造业	
13	非金属矿物制品业	
20	仪器仪表及文化办公用机械制造业	
21	工艺品及其他制造业	
22	废品废料	
26	建筑业	建筑业
27	交通运输及仓储业	第三产业
28	邮政业	
29	信息传输、计算机服务和软件业	
30	批发和零售业	
31	住宿和餐饮业	
32	金融业	第三产业
33	房地产业	
34	租赁和商务服务业	
35	研究与试验发展业	
36	综合技术服务业	
37	水利、环境和公共设施管理业	
38	居民服务和其他服务业	
39	教育	
40	卫生、社会保障和社会福利业	
41	文化、体育和娱乐业	
42	公共管理和社会组织	

为了更直接地了解各部门对于未来 CO_2 排放的影响力，而且能源部门与装备制造部门作为所有大类中最大的两个碳排放大户，参考国际经验来看，两者中某个部门优先

发展代表着不同的发展方向，因此也把优先发展部门作为情景划分的依据之一。另外，不同的 GDP 增速分别对应着不同的产业结构比重分布，自然也影响到各部门对于碳排放的影响力，因此 GDP 增速的不同也作为情景划分的依据之一。

本文基于 GDP 增速和工业优先发展方向设计了四个排放情景：

第一个是 GDP 适度增长，优先发展装备制造，简称适度—优先装备情景；

第二个是 GDP 适度增长，优先发展能源部门，简称适度—优先能源情景；

第三个是 GDP 高速增长，优先发展装备制造，简称高速—优先装备情景；

第四个是 GDP 高速增长，优先发展能源部门，简称高速—优先能源情景。

表 5－3　各个情景的主要参数

<table>
<tr><th></th><th>适度—优先装备情景</th><th>适度—优先能源情景</th><th>高速—优先装备情景</th><th>高速—优先能源情景</th></tr>
<tr><td>GDP 平均增速</td><td colspan="2">2010—2015，7.5%；2015—2020，6.5%
2020—2030，5.5%；2030—2040，4.0%
2040—2050，3.0%</td><td colspan="2">2010—2015，7.5%；2015—2020，7%
2020—2030，6.5%；2030—2040，6.0%
2040—2050，5.0%</td></tr>
<tr><td>三产结构</td><td colspan="2">二产占比降速较快</td><td colspan="2">二产占比降速较慢</td></tr>
<tr><td>优先发展方向</td><td>2050 年装备制造部门占 GDP 比重比 2010 年降低 2%，能源部门降低 4%</td><td>装备制造降低 5%，能源部门降低 2%</td><td>装备制造降低 1%，能源部门降低 3%</td><td>装备制造降低 4%，能源部门降低 1%</td></tr>
</table>

2. 产业结构变化

根据情景参数的设定，不同情景下各报告期的 GDP 与各大类部门的增加值年均增长率数据设置如下面各表中所示：

表 5－4　各阶段大类部门增加值年均增长率（%）（适度—优先装备情景）

部门	2007—2010 年	2010—2015 年	2015—2020 年	2020—2030 年	2030—2040 年	2040—2050 年
第一产业	8.86	1.67	4.21	3.31	1.25	0.09
能源部门	9.31	6	5	4	3	2
生物医药	9.36	9	8.5	7	5.5	3
装备制造	9.66	6.5	6	5	3.5	2.5
信息技术	5.23	11	10	7.5	5	3
其他产业	6.88	3.08	4.93	4.2	1.87	1.34
建筑业	18.77	7	6.5	4	2.5	1
第三产业	14.36	10.19	8.19	6.2	4.65	3.7

表 5－5　各阶段大类部门增加值年均增长率（%）（适度—优先能源情景）

部门	2007—2010 年	2010—2015 年	2015—2020 年	2020—2030 年	2030—2040 年	2040—2050 年
第一产业	8. 86	1. 67	4. 21	3. 31	1. 25	0. 09
能源部门	9. 31	6. 5	6	5	3. 5	2. 5
生物医药	9. 36	9	8. 5	7	5. 5	3
装备制造	9. 66	6	5	4	3	2
信息技术	5. 23	11	10	7. 5	5	3
其他产业	6. 88	3. 23	5. 24	4. 52	2. 11	1. 59
建筑业	18. 77	7	6. 5	4	2. 5	1
第三产业	14. 36	10. 19	8. 19	6. 2	4. 65	3. 7

表 5－6　各阶段大类部门增加值年均增长率（%）（高速—优先装备情景）

部门	2007—2010 年	2010—2015 年	2015—2020 年	2020—2030 年	2030—2040 年	2040—2050 年
第一产业	8. 86	1. 67	3. 87	3. 30	1. 44	0. 11
能源部门	9. 31	7. 30	6. 80	6. 00	5. 00	4. 00
生物医药	9. 36	9. 00	8. 50	8. 00	7. 00	6. 00
装备制造	9. 66	7. 50	7. 00	6. 80	5. 80	4. 80
信息技术	5. 23	11. 00	11. 00	9. 00	8. 00	7. 00
其他产业	6. 88	0. 64	7. 33	6. 65	4. 45	1. 95
建筑业	18. 77	7. 00	6. 50	6. 00	5. 00	4. 00
第三产业	14. 36	10. 19	8. 17	7. 58	6. 60	5. 55

表 5－7　各阶段大类部门增加值年均增长率（%）（高速—优先能源情景）

部门	2007—2010 年	2010—2015 年	2015—2020 年	2020—2030 年	2030—2040 年	2040—2050 年
第一产业	8. 86	1. 67	3. 87	3. 30	1. 44	0. 11
能源部门	9. 31	7. 30	7. 30	6. 80	5. 50	4. 50
生物医药	9. 36	9. 00	8. 50	8. 00	7. 00	6. 00
装备制造	9. 66	7. 00	6. 50	6. 00	5. 00	4. 00
信息技术	5. 23	11. 00	11. 00	9. 00	8. 00	7. 00
其他产业	6. 88	1. 30	7. 47	6. 89	5. 09	2. 94
建筑业	18. 77	7. 00	6. 50	6. 00	5. 00	4. 00
第三产业	14. 36	10. 19	8. 17	7. 58	6. 60	5. 55

由此可以得到未来各报告期的大类部门各自的产业结构比重，结果如下面各个表格所示。

表 5－8　各报告期大类部门增加值比重（%）（适度—优先装备情景）

部门	2010 年	2015 年	2020 年	2025 年	2030 年	2040 年	2050 年
第一产业	10.04	7.6	6.4	5.45	4.5	2.9	1.8
能源部门	9.58	8.93	8.13	7.585	7.04	6.4	5.8
生物医药	4.47	4.79	5.14	5.53	5.92	6.83	6.83
装备制造	12.82	12.23	11.67	11.4	11.13	10.6	10.1
信息技术	2.15	2.53	2.9	3.2	3.5	3.86	3.86
其他产业	12.53	10.16	9.21	8.675	8.14	6.62	5.63
建筑业	6.6	6.45	6.3	5.88	5.46	4.72	3.88
第三产业	41.81	47.31	50.25	52.28	54.31	58.07	62.1

表 5－9　各报告期大类部门增加值比重（%）（适度—优先能源情景）

部门	2010 年	2015 年	2020 年	2025 年	2030 年	2040 年	2050 年
第一产业	10.04	7.6	6.4	5.45	4.5	2.9	1.8
能源部门	9.58	9.15	8.73	8.525	8.32	7.93	7.55
生物医药	4.47	4.79	5.14	5.53	5.92	6.83	6.83
装备制造	12.82	11.95	10.87	10.145	9.42	8.55	7.76
信息技术	2.15	2.53	2.9	3.2	3.5	3.86	3.86
其他产业	12.53	10.23	9.42	8.995	8.57	7.14	6.22
建筑业	6.6	6.45	6.3	5.88	5.46	4.72	3.88
第三产业	41.81	47.31	50.25	52.28	54.31	58.07	62.1

表 5－10　各报告期大类部门增加值比重（%）（高速—优先装备情景）

部门	2010 年	2015 年	2020 年	2025 年	2030 年	2040 年	2050 年
第一产业	10.04	7.6	6.4	5.45	4.5	2.9	1.8
能源部门	9.58	9.5	9.19	8.78	8.37	7.61	6.92
生物医药	4.47	4.79	5.02	5.265	5.51	6.05	6.65
装备制造	12.82	12.82	12.52	12.405	12.29	12.06	11.83
信息技术	2.15	2.53	2.97	3.27	3.57	4.31	5.2
其他产业	12.53	9.01	8.94	8.8	8.66	7.47	5.56
建筑业	6.6	6.45	6.16	5.885	5.61	5.1	4.63
第三产业	41.79	47.3	48.8	50.15	51.5	54.5	57.4

表 5-11 各报告期大类部门增加值比重（%）（高速—优先能源情景）

部门	2010 年	2015 年	2020 年	2025 年	2030 年	2040 年	2050 年
第一产业	10.04	7.6	6.4	5.45	4.5	2.9	1.8
能源部门	9.58	9.5	9.41	9.32	9.23	8.81	8.4
生物医药	4.47	4.79	5.02	5.265	5.51	6.05	6.65
装备制造	12.82	12.52	11.95	11.415	10.88	9.89	8.99
信息技术	2.15	2.53	2.97	3.27	3.57	4.31	5.2
其他产业	12.53	9.31	9.3	9.25	9.2	8.44	6.92
建筑业	6.6	6.45	6.16	5.885	5.61	5.1	4.63
第三产业	41.79	47.3	48.8	50.15	51.5	54.5	57.4

2007 年、2010 年各部门增加值从当年 IO 表中可以获取，故此两年大类部门增加值也可以获取，本文认为同一大类中的不同部门增加值年均增长率与整体相同，故各报告期下各部门增加值可以得到，且均为 2007 年可比价。

3. 增加值能源强度

按照情景参数的设定，不同情景下各阶段中各大类部门的增加值能耗强度年均增长率数据设置如下面各表中所示：

表 5-12 各阶段大类部门能耗强度年均增长率（%）（适度—优先装备情景）

部门	2007—2010 年	2010—2015 年	2015—2020 年	2020—2030 年	2030—2040 年	2040—2050 年
第一产业	-6.93	-4.16	-4.57	-5.49	-6.04	-5.74
能源部门	-3.01	-1.81	-1.99	-2.39	-2.63	-2.49
生物医药	-5.67	-3.40	-3.74	-4.49	-4.94	-4.69
装备制造	-3.69	-2.22	-2.44	-2.92	-3.22	-3.06
信息技术	2.79	0.00	-3.07	-3.69	-4.05	-3.85
其他产业	-2.74	-1.64	-1.81	-2.17	-2.38	-2.27
建筑业	-8.44	-5.06	-5.57	-6.68	-7.35	-6.98
第三产业	-7.07	-4.24	-4.67	-5.60	-6.16	-5.85

表 5-13 各阶段大类部门能耗强度年均增长率（%）（适度—优先能源情景）

部门	2007—2010 年	2010—2015 年	2015—2020 年	2020—2030 年	2030—2040 年	2040—2050 年
第一产业	-6.93	-3.81	-4.19	-5.03	-5.54	-5.54
能源部门	-3.01	-1.66	-1.82	-2.19	-2.41	-2.41
生物医药	-5.67	-3.12	-3.43	-4.11	-4.53	-4.53

（续表）

部门	2007—2010 年	2010—2015 年	2015—2020 年	2020—2030 年	2030—2040 年	2040—2050 年
装备制造	-3.69	-2.03	-2.23	-2.68	-2.95	-2.95
信息技术	2.79	0.00	-3.07	-3.69	-4.05	-4.05
其他产业	-2.74	-1.51	-1.66	-1.99	-2.19	-2.19
建筑业	-8.44	-4.64	-5.10	-6.12	-6.74	-6.74
第三产业	-7.07	-3.89	-4.28	-5.13	-5.65	-5.65

表 5-14　各阶段大类部门能耗强度年均增长率（%）（高速—优先装备情景）

部门	2007—2010 年	2010—2015 年	2015—2020 年	2020—2030 年	2030—2040 年	2040—2050 年
第一产业	-6.93	-4.02	-4.82	-7.24	-8.47	-8.47
能源部门	-3.01	-1.75	-2.10	-3.15	-3.68	-3.68
生物医药	-5.67	-3.29	-3.94	-5.92	-6.92	-6.92
装备制造	-3.69	-2.14	-2.57	-3.85	-4.51	-4.51
信息技术	2.79	0.00	-3.35	-5.03	-5.88	-5.88
其他产业	-2.74	-1.59	-1.91	-2.86	-3.34	-3.34
建筑业	-8.44	-4.89	-5.87	-8.81	-10.30	-10.30
第三产业	-7.07	-4.10	-4.92	-7.38	-8.64	-8.64

表 5-15　各阶段大类部门能耗强度年均增长率（%）（高速—优先能源情景）

部门	2007—2010 年	2010—2015 年	2015—2020 年	2020—2030 年	2030—2040 年	2040—2050 年
第一产业	-6.93	-3.81	-3.81	-6.86	-7.55	-8.68
能源部门	-3.01	-1.66	-1.66	-2.98	-3.28	-3.77
生物医药	-5.67	-3.12	-3.12	-5.61	-6.17	-7.10
装备制造	-3.69	-2.03	-2.03	-3.65	-4.02	-4.62
信息技术	2.79	0.00	-2.79	-5.03	-5.53	-6.36
其他产业	-2.74	-1.51	-1.51	-2.71	-2.98	-3.43
建筑业	-8.44	-4.64	-4.64	-8.35	-9.19	-10.56
第三产业	-7.07	-3.89	-3.89	-7.00	-7.70	-8.86

由此可以得到未来各报告期的大类部门各自的产业结构比重，结果如下面各表所示。

表 5－16 各报告期大类部门能耗强度（吨标准煤/万元 GDP）（适度—优先装备情景）

部门	2010 年	2015 年	2020 年	2025 年	2030 年	2040 年	2050 年
第一产业	0. 1752	0. 1417	0. 1121	0. 0983	0. 0845	0. 0619	0. 0461
能源部门	1. 6846	1. 5377	1. 3907	1. 3116	1. 2325	1. 0789	0. 9509
生物医药	2. 2942	1. 9298	1. 5949	1. 4313	1. 2677	0. 9842	0. 7741
装备制造	1. 8014	1. 6105	1. 4236	1. 32545	1. 2273	1. 0422	0. 8924
信息技术	0. 3183	0. 3183	0. 2723	0. 249	0. 2257	0. 1835	0. 1508
其他产业	1. 0246	0. 9432	0. 861	0. 8163	0. 7716	0. 6839	0. 6099
建筑业	0. 2183	0. 1684	0. 1265	0. 108	0. 0895	0. 0611	0. 0426
第三产业	0. 3027	0. 2437	0. 1919	0. 16785	0. 1438	0. 1047	0. 0774

表 5－17 各报告期大类部门能耗强度（吨标准煤/万元 GDP）（适度—优先能源情景）

部门	2010 年	2015 年	2020 年	2025 年	2030 年	2040 年	2050 年
第一产业	0. 1752	0. 1443	0. 1164	0. 10315	0. 0899	0. 0677	0. 0509
能源部门	1. 6846	1. 5496	1. 4133	1. 3393	1. 2653	1. 1202	0. 9917
生物医药	2. 2942	1. 9582	1. 6448	1. 489	1. 3332	1. 0576	0. 839
装备制造	1. 8014	1. 6258	1. 4521	1. 3599	1. 2677	1. 0915	0. 9398
信息技术	0. 3183	0. 3183	0. 2723	0. 249	0. 2257	0. 1835	0. 1492
其他产业	1. 0246	0. 9498	0. 8737	0. 832	0. 7903	0. 7076	0. 6335
建筑业	0. 2183	0. 1722	0. 1325	0. 11455	0. 0966	0. 0682	0. 0481
第三产业	0. 3027	0. 2482	0. 1995	0. 1764	0. 1533	0. 1146	0. 0857

表 5－18 各报告期大类部门能耗强度（吨标准煤/万元 GDP）（高速—优先装备情景）

部门	2010 年	2015 年	2020 年	2025 年	2030 年	2040 年	2050 年
第一产业	0. 1752	0. 1427	0. 1114	0. 094	0. 0766	0. 0492	0. 0316
能源部门	1. 6846	1. 5424	1. 3873	1. 2848	1. 1823	0. 9801	0. 8125
生物医药	2. 2942	1. 9411	1. 5874	1. 3788	1. 1702	0. 8175	0. 5711
装备制造	1. 8014	1. 6166	1. 4193	1. 2927	1. 1661	0. 9258	0. 7351
信息技术	0. 3183	0. 3183	0. 2684	0. 2379	0. 2074	0. 1532	0. 1132
其他产业	1. 0246	0. 9458	0. 8591	0. 80115	0. 7432	0. 6269	0. 5289
建筑业	0. 2183	0. 1699	0. 1255	0. 10235	0. 0792	0. 046	0. 0267
第三产业	0. 3027	0. 2455	0. 1907	0. 16035	0. 13	0. 0827	0. 0527

表 5-19 各报告期大类部门能耗强度（吨标准煤/万元 GDP）（高速—优先能源情景）

部门	2010 年	2015 年	2020 年	2025 年	2030 年	2040 年	2050 年
第一产业	0.1752	0.1443	0.1188	0.101	0.0832	0.0562	0.0357
能源部门	1.6846	1.5496	1.4253	1.32515	1.225	1.0367	0.8552
生物医药	2.2942	1.9582	1.6715	1.46195	1.2524	0.9108	0.6303
装备制造	1.8014	1.6258	1.4673	1.34265	1.218	0.9921	0.783
信息技术	0.3183	0.3183	0.2763	0.2449	0.2135	0.1607	0.1157
其他产业	1.0246	0.9498	0.8804	0.8239	0.7674	0.6596	0.5541
建筑业	0.2183	0.1722	0.1358	0.1118	0.0878	0.0542	0.031
第三产业	0.3027	0.2482	0.2036	0.1726	0.1416	0.0949	0.0597

4. 单位能耗排放因子

本研究参考现有的一些研究结果，本研究假设未来情景下的单位能源排放因子如表 20 所示。

表 5-20 单位能耗排放因子

吨 CO_2/吨标煤	2010 年	2015 年	2020 年	2025 年	2030 年	2040 年	2050 年
适度情景	2.23	2.13	2	1.88	1.75	1.48	1.15
高速情景	2.23	2.13	2.07	1.97	1.87	1.62	1.30

5. 产业结构调整对碳排放的影响

本研究以 2010 年 IO 表为基础，通过 RAS 方法更新得到未来年份的 IO 表。2010 年延长表部门总数为 65 个，本文按照国民经济行业分类代码表将其整合为 42 个部门，同时调整为 2007 年可比价，即得到了 2010 年的基础 IO 表。

本文利用增加值率的概念来计算总产出。历史数据显示第一产业增加值率基本保持不变，第二产业逐渐变小，第三产业 2002 年后逐渐变大。另外，《工业转型升级“十二五”规划》中提出，到 2015 年工业增加值率相对于 2010 年提高 2 个百分点，因此认为 2010 年为第二产业增加值率的转折点，之后逐渐升高。基于以上判断，本文对未来三次产业的增加值率进行了预测，具体情况如图 5-15 所示。

由此可以得到各情景报告期的各部门总产出，然后就可以运用 RAS 方法更新得到 IO 表，具体方法的描述见附录 2。

预计“十三五”及以后，大规模基础设施建设、房地产开发和工业产能扩张速度将放缓，对钢铁、水泥等基础原材料需求增长相应放缓或趋于稳定甚至下降，高耗能原材料产量将陆续达到峰值，而内涵提高式的增长方式则将使高科技产业，装备制造

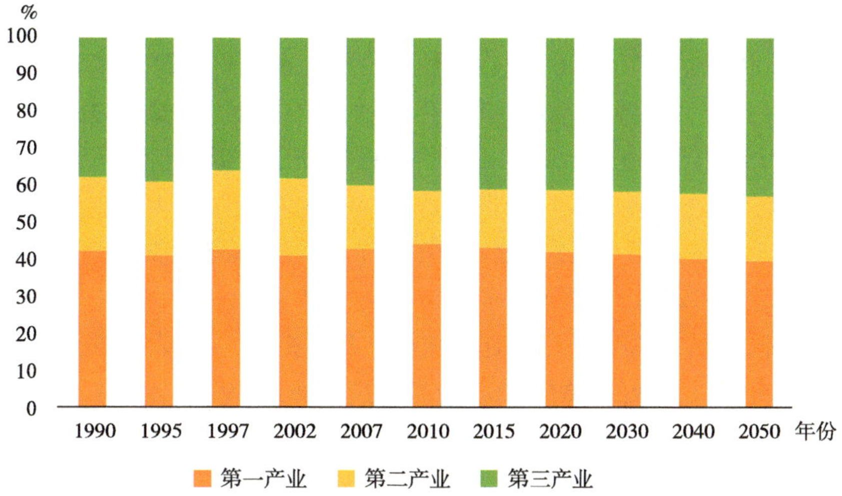

图 5－15　三次产业增加值率的变化（1990—2050，2007 年可比价）

以及信息、医药产业呈现较快的增长势头，使得高耗能工业占比 GDP 的比重下降，加快高科技行业的比重，有效促进单位增加值的能源消耗的下降。预计生物医药行业单位 GDP 的能源强度年均至少下降 2.6%，而其他行业要保持至少 1.5% 以上的下降水平。2050 年以前，产业结构按照适度优化装备情景发展，确保毫不动摇地发展制造业，加快转型升级，实现由低成本要素驱动向技术创新驱动的转换，着力推动服务业的发展，若假设第二产业和第三产业结构分别再进一步优化，则预计可以进一步降低中国未来二氧化碳的排放量，至 2050 年第二产业比目前基准情景继续下降 5 个百分点即第三产业相应上升 5 个百分点，到 2050 年达到 65%，则相应的二氧化碳排放量在 2030 年比基准情景下降接近 8 个百分点，而至 2050 年则会比基准情景下降超过 12 个百分点，而且产业结构优化的时间越早，则其后续的减排潜力越大如图 5－16 所示。

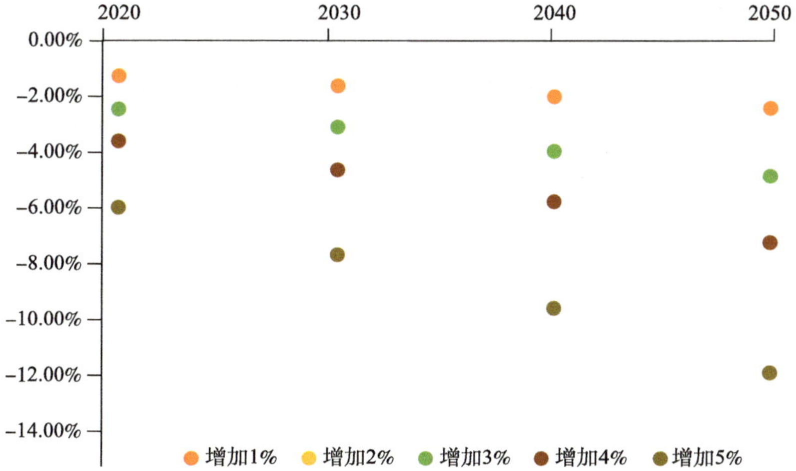

图 5－16　第三产业增加百分比导致的二氧化碳排放变化

“十三五”期间强化供给侧改革，着眼于破除体制机制障碍，优化资源配置，提高全要素生产率。供给侧改革将使企业生产模式由要素投入驱动的“加工型”向知识技术创新驱动的“价值型”转变，从而降低生产过程中中间物质投入的比例，提高产品的增加值率。当前中国制造业产品在国际价值链中处于中低端，产品能耗高，增加值率低。不仅同类产品的能源单耗仍高于发达国家的水平，而且其产值的增加值率也比发达国家低 10 个百分点左右。这也是造成中国单位 GDP 能耗比发达国家高的另一个重要原因。通过供给侧改革，降低生产成本，提高产出效益，使产品增加值率有较大提高，可有效降低各行业单位增加值的能耗强度。利用投入/产出表测算，工业部门增加率平均提高一个百分点，可使单位 GDP 能源强度下降约 2%。供给侧改革促进产业转型升级、提质增效，将对节能降碳发挥重要的促进作用。

（三）需求结构优化对碳排放的影响

经济发展过程是需求扩张驱动经济增长的过程，主流经济增长理论应把需求因素纳入到考虑范畴。Kador 和 Kuznets 等经济学家认为，消费需求是总需求中最稳定的部分，是经济增长的最根本原因和最终目的。Hansen 指出，净出口需求和投资需求经常数倍于消费需求波动，是经济波动的主要来源。诸多发达国家经济发展的实践证明，需求动力的增长是保持经济快速增长的重要因素，而需求动力的下降，则是一些国家落入“中等收入陷阱”和发达国家经济不能持续增长的重要因素之一。中国传统的经济增长模式具有高投资率、高净出口率和低消费率的特征，使得中国的经济增长容易受到资源瓶颈的约束，不利于中国经济增长的持续性，同时这种模式也容易受到国际经济波动的影响，不利于实现经济的平稳增长。为了实现中国可持续发展的经济增长方式以及避免全球经济衰退的影响，需要采取有效的经济战略刺激经济增长和转换需求增长模式势在必行。

1. 需求结构演进的一般规律

针对中国经济发展过程中出现的投资率过高和消费率过低所形成的需求结构问题，相关的研究学者从不同的视角对需求结构失衡的影响因素进行了研究。主要结论与结果显示：需求及需求结构的演进对经济增长具有较强的驱动和制约作用在理论界已经形成了共识；对发展中国家经济增长的研究必须重视需求的影响及需求结构演进的制约；中国需求失衡的结构演进研究目前主要采用传统的国际比较方法，基于对投资率和消费水平高低的比较结果而得到，但是由于各国资源禀赋、经济制度、产业结构、消费习惯和经济政策等影响总需求结构变动的因素存在较大的差异，使得处于同一发展阶段的国家的投资率水平和消费率水平存在较大差异，因此简单用来判断需求结构失衡的标准略显武断，这种现象说明，并不存在适应于每一个国家需求结构的“标准模式”。

经济发展过程中消费需求和投资需求的关系说明，消费需求是经济增长的最初需求动力，投资需求是受消费需求导向，投资需求促进消费需求的实现与提高。在经济发展过程中，随着经济水平的提高，投资需求、消费需求和净出口需求均会发生变动，但是三者的变动速度可能并不一致，进而导致需求结构变动。大致可以分为三个阶段：

（1）经济发展的工业化初期阶段，第一产业占据主导地位，消费结构主要为食品主导型。生产力水平和消费水平均较低，投资需求和净出口需求相对较弱，因此消费率和最终需求率相对较高，投资率相对较低。

（2）经济发展的工业化中期阶段，第二产业占据主导地位，消费结构向工业消费品转变，第二产业占比 GDP 比重增加，投资需求、消费需求和净出口需求均会上升，投资和净出口需求上升的幅度明显超过消费需求。因此，这一阶段消费率将不断波动下降，投资率和净出口率不断波动上升，投资消费比和最终需求比相应波动下降。

（3）工业化后期和后工业化阶段，产业结构表现为第三产业占主导地位，消费结构转向服务业消费品为主导型阶段的转变。这一阶段，第二产业占比 GDP 比重达到高位持续一段时间并开始下降，第三产业占比 GDP 比重会逐渐增加，这一阶段第二产业的投资需求趋缓，第三产业对资本投入的要求相对较低，居民消费升级，导致消费需求和最终需求缓慢上升，因此这一阶段消费率波动中上升，投资率和净出口率波动下降，消费投资比和最终需求投资比波动上升，但需求结构变化幅度较小。

因此，需求结构演进的一般规律具体表现为：①随着工业化进程推进中，收入水平的增加，消费率先下降而后上升的变化趋势，投资率和净出口率先上升后下降的变化趋势；②随着工业化进程推进中，高收入水平的提高，消费投资比和最终需求投资比先下降而上升的变化趋势；③GDP 增长率上升与消费率下降、投资率和净出口率上升相伴随；④GDP 增长率与消费投资比和最终需求投资比成反比的关系。

2. 中国需求结构优化具有一定的潜力

中国经济近年来保持较高的增长速度，与经济高速增长相伴随的是消费率、投资率和净出口率的变化，如图 5－17 所示。整体显示中国消费率先呈现波动的下降趋势，之后呈现了上升的趋势，而投资率一致呈现上升的趋势，但是趋势逐渐放缓，净出口率则呈现波动上升的趋势。

从消费率的国际比较结果来看，中国消费率水平还较低，目前水平是美国的一半左右（如图 5－18 所示）。而投资率则是发达国家的 2 倍水平（如图 5－19 所示），处于较高的水平，这也表明目前中国经济发展方式是以高投资拉动的增长，需求结构的优化还具有较大的空间。目前中国的经济发展阶段处于消费率波动下降转向上升的拐点，投资率波动上升处于放缓的态势，低消费率、高投资率和高净出口率的现状还会保持几年，处于变化趋势反转的拐点和重要阶段。

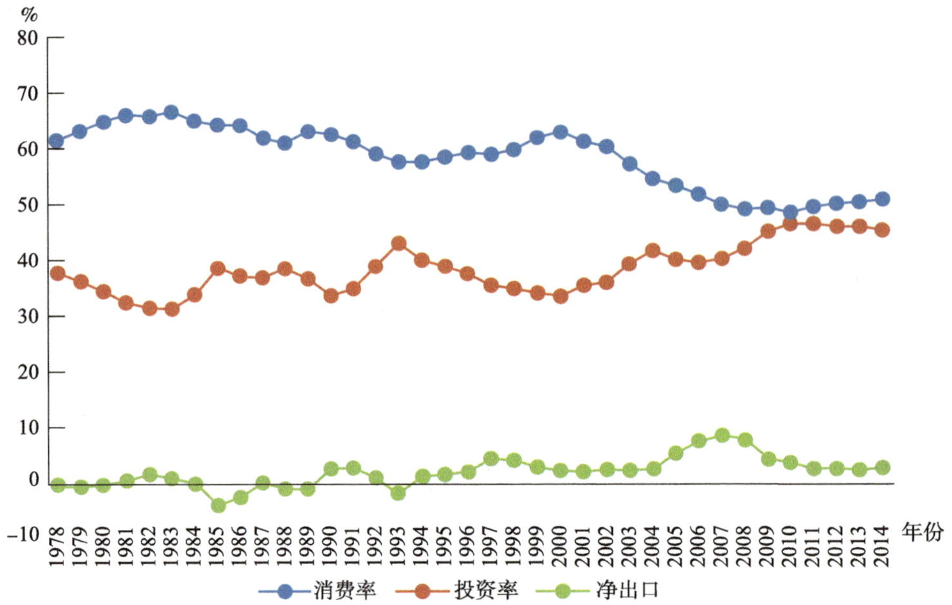

图 5-17　中国消费率、投资率和净出口率的变化趋势

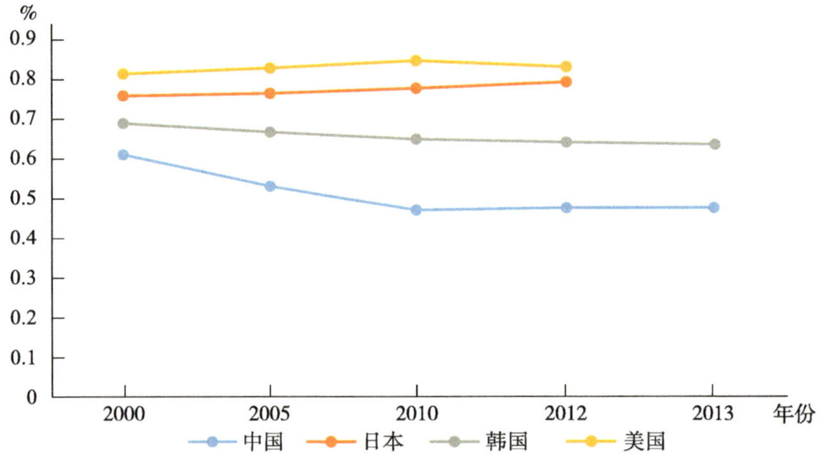

图 5-18　消费率的国际比较

由于地理位置、技术条件以及区域经济发展战略等方面的差异，使得中国地区经济发展极度不均衡。31 个省的消费率、投资率和净出口率差异较大，并没有出现较强的收敛趋势，消费率较高的西藏和北京比最低的吉林高出 40%。而投资率的差异则更大，西部省份青海和宁夏的投资率是北京投资率的 3 倍，显示这些地区人均收入和消费需求的巨大差异。尽管省份之间的差异较大，但是也呈现出较强的区域特征，包括东部地区各省的消费水平普遍低于西部地区，投资水平居于中等水平，净出口水平较高；而中部地区消费水平普遍高于东部地区但是低于西部地区，投资水平居中等水平，

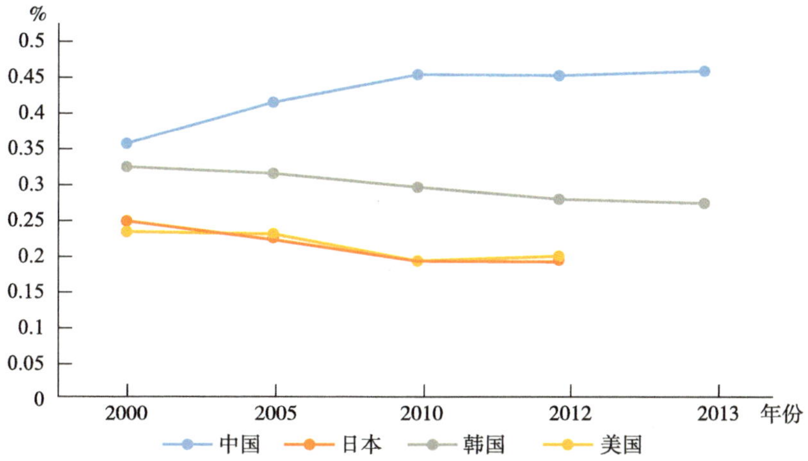

图 5－19 投资率的国际比较

净出口率水平中等；而西部地区消费水平较高，投资率水平也较高，但是净出口水平则较低，说明中国经济发展带有一定的区域特点。

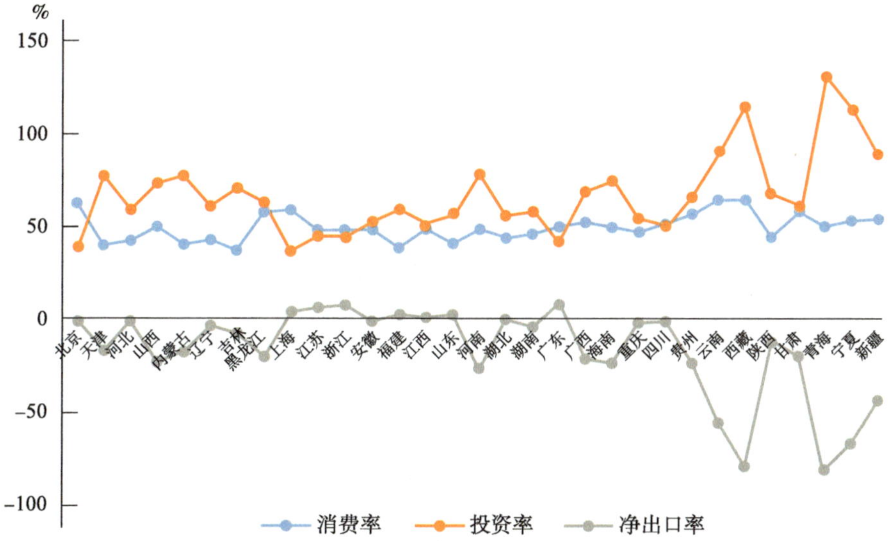

图 5－20 中国地区间消费率、投资率和净出口率的差异（2014 年）

3. 需求结构优化对能源消耗和碳排放的影响

中国产业结构转型和改革的一个重点是从需求侧入手，进一步采取有力措施促进最终消费增长，加快消费需求对投资需求和出口需求的替代。根据 2012 年投入产出结构测算，在不考虑其他因素变动的情况下，最终需求中消费每替代投资 1 个百分点，将促使工业增加值占比 GDP 下降 0. 4 个百分点，服务业增加值占比 GDP 上升 0. 3 个百分点，而经济增加值总量提高 0. 35%，单位增加值能耗下降 0. 6%。若中国采取卓有成效的措施使得2030年中国消费比例提高到当前主要国家的水平（50%～70%），届时中国工业占比GDP将下降4.98～13.27个百分点，能源强度下降7.76%～20.68%。另一方面，伴随经济发展与收入提高，消费与投资的需求结构也会发生改变。图5-21对中国、韩国、日本以及美国的最终消费、投资以及出口的直接需求结构做了比较。研究发现中国最终消费和投资中的服务业需求比例（62%和11%）明显低于韩国（76%和23%）、日本（82%和21%）和美国（84%和37%）。若最终消费中服务业消费比例每提升1个百分点，将促使工业增加值经济占比下降0.15个百分点，同时总的能源强度下降0.15%。同样，投资中服务业需求比例每升高1个百分点，工业增加值占比下降0.24个百分点，相应能源强度下降0.21%。因此中国未来“需求侧”改革不仅要努力扩大消费，同时也要注重对需求结构的引导，增加服务业的消费比例。若到2030年中国最终消费与投资需求中服务业比例达到韩日美三国当前水平，将使能源强度进一步下降4.59%～8.69%。

中国经济调整的另一个重点是强化“供给侧”改革，转变生产方式，实现产业升级。这一改革的重点是减少单位产值中间投入的比例，降低成本，提高增加值率，提升企业生产效益。也就是说要实现由靠产品和资源投入驱动的“加工型”生产模式向靠知识创新驱动的“价值型”生产模式进行转型。这一改革将对生产部门内部的能源生产力（单位能耗的产值）产生重要影响。中国当前生产同样产品的单位产出CO_2排放显著高于欧盟等发达国家。图5-21中对中国、韩国、日本以及美国主要产业部门的生产结构进行比较，显示中国主要工业与服务业产品单位产值的增加值率明显低于这三个国家。其中，占中国出口金额一半以上的机电产品的单位产出增加值率比韩国、日本以及美国低8～18个百分点，纺织产品低5～14个百分点，建筑业低11～26个百分点，服务业低10个百分点。5个高能耗部门中石油产业低2～3个百分点，化工产业低2～22个百分点，非金属低4～19个百分点，金属制品低0～12个百分点，电力低1～41个百分点。三个国家相比，中国与韩国产品增加值率差距较小，其次是日本，与美国差距最大。中国当前大力推动的“供给侧”改革正在试图改变这一局面。根据2012年中国的投入产出结构测算，机电产品单位产值的增加值率每提高1个百分点，中国单位GDP能源强度将下降0.608%；建筑业每提高1个百分点，能源强度下降0.50%，服务业增加值率每提高1个百分点，能源强度下降0.23%；5个高耗能工业部门增加值率每提高1个百分点，能源强度下降1.24%。其中提高机电、建筑和高耗能部门的增加值率对降低能源强度的贡献尤为突出。假定2030年中国机电、纺织、高耗能、建筑以及服务业增加值率能达到韩日美三国当前水平，那么2030年将促使中国能源强度下降13.79%～37.30%。

产业升级的另一重点是技术升级。生产技术革新与节能技术推广会促进生产部门能源利用效率的提升。中国主要工业产品的单品能耗与国际先进水平仍有一定差距。

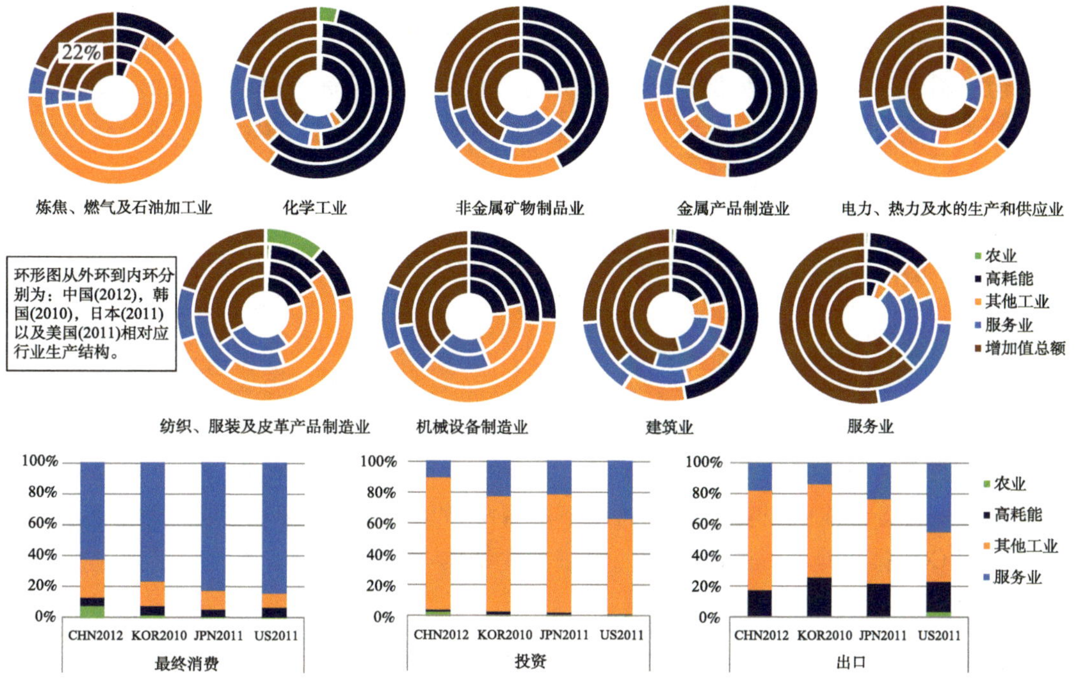

图 5-21　中国、韩国、日本与美国生产与消费结构比较

（生产与消费结构计算中国基于 2012 年投入产出表，韩国基于 2010 年投入产出表，日本基于 2011 年投入产出表，美国基于 2011 年投入产出表计算）

以高耗能工业产品为例，2013 年中国钢可比能耗为 662 千克标准煤/吨，比当前国际先进水平高 8%；电解铝交流电耗高 7%，水泥综合能耗高 5%，乙烯综合能耗高 40%，合成氨综合能耗高 55%。如果未来中国通过推进技术升级使得以上高耗能产品单品能耗达到当前国际先进水平，那么将给能源强度进一步带来 9.06% 左右的下降空间。

中国经济转型有助于减排，但对减排贡献的大小则取决于转型的实际成果。为量化经济转型所带来的减排潜力，本文以韩国、日本以及美国的生产和消费结构为参照，将以上经济调整各项因素影响相加，粗略计算出未来经济调整带来的单位 GDP 能源强度比 2012 年下降空间大概在 35.22% ~75.75%。结合中国 INDC 承诺，2030 年非化石能源比例达到 20%，假设石油消费比例不变，天然气消费比例上升到 10%（2014 年比例为 5.7%，国家预计目标为 2020 年达到 10%，2030 年达到 15%，此处保守估计），那么相当于能源 CO_2 强度下降 12.59%。中国单位 GDP 二氧化碳排放强度下降空间预计在 46.1% ~79.8%，若努力在 2025 年基本实现这一目标，使 GDP 的 CO_2 排放强度年下降率达到 5% 左右，超过届时 GDP 的平均增长率，则可使 CO_2 排放达到峰值。按 CO_2 强度下降 47.81% 测算，各项减排因素的贡献分别为：产业结构调整 26%，产业技术升级 48%，能源系统低碳化 26%。产业结构调整与技术升级仍将是未来减排的最主要途径。过去三大产业结构调整对中国减排的贡献较小，未来中国需要挖掘这部分的减排潜力。从当前改革的趋势来看，投资增速的快速下降已经开始对产业结构产生影响，但中国未来需要进一步加速最终消费的增长以弥补投资下降所带来的需求不足，并鼓励服务业需求的发展。总之，确保中国经济调整各项目标的顺利实现，是提高中国未来减排能力促进提前达峰的关键。

四、促进产业结构低碳转型的政策措施

（一）深化改革，转变经济发展方式

与发达国家碳排放峰值自然而然的形成过程不同，中国是提前主动设置碳排放峰值目标，能否实现还取决于工业、能源、建筑、交通等关键排放部门的发展路径。从政策现状来看，目前中国实施的碳强度下降目标政策，有助于抑制碳排放增速，但要尽早实现 CO_2 排放峰值，还需要大力促进产业结构调整，走新型工业化道路，加快工业化进程。

当前经济新常态下深化改革，转换发展动力，转变增长方式，将促进产业结构调整和转型升级。产业结构的调整通常是指三大产业间的结构以及优化工业内部行业结构及产品结构的调整和升级，产业结构的进一步优化是供给侧改革的重要因素，也是提高全要素生产率的重要体现。中国正在经历经济增长方式的重大变革，政府决心改变过去依赖资源大量投入驱动的经济增长模式，提出从“需求侧”和“供给侧”两个方面来共同促进中国经济增长向价值创造型的可持续发展方式的转型。“需求侧”改革重点是降低投资扩大消费，调整需求结构；而“供给侧”改革则主要是提高要素生产力与促进产业产品的升级，优化生产结构。供给侧改革将使企业生产模式由要素投入驱动的“加工型”向知识技术创新驱动的“价值型”转变，从而降低生产过程中中间物质投入的比例，提高产品的增加值率。

中国的经济转型有助于减排，以韩国、日本以及美国的生产和消费结构为参照，将经济调整各项因素的影响相加，估算未来经济调整带来的单位 GDP 能源强度比 2012 年下降空间大概在 35. 22% ~75. 75% 左右。结合中国 INDC 承诺，2030 年非化石能源比例达到 20%，假设石油消费比例不变，天然气消费比例上升到 10% 相应单位能源 CO_2 强度下降可达 12. 59%，因此单位 GDP 二氧化碳排放强度下降空间预计在 46. 1% ~79. 8%。若努力在 2025 年基本实现这一潜力，使 GDP 的 CO_2 排放强度年下降率达到 5% 左右，超过届时 GDP 的年增长率，则可使 CO_2 排放达到峰值。因此，未来经济发展方式的转变是实现尽早达峰的重要因素。

（二）加快产业结构调整，促进产业转型升级

2011—2015 年，中国经济年均增长 7. 8%，比日本、韩国高速增长阶段结束前 5 年

的增速略高。通过比较可以看出，中国的经济增速回落符合经济发展的一般规律，目前中国的经济结构也已经到达了产业结构调整的关键时期，必须坚定不移实施产业的低碳发展战略，不断加强产业的转型升级。

根据 kaya 公式，碳强度下降与单位能源消费的二氧化碳强度和单位 GDP 的能源强度两个因素相关。前者反映了能源系统的低碳化的程度，后者则可以视为产业结构与各个产业单位产出的能源强度等两个因素。中国“十一五”以来第二产业结构粗放式增长的趋势得到了初步的抑制，虽然三大产业结构的变动对碳排放的贡献还较小，但工业内部的行业结构和产品结构的调整和优化显示出较大的节能减排效益，产品结构调整和升级对减排的贡献率超过一半。

产业结构调整的速度和力度是碳排放峰值能否尽早达到的重要因素。中国经济转型政策在过去虽然没有改变工业对经济增长的主导作用，但是缓解了工业在国民经济中占比的不断增加。目前工业部门的碳排放占比总排放量的 70%，即使不包括工业过程中的过程排放，也已经超过了 50 亿吨二氧化碳。随着新常态下经济发展方式的转变以及工业化过程的基本实现，产业结构调整将进一步加快，经济结构逐渐由重化工业为主转向消费、先进制造业以及服务业为主，则能源消费和碳排放快速增长的趋势就会大为缓解。

产业的转型升级，即包括三次产业的结构调整，也包括第二产业内部行业结构和产品的进一步优化，有利于中国碳排放峰值的提前实现。这种优化和转型升级的重点体现在减少单位产值或者是单位增加值中间投入的比例，提高产品的增加值率。预计“十三五”及以后，大规模基础设施建设、房地产开发和工业产能扩张速度将放缓，对钢铁、水泥等基础原材料需求增长相应放缓或趋于稳定甚至下降，高耗能原材料产量将陆续达到峰值，而内涵提高式的增长方式则将使高科技产业、装备制造以及信息、医药产业呈现较快的增长势头，使得高耗能工业占比 GDP 的比重下降，有效促进单位增加值的能源消耗的快速下降，结合目前中国经济的实际发展阶段、资源和环境约束条件、社会发展程度等，未来经济发展方向需要强调现代制造业和现代服务业并行发展的策略，带动产业结构的整体转型与升级。

（三）引导投资导向，提高国内消费需求

国内的消费需求一般包括居民消费需求和政府支出两个方面，其中居民消费需求占据主导的地位，提高和改善国内消费需求是实现中国碳排放达峰的必要条件之一。国际经验显示，工业化后期及后工业化阶段，随着收入水平的提高，居民消费对食品的消费支出占比逐渐下降，对工业消费品消费支出的比重变化幅度不大，但是服务业消费品的消费支出在居民最终消费支出中比例明显逐年增加，目前发达国家服务业消费品的支出占比超过 40%。因此在中国城镇化正处于提速阶段和居民消费结构正在向

服务业消费品主导型升级之际，保持一定程度的以国内消费导向为基础的投资，是推动经济持续快速增长是非常必要的手段之一，加大服务业的投资力度，以便促进工业内部的产业结构升级和服务业的相对快速发展。

消费观念的转变以及新的消费增长点也是使得消费对经济持续拉动的重要方面。包括目前网络消费观念的变化，使得网络消费的人群不断扩大，增强了对整个消费的拉动作用，企业也积极转变经营理念，不断开发新的消费产品、拓展新的消费领域以及挖掘新的消费潜力。另外保持消费增长的一种重要条件就是居民收入的增长，不能简单以居民财产性收入的增长来衡量居民收入水平，需要提高居民的实际购买力，这是消费能否持续发力的重要条件之一。

中国经济发展过程中国内消费结构和投资结构的变化说明，消费结构升级与投资结构升级的发展基本吻合，伴随着中国城镇居民消费结构由工业消费品主导型向服务业消费品主导型转变和农村居民消费结构向工业消费品主导型转变，使得国内投资需求也逐渐由第二产业转向第三产业。初步测算结果显示，最终需求中国内消费每替代一个百分点的投资，则将促使工业增加值在 GDP 中比重下降 0.4 个百分点，服务业占比上升 0.3 个百分点，同时经济增加值总量提高 0.35%，单位增加值能耗下降 0.6%。

扩大需求和投资都是维持经济增长的关键要素，但是投资的进一步扩大则要以消费结构升级为导向。中国最终消费和投资中的服务业需求比例（62% 和 11%）明显低于韩国（76% 和 23%）、日本（82% 和 21%）和美国（84% 和 37%）。如果最终消费中服务业消费比例每提升 1 个百分点，将促使工业增加值占比 GDP 下降 0.15 个百分点，同时总的单位 GDP 能源强度下降 0.15%。同样地，投资中服务业需求比例每升高 1 个百分点，工业增加值占比 GDP 下降 0.24 个百分点，相应单位 GDP 能源强度下降 0.21%。因此，中国未来“需求侧”改革不仅要努力扩大国内消费，同时也要注重对需求结构的引导，增加服务业的消费比例，引导资金投向消费结构升级。

（四）改善出口产品结构，减少进出口贸易间的净内涵排放

改革开放和加入 WTO 以来，中国外贸的进出口飞速增长，总体呈现贸易顺差以及贸易结构失衡的状态。进口产品中工业制成品比重呈现波动性的下降趋势，由最初的 80% 下降到 70% 左右，初级产品比重呈现波动上升的变化趋势，由最初的 20% 上升到 30% 左右。进口产品的变化趋势显示，随着工业化进程的推进，国内投资积累的生产能力基本满足国内消费需求之后，长期积累的投资需求产生了大量的生产能力，使得进口中初级产品的投入也大量增加，致使工业制成品比例快速下降。

出口产品中初级产品比重下降，工业制成品比重逐年上升，由最初的 50% 上升到 95%。出口产品的结构变化趋势反映了外贸对中国经济的促进作用，反映了出口需求与内部投资需求和消费需求之间的协同发展，即随着中国工业化进程的推进，出口产

品总额快速增长和出口产品结构的优化促进了中国经济的增长，工业制成品的快速出口一定程度上缓解了投资需求上涨形成的过剩产能，一定程度上弥补了国内消费需求增长的相对不足。但是中国出口制造业产品主要为中低端产品，增加值率较低，能耗高，而进口的制造业产品主要为高技术产品，增加值率高，能耗低，因此从总体上中国为生产出口产品国内消耗的能源与进口产品所隐含的国外消耗的能源之间有差距，为内涵能源的净输出国。2012 年，中国进出口贸易中净内涵能源的 CO_2 排放占全国 CO_2 排放的比重约为 10% 左右。

进出口贸易都有效促进了中国经济的快速增长，对调节国内消费需求和投资需求关系的失衡起到了一定的积极作用。未来实现碳排放提前达峰的措施之一是需要中国对外贸易政策的循序调整，加强对能源密集型行业的调控，对于石油及核燃料加工业、炼焦业、建材行业、基础化学原料制造业等出口远大于进口的能源密集型行业加强节能控制，对于炼焦业等严重污染环境的行业应严格限制出口，打击生产方式落后、污染严重的非法企业。有色金属行业的进口大于出口，内涵能源出口总量不大，但是其单位产品的电力消耗系数较高，而且近年来出口增长较快，为确保国内的电力供应，政府仍有必要对其合理调控。合成材料制造业和塑料制品业的需求上升很快，进口远大于出口，随着该行业向中国转移，中国的内涵能源/排放出口将会进一步上升，政府应对此予以合理限制。

抓住国际产业转移机遇，制定促进加工贸易转型升级的中长期发展规划。同时延伸加工贸易产业链，调整产业结构，促进加工贸易转型升级。并发挥政府部门管理效能，转变管理方式，着力引导加工贸易转型升级，淘汰落后产能。

鼓励大宗出口行业的进一步产业升级。中国出口产品内涵能源/排放最高的 20 个行业中，大部分都不是能源密集型产业，而是机械、电子信息和纺织等出口额本身较大的行业，这些行业对拉动经济的正面作用比消耗能源的负面作用更大，不应对其总量上的发展进行过多的干预和限制，但可以考虑鼓励其进行产业升级，提高技术附加值，通过进一步降低单位出口额能耗的办法来降低总能耗。由于这些行业出口的完全能耗量非常巨大，采取这些措施的效果可能比对高能耗产业的限制效果更大。

扩大进口政策与稳定出口政策相互结合，努力促进国际收支平衡，减少贸易顺差，扩大进口的重点主要包括积极扩大各种资源类初级产品的进口，扩大高新技术引进力度和鼓励外资在中国进行研发，同时随着居民消费潜力的进一步释放与升级，需要适度增加工业制成品的进口，进一步调整进口产品的结构，缩小出口产品和进口产品内涵排放的差距，尽早实现中国进出口产品内涵排放之间的平衡。

参考文献

[1] B. W. Ang, F. Q. Zhang. A survey of index decomposition analysis in energy and en-

vironmental studies, Energy, 2000, 25: 1149 – 1176.

[2] Y. Fan, L – C. Liu, G Wu. Changes in carbon intensity in China: empirical findings from 1980 – 2003, Ecological Economics, 2007, 62: 683 – 691.

[3] R. Hoekstra, J. C. Van den Bergh, Comparing structural decomposition analysis and index, Energy economics, 2003, 25: 39 – 64.

[4] B. W. Ang, G. Pandiyan. Decomposition of energy – induced CO_2 emissions in manufacturing, Energy Economics, 1997, 19: 363 – 374.

[5] C. Wang, J. Chen, J. Zou. Decomposition of energy – related CO_2 emission in China: 1957 – 2000, Energy, 2005, 30: 73 – 83.

[6] Z. Zhang. Decoupling China's carbon emissions increase from economic growth: An economic analysis and policy implications, World Development, 2000, 28: 739 – 752.

[7] L. Wu, S. Kaneko, S. Matsuoka. Driving forces behind the stagnancy of China's energy – related CO_2 emissions from 1996 to 1999: the relative importance of structural change, intensity change and scale change, Energy Policy, 2005, 33: 319 – 335.

[8] 张友国．经济发展方式变化对中国碳排放强度的影响 [J]．经济研究，2010，45：120 – 133.

[9] 郭朝先．中国二氧化碳排放增长因素分析 [J]．中国工业经济，2010.

[10] 王锋，吴丽华，杨超，等．中国经济发展中碳排放增长的驱动因素研究 [J]．经济研究，2010，2：123 – 136.

[11] 朱勤，彭希哲，陆志明，等．中国能源消费碳排放变化的因素分解及实证分析 [J]．资源科学，2009，12.

[12] 杨振．中国能源消费碳排放影响因素分析 [J]．环境科学与管理，2010，135：38 – 40.

[13] 李艳梅，张雷，程晓凌，等．中国碳排放变化的因素分解与减排途径分析 [J]．环境科学与管理，2010.

[14] 蒋金荷．中国碳排放量测算及影响因素分析 [J]．资源科学，2011，14.

[15] 郭朝先．中国碳排放因素分解：基于 LMDI 分解技术 [J]．中国人口、资源与环境，2010，20：4 – 9.

[16] 徐盈之，张全振，等．能源消耗与产业结构调整：基于投入产出模型的研究 [J]．南京师大学报（社会科学版），2012，1：66 – 71.

[17] 赵晓丽，洪东悦，等．中国国际贸易结构变化对能源消费影响的敏感性分析 [J]．国际贸易问题，2009，7：11 – 20.

[18] 何建坤．CO_2排放峰值分析：中国的减排目标与对策 [J]．中国人口资源与环境，2013，12：1 – 9.

[19] 陈锡康，杨翠红，等．投入产出技术 [M]．北京：科学出版社，2011.

[20] 齐晔．中国低碳发展报告（2011—2012）：回顾“十一五” 展望“十二五”[M]．北京：社会科学文献出版社，2011.

[21] 齐志新．基于因素分解和非线性动态投入产出模型的能源强度分析 [D]．北京：清华大学，2008.

[22] 李健，吴成霞，张吉辉等．产业结构和效率份额对碳排放的影响及关联分析 [J]．中国科技论坛，2012，6：67 -72.

[23] 杨振．中国能源消费碳排放影响因素分析 [J]．环境科学与管理，2010，35 (11)：38 -41.

[24] 胡初枝．中国碳排放特征及其动态演进分析 [J]．中国人口资源与环境，2008，18 (3)：38 -42.

[25] 陈琳．中国能源消费碳排放变化的影响因素分析——基于投入产出模型 [J]．中外能源，2013，18 (1)：17 -22.

[26] 乌力吉图．中国产业碳排放增长的需求结构分析 [J]．工业技术经济，2012，5：144 -152.

[27] 王锋．中国经济发展中碳排放增长的驱动因素研究 [J]．经济研究，2010，2：123 -136.

[28] 崔衍安．基于结构变化的中国碳排放特征及其演化研究 [J]．湖南大学，2011.

[29] 宋德勇．中国碳排放影响因素分解及其周期性波动研究 [J]．中国人口资源与环境，2009，19 (3)：18 -24.

[30] 刘广为．中国碳排放强度预测及其影响因素动态效应建模 [J]．天津大学，2012.

[31] 顾阿伦、何建坤、周玲玲，等．中国进出口贸易中的内涵能源及转移排放分析 [J]．清华大学学报（自然科学版），2010，50 (9)：1456 -1459.

[32] 国家统计局．中国统计年鉴 2015 [G]．2016.

[33] 国家发改委．中国应对气候变化的政策与行动 [G] .2016.

[34] 纪明．中国需求结构演进研究 [M]．北京：经济科学出版社，2013.

[35] 陈佳贵．中国工业化进程报告 [M]．北京：社会科学文献出版社，2012.

第六章

绿色低碳发展背景下消费端能源需求研究

齐晔　张声远　董文娟　赵小凡　李惠民　杨秀　朱梦曳

引　言

中国经济正在经历一场前所未有的剧烈转型，在经历了30余年的快速工业化之后，正在迅速成为后工业经济社会。从三次产业构成来看，2016年三次产业增加值占国内生产总值的比重分别为8.6%、39.8%和51.6%。与2010年相比，第三产业增加值占比增加了7.5个百分点。这些变化直接反映在消费端能源需求的变化上：工业用能占比在快速下降，而服务业和居民生活消费用能的占比迅速增加。随之而来的将是工业用能总量的下降，服务业和居民生活消费用能总量会持续增加。从发达国家的经验来看，节能降碳的重点和难点在于消费端的能源需求管理，而未来中国节能降碳的重点和难点也在于此。

中国正逐渐从生产大国转变为消费大国。房屋和基础设施的积累、人民对物质产品需求的增加以及对高品质用能服务的追求都对能源与环境提出了前所未有的挑战。人们不仅通过使用家用电器、厨具、机动车等直接消耗能源，更重要的是通过使用物质产品和服务间接消耗各类能源。随着小康社会的全面推进，未来中国社会的消费水平将大幅度提高；与此同时，消费结构已由“吃穿”为主转向能耗水平较高的“住行”时代；更加值得关注的是，中国居民的消费行为模式正在逐步走向消费主义模式，过度消费和浪费现象也随之出现。本研究从需求侧入手，探讨技术进步、消费需求、进出口贸易对中国中长期的能源消耗与碳排放的影响，为中国实现经济低碳转型提供借鉴。

在本研究中，消费是一个广义的概念，它不仅包括对物质产品和服务的消耗与使用，还包括这些产品和服务的直接能源消费和隐含能。具体来说，消费指的是除中间投入之外的所有产品与服务，包括居民消费（能源、商品与服务）、基础设施建设（房屋、道路等居民也直接使用的设施），以及进出口与存货变化等，没有包含消费种类的消亡与替代。本研究根据上述消费需求将社会总能耗划分为六类：直接能源消费、快速消费品生产能耗、耐用消费品生产能耗、基础设施相关能耗、产能相关隐含能以及进出口产品的隐含能。其中直接能源消费、快速消费品生产能耗、耐用消费品生产能耗、基础设施相关能耗这四类主要由国内居民消费需求驱动；产能相关隐含能反映的是为了满足消费、出口生产和服务、基础建设以及资本形成本身所提供的基础条件每年的新增情况；进出口需求隐含能指的是为提供进出口产品与服务中所消耗的能源。

本研究分四种情景考察不同的技术进步和消费方式下，中国社会总能耗与碳排放的变化。①基础情景，即“高碳消费模式”和“技术自然进步模式”的组合。这一情景是需求最大化的情景。②技术进步情景，即“高碳消费模式”和“技术突破模式”的组合。该情景是表征技术进步影响最大化的情景。③适度消费情景，即“低碳消费模式”和“技术自然进步模式”的组合。该情景表现了在技术照常进步的情况下，单纯依靠转变消费模式所产生的影响。④低碳理想情景，即“低碳消费模式”和“技术突破模式”的组合。该情景表示技术进步和消费方式转变的双重影响。

研究结果表明，中国需要从调整消费需求、技术进步与优化出口贸易结构（调整产业结构）三方面入手来减少能源需求与碳排放，且调整消费需求的节能潜力分别是技术进步和出口贸易升级的2.5倍和5.6倍，是实现中国低碳发展的最重要途径。依靠技术加速进步可使2050年的一次能源消费减少15%，实现消费需求转型可减少37%，而在技术加速进步和调整消费需求的双重作用下，可使2050年一次能源需求减少52%。这意味着中国要在经济与社会发展的同时，让全社会各个方面的消费和生活方式走上低碳道路，而这是欧美和日本等发达国家从来没有实现的，是中国面临的巨大挑战。

除快速消费品外，各领域的能源消费都有40%以上的节能潜力，且消费转型的节能潜力均高于技术进步节能潜力。各领域的技术节能潜力在10%～18%；而消费转型的节能潜力在9%～71%。消费转型节能潜力最低的是快速消费品生产能耗（9%）和直接能源消费（22%），节能潜力最高的是基础设施相关能耗（71%），其余领域的节能潜力都在43%以上。节能潜力从高到低依次是出口产品隐含能、直接能源消费、进口产品隐含能、基础设施相关能耗、耐用消费品生产能耗、快速消费品生产能耗和产能相关隐含能。直接能耗（建筑与客运交通）将成为能源消费增长最快的部分。即使在低碳理想情景下，该领域内能源消费将增加1倍；基础情景下，该领域内能源消费将增加2.6倍。不同情景下，2050年直接能耗领域能源消费占比达到42%～55%。因此，直接能源消耗是低碳发展的重点。

仅由国内消费驱动的2050年GDP产出将远低于预期的GDP产出，中国需要探索创新经济发展理论和道路。本研究进行了一项思想实验：在国内消费驱动的情景下，仅考虑国内居民的消费需求，而不含进出口（亦即排除纯粹为了追求财富增长而进行的生产活动）的情景下，中国的能耗、碳排放，以及对应的GDP产出情况如何？需要特别指出的是，这种情景在全球化背景下是不可能实现，也是无效率的，但该情景可以反映纯粹由国内需求驱动的经济运行的情况。研究发现，即使是在“高碳模式”的消费水平情景下，2050年的GDP（2010年不变价）仅为185万亿元，人均12.9万元（折合1.9万美元），低于按国家发改委能源研究所预计的经济增速所计算的2050年300万亿元GDP的总量预期。中国需要探索创新经济发展理论和道路，经济增长要着力提升国内要素附加值分配，改善收入分配推动经济增长满足合理内需，促进提升包括人力资本、环境资本在内的全社会财富。

调整消费需求是实现中国低碳发展的最重要途径，且在中国具有很强的社会可行性。第一，中国传统文化仍影响着居民的生活方式以及对能源和资源的使用方式，这意味着居民的家庭能源消费水平可以维持在相对合理的水平上。这需要在公共服务的供给中增加居民可以调节的服务。第二，正在推行的“低碳试点城市”“生态城市”“绿色建筑”“碳市场试点”等政策可以起到显著的引导作用。这些试点的积极实践为全面推广低碳转型提供了政策基础。第三，中国公共服务的供给管理长期以来比较粗放，仍有很大的节能减碳精细管理的空间。第四，中国的年轻一代更加注重娱乐消费、健康消费和知识消费，这将拉动中国的服务业稳定上升，经济结构低碳转型。“互联网＋娱乐”是中国80后、90后的主要消费特征（高盛投资研究部，2015）。第五，调整消费需求也意味着消费将更多投入在优质的公共服务上，譬如对水、空气、土壤等的相关环境治理或者是对公共卫生教育方面的投入，对优质公共服务的投入将创造中国经济的新增长点。第六，“一带一路”重大战略的实施为中国转变经济结构，探索新的经济发展理论和道路提供了重要契机。

这是一项关于消费的研究，归根结底是一项关乎幸福的研究。现代社会中，人们注意财富积累，无非是为了满足更多的消费需求。这似乎正应了保罗·萨缪尔森经典的幸福方程式，即幸福＝效用/欲望，其中效用几乎可以被视作消费的代名词。如此看来，20世纪中期以来，消费主义的兴起似乎不足为奇，因为消费与幸福成正比。然而，消费的增长果真会带来幸福吗？答案似乎并不那么简单。幸福方程式告诉我们，幸福不仅取决于消费的丰俭，还取决于欲望的多寡。

与需求不同，欲望不仅包含维持人类生存所必需的需求，还囊括了被文化、社会习俗等外部环境所塑造的欲求。简言之，欲望是需求与欲求的总和。当欲望无边膨胀时，人们就不得不增加消费才能保持原有的幸福感。倘若消费的增长无法抵御欲望的膨胀，幸福感便会消散殆尽。这同样意味着，当我们执着于从消费中获取幸福感的同时，往往忽视了通向幸福的另一条路径，即控制欲望，更准确地说，控制需求之外的欲求。当欲求减少时，即便将消费维持在较低水平，人们依旧可以坐拥幸福，享受人生。

那么，我们到底需要消费多少就可以满足需求呢？为维持这一消费水平，又需要消耗多少能源和产生多少碳排放呢？本研究从需求侧入手，分四种情景探讨技术进步、消费需求、进出口贸易对中国中长期的能源消耗与碳排放的影响，为中国实现经济低碳转型提供借鉴。

一、研究低碳消费的原因

（一）消费、能源需求与碳排放

最早关注消费问题的是经济学家，这是因为消费是经济活动中与生产、流通、分配相并列的一个重要环节。所以最初关于消费的定义是经济学消费的经济学定义，即消费是对物质产品和服务的消耗与使用，用于满足人们的需求和欲望。然而，消费并不仅仅是一种经济行为，它也是一种文化现象，是被社会价值观约束的对象。因此，越来越多的学者开始从社会学、文化学、心理学、哲学等视角也研究消费问题，并指出消费不是受生物因素所驱动的，也不纯然由经济因素决定，而是更带有社会、象征和心理的意味，并且自身成为一种身份和地位的建构手段。

以财富积累为目的的社会化大生产和消费主义的出现，给人类社会的发展和赖以生存的环境带来了深刻的影响。财富的积累要求不断扩大现有的消费量，生产出新的需要，即发现和创造出新的使用价值和象征意义。一方面，这样必然要求大规模地深入探索整个自然界，以便不断发现自然物的新属性以及加工自然物的新方式，以不断开发和满足社会的新需要；而另一方面，大规模的物质生产需要消耗大量的资源和能源，从而造成资源的加速消耗和碳排放的增加。自 1965 年以来，世界人口增加了 1.2 倍，收入（以 2005 年不变价 GDP 为度量）增长了 3.8 倍，而一次能源消费增加了 2.5 倍，碳排放增加了两倍（World Bank，2015；BP，2015；United Nations，2015）。反过来看，在实践中，无节制的消费也将带动资本的极度扩张，必然衍生出大量投入、大量消耗的增长模式。二者之间的相互作用，导致了资源、环境、能源和碳排放问题的出现。

在本研究中，消费是一个广义的概念，它指的是经济发展中的资源投入和环境代价，与直观的“消费”概念不同。在本研究中消费具体来说，消费指的是除中间投入之外的所有产品与服务，包括居民消费（能源、商品与服务）、基础设施建设（房屋、道路等居民直接使用的设施），以及进出口与存货变化等，没有包含消费种类的消亡与替代。需要指出的是，国内居民的总消费是一个包含客观与主观的概念。在客观层面，居民消费是为了满足生理与安全需求；而在主观层面上，居民消费是为了满足情感与尊重需求，甚至自我实现需求。前者往往对应一定的物质产品与服务水平，弹性较小；而后者往往受文化、教育等因素影响。这些因素往往随着时间而变化，对应着不同的物质产品与服务标准，这导致后者的弹性远远大于前者。

（二）消费主义在中国的兴起及其影响

近年来，中国逐渐从生产大国转变为消费大国。但是，过度消费和浪费现象也随之出现，全社会逐渐进入了一个“大量生产—大量消费—大量浪费—再大量生产”的恶性循环。这一恶性循环与中国现阶段以物质拥有和享受为主导的消费主义文化密不可分。除了满足基本生存需要的衣食住行用的消费外，越来越多的商品被人们当作是生活必需品。人们开始依赖物质消费，并以此来定义生活方式。中国消费主义文化的兴起建立在三个文化层面上：一是传统面子文化的根植；二是现代美式消费文化的传播；三是新兴互联网购物的普及。从传统文化到文化新趋势，中国就在这些变化中逐渐走向了消费社会。

1. 传统面子文化在现代中国社会仍然根深蒂固

"面子"是中国传统社会关系中的重要特点，是个人从他人获得的社会尊严或经他人允许、认可的公众形象（夏茵等，2015）。面子文化很大程度上影响了中国居民的消费行为，这种消费的特点是将他人或社会的评价作为消费行为的主要动因。攀比消费、炫耀消费、礼品消费、节日消费等都是消费活动中面子文化的一种体现。消费在此是一种符号，代表了消费者的地位、阶层、财富等。为了面子需要，人们较容易产生过度消费和浪费。

食物浪费现象在中国最为突出。2013 年人民网发起的"舌尖上的浪费"调查显示，中国东北部外出就餐食物浪费现象最严重，西部浪费现象最少；商务宴请中食物浪费现象最为严重，家庭聚餐浪费最少。究其原因，调查显示"面子"文化是外出就餐浪费的主要原因之一。亲友聚餐中，近五成被访者表示"习惯多点些，不剩就没吃好"；商务宴请和公务吃请中，表示因"讲排场"而导致剩下饭菜的被访者比例分别高达 44.2% 和 60.1%（人民网，2013）。

住房与汽车消费是中国居民消费支出的最主要部分。由于价格高昂，购车购房成了人们最凸显"面子"的消费活动之一。与住宅相比，汽车的展示性更强，对于"面子"的体现也更为明显。受到面子文化的影响，汽车消费者更倾向于选择国外品牌而非国产品牌。调查数据显示，2014 年约有 75% 的购车者选择国外品牌（搜狐财经，2015）。另外，富裕人群偏好购买豪华汽车（中国新闻网，2013）。目前中国是全球第二大豪华汽车消费市场。由于豪华汽车一般排量较大，相应油耗也较普通车偏高。例如最耗油的车型法拉利 599，其油耗高达 34.8 升/百公里，是全国平均油耗 7.3 升/百公里的 5 倍。总之，在"面子"文化的影响下，消费者很难分辨自身对消费品的真实需求。

2. 美式消费文化的传播与影响深入中国社会

美国是典型的大众消费社会，居民消费率基本维持在 70% 左右。在全球化进程中，美国的消费文化输出深刻地影响了中国居民的消费方式。"大房大车"是美式生活方式的象征，对这种生活方式的向往和模仿进一步加强了别墅及大排量 SUV 消费。自驾游是美式休闲方式的代表，近些年这种旅游方式在中国风靡。2012 年，国内旅游人数中约有 46% 的乘客采取了自驾车出游的旅游方式（刘汉奇等，2014）。自驾游的兴起使得汽车成为主流的旅游交通工具，从而使得消费者购车时不仅仅考虑汽车在日常通勤中的作用，也往往将其长途自驾性能作为重要指标。这又增加了居民对大排量 SUV 车的消费，SUV 车型的销售份额由 2007 年的 5% 增加到 2013 年的 18%（见图 6－1）。对美式生活的推崇加快了中国消费主义的发展，也意味着更多的能源消耗和碳排放。美国 85% 的碳排放都是由消费行为引起的，考虑到人口和资源因素，中国将难以承受这种消费方式的普遍化和常态化。

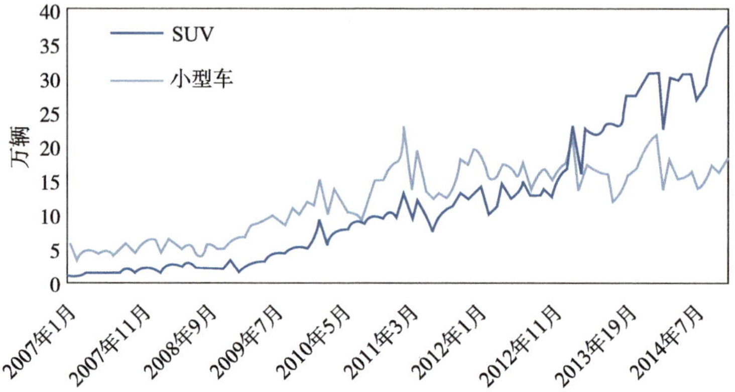

图 6－1　2007—2014 年中国分类型汽车销售走势

资料来源：搜狐网，http：//auto. sohu. com/cxsj

3. 网络购物作为全新消费方式的快速兴起

网购是消费方式的革命性变化，中国是全球最大的网络零售市场。2015 年，中国社会零售总额保持了 10% ~11% 的增长，其中电子商务的增长率达到 35% ~40%（高盛投资研究部，2015）。网购这种便捷的购物方式对低碳发展也有着负面的影响。首先，网购易引起冲动消费，导致退货率很高，虚高的销售额向生产端传递了错误的信号，生产出超过市场实际需求的产品，从而造成了额外的能源消耗。报道称，2014 年淘宝网商家的最高退货率高达 69. 8%（Cnbeta 网站，2014）。其次，由于缺乏严格的质量监管体系，网购中存在大量低质和假冒伪劣产品，增加了消费品的淘汰浪费。2014 年，国家质检总局对于几家主要网购平台进行了质量抽检，发现三成产品质量不合格。最后，快递的过度包装问题突出，造成大量的废弃物。目前，快递业日均产生的废弃包装已达千万件，每年的包装胶带纸连起来能够绕地球 200 多圈（华商晨报，2015）。按 2014 年的快递业务量估计，快递包裹共使用了近 30 亿个纸箱，上百吨的透明胶带、气泡袋等塑料包装材料（中国电子商务中心，2015）。

从以上消费文化现状中不难看出，中国居民对幸福生活的定义依旧停留在大量的、不断增长的物质消费、拥有，甚至是浪费之上。中国消费主义的快速发展是由多方面因素促成的。首先，它满足了消费者对物质拥有的无限欲望；其次，大量的物质消费和浪费更是满足了生产者对利润的追求；最后，由于消费与经济增长的密切关系，不断增长的消费也满足了政府对经济增长的期待。但是，物质上的过剩无法代替精神上的满足，我们更不能忽视过度消费对于自然资源、能源和环境造成的影响。要尽快实现中国碳排放峰值，现有的消费文化必须转型，低碳消费是目前中国经济社会可持续发展的必经之路。

二、从需求侧划分社会总能耗与情景定义

（一）从需求侧划分社会总能耗的方法

随着贸易全球化的发展，一国的经济发展已经不仅仅局限于满足本国人民的需求。我们究竟需要多少能源？这取决于我们开展经济活动、追求发展的目的。也就是说，我们需要多少能源满足消费需求（如衣食住行用，以及对应的民生基础设施）；多少用来创造财富（如投资性房地产、进出口生产等）；多少用来维护我们的经济、社会和自然系统的正常运行（如为了满足上述需求的产能设备投资等）。第一类需求对应人们的日常生活需求，第二类需求对应人们追求财富增长的需求，第三类需求受前二者驱动，并受到技术水平的影响与限制。我们可以从上述三类需求出发来考察社会总能耗，因为不同的需求，往往对应着不同种类与水平的商品与服务消耗，进而对应着不同水平的能源消耗。

本研究将上述三类需求进一步分解为六类，即：直接能源产品需求、快速消费品需求、耐用消费品需求、基础设施建设需求、进出口需求、产能相关需求等。需要指出的是，这六类需求与国民经济核算理论中常提及的所谓三驾马车，即最终消费支出①、资本形成总额②，以及货物和服务净出口③等三个部分，之间互有区别与重叠。根据上述六类需求相应地将中国每年的社会总能耗划分为六类：①直接能源消费；②快速消费品生产能耗；③耐用消费品生产能耗；④基础设施相关能耗；⑤产能相关隐含能；⑥进出口产品的隐含能。

以上六类能耗中，①②反映一定时期内社会中服务或产品拥有的总量，随着经济与社会发展而同步增加，当消费需求趋于饱和时，总量会稳定在一定的水平；而③④⑤则由一定时期内产品或基础建设的增量决定，总量持续增加时这三类能耗也比较高，

① 最终消费支出指常住单位在一定时期内为满足物质、文化和精神生活的需要，从本国经济领土和国外购买的货物和服务的支出，包括居民和政府消费支出。

② 资本形成总额指常住单位在一定时期内获得减去处置的固定资产和存货的净额，包括固定资本形成总额和存货增加两部分，主要以前者为主。

③ 货物和服务的出口指常住单位向非常住单位出售或无偿转让的各种货物和服务的价值；货物和服务的进口指常住单位从非常住单位购买或无偿得到的各种货物和服务的价值，两者之差为净出口。

而总量基本稳定时，这三类能耗会相应下降，并稳定在相对较低的量。这六类能耗的决定因素和发展过程不同，出现峰值的时间有先后之分。其中①②③④又可被划分为国内消费相关的能耗，⑤可被划分为产能相关能耗，⑥被划分为进出口相关能耗。基于以上分析，六类能耗的发展过程示意如图 6－2 所示。

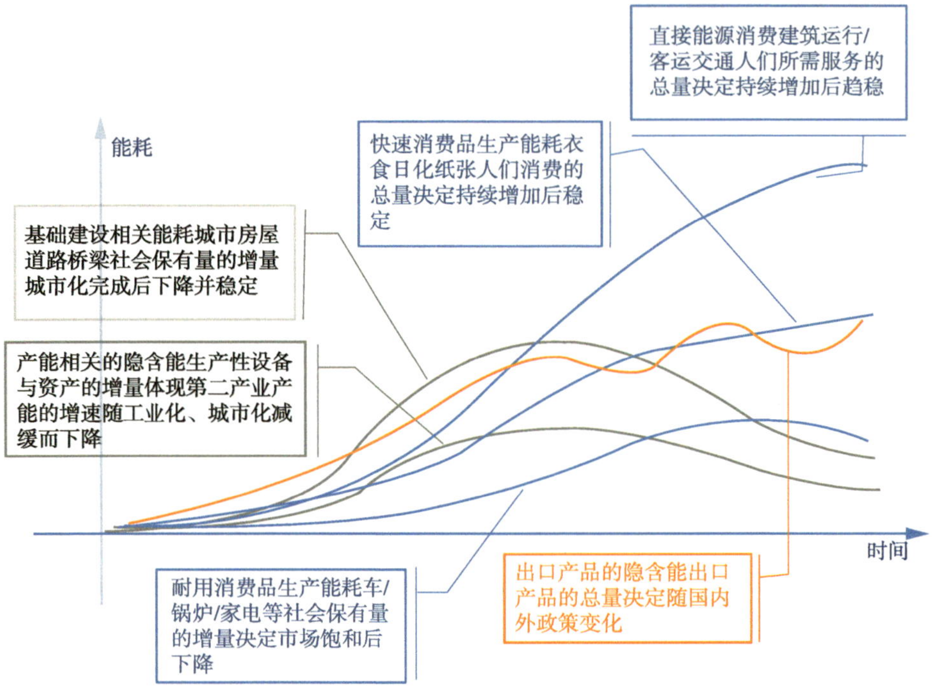

图 6－2　六类能耗的发展过程示意图

1. 与国内消费相关的能耗

根据消费对应的产品与服务种类的不同，本研究将消费驱动的能耗划分为：直接能源产品需求对应的能耗、快速消费品需求对应的隐含能、耐用消费需求对应的隐含能，以及基础设施需求对应的隐含能。需要指出的是：第一，在国民经济核算体系中，基础设施建设属于投资；但从建设目的出发，基础设施是为了满足国内居民生活需要而进行的建设量，如房屋、道路、桥梁、水利、电站等。因此，本研究将其归入国内居民消费需求驱动为主。当然，随着市场经济的深入发展，很多基础设施也带有投资属性，如房地产等，受数据限制，本研究对此不作区分。第二，按国民经济核算体系划分，终端消费一般包括城乡居民与政府消费，受篇幅限制，本研究亦不作区分。

（1）直接能源消费

这是指为消费者提供服务而消耗的能源，主要包括居住和公共建筑的建筑运行能耗（如供热、供冷、提供生活热水、家电使用、照明等服务），以及客运交通能耗（以为消费者提供出行的各种交通工具的能源使用）。消费者的服务需求随着消费者对各种服务需求的满足程度而增加，且随着需求方式的变化而变化。随着社会发展和人们生活水平的提高服务型能耗增加，直至当服务需求基本被满足时，该类能耗会稳定在一定水平，如图 6-2 所示。而当服务需求方式变化时，此类能耗还会发生新的变化。

对于公共建筑，由于其对应于服务业的服务生产，因此还与 GDP 之间有一定联系。但这种联系往往较弱。比如流行音乐发行产业，其对应的能耗是发行公司所在建筑物的运行能耗。该能耗只与该公司所在建筑物的气候条件、技术水平，以及员工对建筑内环境的需求有关，与其音乐产品在网络上的发行量无关。再比如电影院的能源消耗，与上座观众数目相关性较弱（观众数目只影响空调系统需要处理的内热扰，与建筑物其他用能无关）。事实上，服务业的服务生产与能源消耗的弱相关关系，也是通过增加第三产业在经济中的占比来降低国民经济能耗强度的原因所在。

（2）快速消费品生产能耗

本研究根据使用时限，将衣食住行用所需的消费品分为两类。一类是衣食、纸张、日化等快速消费品，这类消费品与人们的日常生活息息相关，满足了人们最基本的保暖、饮食等需求，在一段时期内（如一年）的消费量反映了人们的需求的数量和质量。另一类是家电、汽车、家具等耐用消费品，这类消费品在某一时期的保有量是社会发展水平的体现。

相应地，快速消费品能耗指的是快速消费品的隐含能，即为了生产城乡居民与政府等终端消费者使用的消费品，包括原料生产、运输、中间产品生产、最终产品生产等生产过程各环节消耗的能源。随着人们收入及社会发展水平的提高，快速消费品的消费量很有可能从一个相对较低的水平持续增加，直到社会发展达到比较稳定的程度，需求不再明显增长时，这类消费品的消耗速度趋于稳定，即稳定在一个比较高的水平，其随社会发展变化的能源消耗如图 6-2 所示。

（3）耐用消费品生产能耗

同上所述，耐用消费品能耗指的是耐用消费品的隐含能。随着人们收入、生活水平及现代化程度的提高，这类消费品从无到有，其保有量随着社会发展而累积，直到社会发展到一定程度，耐用消费品的保有量趋于饱和，即达到比较稳定的数量，此时生产这些消费品主要是为了淘汰陈旧、落后的产品，其产量会相对下降，稳定在一个比较低的水平，其随社会发展变化的能源消耗如图 6-2 所示。

（4）基础设施建设相关能耗

指进行房屋、道路、桥梁等基础设施建设相关的能耗，包括建设过程使用的能源，以及所使用建材的隐含能。当前中国处在城镇化进程中，造成房屋、道路、桥梁等基础设施的总量逐年累积，每年的施工量和竣工量都比较大。未来城市化进程基本完成，各项基础设施比较健全后，每年的建设量会减少，建设的重点也从新增补充新的基础设施转为维护维修已有的房屋与设施，此类能耗也会随之下降，稳定在一个相对较低的水平，其随社会发展变化的能源消耗如图 6－2 所示。

需要指出的是，基础设施建设不仅用于满足国内居民消费使用，也是国民经济核算体系中资本形成的重要组成部分，是推动发展中国家经济持续增长的基本条件。以基础设施为例，其不仅在当年贡献了一定数量的 GDP，而且为满足未来规模不断扩张的居民消费与出口生产等经济活动提供必要的基础条件，进而推动经济发展进入持续增长的循环。

2. 产能相关的隐含能

本研究中此类能耗仅指各产业部门每年新增重型产能设备以及原材料的隐含能（包括新增的生产线、起重机、挖掘机等重型设备）。此类能耗与产能的增量挂钩，反映的是为了满足消费、出口生产和服务、基础建设，以及资本形成本身所提供的基础条件每年的新增情况。当消费品（包括国内与进出口）生产数量和基础建设量趋于稳定或下降时，生产能力的需求也会随之下降，对生产能力增加的需求迅速减小，此类能耗也会随之降低，其随社会发展变化的能源消耗如图 6－2 所示。

3. 进出口产品的隐含能

指出口产品与服务中的隐含能。这类能耗受出口产品数量和结构的影响，与国家的经济政策和国际贸易环境有关，其随社会发展变化的能源消耗亦随之波动，如图 6－2 所示。

（二）情景定义及对中国未来社会发展的重要参数判断

1. 未来人口与 GDP 的判断

参考相关文献（国家发展和改革委员会能源研究所课题组，2009；中国科学院可持续发展战略研究组，2009；中国能源中长期发展战略研究项目组，2011），本研究对未来中国到 2050 年的社会经济发展的判断如下，如表 6－1 所示。

（1）人口

2030—2040 年达到峰值，约 14.7 亿人口，2050 年人口为 14.6 亿。人口数量和增长率参考国家发改委能源所的情景设定（国家发展和改革委员会能源研究所课题组，2009）。

（2）GDP

中国 GDP 的增速逐渐下降，2010—2020 年为 6.2%，2020—2030 年为 3.6%，2030—2040 年为 3.2%，2040—2050 年为 2.6%。GDP 总量在 2030 年达到 105 万亿元，2050 年达到 185 万亿元人民币，人均 GDP 达到 1.8 万美元。需要特别指出的是，本研究的 GDP 增长预期低于目前研究机构常用的 GDP 增长预期，这是因为本研究是按未来社会“高碳消费模式”（关于该模式的说明请见下节）的社会需求对应的产品与服务的人均数量反算的 GDP。如果按其他研究机构常用的 GDP 增长预期进行计算，对应的全社会产品与服务的产出将远远高于当前的美国水平。

（3）城市化率

要实现较低的能源需求量，城市化的发展速度和规模应适应中国人口大国的特征。从1996年城市化率首次超过30%，中国进入快速城市化阶段，到2030年左右中国基本完成快速城市化阶段；2030—2050年城市化速度放缓。2030年中国城市化率为61%~67%，2050年为66%~75%。

（4）产业结构

中国将在经济长期稳定增长的同时，加快实现产业结构调整，第三产业占GDP的比例持续上升，从2010年的43%增加到2030年的53%，同时第二产业下降到42%；2050年第三产业占比提升到64%，第二产业下降到33%。

表6－1　对2050年社会经济发展主要参数的设定

年份（年）		2010	2020	2030	2040	2050
人口（亿）		13.4	14.4	14.7	14.7	14.6
城市化率（%）		50	59	65	69	71
不变价GDP	增速（%）	10.4	6.2（2010—2020）	3.6（2020—2030）	3.2（2030—2040）	2.6（2040—2050）
	总量（万亿）	40.4	73.8	105.5	144.1	185.4
产业结构（%）	第一产业	10.0	8.5	7.5	6.6	5.9
	第二产业	48.2	45.8	40.0	34.6	29.5
	第三产业	41.8	45.7	52.5	58.8	64.6

2. 四类情景定义

基于上述2050年社会经济主要参数的宏观判断，结合目前发达国家的人均产品与服务的实物量消费水平，以及其他研究机构对现有产业与主要产品的技术水平的预期，本研究在中国2010—2014年实际数据的基础上，对中国2015—2050年消费需求与技术进步的变化趋势开展情景分析，将消费分为“高碳消费模式”和“低碳消费模式”两类；将技术进步分为“技术自然进步模式”和“技术突破模式”两类。

（1）消费模式

高碳消费模式：该模式下，国内居民消费存在如下特点：①表征居民生活水平的快速消费品和耐用消费品拥有量在2030年左右达到或超过欧美发达国家目前的人均或户均水平，该水平一方面满足居民较高的生活水平，包括物质生活以及较高水平的社会服务，如医疗、教育等；另一方面仍存在一定的浪费，比如过量的肉类与碳水化合物摄入造成肥胖及其他健康问题，过高的机动车保有水平与较低的公共交通使用水平等。②仍然存在大量的为了单纯追求以GDP衡量的财富增长而产生的需求与投资，比如建筑物的大拆大建，使得建筑物寿命平均在25~30年水平，造成较大浪费。

低碳消费模式：该模式下，国内居民消费在高碳模式的基础上，减少了浪费，主要指：①居民生活水平达到或超过目前能源强度低的发达国家水平，并在健康舒适的基础上，减少了不必要的产品与服务的消费；②单纯为财富增长而产生的生产活动水平大幅削减，产品的质量与使用年限显著延长，以建筑物为例，达到50~100年的设计寿命，同时考虑共享经济等多种使用方式，减少了对汽车等高能耗强度的耐用品的保有量的需求。

（2）技术模式

技术自然进步模式：在此模式下，延续了2010年的节能政策力度，技术水平有一定的进步，耐用消费品使用寿命与当前一致。

技术突破模式：此模式下，促进技术进步的节能政策力度加大，一些先进技术应用的瓶颈被打破，得以广泛应用。生产能效大幅提升，耐用消费品使用寿命延长。

将上述两类消费模式和两类技术进步模式分别组合，可得出以下四种未来情景，如表6－2所示：

表6－2　四种情景及所包含的消费和技术模式

技术 / 消费	技术自然进步	技术突破
高碳	基础情景	技术进步情景
低碳	适度消费情景	低碳理想情景

①基础情景，即“高碳消费模式”和“技术自然进步模式”的组合（下文图6－9及以后的图中标记为BB情景）。此情景延续2010年的节能政策力度，对技术水平有一定的促进作用，城乡居民生活水平提高，生活方式和消费水平向“大房大车”的高碳模式靠拢。这一情景大致反映了需求最大化的情景。

②技术进步情景，即“高碳消费模式”和“技术突破模式”的组合（下文图6－9及以后的图中标记为BL情景）。该情景可以表征技术突破性发展及关键技术得以广泛应用的影响。在此情景下，促进技术进步的节能政策力度加大，但人们的生活方式和消费方式仍然仿效高碳模式。

③适度消费情景，即“低碳消费模式”和“技术自然进步模式”的组合（下文图6－9及以后图中标记为LB情景）。该情景可以表现在技术照常进步的情况下，单纯依靠转变消费模式所产生的影响。在此情景下，政策专注于消费方式的转变，在不降低公众的生活质量的前提下，全社会维持较为自然和谐的生活方式。

④低碳理想情景，即“低碳消费模式”和“技术突破模式”的组合（下文图6－9及以后图中标记为LL情景）。在此情景下，节能政策力度加大，大幅度推动促进

技术进步。此外还推出一系列政策，以促进消费方式的转变，使得社会技术水平大幅提高的同时，维持较为自然和谐的生活方式。

三、未来社会的消费与能源需求

本章分别阐述了中国社会的直接能源消费、快速消费品生产能耗、耐用消费品生产能耗、基础设施建设相关能耗、产能相关的隐含能、进出口产品的隐含能六类能耗，以及全社会总能耗及和相关碳排放的现状、未来变化趋势以及主要影响因素，以及四种情景下上述六类能耗曲线的未来变化趋势，是本研究的主要研究成果。

（一）直接能源消费

直接能源消费部分包括建筑运行能耗和客运交通能耗。建筑运行能耗和碳排放指的是为了满足居住者/使用者在建筑内的室温、饮食、娱乐、居住、学习等生活工作需求，建筑内各用能设备所消耗的能源，以及造成的碳排放。客运交通主要指人的出行行为所消耗的能源，主要包括道路、轨道、水运、航空和管道运输五种交通模式中的客运出行以及非机动化慢行交通①的部分所消耗的能源及产生的碳排放。

1. 建筑

建筑部门是发达国家最大的终端用能部门，在美国、欧洲四国和日本等国，建筑运行能耗占终端能耗的比例近 40% 。2012 年，中国建筑运行能耗约为 7.3 亿吨标准煤，约占中国终端能源消费的 20% ，建筑运行能耗占比远低于发达国家。1996—2012 年，中国建筑运行能耗从 2.7 亿吨标准煤上升到 7.3 亿吨标准煤，增加了 1.7 倍，同期建筑运行能

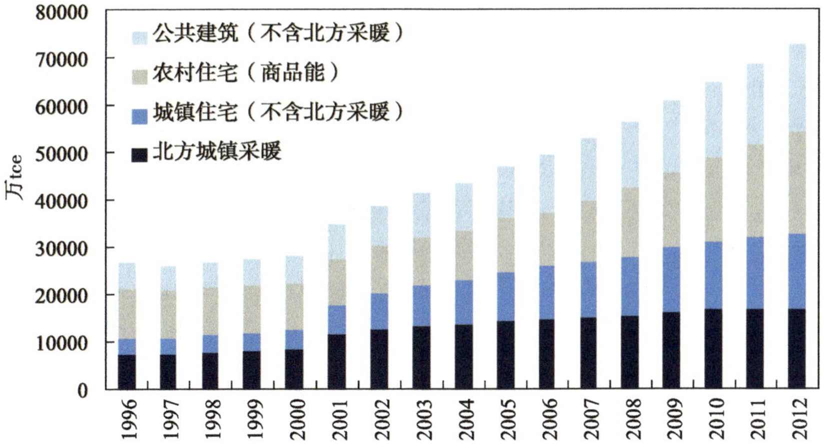

图 6－3　1996—2012 年各类建筑运行能耗变化

资料来源：清华大学建筑节能研究中心，2013.

① 包括步行，自行车和电动车等非机动化出行。

耗占能源消费总量的比例基本维持在20%左右。在此期间，中国各类建筑运行能耗均显著增加（如图6－3所示）。从各类建筑的能耗占比来看，2012年公共建筑（不含北方城镇采暖）、农村住宅、城镇住宅（不含北方城镇采暖）、北方城镇采暖分别占建筑总能耗的25.2%、29.9%、21.8%和23.1%（清华大学建筑节能研究中心，2014）。伴随着中国的城镇化过程和居民生活水平的不断提高，未来中国建筑运行能耗还将持续上升。

未来建筑碳排放的主要影响因素是建筑面积、建筑使用者或居住者的服务需求、能效水平的提高，以及能源结构。在上述四种情景下表征上述影响因素的主要参数的设置如表6－3所示。

表6－3　四种情景下的主要参数设定

<table>
<tr><th></th><th>人均面积</th><th>服务需求的满足情况</th><th>生活方式</th><th>技术水平</th><th>用能结构</th></tr>
<tr><td>基础情景</td><td rowspan="2">接近欧洲2010年水平：城宅40m²，公建20m²，农宅50m²</td><td rowspan="4">到2030年城镇服务需求基本满足；到2040年城乡服务需求基本满足</td><td rowspan="2">生活方式接近欧美，各类建筑的单位面积的能耗需求接近欧美目前水平，能效有所提高</td><td>技术水平进步较慢，各类建筑的综合用能效率相比于2010年提高50%</td><td>各类建筑用能的能源结构沿当前趋势发展，低碳化水平整体不高</td></tr>
<tr><td>技术进步情景</td><td>技术水平进步较快，各类建筑的综合用能效率相比于2010年提高1倍</td><td>能源结构向低碳化转型，采暖外住宅用电占总能耗比例、农村生物质能源应用、采暖的天然气占比相比2010年均有成倍提高，超过80%</td></tr>
<tr><td>适度消费情景</td><td rowspan="2">达到亚洲发达国家2010年水平：城宅40m²，公建15m²，农宅50m²</td><td rowspan="2">维持自然和谐的生活方式，单位面积能耗仍然大大低于发达国家2010年的水平</td><td>技术水平进步较慢，各类建筑的综合用能效率相比于2010年提高50%</td><td>各类建筑用能的能源结构沿当前趋势发展，低碳化水平整体不高</td></tr>
<tr><td>低碳理想情景</td><td>技术水平进步较快，各类建筑的综合用能效率相比于2010年提高1倍</td><td>能源结构向低碳化转型，采暖外住宅用电占总能耗比例、农村生物质能源应用、采暖的天然气占比相比2010年均有成倍提高，超过80%</td></tr>
</table>

（1）建筑面积

建筑面积是决定建筑能耗大小的重要因素。伴随着近年来城市化进程和城镇高速建设的过程，城镇建筑面积持续增长且增速越来越快。“九五”“十五”“十一五”期间分别以年均3亿～5亿平方米、15亿～20亿平方米、10亿～15亿平方米的速度增加。1997—2010年人均城镇住房面积、人均公共建筑面积和人均农村住房面积分别增加了14.6平方米（86%）、4.4平方米（60%）和15.7平方米（76%），住房面积年均增长超过了1平方米/人。如果保持年均1平方米的人均面积增长速度，到2030年中国将达到日本、新加坡等亚洲发达国家水平，到2050年则接近欧洲水平。

然而，考虑到中国土地资源和实现低能耗发展的需求，中国的建设速度应适当控制，建筑面积也不应该达到目前欧美发达国家人均60平方米的水平。参考亚洲发达国家的水平，到2050年城镇人均住房面积应控制在40平方米，人均公共建筑15平方米，人均农村住房面积50平方米。

（2）建筑使用者或居住者的服务需求

建筑使用者或居住者的生活方式决定服务需求，这是建筑用能的根本驱动力。本研究假设到2030年，城镇居民的各种建筑服务需求基本得到满足；2040年，城乡居民的各种建筑服务需求基本得到满足；在基础情景和技术进步情景中，随着人们生活水平的提高，生活方式接近欧美水平。在适度消费情景和低碳理想情景中，城乡居民维持当前的自然优先的生活方式。这需要通过强化节能政策来引导。

（3）能效水平

针对不同的用能途径，建筑能效水平的提高依赖于适宜节能技术的使用和各种类型建筑、技术的使用结构。基础情景和适度消费情景给出目前的节能政策下，技术进步自然发生的情况，各类建筑的综合用能效率相比于2010年提高50%；而在技术进步情景和低碳理想情景中，节能政策强化技术进步程度，各类建筑的综合用能效率相比于2010年提高1倍。

建筑领域的低碳理想情景主要包括如下几个部分：

①直接能源消费；②快速消费品生产能耗；③耐用消费品生产能耗；④基础设施相关能耗；⑤产能相关隐含能；⑥进出口产品的隐含能。

a. 建筑需求稳定：2050年城镇人均住房面积40平方米，人均公共建筑15平方米，人均农村住房面积50平方米。

b. 区域规划合理：建筑寿命为50年以上；城市规划合理，集约式居住为主，杜绝短命建筑；农村建筑符合当地农业生产与农民生活方式。

c. 生活方式自然：不追求“恒温恒湿、固定通风”等极限居住环境，而是优先以自然手段营造舒适的室内环境：室温随季节变化适当波动，开窗通风、自然采光成为人们的第一选择。

d. 技术适应生活：出现一批适用于自然生活方式的技术设备，如便于自然通风采光的建筑设计，能在间歇模式下高效运转的空调、烘干机等高能耗设备被淘汰，因地制宜地推广与利用各种类型可再生能源，特别是生物质能与太阳能丰富的广大农村地区，有完备的系统利用方式。

e. 技术更加先进：各类家电设备的能效大大进步，在2010年基础上提高一倍。

在低碳理想情景下，通过控制城乡建筑面积、维持自然和谐的生活方式和大幅提高能效利用水平，2050 年建筑直接能源消耗将保持在 6.7 亿吨标准煤，人均能耗为 465kg 标准煤，略低于 2010 年水平。建筑总面积将持续增加，至 2050 年左右达到稳定状态，达到 821 亿平方米，为 2010 年的 1.7 倍。随着城镇化的继续发展，城镇住宅面积和公共建筑面积都将继续增加，而农村住宅面积则相应减少。2050 年城镇住宅、农村住宅、公共建筑面积将分别是 2010 年的 2.5 倍、0.7 倍和 2.8 倍（见图 6－4）。

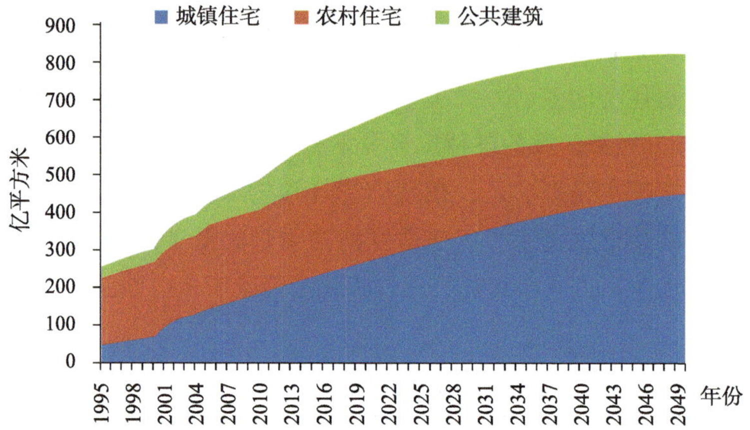

图 6－4　低碳理想情景下 1997—2050 年建筑面积变化

而在基础情景下，2050 年的建筑总能耗达到 22.6 亿吨标准煤，相比于 2010 年增长 3.7 倍，相当于 2010 年中国社会全部能耗的 63%。无论从国家能源安全、能源价格、环境影响，还是从应对气候变化方面来看，都是中国乃至世界所难以承受的。而即便是在这种情景下，人均建筑能耗（1830kg 标准煤）仍旧低于主要发达国家 2008 年的水平（见图 6－5）。这充分说明，未来中国人们生活水平的提高难以按照目前发达国家的建筑用能方式来实现（包括人均建筑面积、建筑内生活方式），而必须寻找更加适宜中国国情的发展道路，在满足人们服务需求的同时，避免能耗水平向发达国家水平靠拢。

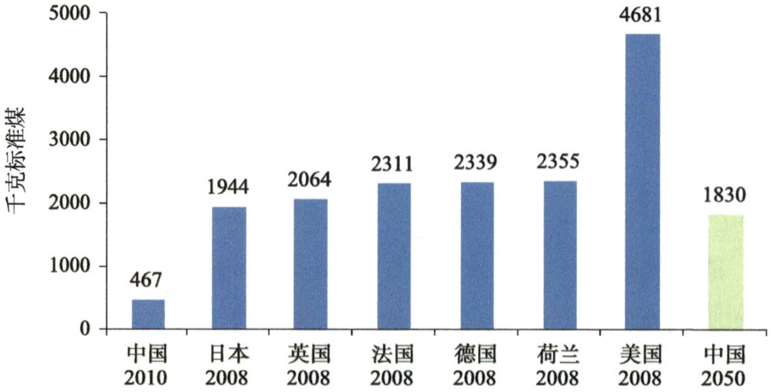

图 6－5　中外人均建筑能耗的比较（发达国家均为 2008 年水平）

2. 客运交通

交通部门是重要的 CO_2 排放源和节能减排关键领域。2005—2012 年，交通部门能源消耗持续增长，交通运输能耗占全国能耗比重从 2005 年的 9.8% 上升到 2012 年的 10.9%（见图 6－6）。由于私人汽车保有量的快速增长，私人汽车能耗从 1980 年的 47 万吨标准油增加到 2010 年的 5440 万吨标准油，折合二氧化碳排放分别为 180 万吨和 2.11 亿吨，占全国交通部门的碳排放比从 3.3% 增加到了 24.2%（齐晔，2014）。随着工业化和城市化的进程，人们的出行需求与日俱增，如果不加以规划，中国未来客运交通的高需求势必将踏上以高能耗和环境破坏为代价的发展道路。寻求一条低能耗、环境友好的出行之道已经成为中国未来低碳发展所不可或缺的重要组成部分。

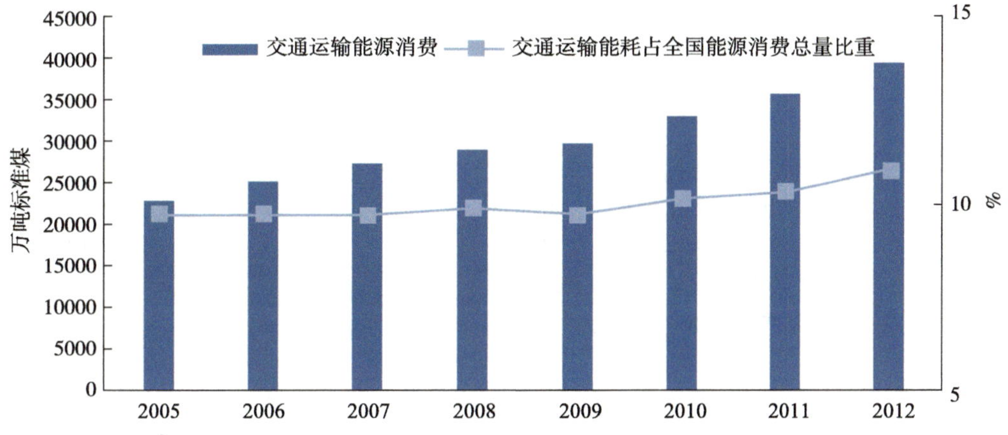

图 6－6　2005—2012 年交通行业能源消费和占全国能耗比情况

数据来源：齐晔．中国低碳发展报告 2014 [M]．北京：社会科学文献出版社，2014.

本研究主要研究客运交通的发展趋势，即由于人的出行行为而产生的能耗。在这里，消费者是主体，依次对是否出行、出行模式以及低碳技术进行选择。本研究将交通运输系统划分为道路（包括城际和城市道路交通营运性公交以及私人交通）、轨道（包括铁路以及城市地铁运输）、水运、航空和管道运输五种交通模式，“客运交通”是这五种交通模式中的客运出行以及非机动化慢行交通①的部分。

客运交通能耗包括各种运输工具的能耗，影响客运交通能耗的参数包括人均出行距离（需求）、各种出行方式的比例（结构）以及各种出行方式的单位人公里能耗（能效）。即：

消费者某种出行的能耗 = 出行需求 × 出行结构 × 能效

四种情景下三类参数的基本假设如表 6－4 所示。

① 包括步行、自行车和电动车等非机动化出行。

表 6-4　客运交通三类参数的基本假设

情景	需求（Activity）人均出行距离	结构（structure）各出行模式比例	能效（Intensity）单位人公里能耗
基础情景	《中国交通运输中长期节能问题研究报告》基准情景（无政策等外力影响下自然正常发展状态）	《中国交通运输中长期节能问题研究报告》基准情景	《中国交通运输中长期节能问题研究报告》基准情景
技术进步情景	《中国交通运输中长期节能问题研究报告》基准情景（无政策等外力影响下自然正常发展状态）	《中国交通运输中长期节能问题研究报告》基准情景	《中国交通运输中长期节能问题研究报告》技术进步情景
适度消费情景	出行活动到 2030 年同基线；2050 年旅客平均出行距离达到欧洲 2010 年水平，低于中国基线水平；2030 年到 2040 年增速取基线增速和向欧洲匀速发展增速的中间速度	出行模式 2030 年前不变，2050 年达到日本 Greater Osaka Area 2010 年出行模式比例，优于中国基线结构	《中国交通运输中长期节能问题研究报告》基准情景
低碳理想情景	出行活动到 2030 年同基线；2050 年旅客平均出行距离达到欧洲 2010 年水平，低于中国基线水平；2030 年到 2040 年增速取基线增速和向欧洲匀速发展增速的中间速度	出行模式 2030 年前不变，2050 年达到日本 Greater Osaka Area 2010 年出行模式比例，优于中国基线结构	《中国交通运输中长期节能问题研究报告》节能情景

绿色出行是未来中国交通出行的图景和发展目标。绿色出行模式既要保障经济、社会良性发展和生活质量的不断提高，又要实现节能减碳、高效环保的交通理念，它包括了三方面的统一，即通达和有序的统一；安全和舒适的统一；环保和低碳的统一。在低碳理想情景中，绿色出行模式得以全面推广，主要包括以下三方面内容。

（1）出行需求——机动化出行需求减少

是否机动化出行是决定出行对能耗和对环境影响的最根本因素，即选择由能源驱动的机动化交通工具或是选择步行或自行车。因此，减少机动化出行量是解决出行所引发的能源危机、环境问题等的最根本途径。是否采取机动化出行与消费者出行距离、出行时间限制以及出行性质都密切相关，然而，毋庸置疑的是，部分机动化出行是完全可以被缩短或是替代的。

（2）出行结构——向低碳出行模式转变

现代社会出行模式的多样化为消费者出行提供了更多的选择，而消费者采取何种出行模式决定了此次出行的能耗。低碳理想情景中，到 2050 年政策引导使相对低碳的出行模式的成本远低于相对高碳的出行模式，城市规划以公交导向型城市为主，社区内设有车辆同乘服务信息。到 2050 年轨道交通占所有出行模式的比例由 2010 年的 17% 增长至 57%；道路交通则由原来的 74% 降至 37%，其中道路交通中私人和社会车辆驾乘由 2010

年的49%降至2050年的26%；民航占比也从原来的8%下降至5%（见图6-7）。

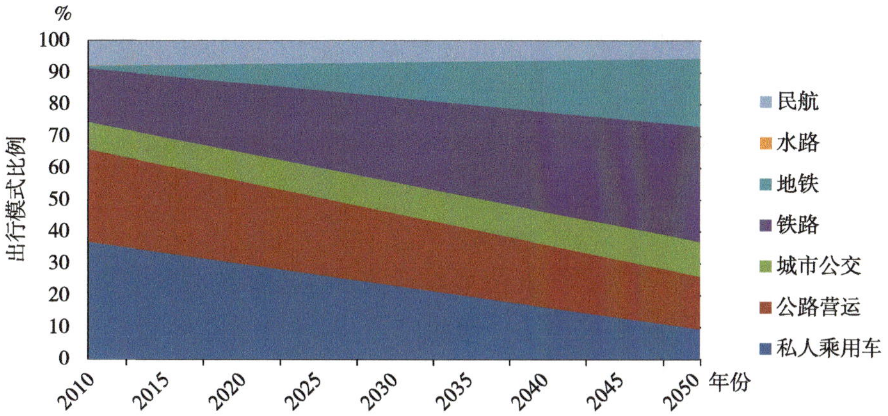

图6-7　低碳理想图景下出行模式的逐年变化

（3）能效—选择低碳技术

低碳交通技术的进步为单位交通周转量的能耗降低做出了巨大的贡献。到2050年，各种交通出行工具效率大幅提高（见图6-8）；燃料品质不断提高并向清洁燃料方向发展；新能源交通工具广泛应用。新能源汽车不同于依赖汽油和柴油为动力来源于传统车辆，而是采用非常规的车用燃料作为动力来源（或使用常规的车用燃料、采用新型车载动力装置），综合车辆的动力控制和驱动方面的先进技术，形成的技术原理先进、具有新技术、新结构的汽车。

（二）快速消费品生产能耗

快速消费品的需求主要从3个分类进行考查：衣、食，以及其他生活生产使用。快消品的生产能耗和碳排放主要考虑全生命周期中原材料开发加工、产品生产制造环

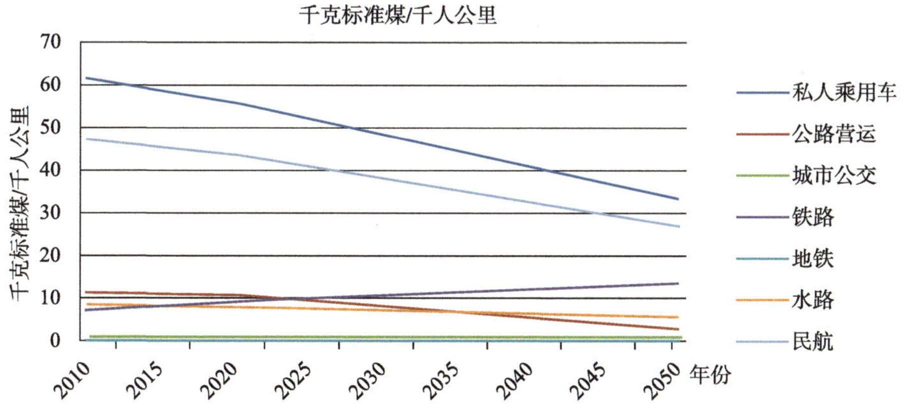

图6-8　低碳理想情景下各类交通方式能效的逐年变化

节（即投入使用前的能耗和碳排放）。以食为例，其生产能耗包括如下环节：农业投入品生产能耗，包括化肥、农药、农膜、饲料生产及农业机械折旧的能耗；农业生产直接能耗，指农户或农场种植、养殖所需的直接能源消耗；食物加工制造能耗，指生产出的农产品部分需要经过加工制造成商品。按照中国的统计体系包括农副食品加工业、食品制造业、饮料制造业和烟草制品业能耗；运输能耗，指农业投入品、食物物流过程全部能耗，包括农业投入品由工厂运至农户或农场，农产品由农户或农场运至供应商再到消费者或运至食品加工工厂再到供应商直至消费者等。

未来影响快速消费品的生产能耗的主要因素是快速消费品的消费增长率（即需求），以及相关生产行业的能效水平（即能效）。四种情景总体设定区别如表 6 – 5 所示。

表 6 – 5　快速消费品参数的基本假设

情景	需求	能效
基础情景	各类快速消费品的实物消费量基本参照高碳模式快速增长	制造业能效提高，2025—2030 年之间达到世界先进水平
技术进步情景	各类快速消费品的实物消费量基本参照高碳模式快速增长	制造业能效快速提高，2025 年之前达到当时世界先进水平
适度消费情景	践行低碳生活方式，各类快速消费品的实物消费量增至合理水平后，保持稳定，避免盲目增长	制造业能效提高，2025—2030 年之间达到当时世界先进水平
低碳理想情景	践行低碳生活方式，各类快速消费品的实物消费量增至合理水平后，保持稳定，避免盲目增长	制造业能效快速提高，2025 年之前达到当时世界先进水平

1. 需求

“十一五”期间，服装消费每年都保持了 20% 以上的同比增长，增速均明显高于当年社会消费品零售总额增速，当前国内服装市场总容量已经超过 8000 亿元。根据国际经验，当人均 GDP 超过 3000 美元的时候，服装消费步入高增长周期，并在长达三十年的时间中保持着 GDP 增速的 3 倍水平（邓向辉等，2012）。因此中国城镇居民未来的衣物消费必将延续“十一五”以来快速增长的趋势，人均衣物消费量将由 2014 年的每年 10 件增长到 2050 年的每年 35 件。而在低碳理想情景下，通过引导“适度、合理”的消费理念，消费者将由追求衣物的数量变为追求衣物的品质，效仿法国人“一个衣柜只有 10 件衣物”的“少而精”的着装文化（Scott，2014）。在这一情景下，预计 2050 年人均衣物消费量将会保持在 16 件左右。

食品的需求影响则更为复杂，食物总量变化导致各类型能耗的物质需求量变化，如相应的化肥用量增加，加工、运输、烹饪的食物量也增加。影响未来食物需求总量的因素主要有两个，一是膳食结构的转变，二是食物的损耗与浪费。中国的膳食结构已迈入一个新的历史时期，肉、蛋、奶、水产人均消费量和占比均不断增加。而肉、蛋、奶、水产等动物性食物生产需要以粮食为饲料，从而导致粮食总量的增加，进而增加化肥消费量，2010 年全国 1/3 左右的粮食用作饲料。1990—2013 年，中国人均动物性食物消费从 49.3 千克/年增长到 157.6 千克/年，其中肉类消费从 25.7 千克/年增至 61.1 千克/年。

参照美国、欧洲等发达国家的饮食结构，在基础情景下，中国未来人均动物性食物消费量将增长到265 千克，其中肉类消费量达到100 千克，接近美国、澳大利亚的水平，奶类消费量将达到100 千克，接近《中国居民膳食指南（2007）》的推荐量，但远远低于欧美国家水平（鉴于中国相对有限的发展畜牧业的自然条件以及不同的饮食习惯）。而在低碳理想情景下，中国居民的饮食结构将向素以健康著称的日本靠拢，人均肉类消费量将仅维持在60 千克/年，水产消费50 千克/年，奶类消费70 千克/年，蛋类20 千克/年，动物性食物消费总量为200 千克/年。

食物损耗和浪费特指原本计划供人类消费，却在某一环节离开了食物链的食物，其中损耗发生在供应链的前四个环节（农业生产、收货后处理和储存、加工、流通），而浪费发生在终端消费环节。在全球范围内，每年有近 13 亿吨的食物被损耗和浪费，相当于总产量的 1/3。发达地区与发展中地区的食物损耗和浪费比例有显著差异。发达国家食物浪费比例（30% ~40%）远高于发展中国家（20% 以下），而食物损耗比例（60% 以下）远低于发展中国家（80% 以上）。

中国食物损耗与浪费则表现出“双高”的特征：食物浪费比例高，趋于发达国家水平；食物损耗比例也偏高，接近发展中国家水平。总体而言，占总产量 1/4 的食物未经消费就被损耗和浪费，其中浪费量占 8.5%，损耗量占 17.0%。在低碳理想情景下，通过基础保障措施建设，未来中国食品物流环节损失可以控制在 5% 以内，实现发达国家水平，而餐桌食物浪费也可以控制在 5% 以内。除了控制食物需求总量以外，中国还可以通过转变农业生产方式及技术提高达到减少化肥、农药、农膜的需求量。如：提高化肥施用率、采用有机肥、化肥配施的方式可以减少化肥施用总量，从而降低等 N_2O 等温室气体的排放（主要来自氮肥）；发展环境友好型生态农业可减少农业、农膜的使用量。

对于其他生活生产使用的快速消费品，主要指日用塑料制品、日用玻璃制品、日化品、机制纸及纸板、墨盒、医药品等。日用塑料制品、玻璃制品、日化品等内需近年来随着城镇化率的提高以及居民生活水平的提高而呈现较快速的增长。2004—2014 年，日用塑料制品产量年增长 8.5%。考虑到中国人均塑料消费量仅有 12 千克左右，而发达国家为 30 ~100 千克，世界平均消费量也达 18 千克。因此，在基础情景下，未来中国的塑料制品消费量仍旧会逐步增长，但增速逐渐放缓（中国产业信息网，2014b）。与之类似，日用玻璃制品产量同期年增速为12.5%，尤其是高档日用玻璃制品的需求2010年来以20%的速度迅速增长，因此未来日用玻璃的产量仍将保持较高速度增长，但增速亦逐步回落（中国产业信息网，2015）。机制纸及纸板的产量自2006年以来增速逐年放缓，从2006年的20.23%下降到2014年的2.8%，预计未来增速持续下降（中国产业信息网，2014a）。

2. 能效

对于衣物、纺织业的能耗是衣物能耗中最主要的部分。目前纺织印染行业生产万米布耗煤3吨、耗电450度，用水300~400吨，能耗和用水量分别是国外先进水平的3倍~5倍和2倍~3倍。整个纺织产业整体设备的现代化水平要比世界先进水平落后10~15年，如此落后的生产设备不仅导致生产成本高，缺乏竞争力，而且也使中国纺织产业在优质、高效、高产、环保、节能方面存在着明显的国际差距。国家发展和改革委员会数据显示：目前纺织等8个行业主要产品单位能耗平均比国际先进水平仍然高40%。随着国家相关节能政策的出台和纺织技术水平的提高，中国整个纺织业能耗水平呈现逐年下降的趋势，2050年纺织业单位GDP能耗水平下降40%，达到0.46吨标准煤/万元（邓向辉 et al.，2012）。

食品生产能效的影响因素更为广泛。本研究中主要考虑如下内容：农业投入品生产中化肥、农膜、农业机械生产主要能耗环节是合成氨、乙烯、钢铁生产，因此能耗强度下降率可参考合成氨、乙烯、钢铁工业能效的提高；农户或农场生产过程能耗主要是农业机械使用带来的能源消耗，未来中国将全面推进农业机械化发展，因此以单位机械动力能耗强度下降率代表农业生产能效的提高；加工制造能耗强度指标选取吨食物加工能耗强度下降率；运输能耗强度指标选取吨公里投入品和食物总量的能耗强度下降率。

对于其他生活与生产使用的快速消费品，也以相关主要工业产品的单产能耗变化来估计其能效的变化，如纯碱、烧碱、玻璃、橡胶等工业产品的单位产品能耗的变化取值，主要参考了国家发展和改革委员会能源研究所课题组的研究（国家发展和改革委员会能源研究所课题组，2009），具体取值如表6-6、表6-7所示。

表6-6　低碳理想情景的主要需求参数

项目		单位	2010年	2020年	2030年	2040年	2050年
衣	人均购衣数量	件	8	13	17	16	16
食	人均实际消费重量	千克/人	973	1018	1074	1108	1138
	食物实际消费量	亿吨	13.0	14.2	14.8	14.9	14.5
	食物总产量	亿吨	17.7	21.6	23.9	24.6	24.5

（续表）

项目		单位	2010 年	2020 年	2030 年	2040 年	2050 年
食	动物性食物总量	亿吨	1.98	2.41	2.66	2.80	2.89
	植物性食物总量	亿吨	15.7	19.2	21.2	21.8	21.6
	物流损失	%	17	15	10	7	5
生产生活	日化品消费增长率	%	4.8	2.5	1.2	0.3	0
	日用塑料品消费增长率	%	4.2	1.0	0.5	0.1	0
	医药品消费增长率	%	1.0	0.7	0.4	0.1	0
	日用玻璃制品消费增长率	%	7.3	1.5	0.5	0.1	0
	纸与印刷品消费增长率	%	3.0	2.0	1.0	0	-0.5
	废纸回收再生	%	60	63	66	69	72
	墨盒等其他	%	6.8	5.8	3.6	1.9	1.8

表 6－7 低碳理想情景的主要能效参数

项目		单位	2010 年	2020 年	2030 年	2040 年	2050 年
衣	纺织业单位 GDP 能耗	吨标准煤/万元	0.76	0.52	0.41	0.35	0.31
食	合成氨综合能耗	千克标准煤/吨	1587	1270	1190	1130	1075
	乙烯综合能耗	千克标准煤/吨	950	790	700	670	660
	吨钢可比能耗	千克标准煤/吨	681	617	560	550	538
	饲料能耗（2010 年为 1）	吨标准煤/吨	1	0.9	0.8	0.7	0.7
	农业单位机械动力能耗（2010 年为 1）	吨标准煤/千瓦	1	0.9	0.8	0.7	0.7
	吨食物加工（2010 年为 1）	吨标准煤/吨	1	0.9	0.8	0.7	0.7
	食品运输综合能耗	吨标准煤/万吨公里	0.826	0.739	0.695	0.652	0.608
生产生活	纯碱综合能耗	千克标准煤/吨	330	310	290	285	280
	烧碱综合能耗	千克标准煤/吨	1250	990	890	870	860
	乙烯综合能耗	千克标准煤/吨	950	790	700	670	660
	纸与纸板平均综合能耗	千克标准煤/吨	680	400	290	240	220
	玻璃综合能耗	千克标准煤/重量箱	16.9	13.5	12.2	11.7	11.3
	墨盒等其他单产能耗下降率	%	-0.7	-0.5	-0.3	-0.3	-0.2

四种情景下快速消费品生产隐含能及碳排放计算结果如图 6－9 所示。在基础情境

下，快速消费品隐含能在2010—2050年均呈稳速增长趋势，能耗由2010年的5.1亿吨标准煤增长到2050年的14.5亿吨标准煤，占社会总能耗的33.2%。碳排放亦呈现增长趋势，但增速在2040年后明显放缓，接近25亿吨CO_2的峰值。在技术进步情景和适度消费情景下，2050年能耗将分别降低12.5%和8.6%；碳排放降低18.1%和8.5%。而在低碳理想情景下，2050年能耗将降低为11.7亿吨标准煤，比基础情景降低约19.1%；碳排放在2040年就达到18亿吨CO_2的峰值，比基础情景中的峰值降低约24.2%。由此可见，对于快速消费品而言，由于其未来需求仍将不断增长（尽管增速将逐步放缓），因此消费转型的节能潜力较为有限，不及技术进步的节能潜力大。

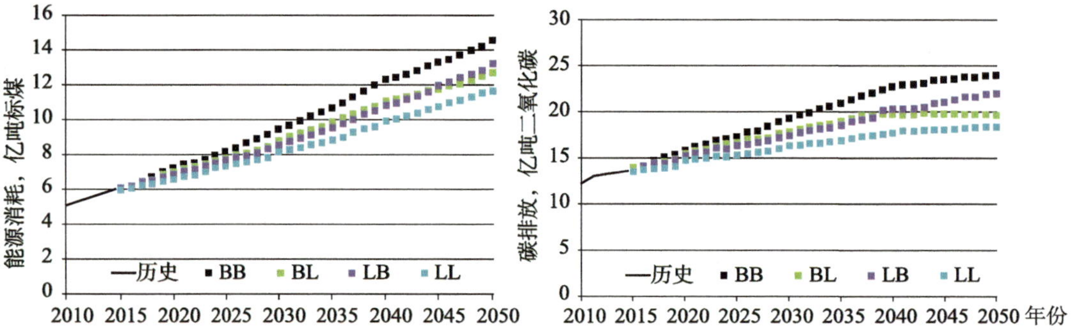

（a）能源消耗　　（b）碳排放

图6-9　四种情景下快速消费品能耗与碳排放的变化

低碳理想情景下的衣、食及其他快消品的隐含能及碳排放结果如图6-10所示。居民的购衣行为将遵循“少而精”的原则，饮食结构营养均衡，因此衣着和食物相关能耗的增长极为缓慢。2050年，“衣食”相关能耗将分别从2010年的0.8亿吨标准煤和2.3亿吨标准煤增长到1.0亿吨标准煤和2.7亿吨标准煤，约占快消品生产能耗的1/3，占全社会总能耗的10.5%。快速消费品生产能耗中占比最大的是衣食以外的其他快速消费品，包括日化品、日用塑料和玻璃制品、机制纸和纸板等。这部分快速消费

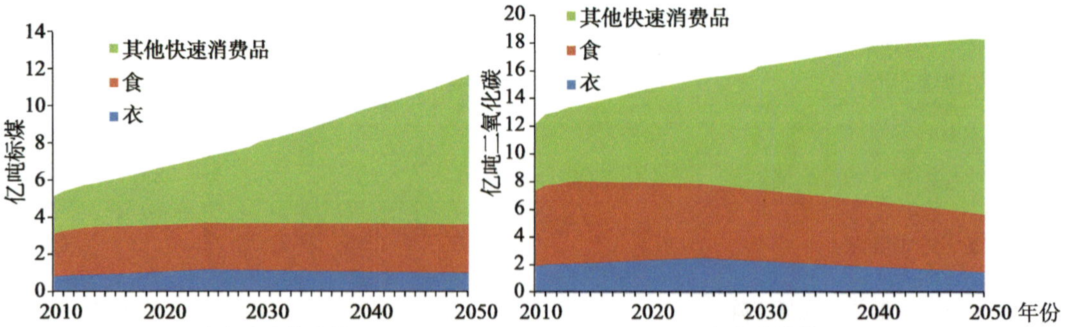

（a）生产隐含能　　（b）碳排放

图6-10　低碳理想情景下快速消费品生产能耗和碳排放的逐年变化

品由于城镇化和第三产业的快速发展和人民生活水平的提高而增加，占比快速提升，2050年将达到8.0亿吨标准煤，约占快速消费品生产能耗的2/3，占全社会总能耗的22.7%。这表征着中国第三产业，特别是服务业，在国民经济中的地位迅速提高。快速消费品生产碳排放的趋势与隐含能类似，但由于能源结构的优化，碳排放增速远低于能耗的增速。2050年，快速消费品生产碳排放将由2010年的12.1亿吨CO_2增加到2050年的18.3亿吨CO_2，约占全社会碳排放的1/3。其中“衣食”占全社会碳排放量的10.4%，其他快速消费品占23%。

（三）耐用消费品的生产能耗

耐用消费品指汽车、电器、文体工艺制品、其他金属用品等使用年限在一年以上的耐用产品。耐用消费品的能耗主要考虑全生命周期中原材料开发加工、产品生产制造环节的能耗（即投入使用前的能耗）。四种情景总体设定区别如表6-8所示。

表6-8 耐用消费品三类参数的基本假设

四种情景	技术	生活方式
基础情景	照当前趋势发展	每百户拥有量按当前的增长速度增长。电器寿命情况与目前一致，比如冰箱寿命为10年左右
技术进步情景	节能政策强化	每百户拥有量按当前的增长速度增长。电器寿命更长，比如冰箱寿命延长为15年
适度消费情景	照当前趋势发展	每百户拥有量在未来一定时间期保持增长后达到饱和值，增速低于基础情景。电器寿命与目前一致，比如冰箱寿命为10年左右
低碳理想情景	节能政策强化	每百户拥有量在未来一定时间期保持增长后达到饱和值，增速低于基础情景。电器寿命更长，比如冰箱寿命延长为15年

1. 需求与产量

（1）车辆需求将持续增长，2050年基础情景比低碳情景下的千人汽车保有量高出38%

2014年中国千人汽车保有量达到107辆/千人，当年国内汽车制造业产量也达到了2372万辆。中国已成为全球最大的汽车制造与销售市场，与此同时，堵车也成为国内大中小城市的常见现象。在基础情景下，汽车需求继续维持较高的增长速度，至2050年达到353辆/千人，全国汽车保有量达到5亿辆。需要指出的是，即使是353辆/千人的高水平，也远低于美国2010年左右的千人汽车保有量（439辆/千人）。在低碳理想情景下，2015年后汽车需求的增速显著下降，2050年千人汽车保有量为255辆/千人，全国汽车保有量达到3.67亿辆（见图6-11）。2050年，千人汽车保有量在基础情景下比低碳理想情景高出38%，汽车保有量多出1.33亿辆。

从汽车制造业的规模来看，在基础情景下，国内汽车制造业的规模将继续扩大，至2024年产量超过3000万辆，至2036年产量超过3400万辆，之后一直维持在这一水平（见图6－12）。而在低碳理想情景下，假设国内市场新增需求下降，2015—2024年国内市场新增需求每年递减150万辆，2025年后每年新增需求与2024年持平，维持在每年新增428万辆的水平，而每年的折旧率则按汽车保有量报废率6%计算。事实上，由于汽车保有量的基数巨大，2016年每年的汽车报废量即可超过1000万辆，之后年报废量仍持续增长，至2050年可达到2205万辆。2015年之前，中国是新兴汽车市场，汽车的产量主要取决于每年新增需求，而2015年后新增需求逐年下降，自2019年每年汽车报废量超过新增需求，2023年后以当年报废量为主。

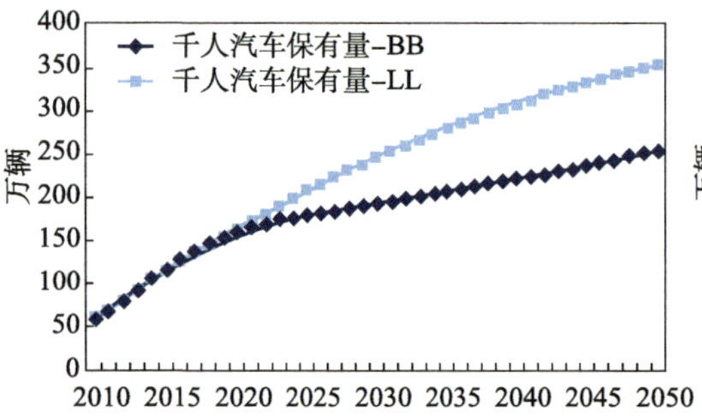

图6－11　不同情景千人汽车保有量比较

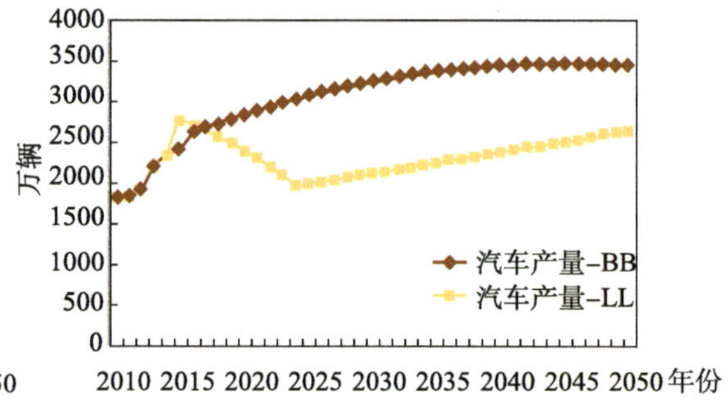

图6－12　不同情景汽车产量比较

电动汽车取代传统燃油汽车将成为今后汽车产业发展中最重要的变革，由于各国的电动汽车尚未发展到大规模应用阶段，因此难以准确预料其应用前景。在基础情景中，假设电动汽车发展水平较低，2020电动汽车占汽车保有量的3.2%，2050年电动汽车占比达到19.8%，而技术进步情景中2050年电动汽车占比可达到28.7%。

（2）未来家电新增需求主要来自农村居民，家电出口贸易亟待升级

中国城镇居民和农村居民的家用电器保有量仍有很大差距，城镇居民家庭常见家用电器拥有量已接近饱和，而农村居民常见家用电器还有很大增长空间。2014年城镇居民洗衣机、电冰箱、彩电、空调每百户拥有量达到100台、100.9台、132.7台和92.9台；而农村居民的每百户拥有量仅为70.9台、71台、119.5台和36.5台。按照中国居民的住房结构和生活习惯，洗衣机和电冰箱的百户拥有量存在一个饱和值，在本研究中设定为100%（低于发达国家水平）。

在基础情景下，各类电器的百户拥有量按当前的增长速度增长，2030年城镇居民家用电器百户拥有量达到发达国家的保有量水平；2020年农村居民家用电器百户拥有量达到城镇居民2010年水平，假设2020年后农村居民的电器保有量水平比城镇居民晚10年。而在低碳理想情景下，各类家用电器保有量的增长速度低于基础情

景，而高能耗产品，如烘干机等在中国未得到普及与利用（见表6－9）。从国内市场家电的需求量来看，未来家电的新增需求主要来自农村居民，而小家电将成为家电行业新的增长点。

表6－9 低碳理想情景下城镇居民与农村居民常用家用电器每百户保有量

项目		单位	2010年	2020年	2030年	2040年	2050年
城镇居民家庭	居民户数	百万户	221.9	288	336.8	364.8	380.4
	洗衣机	台/百户	96.9	100	100	100	100
	电冰箱	台/百户	96.6	100	105	110	115
	彩电	台/百户	137.4	142.4	147.4	152.4	157.4
	空调	台/百户	112.1	154.8	189.9	224.9	260
	热水器	台/百户	84.8	100	100	100	100
	家用电脑	台/百户	71.2	92.5	120.3	160.1	200
	移动电话	台/百户	188.9	260.4	265	265	265
农村居民家庭	居民户数	百万户	189.7	181.0	160	151.6	144
	洗衣机	台/百户	57.3	96.9	100	100	100
	电冰箱	台/百户	45.2	96.6	100	105	110
	彩电	台/百户	111.8	137.4	142.4	147.4	157.4
	空调	台/百户	16	112.1	148.1	184.0	220
	热水器	台/百户	20	84.8	100	100	100
	家用电脑	台/百户	10.4	71.2	92.5	120.3	160.1
	移动电话	台/百户	136.5	225.6	260.4	265	265

中国是世界上最大的家用电器生产国和出口国，家电出口贸易的特点主要有：①家电出口贸易占比高。2013年中国家电行业出口额为614.4亿美元，占当年总出口额的2.8%。金融危机后，中国家电出口比例逐年降低，但2013年洗衣机、电冰箱、彩电、空调出口量占总生产量的比例仍分别达为26.4%、38.3%、46.8%和33.8%（商务部，2014）。②小家电出口占比迅速增加。2013年小家电出口额占家电行业出口额已达56%。③中国家电出口贸易结构亟待升级。一般贸易和品牌出口份额增长缓慢，企业缺乏引领产品发展趋势的核心竞争力，2013年上半年一般贸易出口占比48.9%，加工贸易出口占比仍高达51.1%。

其他生活使用的耐用消费品，主要包括三类：①基本类，指家具、金属制品（如厨具等）等满足居民基本生活使用的耐用品，往往与人口数量成正比关系，增长相对缓慢；②文娱类，指运动机械、乐器等代表居民更高级别消费需求的耐用品，随着人们生活水平的提高，生活的富足，这方面的需求将有较大的增长；③鉴赏类，指珠宝、工艺品等个人差异较大的审美情趣相关的满足精神性消费的耐用品，在未来也可能出现较大的增长，但因其特殊性与少数群体性，不如文娱类普及量大。

其他生产使用的耐用消费品，按其用途分为两类：①服务业使用的耐用品，如办公桌等，与服务业的增长有一定相关性，但不如快速消费品的相关性大。因为耐用品的数量往往与人口联系更紧密，因此增长缓慢；②制造业使用的耐用品，主要是仪器仪表等产品，随着中国产业结构调整的推进，制造业在 GDP 中的比重持续下降，该类耐用品的增速也将大大放缓，实际的每年生产量增长速度更慢。

2. 能效

由于缺乏中国的平均整车制造能耗数据，本研究采用了福特汽车整车制造能耗的全球平均值，2014 年该数值为 2.47MWh/辆（Ford，2015）。近年来，一些大型汽车制造企业纷纷发布社会责任或可持续发展报告，提出能效下降目标。德国宝马公司 2006—2014 年整车制造能耗年下降率达到 4.28%；丰田北美汽车制造公司 2003—2012 年整车制造能耗年下降率达到 1.5%；福特汽车全球平均整车制造能耗高于上述两家公司，但 2009—2014 年整车制造能耗年下降率达到了 4.9%。在本研究中，基础情景下 2015—2020 年整车制造能耗年下降率为 2%，2021—2050 年年下降率为 1%；技术进步情景下，2015—2020 年整车制造能耗年下降率为 3%，2021—2050 年为 1.5%（见表 6－10）。

表 6－10　低碳理想情景的主要能效参数

项目	单位	2010 年	2020 年	2030 年	2040 年	2050 年
汽车整车制造能耗	兆瓦时	3.09	2.03	1.72	1.46	1.24
吨钢可比能耗	千克标准煤/吨	681	617	560	550	538
平板玻璃综合能耗	千克标准煤/重量箱	16.9	13.5	12.2	11.7	11.3
电解铝交流电耗	千瓦时/吨	13979	12870	12170	11923	11877

对于电器，主要用相关工业产品单位能耗的变化代表电器整机制造能耗的变化。“十一五”期间单位工业增加值能耗大幅下降，5 年累计下降 26%。从现实情况来看，中国单位工业产品能耗与国际先进水平相比仍存在较大差距，节能潜力仍然很大。《工业节能“十二五”规划》提出到 2015 年，规模以上工业增加值能耗比 2010 年下降 21%左右。IEA（2006）指出目前绝大多数工业工序的能源强度比理论上的极限要高出 50%。Okazaki et al（2004）指出通过能源和物资管理方面的效率创新，至少可以达到 10%的节能效应。中国家用电器协会发布的中国家电产业技术路线图（2011 版）根据现有技术分析，提出 2015 年整机生产能耗（吨标准煤/万元产值）平均降低 15%的目标。

类似地，对于其他生活与生产使用的耐用消费品，也以相关主要工业产品的单产能耗变化来估计其能效的变化，如纯碱、烧碱、玻璃、橡胶等工业产品的单位产品能耗的变化取值，主要参考了能源所等机构的研究报告。

图 6－13 是 2010—2050 年四种情景下的耐用消费品能耗的变化。基础情景和技术进步情景下，耐用消费品隐含能将保持稳定的增速，2050 年能耗从 2010 年的 6.3 亿吨标准煤分别达到 9.8 亿吨标准煤和 8.6 亿吨标准煤。在适度消费情景和低碳理想情景下，耐用消费品隐含能将出现大幅的下降，在控制情景下，耐用消费品隐含能将从 2010 年的 6.3 亿吨下降到 2050 年的 5.3 亿吨；而在低碳理想情景中，依靠控制消费和技术进步两种途径，耐用消费品的隐含能在 2050 年将下降至 4.6 亿吨标准煤。

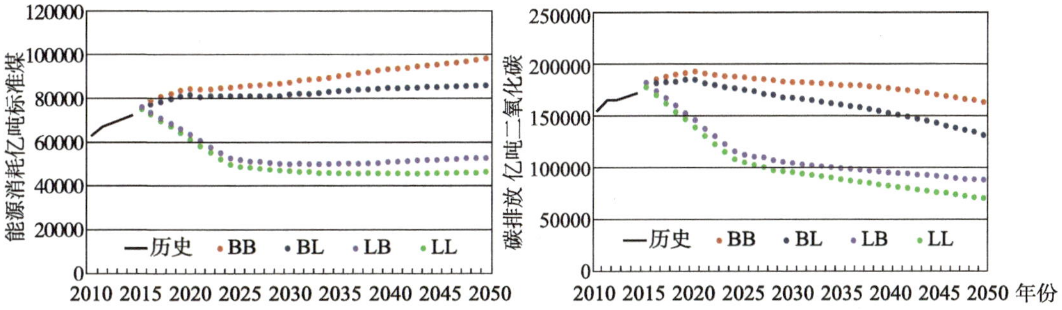

（a）耐用消费品能耗变化　　（b）耐用品碳排放变化

图 6－13　2010—2050 年四种情景下的耐用消费品能耗和碳排放变化

从长远趋势来看，四种情景下耐用消费品的隐含碳排放都将出现明显的下降（见图 6－13）。在基础情景中，2050 年耐用消费品隐含碳排放将达到 16.3 亿吨 CO_2，略高于 2010 年水平，大致与 2011 年持平。技术进步情景、适度消费情景和低碳理想情景下，2050 年耐用消费品碳排放将比 2010 年降低 15%、43% 和 55%。

耐用消费品用能的结构将发生长足变化（见图 6－14）。一方面，车辆仍然是耐用消费品中的重要组成部分，中国的汽车千人保有量持续增加，适度消费情景下 2050 年达到 255 辆/千人的高水平。另一方面，随着中国服务业的迅速发展，以及制造业向高

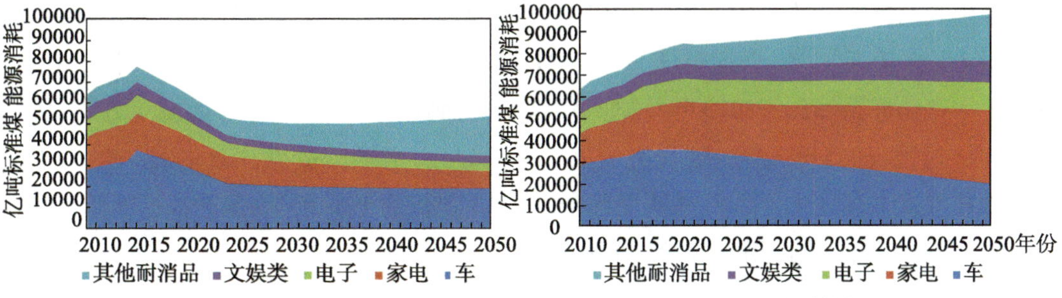

（a）适度消费情景　　（b）基础情景

图 6－14　耐用消费品生产能耗结构变化

端制造业的转型，工作用耐用品占比迅速提高，表现为图中其他耐消品隐含能的增加。但如果缺乏合理的规划，各类耐用品都将出现过度增长，以及寿命期内就报废等浪费现象，使得耐用品消费总量超过合理范围。在基础情景下，耐用消费品的隐含能将达到9.8亿吨标准煤；即使在能效进步的情景下，耐用消费品的隐含能也将持续增长至8.6亿吨标准煤。

（四）基础设施建设的相关能耗

基础设施建设，主要指房屋、道路与桥梁建设，[①] 具体指每年全国施工建设的房屋建筑面积与道路桥梁的里程数。按2010年产值水平估计，房屋与道路的建设量占所有基础设施建设量的比例约为85%，故本研究主要研究房屋与道路的建设量，并认为桥梁等其他基础设施建设量占比维持15%不变。

在“高碳消费模式”情景下，中国的高速城市化还将持续20年，建设最高峰出现在2030年，之后城市化建设进入平缓下降期，如图18所示。相应地，建筑保有量将由2010年534亿平方米持续增长至2050年1317亿平方米，2050年建筑保有量将是2010年的2.5倍。其中民用建筑面积总量达1149亿平方米；人均公共建筑面积达20平方米，人均住宅面积达60平方米，显著高于2014年中国人均公共建筑面积7.3平方米、城市居民人均住宅面积28.1平方米和农村居民38.7平方米的水平。

在“低碳消费模式”下，考虑到目前大量涌现的“鬼城”，本研究认为中国的建筑总量供应已经十分充足，城市化建设已达最高峰，未来的城市化建设水平进入平缓下降期。相应的，建筑保有量持续增长至2050年的957亿平方米，其中民用建筑面积达821亿平方米，人均公共建筑面积达15平方米，城镇人均住宅面积达40平方米，略小于农村人均住宅面积，为50平方米（见图6－15）。

2010年，中国城镇公路通达率达100%，超过99%的建制村实现了通公路，已大致可以满足基本交通的要求。但与发达国家相比，中国的人均公路里程数仍较低，2013年约3.2m/人，远低于美国水平（20.5米/人），亦低于德国水平（7.9米/人）。此外，中国的高速公路里程密度（2013年约10.9米/平方米）虽然已经超过美国水平（7.8米/平方千米），但仍远低于日本（21米/平方千米）与德国（36米/平方千米）的水平。铁路亦是如此，2013年中国人均铁路里程数不足0.1米，远远低于日本（0.2米/人）、德国（0.5米/人）以及美国（0.7米/人）水平。值得注意的是，虽然中国的高铁技术水平领先世界，但高铁里程密度2013年仅为1.1米/平方千米，远低于日本（3.7米/平方千米）与德国（7.9米/平方千米）的水平。

① 亦包括水库港口、管道铺设、市政设施等其他设施的建设。受统计数据所限，此类基础建设的量缺乏统计，在本研究中，暂时不做详细讨论。

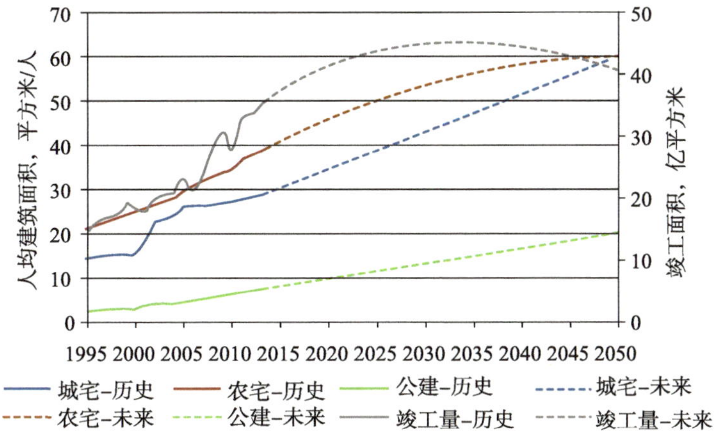

（a）高碳消费模式

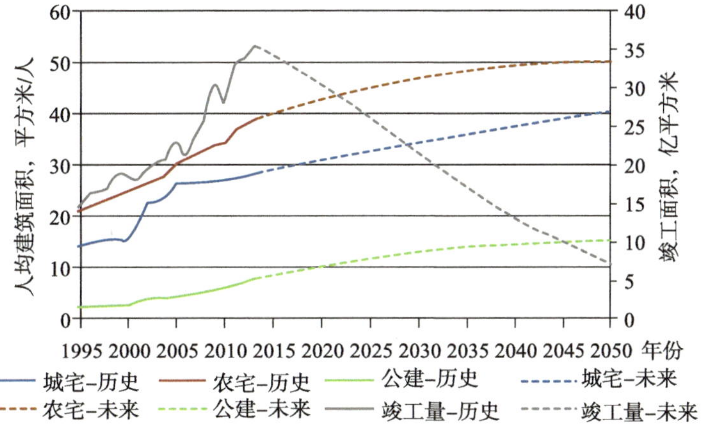

（b）低碳消费模式

图 6-15　各类建筑面积的人均量与建筑总竣工量

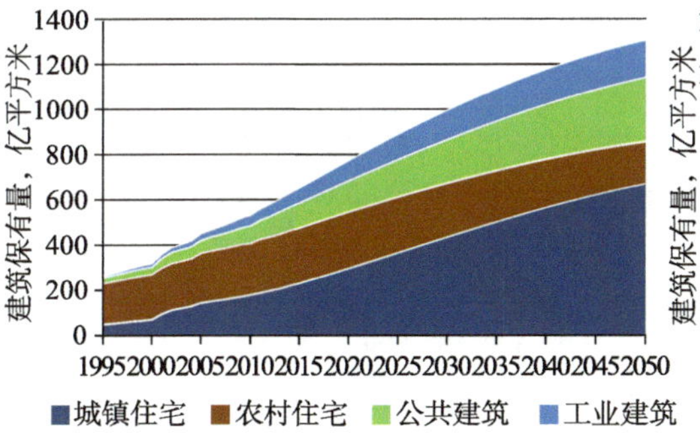

（a）高碳消费模式

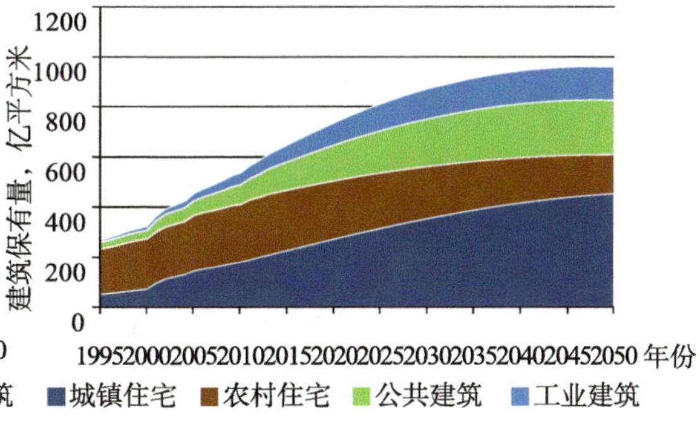

（b）低碳消费模式

图 6-16　各类建筑面积的保有量

根据国家规划，2020 年，若完成国家与地方高速公路网建设，中国高速公路总里程将达 14 万千米，超过美国位居世界第一。同时，在农村地区，高级（指一、二级）

公路与等级公路（三、四级）占比持续提高，除受到地形、地质等自然条件和经济条件限制外，均采用等级公路标准。

在“高碳消费模式”下，中国2050年道路与铁路的建设量分别达到2014年的2倍与5倍。如图6－17所示，2020年之前，期间二者的保有量均持续增长，2050年道路与铁路的总长度分别达到1152万千米与72万千米，对应人均道路长度达8米/人，人均铁路长度达0.5米/人，其中高铁与调整公路的里程密度数分别达到8米/平方千米与40米/平方千米，均略超过当前日本与德国的水平。

而在“低碳消费模式”情景下，道路与铁路的增长达到当前日本与德国水平中的较低者，如图6－17所示，2050年道路与铁路的总长度分别达到864万千米与43万千米，对应人均道路长度达6米/人，人均铁路长度达0.3米/人，其中高铁与调整公路的里程密度数分别达到8米/平方千米与30米/平方千米。

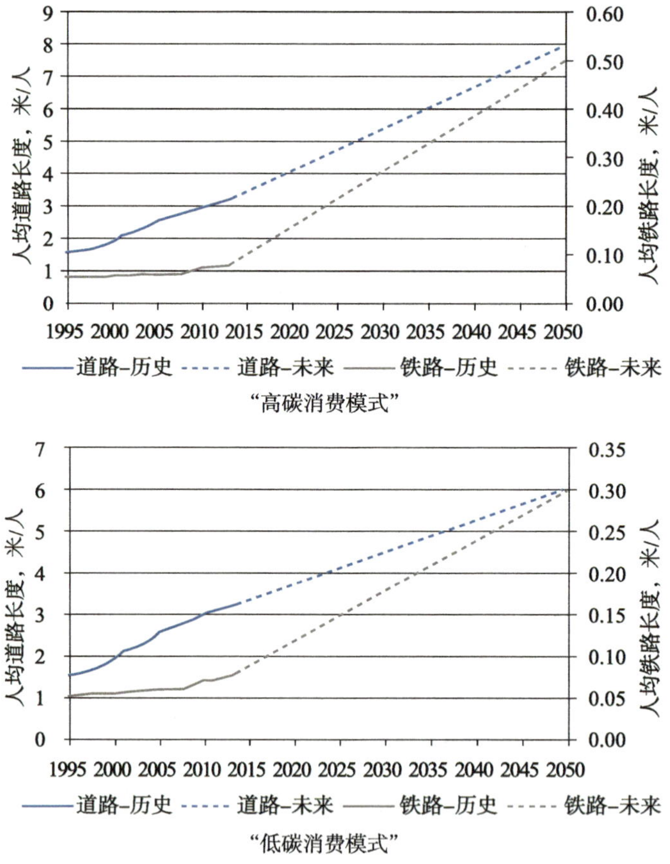

（a）道路与铁路人均保有量

图6－17 各类公路的保有量的逐年变化

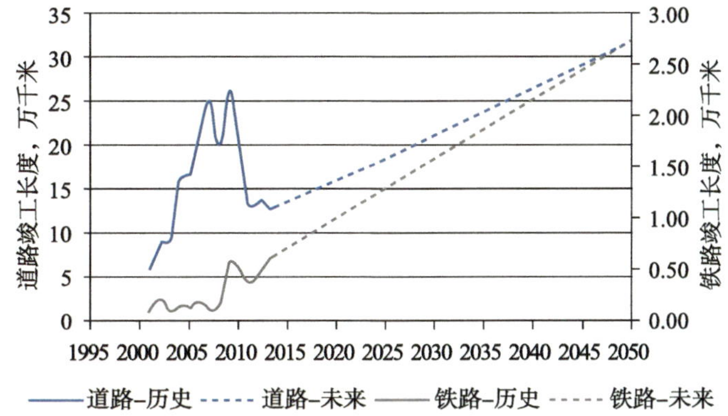

“高碳消费模式”

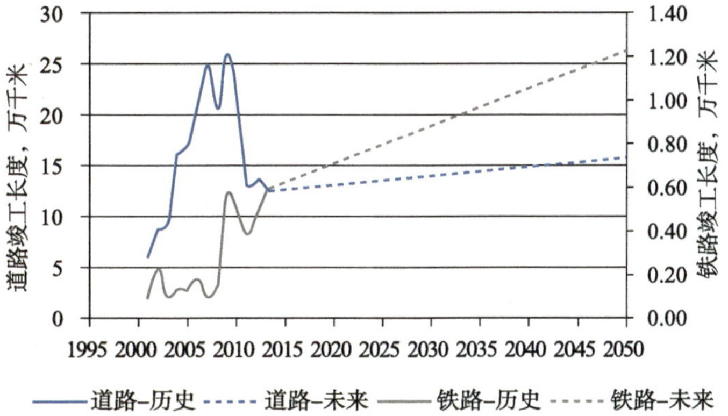

“低碳消费模式”

（b）道路与铁路竣工量

图 6-17（续）

根据上述情景计算而得出的四种情景下的基础设施能源消耗与碳排放如图 6-18 所示。在基础情景（BB 情景）下，基建能耗在 2025 年达到峰值，为 14.6 亿吨标准煤，碳排放在 2020 年达到峰值，为 33.5 亿吨。随着技术进一步发展，在技术进步情景（BL 情景）下，能耗与碳排放均略有降低。这两个情景差别不大的主要原因在于钢材与水泥的单产能耗在两种情景下差别极小，而这二者的能源消耗是建筑物与道路隐含能的最主要构成部分。

在“低碳消费模式”下（LB 与 LL 两个情景），2015 年的基建能耗与碳排放已达峰值。而高碳消费模式与低碳消费模式之间的巨大差别，源于当前城市建设中所谓的“大建”与“大拆”问题。

“大建”是一个发展问题。城市化是国家发展的必由之路。中国仍处于城市化进程中，是进一步扩张城市化，还是减缓城市化的增速，取决于发展目标。朝“高碳消费模式”发展，则进一步扩张城市化的脚步还将持续一段时间；若朝“低碳消费模式”发展，则城市化的建设规模增长速度可以大大放缓。

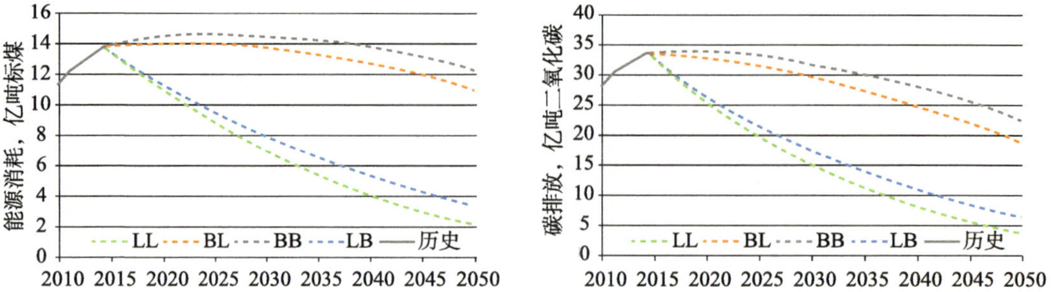

（a）能源消耗　　（b）碳排放

图 6－18　四种情景下基建能耗与碳排放的变化

“大拆”则是浪费问题。原住建部副部长仇保兴在第六届国际绿色建筑与建筑节能大会上指出，中国拆除建筑的平均寿命仅有 25～30 年。“十一五”期间，中国建筑面积累计增长近 85 亿平方米；但同期中国的竣工建筑面积多达 131 亿平方米。如果不考虑统计与计算误差，相当于约 35% 的建筑被拆除。仅按城镇建筑面积来看，“十一五”期间累计增长约 58 亿平方米，同期竣工城镇建筑面积达 88 亿平方米，相当于 30 亿平方米的建筑被拆除，约占竣工面积的 34%。1970 年，中国的城镇建筑总面积仅约 10 亿平方米，这批建筑至 2010 年的寿命超过 40 年。建筑设计寿命通常为 50～100 年，如果按 50 年来计算，即使将 1970 年前的 10 亿平方米建筑全拆除，也意味着至少有 20 亿平方米的建筑在“十一五”期间被拆除时，其寿命小于 40 年。也就是说，“十一五”期间的拆建比高达 23%，并且被拆除的建筑均在未达到设计寿命期限前就被拆除。

在“高碳消费模式”下，按目前的“拆建”水平，2015—2050 年中国的累计建设面积达 1591 亿平方米，对应能耗高达 505 亿吨标准煤，对应 1083 亿吨二氧化碳排放。

而在“低碳消费模式”下，建筑寿命延长至 50～100 年，2015—2050 年累计的建设面积仅为前者约一半，为 751 亿平方米，对应的能耗为 243 亿吨标准煤，对应碳排放为 531 亿吨。与低碳需求情景相比，高碳模式需求情景多消耗超过 250 亿吨标准煤，约为全球 2010 年能源产出的 2 倍。

总的来说，结合其他研究的判断（国家发展和改革委员会能源研究所课题组，2009），中国的基建能耗水平应当位于图 6－18（a）中“基础情景（BB 情景）”与“低碳理想情景（LL 情景）”两条曲线之间。近期，基建能耗还将保持较高的水平；但考虑到城市化不可能是无限扩张的，远期能耗将出现回落至较低水平，从而不再是社会能耗的最主要组成部分。从城市化的具体成果来看，将会呈现“质”“量”齐升的局面。一方面是基础设施的量达到发达国家水平；另一方面是质量显著提高，包括高铁与等级公路占比提升、建筑寿命延长等。

(五)进出口产品的隐含能

贸易的原始功能是互通有无,代表了人类的一种消费需求。在市场经济日益发达的今天,贸易更多地体现出一种经济功能,通过贸易可以大大降低全球生产和服务的成本。与吃、穿、住、用、行等居民需求相比,贸易需求具有更高的复杂性。一方面,贸易是满足居民各类需求的一种手段。在全球化背景下,中国居民在吃穿住用行各方面都具有贸易需求,且近年来呈现出增长趋势,如进口食品、高端品牌的衣服、装修材料、电子产品、汽车等。另一方面,贸易是促进经济增长,提高资源配置效率的一种手段。这一功能在全球化时代发挥着越来越重要的作用。

根据 WTO 统计,2013 年中国是世界上最大的商品出口国,其出口额占世界出口总额的 11.74%;是世界上第二大进口国,进口额占世界进口总额的 10.32%。从贸易结构来看,2003—2013 年,中国服务出口占总出口的比重在 10% 左右,远低于世界平均水平和其他大国。2013 年中国是世界上第五大服务出口国,占世界服务出口的 4.41%;中国还是世界第二大服务进口国,占世界服务进口的 7.52%。与商品贸易相比,中国的服务贸易尚有很大的发展空间。

本研究采用投入产出法核算了中国进出口贸易中的隐含能。理论上,贸易中的隐含能可表示为贸易总额、贸易结构、单位价值隐含能三个因素的乘积。本质上来看,单位价值隐含能的变化与技术水平相关性更大,属于技术层次的问题;而贸易进出口总额、贸易结构与宏观政策相关,属于政策层面的问题。本研究的出发点是判断贸易对国内能源需求和碳排放的影响,因此采用国内产品与进口产品相同的假设,进口产品的隐含能采用国内技术水平计算。需要指出的是,采用进口替代所得出的隐含能,会远远高于实际的隐含能进口量。

本研究设定了如下四个情景:

(1)基础情景。延续现有的贸易政策,进出口贸易占 GDP 的比重进一步扩大,贸易结构变化缓慢,贸易产品隐含能强度保持现有的下降趋势,达到国家减排目标的下限。这一情景大致反映了中国进出口贸易最大化的情景。

(2)技术进步情景。贸易隐含能强度下降率达到国家减排目标的上限,贸易总量和结构变化与基础情景相同。

(3)适度消费情景。贸易与居民的消费需求基本协调。贸易顺差逐渐收窄,进出口贸易结构得到优化,原料出口比重快速降低,进口比例稳步提升;贸易产品隐含能强度保持现有的下降趋势,达到国家减排目标的下限。

(4)低碳理想情景。贸易总量、结构与适度消费情景相同;贸易产品隐含能强度下降率达到国家减排目标的上限。

1. 贸易总额

2010—2050年，基础情景和技术进步情景下，随着出口导向政策的继续实施，中国商品和服务出口占GDP的比重将进一步扩大，2030年后保持在35%左右的高位（相当于保持在2006—2007年的水平，高于世界平均水平30%）。贸易顺差占GDP的比重，在2030年之前仍保持在4%左右（2000—2010年平均值为3.7%），之后随着进口规模的扩大，贸易顺差逐步回落，但2050年仍保持1%左右的贸易顺差。

在适度消费和低碳理想情景下，中国逐步扭转出口导向的贸易政策。出口占GDP的比重缓慢提高。贸易顺差逐步缩小，由目前的23%逐步达到平衡（2040年）。

表6-11　四种情景下进出口贸易占GDP的比重

		2010年	2020年	2030年	2040年	2050年
基础情景	出口占GDP的比重	26.17	30	35	35	35
	进口占GDP的比重	23.16	26	31	32	34
技术进步情景	出口占GDP的比重	26.17	30	35	35	35
	进口占GDP的比重	23.16	26	31	32	34
适度消费情景	出口占GDP的比重	26.17	28	30	30	30
	进口占GDP的比重	23.16	26	29	30	30
低碳理想情景	出口占GDP的比重	26.17	28	30	30	30
	进口占GDP的比重	23.16	26	29	30	30

2. 贸易结构

当前，服务出口、进口占总出口的比重分别为9.3%、12.1%，远低于世界平均水平（20%）。在基础情景和技术进步情景下，服务贸易发展缓慢，服务出口的比重每10年提高3个百分点，2050年达到21%左右，基本与世界现有的平均水平相当。与此同时，服务贸易基本保持3%左右的贸易逆差。

在适度消费和低碳情景下，未来40年，中国的服务贸易将发展更快。2050年，服务出口占GDP的比重达到30%，接近美国2010年水平；服务进口占GDP的比重达到20%，与欧美发达国家的水平相当。2050年，中国将成为一个服务贸易出口大国，并在该贸易方式上保持较大的贸易顺差。

货物贸易中，原料出口占货物出口的比重将逐步下降，而原料进口占货物进口的比重将逐步上升。基础情景下，原料出口占货物出口的比重由2010年14.4%下降到10%，而原料进口则提高到30%。低碳情景下，中国严格限制“两高一资”产品的出口，同时鼓励稀缺性矿物等原材料的进口。2050年，原料出口占货物出口的比重将下降到5%左右，而原料进口则提高到40%左右。

3. 单位价值隐含能（各类贸易品的单位能耗）

2000 年以来，中国各类贸易商品的单位价值隐含能都呈现出明显的下降趋势。2000—2010 年，出口商品的隐含能下降了 23%，进口商品的隐含能下降了 28%。作为对比，同期万元 GDP 能耗下降了 40% 左右。

中国已经提出了 2020 年单位 GDP 碳排放较 2005 年下降 40% ~45% 的目标，2030 年单位 GDP 碳排放较 2005 年下降 60% –65% 的目标。这一目标的实现依靠全社会的技术进步和结构调整，同时会显著影响到贸易产品的隐含能强度。

在基础情景和适度消费情景下，本文假设各类贸易产品在 2010—2030 年保持 2000—2010 年的技术进步率；2030—2050 年单位能耗下降率保持在每年 2% 左右。技术进步和低碳情景下，我们假设 2020 年较 2005 年单位能耗下降 45%，2030 年较 2005 年下降 65%，2040 年较 2005 年下降 75%，2050 年较 2005 年下降 80%。

2013 年，中国出口贸易隐含能（12 亿吨标准煤）仍高于进口贸易隐含能（11.3 亿吨标准煤），中国为隐含能净出口国。基础情景和技术进步情景下出口贸易隐含能和进口贸易隐含能都将显著增加，贸易对中国碳排放的驱动力仍将增加，其中出口贸易隐含能将在 2040 年左右达到峰值，而进口贸易隐含能还将持续增长。基础情景中出口贸易隐含能 2040 年达峰时约为 2013 年的 2 倍，2050 年进口贸易隐含能约为 2013 年的 1.8 倍。在适度消费情景和低碳理想情景下，出口贸易和进口贸易的隐含能都显著下降，其中两种情景下 2050 年的出口贸易隐含能都将低于 2010 年水平，而 2050 年的进口贸易隐含能略高于 2010 年水平（见图 6 –19）。

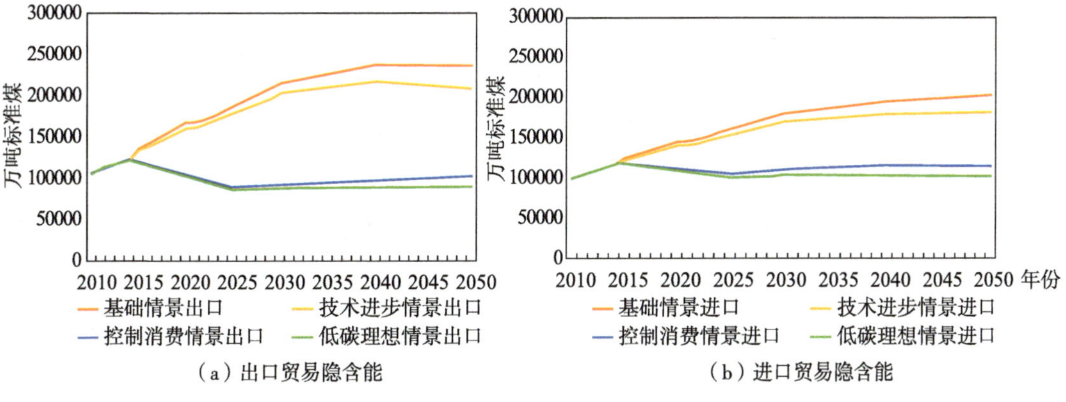

图 6 –19　四种情景下的中国出口与进口贸易隐含能变化

图 6 –20 为四种情景下中国净出口的隐含能与隐含碳。在基础情景和技术进步情景下，中国仍为隐含能与隐含碳的净出口国，而且净出口的隐含能和隐含碳都将显著增加，于 2040 年左右达到峰值。在基础基线情景下，达峰时的隐含能是 2010 年的 5.3 倍，达峰时的隐含碳是 2010 年的 3.5 倍。而在适度消费情景和低碳理想情景下，随着

进出口贸易达到平衡、产业升级和进出口贸易结构优化，中国隐含能与隐含碳出口将会下降，在2016年将成为隐含能与隐含碳的净进口国。

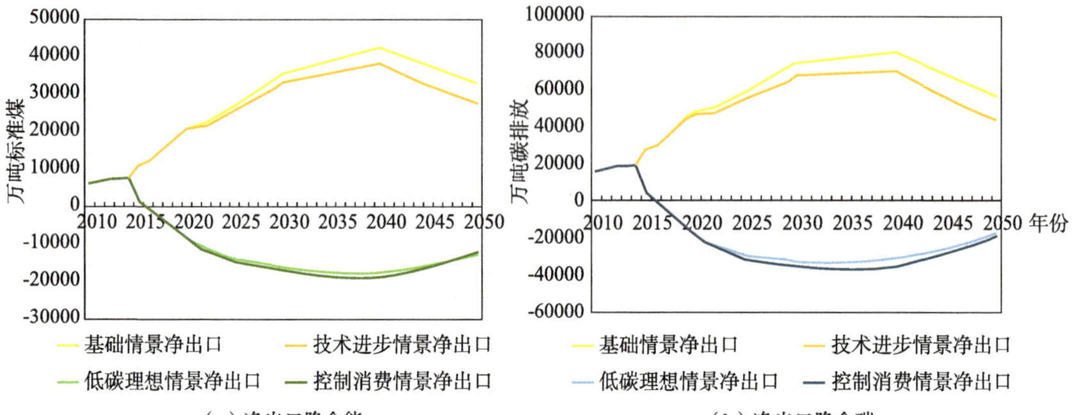

（a）净出口隐含能　（b）净出口隐含碳

图6－20　四种情景下中国净出口的隐含能与隐含碳

（六）产能相关的隐含能

产能设备指的是为了生产基础设施需要的材料与设备、快速消费品，以及耐用消费品而需要增加的生产线、起重机等重型设备。这些设备的全社会保有量，与全社会当年的物质产品生产量（包括出口与国内消费）成正比。由于本研究主要研究产品隐含能的概念，故假设设备的保有量与制造业产品的产量成正比。对于产能过剩问题，本研究考虑在四个情景中产能过剩问题得到逐步改善，至2050年产能设备保有量是全社会产品生产需要的设备量的1.1倍，即仅多出10%的设备量以备紧急情况。需要指出的是，这是最理想的情况，事实上由于供需关系的不平衡，生产商实际新建的产能设备往往高于实际需要的量，造成更多的产能过剩。

总的说来，产能相关隐含能受前述五种曲线生产量的驱动，因此不再介绍四种情景下的具体情况。从计算结果来看，如图6－21所示。在四种情景中，中国目前的过

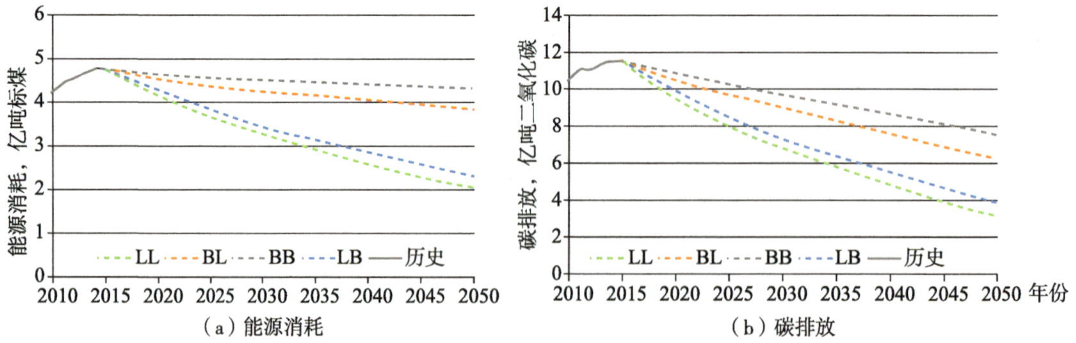

（a）能源消耗　（b）碳排放

图6－21　产能设备相关能耗变化趋势

剩产能得到充分利用，产能过剩情况得到改善，新产能设备的需求不再旺盛，对应的产能设备的隐含能均在2015年达到峰值。而在“低碳消费模式”下（图中LB与LL曲线）下，与“高碳消费模式”相比（图中BB与BL曲线），全社会的产品产量大大降低，使得需要新增的产能设备量大大降低，对应的能耗与碳排放也大大降低。

（七）基于需求侧研究的2050年社会总能耗和碳排放

基于以上对影响各类能耗的讨论，四种情景2010—2050年社会总能耗①与碳排放结果分别如图6－22（a）和（b）所示。

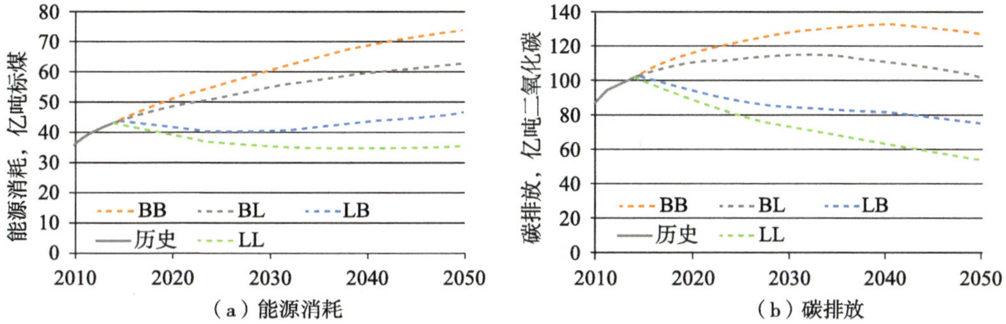

图6－22 四种情景下社会总能耗与碳排放的逐年变化

（1）在基础情景（BB）下，技术的自然进步、人民生活水平的提高以及城镇化的快速进程推动2050年能耗比2010年增加1倍，碳排放增加0.5倍，二氧化碳排放将在2040年达到峰值（见图6－22）。在基础情景下，2010—2050年基础设施建设水平将延续之前的高速增长趋势，建设积累带来相关能耗持续高企。以房屋建筑为例，到2050年，新建建筑面积仍将保持在40亿平方米左右，对应隐含能为12亿吨标准煤左右。物质产品需求的不断增长造成耐用消费品和快速消费品生产能耗分别增长0.5倍和1.8倍。建筑内和出行服务需求数量和质量提高，造成直接能源消耗增长2.5倍（见图6－23）。在基础情景下，建筑及交通这两方面的需求数量和质量均以欧洲发达国家水平为标杆，2050年相关能耗将分别增长2.7倍和1.9倍，使得直接能源消耗占社会总能耗的比例从2010年的25%提高到2050年的44%。

（2）在技术进步情景（BL）下，2050年能耗比2010年增加0.7倍，碳排放增加0.16倍。技术进步提速且关键低碳技术得以广泛应用，推动碳排放比基础情景提前10

① 这里的社会总能耗概念与统计数据的意义相同，在本模型中等于直接能耗、快速消费品隐含能、耐用消费品隐含能、基础设施建设隐含能、产能相关隐含能与出口产品的隐含能之和，再减去进口产品的隐含能。由于缺乏详尽的进口产品与服务的国外来源与国内流向数据，本研究中按国内生产水平计算所有进口产品与服务的隐含能。在当前中国以进口技术密集型产品、出口初级与劳动密集型产品为主的条件下，并考虑到国内外技术水平的差距，相当于高估了进口产品隐含能，低估了国内消费对应的隐含能。

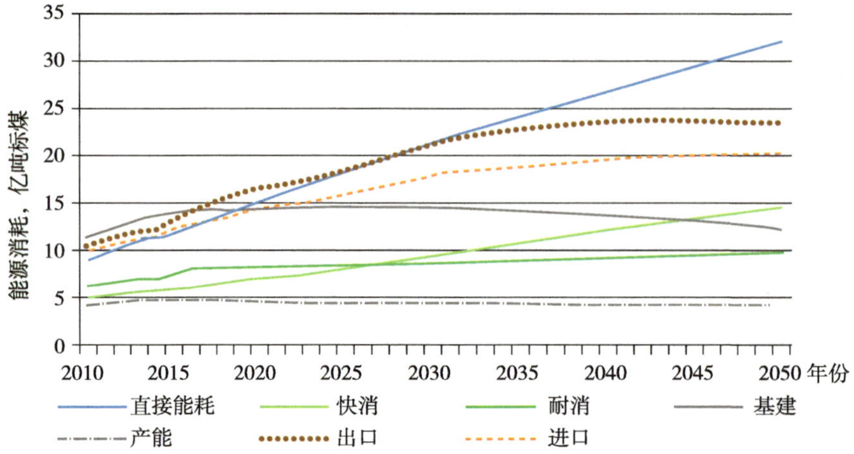

图 6－23　基础情景下各类能耗的变化趋势

注：直接能耗表示直接能源消耗；快消表示快速消费品隐含能；耐消表示耐用消费品隐含能；基建表示基础设施建设能耗及隐含能；出口表示出口产品隐含能；进口表示进口产品隐含能；产能表示产能增加相关隐含能。

年达峰（2030 年），且峰值比基础情景降低 13.5%（见图 6－22）。在该情景下，能效水平大幅提高，各类能耗水平均比基础情景显著下降（见图 6－24）。例如各类建筑的综合用能效率相比 2010 年提高 1 倍；制造业能效快速提高，2025 年之前达到当时世界先进水平。在该情景下，关键低碳技术实现技术突破，得以大规模应用。例如在基础情景中，电动汽车发展水平较低，2050 年电动车占比达到 19.8%，而技术进步情景中 2050 年电动汽车占比达到 28.7%。

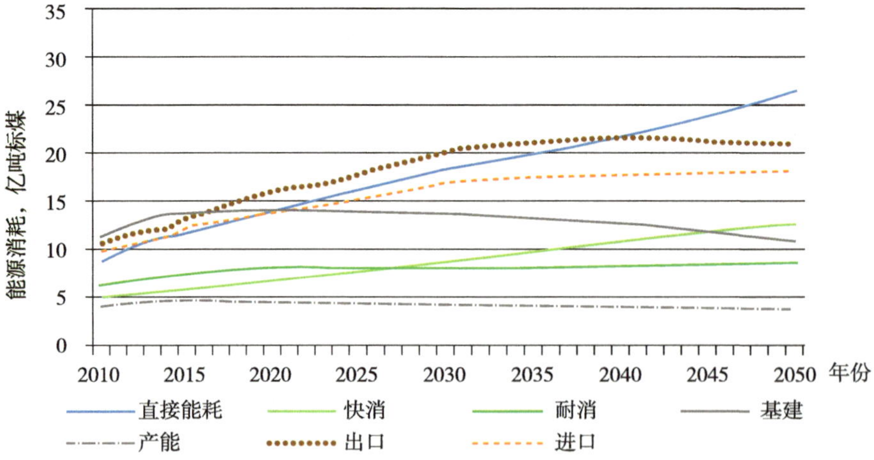

图 6－24　技术进步情景下各类能耗的变化趋势

（3）在适度消费情景（LB）下，2050 年能耗比 2010 年增加 0.3 倍；由于能源结构改善，2050 年碳排放比 2010 年还降低了 13%；物质消费需求的减少使得碳排放在

2015 年即可达到峰值，比基础情景和技术进步情景分别提前了 25 年和 15 年（见图 6－22）。适度消费情景下，现阶段盛行的消费主义文化影响逐渐式微，人们的消费模式和消费观念发生变化。消费活动目的以满足需求为主，人们普遍更加注重商品的品质而不是数量，以及精神和文化的消费。人均建筑面积达到日本 2010 年水平（城市住宅 31 平方米/人，公共建筑 15 平方米/人，农村住宅 50 平方米/人）。2050 年，中国千人汽车保有量为 255.2 辆/千人，全国汽车保有量达到 3.67 亿辆，比基础情景减少 1.33 亿辆汽车。这两方面因素直接导致了直接能源需求比基础情景的降低了 22%。经济活动中对物质产品，特别是对基建等高能耗、高排放的产品的生产与供应大大降低。进出口贸易与居民的消费需求基本协调，进出口贸易隐含能比基础情景大幅减少。出口贸易隐含能约为基础情景的 44%，2050 年进口贸易隐含能约为基础情景的 57%（见图 6－25）。

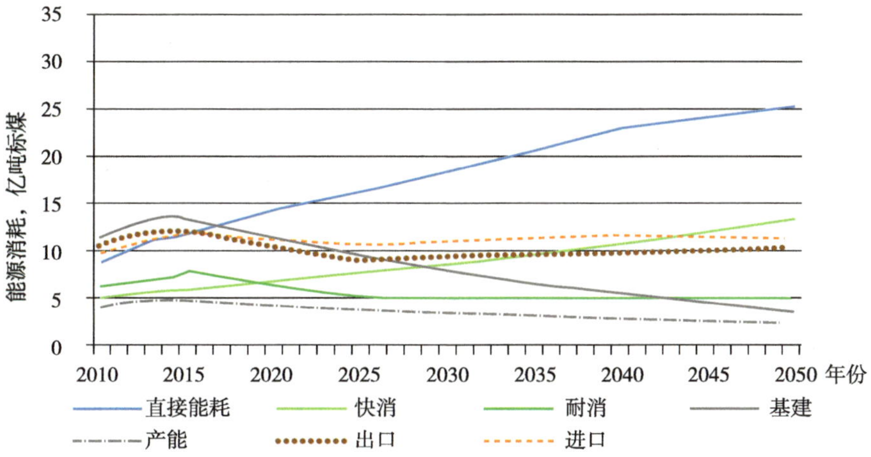

图 6－25　适度消费情景下各类能耗的变化趋势

（4）低碳理想情景（LL）下，在技术进步加速和消费模式转型的双重影响下，2050 年能耗比 2010 年增加 0.2 倍，与 2014 年持平；由于能源结构改善，2050 年碳排放比 2010 年还降低了 38%；碳排放在 2014 年即达到峰值。在该情景下，各类能耗比其他三种情景均大幅下降。直接能耗和快速消费品制造能耗仍将持续上升，而耐用消费品制造能耗、基建和产能隐含能、进出口贸易隐含能均在 2015 年左右达到峰值（见图 6－26）。

（5）受惠于能源结构的调整，未来碳排放增速将远低于能耗增速。未来天然气、可再生能源比例将大大提高，分别由 2014 年的 5.3% 与 11.2% 提高至 2050 年的 10% 与 30% 左右。与此相应，煤炭在一次能耗中的比例大大下降，由 2014 年的 67% 下降至 2050 年的 40% 左右。得益于能源结构的优化，未来社会的碳排放增速将远远低于能耗。

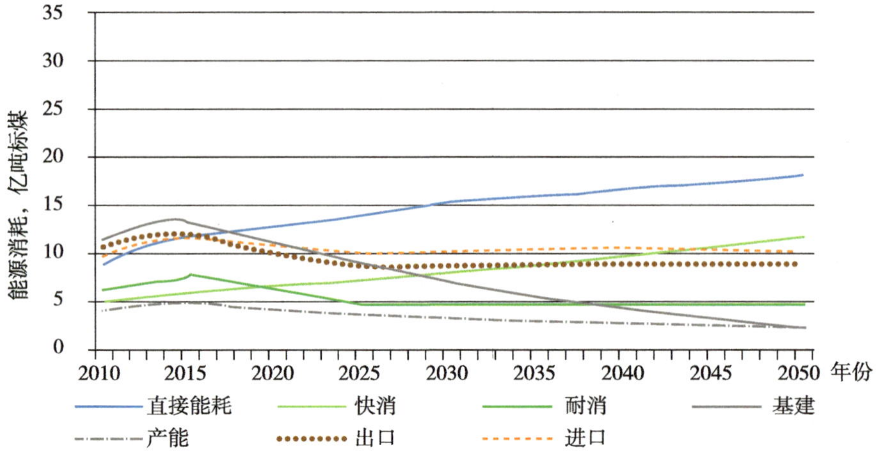

图 6－26　低碳理想情景下各类能耗的变化趋势

四、结论与建议

（1）研究结果表明，中国需要从调整消费需求、技术进步与优化出口贸易结构（调整产业结构）三方面入手来控制能源需求与碳排放，且调整消费需求的节能减排潜力远远大于技术进步和出口贸易升级的节能减排潜力，是实现中国低碳发展的关键。依靠技术加速进步可使 2050 年的一次能源消费减少 15%，实现消费需求转型可减少 37%，而在技术加速进步和调整消费需求的双重作用下，可使 2050 年一次能源需求减少 52%（见图 6－27）。调整消费需求带来的最大节能收益来自控制房屋等基础设施建设规模，占消费需求节能量的 32%；交通出行与建筑内用能的需求控制占消费需求节能量的 26%；优化进出口结构可实现的节能量占消费需求节能量的 14%。

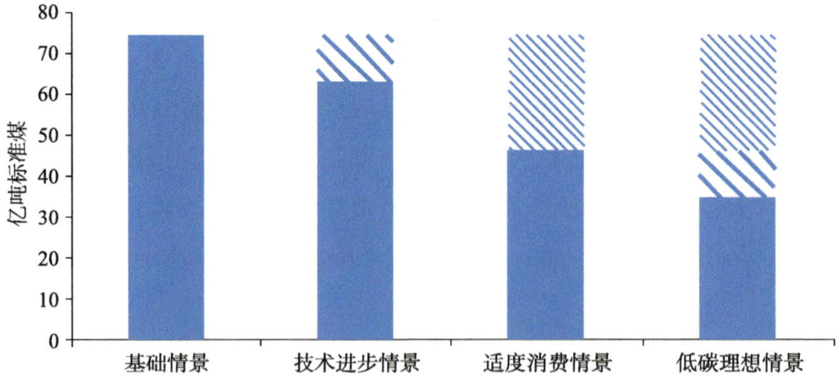

图 6－27　2050 年四种情景下的一次能源消费

（2）除快速消费品外，各领域的能源消费都有 40% 以上的节能潜力，且消费转型的节能潜力均高于技术进步节能潜力。各领域的技术节能潜力在 10% ～18%；而消费转型的节能潜力在9% ~71%。消费转型节能潜力最低的是快速消费品生产能耗（9%）和直接能源消费（22%），节能潜力最高的是基础设施相关能耗（71%），其余领域的节能潜力都在43%以上。节能潜力从高到低依次是：出口产品隐含能、直接能源消费、进口产品隐含能、基础设施相关能耗、耐用消费品生产能耗、快速消费品生产能耗和产能相关隐含能。直接能耗（建筑与客运交通）将成为能源消费增长最快的部分。即使在低碳理想情景下，该领域内能源消费将增加1倍；基础情景下，该领域内能源消费将增加2.6倍。不同情景下，2050年直接能耗领域能源消费占比达到42% ~55%。因此，直接能源消耗是低碳发展的重点。

（3）仅由国内消费驱动的2050年GDP产出将远低于预期的GDP产出，中国需要探索创新经济发展的理论和道路。本研究进行了一项思想实验：在国内消费驱动的情景下，即仅考虑国内居民的消费需求，而不含进出口（亦即排除纯粹为了追求财富增长而进行的生产活动）的情景下，中国的能耗、碳排放，以及对应的GDP产出情况如何？需要特别指出的是，这种情景在全球化背景下是不可能实现，也是无效率的，但该情景可以反映纯粹由国内需求驱动的经济运行的情况。研究发现，即使是在“高碳模式”的消费水平情景下，2050年的GDP（2010年不变价）仅为185万亿元，人均12.9万元（折合1.9万美元），低于按国家发改委能源研究所预计的经济增速所计算的2050年300万亿元GDP的总量预期。中国需要探索创新经济发展理论和道路，经济增长要着力提升国内要素附加值分配，改善收入分配推动经济增长满足合理内需，促进提升包括人力资本、环境资本在内的全社会财富。

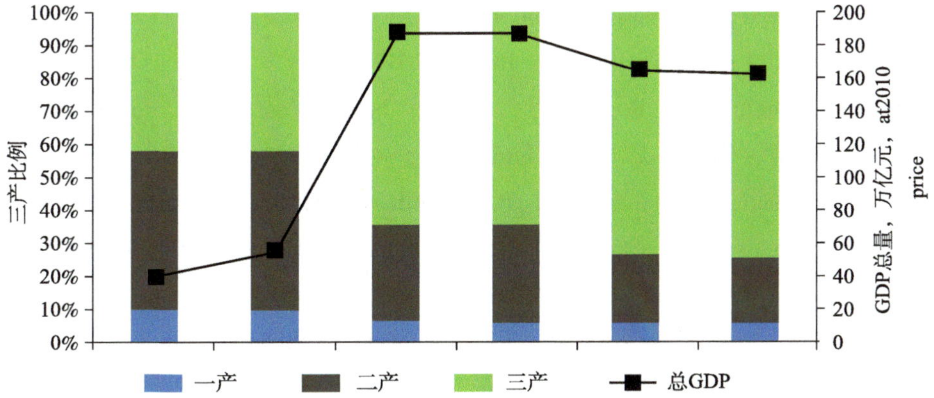

图6-28 不同情景下三产比例及GDP总量

调整消费需求是实现中国低碳发展的最重要途径，且在中国具有很强的社会可行性。第一，中国传统文化仍影响着居民的生活方式以及对能源和资源的使用方式，这意味着居民的家庭能源消费水平上可以维持在相对合理的水平上。这需要在公共服务的供给中增加居民可以调节的服务。第二，正在推行的“低碳试点城市”“生态城市”

“绿色建筑”“碳市场试点”等政策可以起到显著的引导作用。这些试点的积极实践为全面推广低碳转型提供了政策基础。第三，中国公共服务的供给管理长期以来比较粗放，仍有很大的节能减碳精细管理的空间。第四，中国的年轻一代更加注重娱乐消费、健康消费和知识消费，这将拉动中国的服务业稳定上升，经济结构低碳转型。“互联网+娱乐”是中国80后、90后的主要消费特征（高盛投资研究部，2015）。第五，调整消费需求也意味着消费将更多投入在优质的公共服务上，譬如对水、空气、土壤等的相关环境治理或者是对公共卫生教育方面的投入，对优质公共服务的投入将创造中国经济的新增长点。第六，“一带一路”重大战略的实施为中国转变经济结构、探索新的经济发展理论和道路提供了重要契机。

致谢：感谢江亿院士首先提出从消费侧出发的六类能耗曲线的研究思路，以及对于基于投入产出进行定量分析的建议，研究团队基于这一思路完成了本项目的研究。

参考文献

[1] BP. BP Statistical Review of World Energy 2015.

[2] http：//www. bp. com/en/global/corporate/energy – economics/statistical – review – of – world – energy. html，2015.

[3] Campbell D. . Why is consumption so smooth [J]. The Review of Economic Studies，1989.

[4] FAO. Global food losses and food waste [J]. Paper presented at the Food and Agriculture Organization of the United Nations Rome，2011.

[5] Ford. Sustainability Report [J]. 2014，http：//corporate. ford. com/microsites/sustainability – report – 2014 – 15/index. html，2015 – 12 – 12.

[6] Hendrickson，C. T. ，Lave，L. B. ，Matthews，H. S. . Environmental life cycle assessment of goods andservices：an input – output approach [J]. Resources for the Future Press，2006.

[7] Hickman，R. ，Banister，D. . Looking over the horizon：transport and reduced CO_2 emissions in the UK by 2030 [J]. Transport Policy，2007.

[8] Lave L. B. ，Cobas E. ，Hendrickson C. T. ，et al. . Using input – output analysis to estimate economy – wide discharges [J]. Environmental Science & Technology，1995.

[9] Miernyk，W. H. . The elements of input – output analysis [J]. New York：Random House，1965.

[10] Miller，R. E. ，Blair，P. D. . Input – output analysis ：foundations and extensions (2nd ed.) [J]. Cambridge，England：Cambridge University Press，2009.

[11] Scott, J.. At Home with Madame Chic: Becoming a Connoisseur of Daily Life [J]. Simon & Schuster, 2014.

[12] Tilanus, C. B.. Marginals vs. average input coefficients in input – output forecasting [J]. Quarterly Journal of Economics, 1967.

[13] United Nations, UN data, 2015, http://data.un.org/Data.aspx? q = population&d = PopDiv&f = variableID%3a12, 2015 – 11 – 20.

[14] World Bank. World Bank Data.

[15] http://data.worldbank.org/indicator/NY.GDP.MKTP.KD, 2015 – 11 – 22.

[16] 常远，王要武．基于经济投入—产出生命周期评价模型的中国建筑隐含能与大气影响分析 [J]. 土木工程学报，2011 (5).

[17] Cnbeta 网站．“双 11”狂欢冷热并存多少“激情消费”成鸡肋？[DB/OL]. http://digi.163.com/14/1113/08/AATTAHDO00162OUT.html, 2014 – 11 – 13.

[18] 邓向辉，李惠民，齐晔．中国衣着低碳消费的路径选择 [J]. 生态经济，2012 (11).

[19] 付峰．中国节能若干重要问题的系统分析 [D]. 清华大学博士学位毕业论文，2013.

[20] 高盛投资研究部．“千禧一代”消费研究，2015.

[21] 国家发展和改革委员会能源研究所课题组．中国 2050 年低碳发展之路：能源需求暨碳排放情景分析 [M]. 北京：科学出版社，2009.

[22] 刘汉奇，吴金梅，马聪．中国自驾游发展报告 2013—2013 [M]. 北京：中国旅游出版社，2014.

[23] 华商晨报．快递包装存在浪费“胶带能绕地球 200 圈”[DB/OL]. http://news.163.com/15/0311/10/AKDTI4QI00014Q4P.html, 2015 – 03 – 11.

[24] 齐晔．中国低碳发展报告 (2014) [M]. 北京：社会科学文献出版社，2014.

[25] 清华大学建筑节能研究中心．中国建筑节能年度发展研究报告 2013 [M]. 北京：中国建筑工业出版社，2013.

[26] 人民网．“舌尖上的浪费”情况调查 [DB/OL]. http://www.people.com.cn/32306/355718/357150, 2013 – 02 – 28.

[27] 商务部．2013 年中国家电行业出口情况 [DB/OL]. http://www.ciedata.com/News/201403/32edde7b – 25b1 – 4568 – 8b84 – f0a89657ee81.html, .2014 – 03 – 19.

[28] 搜狐财经．美媒：中国国产车风光不再中国人买车 3/4 系国外品牌 [DB/OL]. http://business.sohu.com/20150226/n409164107.shtml, 2015 – 02 – 26.

[29] 腾讯汽车频道，新华信国际信息咨询（北京）有限公司．汽车，是生活必需

品吗？［DB/OL］. http：//www. autohome. com. cn/dealer/201206/1224590. html，2012 - 06 - 16.

［30］夏茵，王丽娟，丁蕾. 儒家价值观对面子消费观的影响研究［J］. 消费经济，2015（1）.

［31］中国电子商务研究中心 . 30 亿纸箱：2015 年快递包装将会持续火热［DB/OL］. http：//b2b. toocle. com/detail - - 6236077. html，2015 - 03 - 11.

［32］中国产业信息网 . 2013 年中国机制纸及纸板制造行业经济运行回顾［DB/OL］. http：//www. chyxx. com/industry/201407/261151. html，2014 - 07 - 03.

［33］中国产业信息网 . 2013 年中国日用塑料制品产量统计及区域格局分析［DB/OL］. http：//www. chyxx. com/industry/201402/229093. html，2014 - 02 - 17.

［34］中国产业信息网 . 2015 年中国日用玻璃行业供求状况分析［DB/OL］. http：//www. chyxx. com/industry/201501/305195. html，2015 - 01 - 03.

［35］中国科学院可持续发展战略研究组 . 2009 中国可持续发展战略报告：探索中国特色的低碳道路［M］. 北京：科学出版社，2009.

［36］中国能源中长期发展战略研究项目组. 中国能源中长期（2030、2050）发展战略研究：综合卷［M］. 北京：科学出版社，2011.

［37］中国新闻网. 中国人买进口车被指“人傻钱多”不卖高价白不卖［DB/OL］. http：//www. chinanews. com/auto/2013/08 - 21/5185955. shtml，2013 - 08 - 21.

第七章

建筑领域尽早实现碳排放峰值的可行性和路径研究

江 忆 林立身

引 言

1. 中国城镇化过程中碳排放现状

近年来，中国碳排放总量不断增加，成为全球最大排放国，人均碳排放量超过世界平均水平。在中国的碳排放中，城镇碳排放是主体，随着城镇化率的增长，人均碳排放量不断增长。

分析碳排放的来源，中国碳排放集中产生于工业部门，2012 年中国工业（制造业和能源工业）碳排放占到总排放的 71%，相比之下，美国该数值仅为 28%。工业部门碳排放中钢铁、水泥及其他建材生产产生的碳排放占到 69%，这部分的碳排放量过高，是造成中国碳排放高的主要原因。而钢铁、水泥产量的逐年增长是由城镇化建设的飞速发展形成的刚性需求所致。从 2005 年到 2012 年，中国年碳排放量增长了 28 亿 tCO_2，其中 51% 来源于建造领域的碳排放增长，另外 19% 来源于建筑运行领域的碳排放增长。可见中国尽早实现碳排放峰值，必须有赖于建设速度的降低以及建筑运行能耗的节省。这条发展路径应区别于发达国家，在目前的人均建筑用能强度下，通过技术创新来改善室内环境，进一步满足居住者的需要，而不可能因为未来生活水平的提高而允许人均建筑能耗的大幅度上涨。这是中国建筑节能工作的基本出发点。

2. 建筑领域未来的碳排放情景分析

考虑中国城镇住宅的需求。从住宅套户比来看，目前中国城镇住房从总量上已经接近每户一套，说明中国城镇住房市场已跨越绝对短缺阶段，进入过渡阶段。未来十年内，住宅发展将进入质量提升阶段，住房建设速度以及套户比上涨速度将逐步减慢，住房供给从满足新增住房需求调整为满足改善性住房需求。从人均住宅面积的角度来看，中国人均住房面积已与韩国、日本相当，住房发展水平相比经济发展水平有所超前，预计未来十年累计需新建城镇住宅约 130 亿平方米，新开工、施工以及竣工面积可能将依次达到峰值。

考虑中国公共建筑的需求。从人均公建面积的角度来看，中国人均公建面积为 7.3 平方米/人，低于大多数发达国家，在同期人均 GDP 水平下与英法、日韩等发达国家相当。未来 15 年，中国人均公建面积会有一定的增长，与上述参照国家差距缩小，预计 2030 年将达到人均 11 平方米左右，未来不应超出人均 15 平方米。

为了讨论未来建筑面积对社会经济以及能源的影响，本研究对中国未来建筑面积设定了三种情景：基准情景、高速建设情景和建筑面积严格控制情景。基准情景下，城镇住宅需求逐步逼近峰值，公共建筑高速建设的势头也逐步减缓。2030 年，城镇住房总量达到 385 亿平方米，人均 40.0 平方米，城镇住房套户比达 1.15；公共建筑总面积为 175 亿平方米，人均 12.4 平方米。高速建设情景下，住房市场的投资性需求没有得到有效的抑制，城镇住房的空置率进一步上升到约 25%。地方标志性建筑、政府办公面积规模没有得到控制，商业综合体和交通枢纽也大量兴建。2030 年，城镇住房总面积达 450 亿平方米，人均 46.8 平方米；公共建筑总面积达 200 亿平方米，人均 14.2 平方米。建筑面积严格控制情景下，合理的土地及住房政策促进形成了成熟的住房市场，有效地限制了住房投资性需求，城镇住房空置率被控制在 10% 以内，新建住房中以不到 95 平方米的中小户型为主。地方标志性建筑，政府办公，商业综合体和交通枢纽的面积规模得到了有效控制，同时医疗、教育建筑合理发展。2030 年，城镇住房总面积达 350 亿平方米，人均 36.4 平方米；公共建筑总面积达 150 亿平方米，人均 10.7 平方米。

与此同时，设定中国未来在节能技术和措施可行的情况下，2030 年，中国各类建筑用能强度可以达到的优化情景。北方城镇采暖用能领域，通过改善围护结构、保温结构、落实热改、提高热源效率与创新供热模式，可显著降低能耗强度，从目前的 15.1 千克标准煤/平方米，到 2030 年降至 10 千克标准煤/平方米。城镇住宅用能领域，未来家庭用能设备种类和数量明显增加，将造成能耗需求提高。通过提倡“部分时间、部分空间”“随外界气候适当波动”营造室内环境，发展与生活方式相适应的建筑形式，并推广节能电器及太阳能生活热水技术，可使城镇住宅能耗强度的增速放缓，从目前的 9.0 千克标准煤/平方米，到 2030 年小幅增加至 11.0 千克标准煤/平方米。公共建筑用能领域，推行实施基于实际能耗数据的《民用建筑能耗标准》，通过提倡“部分时间、部分空间”的室内环境控制，开展大型商业建筑的分项计量，推广创新型节能装备和能源服务公司的建筑运行管理模式，来取得公共建筑用能的节能量。目前公共建筑能耗强度为 21.3 千克标准煤/平方米，2030 年增长至 24.3 千克标准煤/平方米。农村住宅用能领域，通过加强生物质能的利用，在北方发展“无煤村”，在南方发展“生态村”，未来用能强度基本保持在 7.5 千克标准煤/平方米。

在上述情景设定下，可计算出中国未来建筑建造和运行领域的碳排放情景：

（1）高速建设情景下，城镇住宅建设速度峰值达到 18.8 亿平方米/年，约有 20% 的城镇住宅空置，人均住宅面积达 46.8 平方米，人均公建面积达 14.2 平方米。建筑领域碳排放快速增长，2025 年达到峰值 43.9 亿吨二氧化碳。

（2）基准情景下，城镇住宅建设速度峰值为 13.7 亿平方米/年，城镇空置住宅控制在 15% 以内，人均住宅面积达 40.0 平方米，人均公建面积达 12.4 平方米。建筑领域碳排放在未来 3 年小幅增长，在 2019 年后基本达到平稳，峰值碳排放为 37.7 亿吨二氧化碳。

（3）低情景下，城镇住宅建设速度峰值为 11.1 亿平方米/年，城镇住宅空置率为 10%，人均住宅面积达 40.0 平方米，人均公建面积达 10.7 平方米。建筑领域碳排放在未来将能保持平稳甚至有所降低，2030 年碳排放降至 33.3 亿吨二氧化碳，回落至 2012 年的水平。

3. 促进城镇化过程尽早实现碳排放峰值的战略建议

城镇化过程中建设速度的快慢和未来建筑规模的大小，是影响碳排放峰值实现的关键因素。应对各类建筑和基础设施的建设规模进行规划，并强化城市规划的权威性，将建设规模控制在合理的需求范围内，并杜绝违反规划的建筑物的问世，避免过度建设和“大拆大建”造成的资源能源浪费。同时实施房地产税并完善住房租赁市场制度，以减少土地和住房市场的扭曲，抑制房地产市场的过度投资投机行为，盘活空置住房，从而减少过度建设。

建筑运行用能领域，应走一条有别于发达国家的路径。从用能数据出发，落实建筑节能技术路线。对于北方城镇建筑采暖，从热源、输送与分配和建筑热需求等三个方面，着重提高热源效率，落实热改以消除过热现象，改善保温，以降低采暖热需求。对于城镇住宅，引导绿色健康生活方式，提倡“部分时间、部分空间”“随外界气候适当波动”营造室内环境，并发展与生活方式相适应的建筑形式。对于公共建筑，通过分别对新建建筑和既有建筑逐步落实以用能定额为目标的建筑用能全过程管理，发展和推广先进的创新技术，推广合同能源管理制度等，实现用能控制目标。对于农村建筑，发展以生物质能源和可再生能源为主，辅之以电力和燃气等新型清洁能源系统，在北方发展“无煤村”，南方发展“生态村”。

一、中国建筑领域碳排放现状

（一）碳排放核算方法

从排放责任的角度看，采用国家温室气体清单的思路，即基于行政边界的生产排放方法在城市层面并不适用。城市作为开放的经济系统，其所消费的能源和资源主要依赖外部提供，而外部生产加工转化能源和资源过程所产生的间接碳排放数量很高，并可能远离城市范围。城市温室气体排放不仅需要关注城市范围内的直接排放，同时也需要掌握进出入商品蕴含的间接排放。[①]

本研究在计算建筑领域的碳排放时，从消费侧的角度进行核算。采用温室气体核算体系，[②] 计算范围包括直接排放（范围 1）、调入电力、热力产生的间接排放（范围

① 秦耀辰《低碳城市研究的模型与方法》，科学出版社 2013 年 6 月版

② 温室气体核算体系（GHGP）是目前国际上政府和企业最常用的温室气体核算工具。该体系是由世界资源研究所和世界可持续发展工商理事会（WBCSD）共同发起，参考全球政府、企业、非政府组织和学术机构的意见所开发的一系列标准、指南和工具，其宗旨是制定国际社会广泛认可的温室气体核算和报告准则。

2）、其他间接排放（范围3）。其中建筑运行过程的碳排放包括为建筑内使用者提供采暖、空调、照明、热水等各种服务所消耗的能源所产生的直接温室气体排放和所消耗电力所产生的间接温室气体排放。建造过程碳排放包括建材生产、运输所产生的间接排放，以及施工过程产生的直接排放。

（二）碳排放随城镇化率上升

近年来，中国碳排放总量不断增加，2012年中国CO_2排放总量①为90.5亿吨二氧化碳，其中能源相关的CO_2排放总量为82.1亿吨二氧化碳，水泥生产直接CO_2排放总量为8.4亿吨二氧化碳。中国碳排放量占全球排放的26%，为全球最大排放国；中国人均碳排放量达6.7吨二氧化碳，超过世界平均水平。研究表明，在中国的碳排放中城镇碳排放是其主体，② 随着城镇化率的增长，人均碳排放量不断增长。③

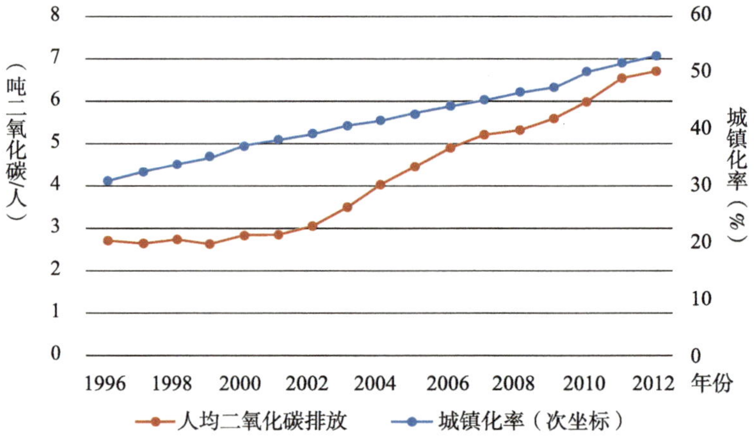

图7－1　中国人均碳排放和城镇化率的关系④

（三）中国碳排放集中在工业部门

21世纪以来，中国进入工业化中期，重化工业发展加速。一方面工业对整个国民经济给予有力支撑，另一方面带来了大量的碳排放。⑤ 将中国碳排放分部门划分（见图7－2），可看出中国碳排放集中在工业部门。2012年，中国工业（制造业和能源工业）

① 此处CO_2排放总量指能源相关和水泥工业两个部分的CO_2排放量总和，其中能源相关CO_2排放总量采用IEA（国际能源署）公布的数据，水泥生产直接CO_2排放量的数据由本文计算得到，并与CDIAC（美国能源部二氧化碳信息分析中心）公布的数据进行了校核。

② 宋德勇，徐安．中国城镇碳排放的区域差异和影响因素［J］．中国人口·资源与环境，2011（11）．

③ 李楠，邵凯，王前进．中国人口结构对碳排量放影响研究［J］．中国人口·资源与环境，2011（11）．

④ 资料来源：CDIAC，国家统计年鉴

⑤ 齐晔．中国低碳发展报告2014［M］．北京：社会科学文献出版社，2014.

碳排放占到总排放的71%，[①] 相比美国工业碳排放仅占总排放量的28%。[②]

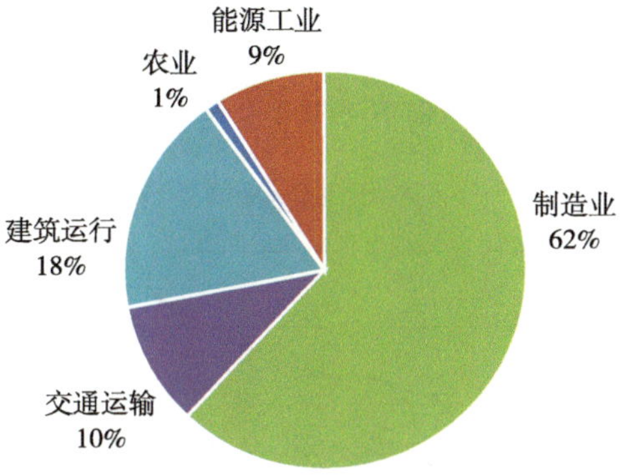

图7-2 2012年中国分部门碳排放

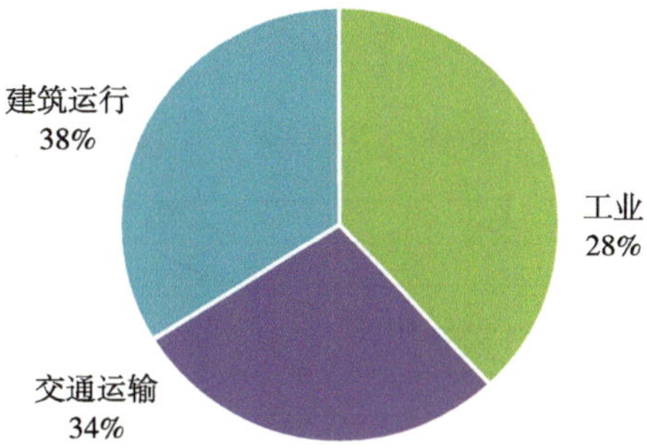

图7-3 2012年美国分部门碳排放

（四）中国建筑业建造过程碳排放

工业内部，钢铁、水泥等原材料行业发展快速。2012年钢铁、水泥及其他建材生产产生的碳排放占到制造业碳排放的69%。这部分的碳排放量过高，是造成中国碳排放高的主要原因。

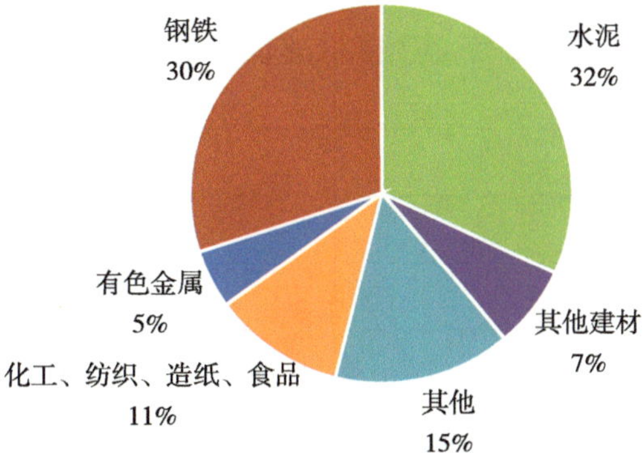

图7-4 2012年中国制造业部门分行业碳排放[③]

根据《中国统计年鉴》和《中国建筑业统计年鉴》，近年来在建造过程中钢材、水泥和铝材、玻璃、陶瓷等材料在建筑和基础设施建设中的使用量逐年增大。2004—2012年水泥消耗量从9.7亿吨增长到21.8亿吨，增长超过1倍；钢材消耗量从1.5亿

① 清华大学建筑节能研究中心计算，基础数据来源于《中国低碳发展报告2014》，碳排放计算中包括了能源消耗产生的碳排放和工业生产带来的直接排放。

② 数据来源：EIA（美国能源署）。

③ 数据来源：《中国低碳发展报告2014》。

吨增长到5.9亿吨，增长近3倍。①

如果中国人均钢铁、建材消耗量下降到与美国水平相接近，年人均钢产量从0.67吨/人下降到0.32吨/人，年人均水泥产量从1.77吨/人下降到0.24吨/人。中国碳排放量会减少23.8亿吨二氧化碳，人均碳排放量将从6.7吨二氧化碳下降到4.9吨二氧化碳。

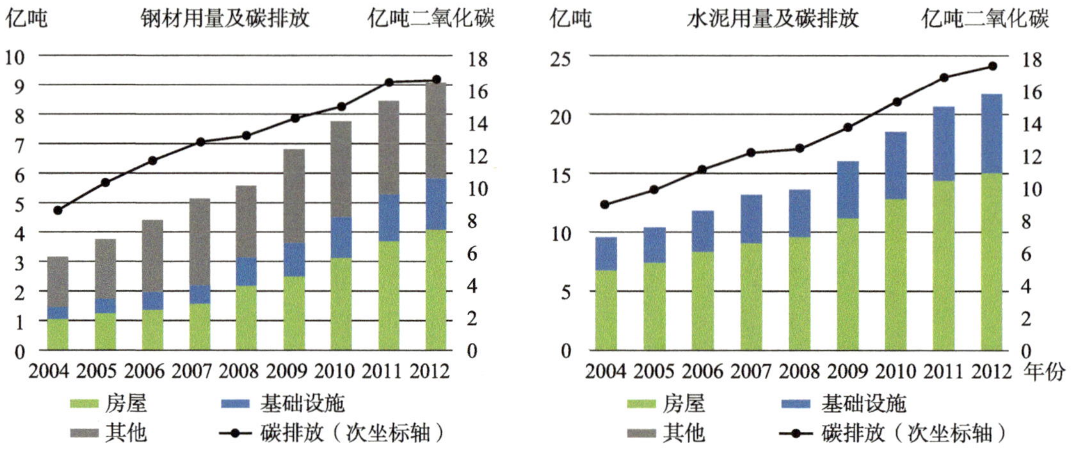

图7-5　中国钢材水泥耗量及其碳排放

钢铁、水泥产量的逐年增长是由城镇化建设的飞速发展形成的刚性需求所致，不能仅靠“产业结构调整”改变，而必须降低建设速度。

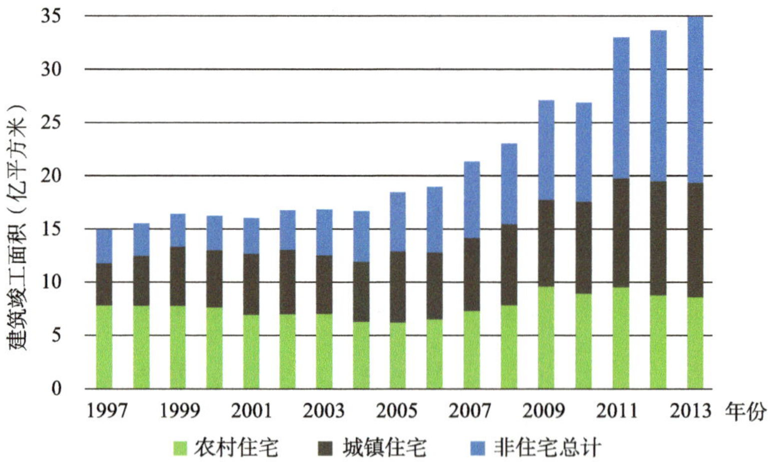

图7-6　中国各类建筑逐年竣工面积②

近年来，中国新建建筑面积逐年增长，大量的建筑投入施工。2013年，中国建筑

---

① 其中钢材、水泥、铝材产量的数据来源于《中国统计年鉴》。水泥的消耗全部用于建筑业。建筑钢材耗量数据来源于《中国建筑业统计年鉴》，其中2012、2013年的钢材消耗量数据根据钢材产量及其在下游各行业的需求比例进行了修正。

② 数据来源：《中国统计年鉴》。

竣工面积达35亿平方米，城镇竣工面积为10年前的近3倍。2013年，新开工面积为50.5亿平方米，大于竣工面积，预示着未来两年竣工面积还将继续增长。中国年新建建筑增量百分比约为7%，相比发达国家该增量不到1%。

建造过程产生了大量的CO_2排放。根据建材耗量和单位建材生产的CO_2排放因子，计算得到建材生产过程中的排放量，再加上建造过程的排放得到建造过程的CO_2排放总量。其中建材生产过程中的排放包括消耗能源产生的排放和原料化学反应产生的直接排放两部分。在原料化学反应产生的直接排放中，水泥的生产直接排放远大于其他建材，本研究在计算中仅考虑水泥的生产直接排放。文中建材生产阶段CO_2排放因子数据来源与文献的研究，施工阶段的CO_2排放数据来源与文献的研究。

表7-1 建材生产阶段CO_2排放因子

建材名称	耗能排放（吨二氧化碳/吨）	生产直接排放（吨二氧化碳/吨）
钢铁	1.23	—
水泥	0.35	0.38
铝材	24.6	—

将建材生产耗能排放、水泥生产直接排放与施工阶段排放量相加，就得出建造CO_2排放量的变化情况如图7-6所示。结果显示，建造排放量从2004年的14.4亿吨二氧化碳/吨迅速增长到了2012年的31.3亿吨二氧化碳。2012年，中国在建造过程中的人均排放达到2.3吨二氧化碳，是导致中国人均CO_2排放量（6.7吨二氧化碳/人）超过全球平均水平（5.0吨二氧化碳/人）的重要因素之一。

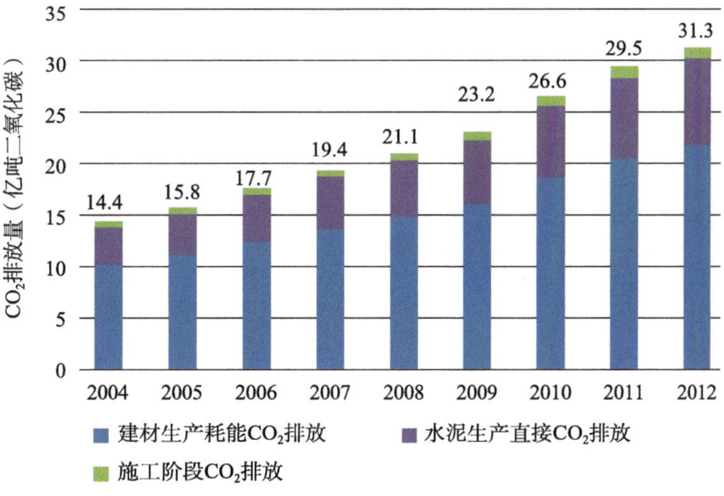

图7-6 中国历年建造CO_2排放量

将建造CO_2排放与中国CO_2排放总量相比较，可以得到其所占比例的变化趋势。

2004—2007 年建造 CO_2 排放所占的比例保持在 28% 左右，在 2008—2012 年该比例快速增长到了 35%。建造过程占 CO_2 排放总量的比例大于占能源消耗总量的比例（26%），这是因为在能源消耗产生的排放之外，还有一部分水泥的生产直接排放，这部分排放占到了总量的 9%。这说明建造领域面临的减排压力比节能更为严峻。

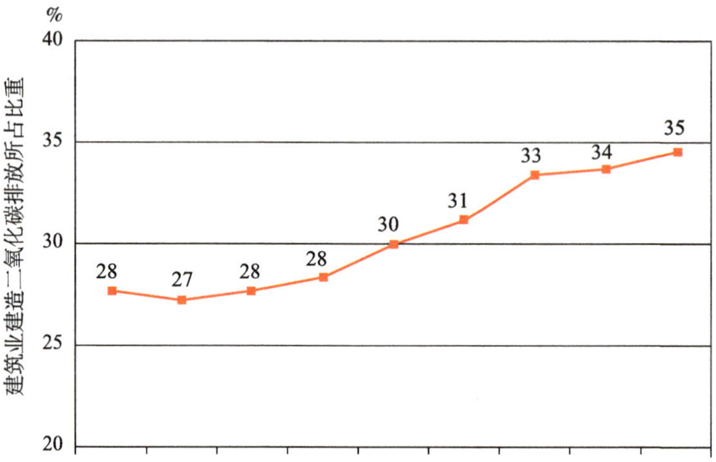

图 7－7　建造 CO_2 排放占中国 CO_2 排放总量的比重

进而观察中国各领域 CO_2 排放量的变化趋势，历年中国分部门 CO_2 排放量如图 7－8 所示。从中可以看出，建筑运行、交通运输及能源工业三者的 CO_2 排放量呈逐年稳定增长，而工业（除建造外）CO_2 排放量呈现先增长后达到稳定的趋势，建造 CO_2 排放量呈近年来快速增长的趋势。2005—2012 年，建造 CO_2 排放量年均增长 2.1 亿吨二氧化碳，成为中国 CO_2 排放增长的首要因素，其对总 CO_2 排放增长的贡献率达到 51%。

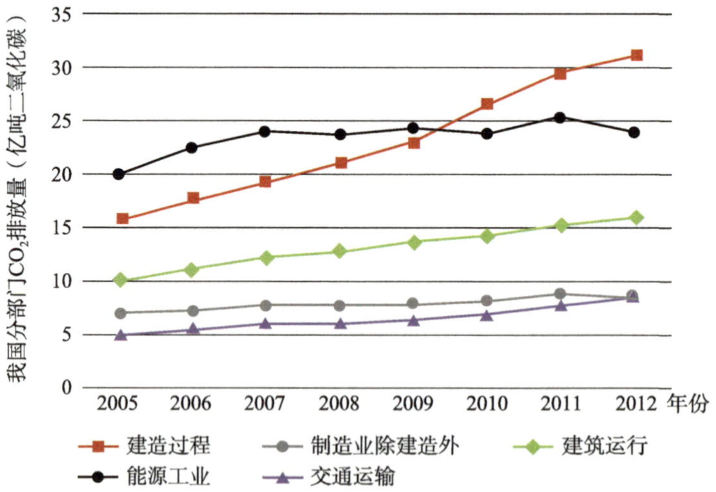

图 7－8　中国各领域 CO_2 排放量变化趋势

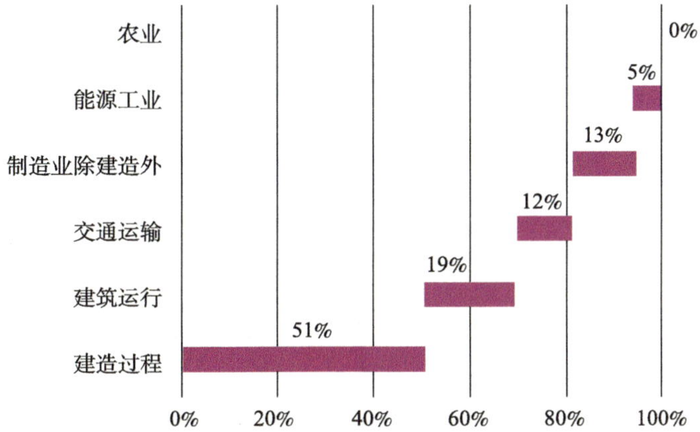

图 7－9 2005—2012 年各领域对 CO_2 排放量的贡献率

（五）中国建筑运行能耗及碳排放现状

1. 建筑运行能源消费总体情况

考虑到中国南北地区冬季采暖方式的差别、城乡建筑形式和生活方式的差别，以及居住建筑和公共建筑人员活动及用能设备的差别，将中国的建筑用能分为北方城镇采暖用能、城镇住宅用能（不包括北方地区的采暖）、公共建筑用能（不包括北方地区的采暖），以及农村住宅用能四类。

2013 年，建筑总运行总商品能耗为 7. 56 亿吨标准煤，① 约占全国能源消费总量的 19. 5%，建筑商品能耗和生物质能共计 8. 62 亿吨标准煤（生物质能耗约 1. 06 亿吨标准煤）。从 2001 年到 2013 年，建筑能耗总量及其中电力消耗量均大幅增长。

表 7－2 中国 2013 年建筑能耗

用能分类	宏观参数（面积/户数）	能耗强度	电（亿千瓦时）	总商品能耗（亿吨标准煤）	总碳排放（亿吨二氧化碳）
北方城镇采暖	120 亿平方米	15. 1 千克标准煤/平方米	92	1. 81	—
城镇住宅（不含北方地区采暖）	2. 57 亿户	723 千克标准煤/户	5302	1. 85	—
公共建筑（不含北方地区采暖）	99 亿平方米	21. 3 千克标准煤/平方米	6324	2. 11	—
农村住宅	1. 62 亿户	1102 千克标准煤/户	1614	1. 79	—
合计	13. 6 亿人，约 545 亿平方米	551 千克标准煤/人	13332	7. 56	17. 5

① 本章尽可能单独统计核算电力消耗和其他类型的终端能源消耗。当必须把二者合并时，采用供电煤耗法对终端电耗进行换算，即按照每年的全国平均火力发电煤耗把电力换算为标煤。国家统计局公布 2012 年的供电煤耗值为 325gce/kWh。

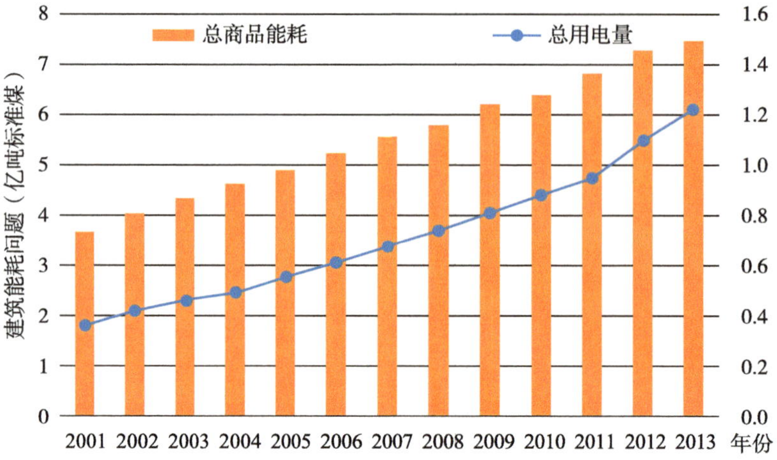

图 7－10　建筑商品能耗总量及用电量

2. 四个用能分类的能源消费状况

从用能总量来看，呈四分天下的局势，四类用能各占建筑能耗的 1/4 左右。从面积来看，2013 年农村住宅建筑面积约为 238 亿平方米，占全国建筑总面积的 44%；城镇建筑中，住宅面积约 208 亿平方米，公共建筑面积为 99 亿平方米。随着公共建筑规模的增长及平均能耗强度的增长，公共建筑的能耗已经成为中国建筑能耗中比例最大的一部分。

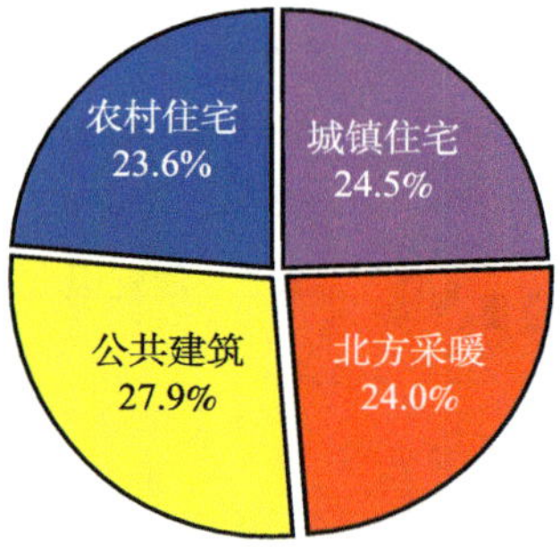

图 7－11　2013 年四个用能分类的能耗情况

3. 中国建筑能耗与发达国家相比仍处于较低水平

与发达国家相比，中国建筑能耗水平处于较低水平。从图 7－12 中可以看出，中国的城镇建筑与发达国家比较，无论是人均还是单位建筑面积的运行能耗，都远低于目前发达国家。

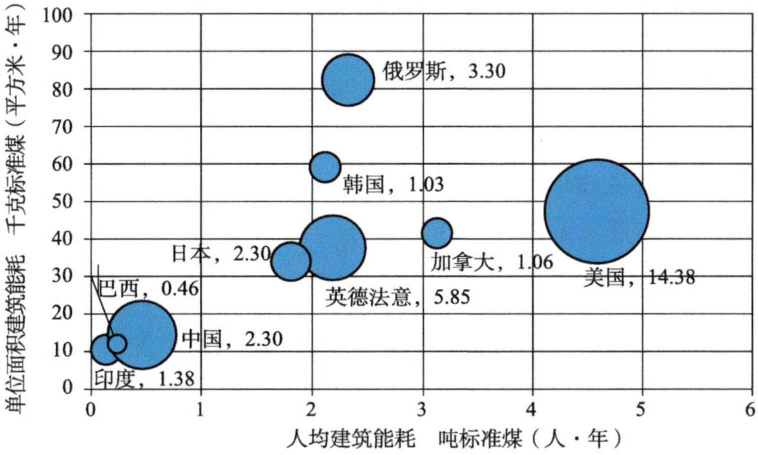

图 7－12　世界上几个主要国家的建筑运行能耗状况（2010 年）

注：每个国家名称后面的数字表示该国家的建筑总能耗，单位：亿吨标准煤

4. 生活方式不同是中国建筑能耗低的最主要原因

中国目前建筑能耗相对较低的状况主要是由于不同于发达国家的生活方式和室内环境状况而决定。其主要差异因素如下：

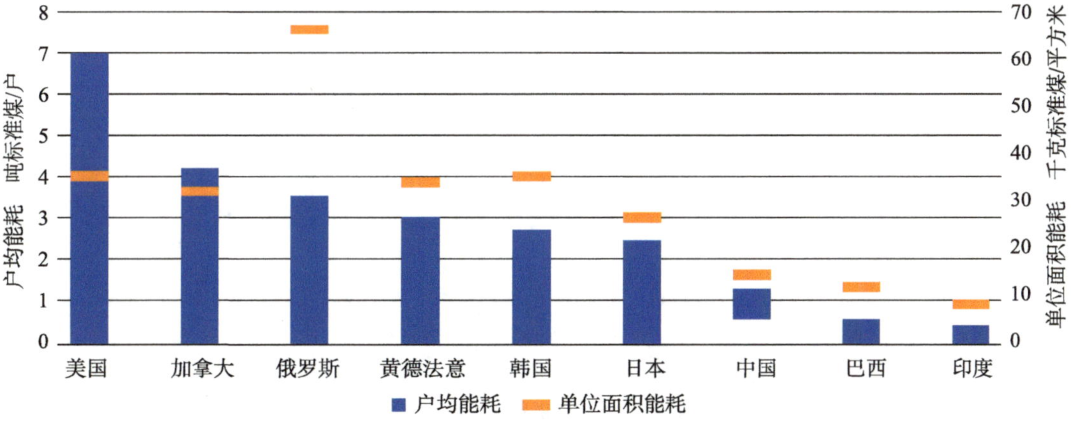

图 7－13　中外住宅建筑能耗对比（2010）

注：考虑中国建筑用能分类和国际分类方式差异，本图表述两种城镇住宅用能强度：①含北方城镇采暖用能，能耗强度为灰色柱和深色线条；②不含北方城镇采暖部分用能，能耗强度为浅色线框和浅色线条。

（1）建筑形式

中国住宅广泛采用的大体量多层住宅，其体型系数远小于欧美单体或双体别墅形式，中国公共建筑大多可以开窗通风并利用自然采光。

（2）环境控制系统模式

中国的建筑大多实施“部分空间，部分时间”的室内环境控制系统与运行模式；相对于发达国家“全空间，全时间”模式，能源消耗有几倍之差。

（3）室内环境效果和服务质量

中国建筑的室内环境效果不及发达国家的平均水平。但正是这种使用者感觉上并不很大的差别就导致实际能源消耗的巨大差别。

5. 中国建筑能耗发展应区别于发达国家路径

目前中国处于飞速发展阶段，随着经济繁荣、人民生活水平提高，建筑能耗难免随之增长。查阅美国、日本的民用建筑单位面积能耗的发展历史，这两个世界上最发达的国家分别从20世纪50年代和60年代起，经过了15~20年的时间，单位建筑面积能耗增加了1~1.5倍，而建筑能耗占社会总能耗的比例也逐年增长，达到30%~40%的水平。实际上随着技术的发展和进步，建筑服务系统能效的提高是会使得单位建筑面积能耗下降的，但建筑单位面积能耗仍在持续增长，建筑能耗占社会总能耗比例仍在攀升，这种建筑能耗密度的增长的最根本原因是生活方式的改变、建筑服务水平的提高所造成的。

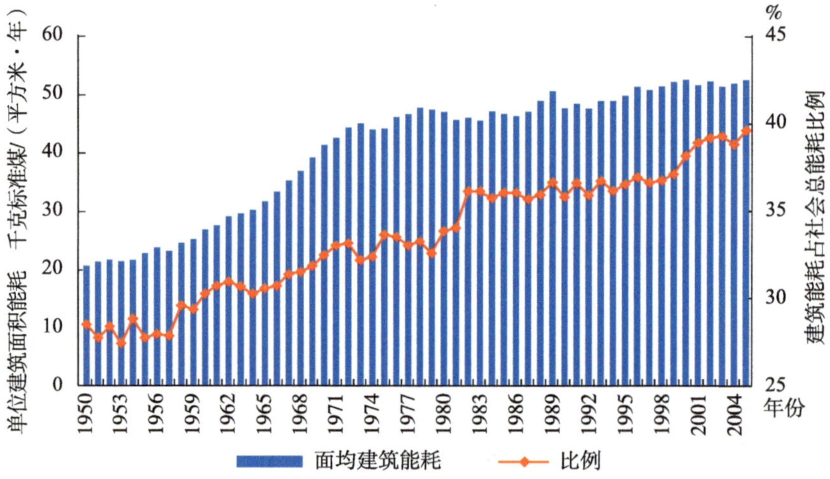

图7-14 1950—2005年美国民用建筑单位面积能耗发展变化图

目前，中国单位面积建筑能耗相当于美国二战后水平，略高于日本20世纪60年代水平。然而如果人均建筑能耗达到发达国家水平，建筑能耗总量将大幅提高，甚至超过48亿吨标准煤①国家能耗总量的上限，严重威胁国家能源安全。从中国可获得的能源总量和碳排放容量来看，中国城镇人均建筑用能量和单位建筑面积平均用能都不应

① 江亿，彭琛，燕达. 中国建筑节能的技术路线图［J］. 建设科技，2012（17）.

该再进一步增长，无论经济怎样增长和生活水平怎样提高，我们只能在目前的人均建筑用能强度下通过技术创新来改善室内环境，进一步满足居住者的需要，而不可能因为未来生活水平的提高而允许人均建筑能耗的大幅度上涨，这是中国建筑节能工作的基本出发点。

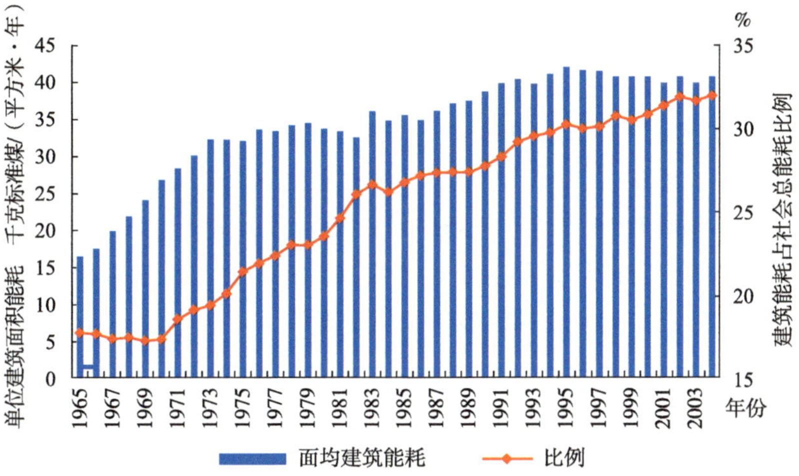

图 7－15 1965—2004 年日本民用建筑单位面积能耗发展变化图

二、建筑领域未来的碳排放情景分析

（一）中国房屋建设的需求峰值临近

1. 城镇住宅需求分析

长期来看，住宅建设由人们的基本居住需求推动，而城镇住宅需求与收入水平和人口统计学特征紧密相关。从人群需求的角度看，住宅发展大致可分为两个阶段：第一阶段，随着人均收入水平提升，现有人群需求从衣食向住行消费升级转变，住宅需求以新增住宅需求为主；第二阶段，当现有人群的居住需求基本满足后，新出生人口数量以及适龄人口数量的变化就成为决定住房建设的重要变量，收入水平与之的关系明显减弱，住宅需求以改善性住宅需求为主①。

从住宅套户比指标的变化来看，住宅发展可以划分为三个阶段。其中，有三个非常重要的套户比标志：其一，全国总体住房套户比达到 1，标志着供给绝对短缺问题已经缓解；其二，全国各地区套户比均达到 1，标志着住房供给绝对短缺问题彻底解决，此时全国住房套户比已超过 1；其三，套户比上限为 1＋v＊，v＊可以理解为社会能够

① 刘世锦．中国经济增长十年展望 2013—2022［M］．北京：中信出版社，2013.

容忍的空置率上限。①

根据统计数据测算，2013 年中国城镇住宅总面积为 205 亿平方米，城镇住宅总套数约为 2.42 亿套，② 城镇常住人口 7.31 亿人，折合 2.57 亿个家庭（每户平均人口为 2.85 人，暂不区分集体户和家庭户）。按城镇常住人口口径计算，城镇人均住宅面积为 28.1 平方米/人，户均套数为 0.95 套。根据第六次人口普查结果，2010 年城镇家庭户数为 2.07 亿户，占城镇人口的 89.1%（其余为集体户）。据此推算，2013 年城镇家庭户有 2.29 亿户。按家庭户口径计算，2013 年户均套数为 1.06 套。这表明中国城镇住房从总量上已经接近每户一套。同时从分省数据来看，城镇住宅供需均衡程度显示出较高的地域性差异，北京、上海、广东等一些热点地区的住宅短缺问题较为严重。由此可以判断，中国城镇住房市场已跨越绝对短缺阶段，进入过渡阶段。未来十年内，住宅发展将进入质量提升阶段，住房建设速度以及套户比上涨速度将逐步减慢，住房供给从满足新增住房需求调整为满足改善性住房需求。

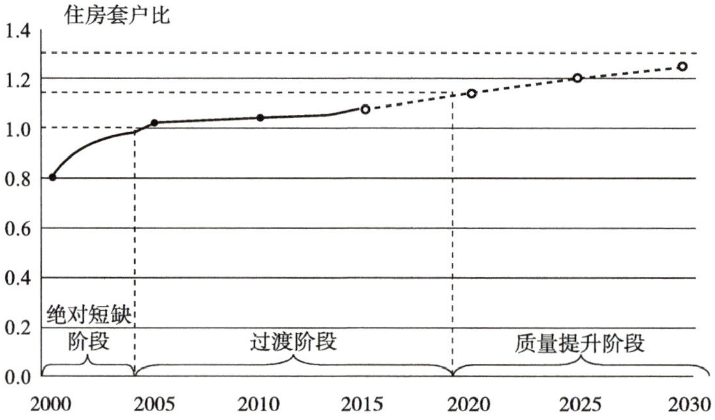

图 7－16　中国住房套户与市场发展阶段的对应关系

注：2014—2030 年住房套户比为预测数据。

数据来源：清华大学建筑节能研究中心计算。

国际经验表明，城镇住房需求和经济发展阶段、城市化水平有密切关系。目前中国城镇化快速推进的阶段尚未结束。统计数据显示，2014 年中国大陆人口为 13.68 亿人，其中城镇常住人口约为 7.49 亿人，城镇化率为 54.77%，预计 2020 年城镇化率将达到 60% 左右，2030 年城镇化率将达到 68% 左右。

从人均住宅面积的角度来看，与城市化水平较高、可利用土地状况与中国类似的欧洲、日韩国家相比，中国人均住房面积与欧洲有近 10 平方米的差距，与韩国的住房

① 刘洪玉，杨帆，徐跃进．基于 2010 年人口普查数据的中国城镇住房状况分析［J］．清华大学学报，2013（6）．

② 邵挺．中国城镇住房和住房保障的总体情况及发展趋势［J］．调研报告，2013－05－22.

水平已大致相当。而在经济发展水平方面，中国人均 GDP 远低于这些国家同期的人均 GDP 水平。说明中国住房发展水平相比经济发展水平有所超前。假设住房建设达到峰值之后，人均住宅面积仍会有一定增长，未来 15 年中国城镇人均住宅面积与上述参照国家差距缩小，2030 年不应超出人均 40 平方米。

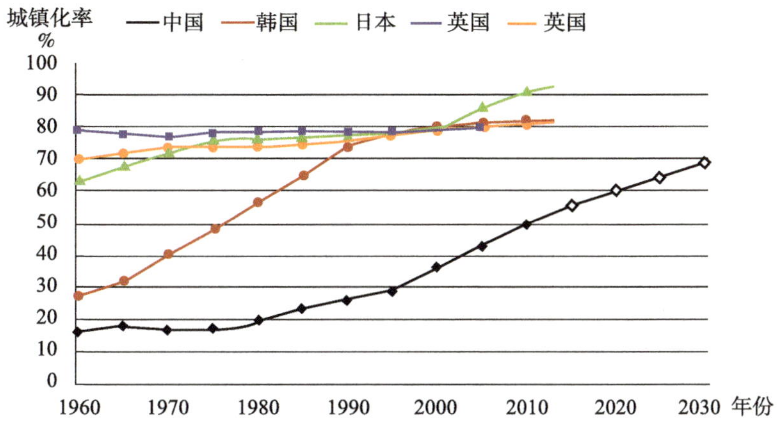

图 7－17　几个主要国家城镇化率对比

注：2015—2030 年中国城镇化率为预测数据。

数据来源：世界银行。

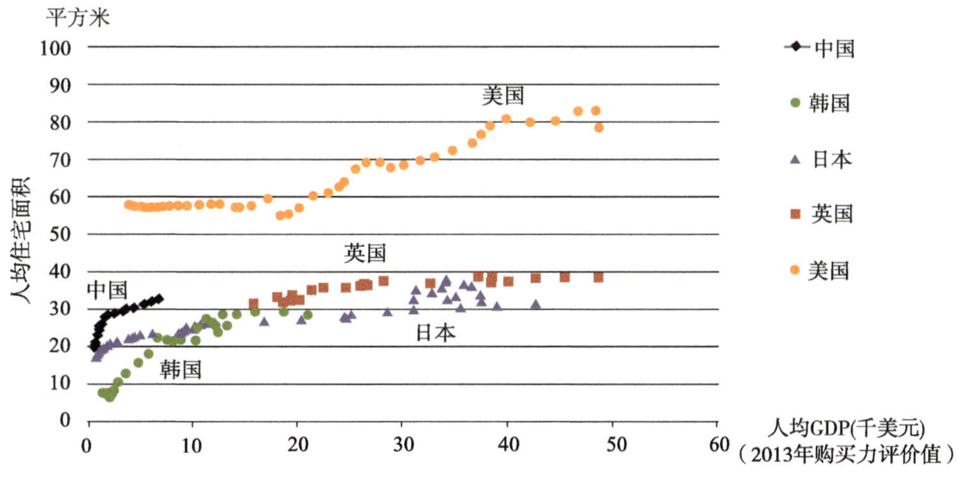

图 7－18　几个主要国家人均住宅面积与人均 GDP 的变化对比图

资料来源：Odyssee Database；Handbook of Energy & Economic Statistics in Japan.；Energy Information Administration，Building Energy Data Book；Korea National Statistical Office。

根据中国城镇化水平及城镇住宅发展的阶段性特征，参照国际经验，预计未来十年间平均每年新增城镇化人口住房需求约为 4.9 亿平方米，新增适龄人口住房需求约为 1.9 亿平方米，改善性住房需求约为 4.7 亿平方米，未来十年累计需新建城镇住宅约

130 亿平方米。根据保障房和商品房新开工、施工以及竣工之间的关系，以及对项目完成进度估计，未来十年间新开工、施工以及竣工面积可能将依次达到峰值。①

2. 公共建筑需求分析

公共建筑主要服务于人们的公共活动，从类型上分为办公、商场、酒店、医院、学校、交通枢纽、体育场馆等。公共建筑面积大小，可以反映该国经济发展水平、公共服务水平或者社会公共活动特点。根据统计数据测算，2013 年中国公共建筑总面积为 98.9 亿平方米，各类型公共建筑面积如图 19 所示。

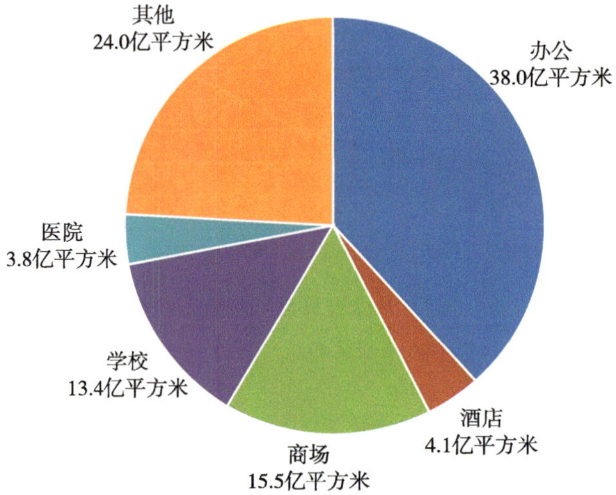

图 7－19　2013 年中国各类公共建筑面积

注：“其他公共建筑”包括了交通、文化、体育、娱乐用建筑及其他未列明用途的建筑。

数据来源：清华大学建筑节能研究中心计算。

从人均公建面积的角度来看，中国人均公建面积为 7.3 平方米/人，低于大多数发达国家，这跟当前中国城乡二元结构相关。公共建筑主要集中在城镇，如果按照城镇居民人口计算，中国城镇人均公共建筑面积达到 13.5 平方米，与英法、日韩等发达国家相当。而中国的农村地区由于农业经济特点和经济发展水平限制，农村公共建筑设施配套较慢。从经济发展水平的角度来看，同期人均 GDP 水平下，中国人均公建面积与英法、日韩等发达国家相当。未来 15 年中国人均公建面积会有一定的增长，与上述参照国家差距缩小，2030 年将达到人均 11 平方米左右，未来不应超出人均 15 平方米。

分析中国公共建筑建造量，有以下几类建筑新建规模过大：

（1）地方标志性建筑；

（2）各地政府办公建筑；

① 刘世锦．中国经济增长十年展望 2014—2023［M］．北京：中信出版社，2014.

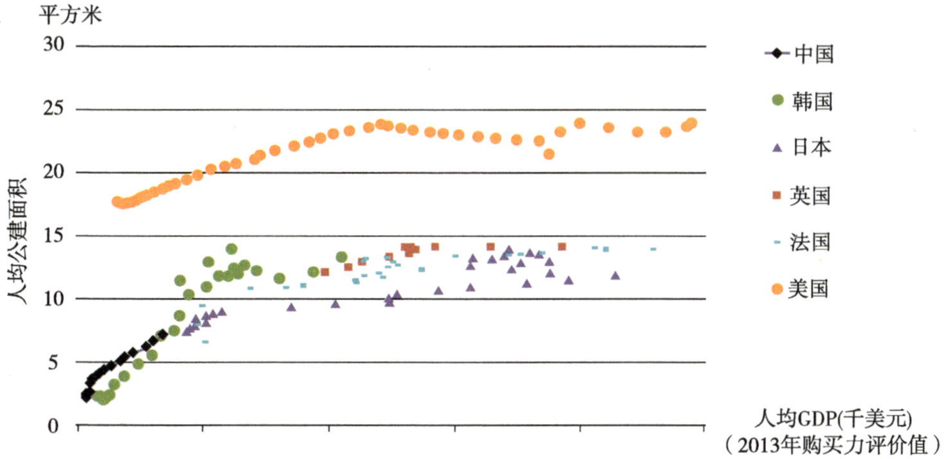

图 7－20　几个主要国家人均公建面积与人均 GDP 的变化对比

（3）大型商场建筑；

（4）铁路、机场等交通枢纽。

地方标志性建筑通常为超高层建筑或者设计外观奇特，使用功能并不优于一般建筑，而通常占地面积大，在建造过程以及建筑运行过程中标志性建筑所消耗的能源通常明显高于一般建筑。标志性建筑对于改善城市面貌有一定作用，然而将明显增加建筑建造和建筑运行能源消耗，不宜大规模兴建。

从调研数据分析，政府办公人均建筑面积大于商业办公人均建筑面积。而近年各地政府纷纷修建大规模的办公大楼引起社会舆论关注，这些办公楼占地面积大且消耗了政府大量的资金，不利于“资源节约，环境友好”两型社会建设。2013 年，李克强总理提出“本届政府内政府性楼堂馆所一律不得新建”，遏制住了大量兴建政府办公建筑的发展势头。

一些经济较发达的城市大量兴建大规模的商业综合体，例如成都规划新建超过 100 个大型商业综合体，[①] 而当前商业综合体空置现象严重，这主要是市场的消费模式的转变，——从到商场购物为主逐渐变为网络购物为主。这个趋势还将持续。商业综合体的规模应该根据消费模式进行合理控制，过量建造将浪费大量的能源和资源。

此外，近年来大量兴建机场和火车站等交通枢纽，建筑规模大，而实际许多中小型车站输送的客流量较少，客流量短期内也难以达到设计所预期的规模，空置大面积的站房。

以上几类公共建筑面积需予以明确控制建造速度和规模。而医疗、教育建筑面积还有待增长，以为当前城乡居民提供更好的医疗和教育服务。考虑到中国土地资源紧

① 数据来源：http：//news. cd. soufun. com/2013－04－03/9833703_ all. html.

缺，能源和环境承载能力限制，应该控制地方标志性建筑，政府办公、商业综合体和交通枢纽的面积规模，合理发展医疗、教育建筑。

（二）中国未来建筑面积发展情景分析

对建筑面积未来发展情景的探究是社会经济中非常重要的组成部分。然而，未来建筑建设的情况受多种因素影响，是复杂经济社会系统中的一个子系统，非常难以预测，尤其是对长期进行预测。为了解决未来中国建筑规模发展的不确定性，我们将使用情景分析的方法来探索未来可能出现的发展路径。

不同的建筑面积情景以当前的建筑规模与建设现状为基础，识别出未来发展关键的影响因素作为驱动因子，根据各影响因素的变化进行理论推演，得到多个情景已对未来多种可能出现的情况做出描述。

为了讨论未来建筑面积对社会经济以及能源的影响，本研究在设置情景时，将未来的建设速度、城镇户均住房套数、套均面积、人均公建面积作为驱动因子；而将中国未来人口及城镇化率视为外生变量，采用世界银行、国务院发展研究中心等权威研究机构给出的预测结果。

表 7 –3　建筑面积发展情景设定

	建筑面积基准情景	高速建设情景（高情景）	建筑面积严格控制情景（低情景）
2030 年建筑总面积（亿平方米）	760	850	700
2030 年城镇住宅面积（亿平方米）	385	450	350
2030 年城镇住房套户比	1. 15	1. 25	1. 10
2030 年城镇人均住宅面积（平方米）	40. 0	46. 8	36. 4
城镇住宅竣工面积峰值年份	2019	2022	2017
2030 年公共建筑面积（亿平方米）	175	200	150
2030 年人均公共建筑面积（平方米）	12. 4	14. 2	10. 7
2030 年农村住宅面积（亿平方米）	200	200	200

1. 基准情景

基准情景下，随着未来城镇化速度的放缓，城镇住宅需求逐步逼近峰值。城镇住房发展进入过渡和质量提升阶段。城镇住宅竣工面积在 2019 年达到峰值 13. 7 亿平方米，之后平稳下降。2030 年城镇住房总量达到 385 亿平方米，城镇人均住房面积为 40. 0 平方米/人。2015—2030 年总新增城镇住宅面积 180 亿平方米，折合年均新增城镇住房约 1000 万套。至 2030 年，城镇约有 3. 59 亿个家庭，住宅套数为 4. 13 亿套，城镇住房套户比达 1. 15。

随着中国经济发展进入新常态，经济增长率正超高速转向中高速，公共建筑高速建设的势头也将逐步减缓。2015—2030 年年均公建竣工 5. 3 亿平方米。2030 年公共建筑总面积为 175 亿平方米，人均公共建筑总面积达 12. 4 平方米/人。

随着大量农村人口转移到城市，部分农村住宅被弃置，在使用中的农村住房面积有所减少。而农村人均住房面积将会增加，2030 年农村人均住房面积达 45 平方米/人，农村住宅总面积达 200 亿平方米。

2. 高情景

高速建设情景下，住房市场的投资性需求没有得到有效的抑制，城镇住房的空置率进一步上升到约 25%（套户比达 1. 25）；新建住房中别墅和大户型增多，新增住宅套均面积达 115 平方米/套；城镇住宅竣工面积峰值推迟到 2022 年左右到来，峰值年竣工面积为 18. 8 亿平方米。

2030 年城镇住房总面积达 450 亿平方米，城镇人均住房面积达 46. 8 平方米/人。

在公建建设上，地方标志性建筑、政府办公的面积规模没有得到控制，商业综合体和交通枢纽也大量兴建。2015—2030 年，年均公建竣工 7 亿平方米，公共建筑总面积达 200 亿平方米，2030 年人均公共建筑总面积达 14. 2 平方米/人，达到日韩和欧洲国家人均 GDP 约 3 万美元时的水平。

3. 低情景

建筑面积严格控制情景下，合理的土地及住房政策促进形成了成熟的住房市场，有效地限制了住房投资性需求，城镇住房空置率被控制在 10% 以内，城镇住房套户比为 1. 10；新建住房中以不到 95 平方米的中小户型为主。城镇住宅竣工面积峰值提前到 2017 年到来，峰值年竣工面积为 11. 1 亿平方米。2030 年城镇住房总面积达 350 亿平方米，城镇人均住房面积为 36. 4 平方米/人。

在公建建设上，考虑到中国土地资源紧缺，能源和环境承载能力限制，地方标志性建筑。政府办公、商业综合体和交通枢纽的面积规模得到了有效控制，同时医疗、教育建筑合理发展。2030 年，人均公共建筑面积提升至 10. 7 平方米/人，公共建筑总面积达 150 亿平方米。

4. 情景对比分析

2015—2030 年，中国建筑总面积将持续增长，而其增速将出现回落。在高速建设情景下，建筑竣工面积还将持续数年增长的势头，2022 年达到总竣工面积的峰值，竣工面积峰值接近 35 亿平方米/年，至 2030 年总建筑面积达 850 亿平方米。在基准情景下，建筑竣工面积将逐步降低至 25 亿平方米/年以下，2030 年总建筑面积达 760 亿平方米。在建筑面积严格控制情景下，建筑竣工面积以更快的速度降低至 20 亿平方米/

年，2030 年总建筑面积达 700 亿平方米。

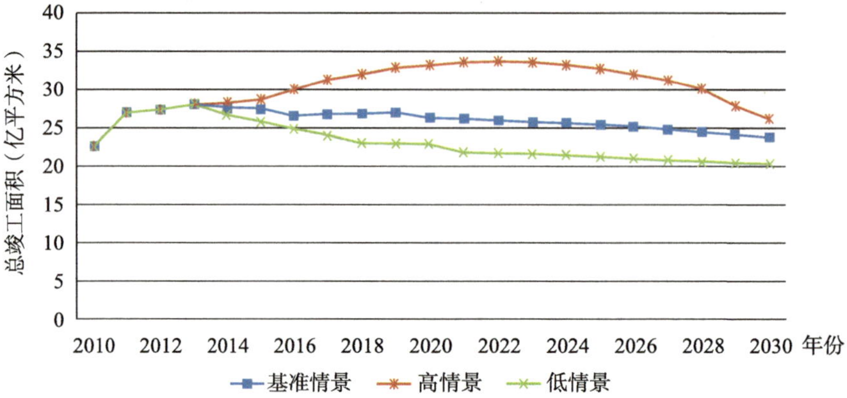

图 7－21　中国未来总竣工面积情景

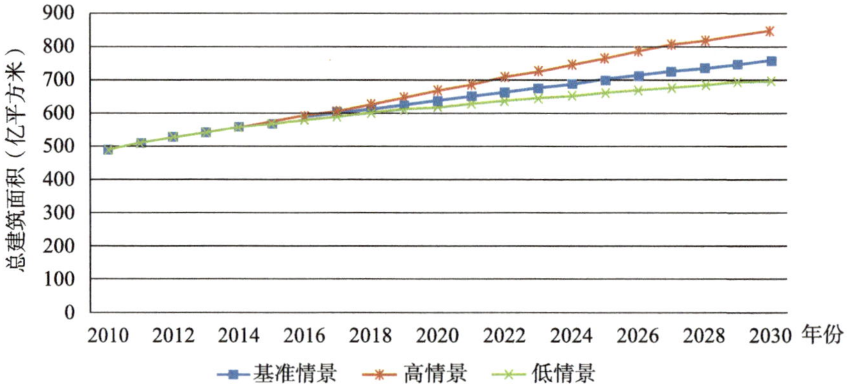

图 7－22　中国未来总建筑面积情景

（三）建筑运行能耗强度优化情景分析

建筑运行的用能强度因建筑用能类型不同而表现出明显的差异。产生用能强度差异的原因包括：城乡居民用能方式和用能类型的差异，公共建筑与住宅建筑使用方式的差异，南北地区冬季采暖方式和强度的差异。根据用能特点，建筑用能可以分为北方城镇采暖，城镇住宅（不含北方采暖），公共建筑（不包括北方采暖）和农村建筑四种类型。对于不同的用能类型，节能技术和用能规划的预期也不同。下面将分别阐述各类用能的现状和节能技术，从实际出发，分析在节能技术和措施可行的情况下，2030 年中国各类建筑用能强度可以达到的优化情景。

1. 北方城镇采暖用能

中国北方地区城镇建筑实行集中供暖，用能强度大，一直是建筑节能工作关注的重点。“十一五”期间，通过围护结构保温、提高高效热源方式的比例，提高供热系统效率等途径，取得了突出的成绩。如果按照“好处归热”的方法来分摊热电联产电厂的发电与供热煤耗，中国北方供热单位面积能耗从23.1千克标准煤/平方米（2000年）降低到15.1千克标准煤/平方米（2013年）。从目前推广节能技术的状况和效果看，北方城镇采暖用能还存在如下节能空间：

（1）改善保温，降低采暖需热量

目前中国北方地区21世纪以来的新建建筑采暖能耗依气候不同，在60～120千瓦时/平方米，与同气候带发达国家的先进水平相比，还有可以进一步降低的空间。通过改善外墙保温，外窗保温，减少渗风带来热损失，引进定量通风窗，引进高效的带热回收的换气装置等措施，可以使北方采暖地区的建筑需热量平均值降低到80千瓦时/平方米以下。与发达国家比，中国保温性能差的老旧建筑比例低，对这些建筑进行节能改造的困难和发达国家比相对较小。按照新建建筑的节能标准对这些老旧建筑进行改造，也可以显著降低采暖需热量。

（2）通过落实热改，实现分户分室热量调节，进一步消除过热现象

推行“供热改革”，包括改革供热企业经营机制，变按照面积收费为按照热量收费，激励使用者自觉调节。增加末端调节装置，使得房间温度可以调节，避免过热。使由于过量供热造成的损失从目前的15%～25%降低到15%以下，这样可将方采暖地区的建筑供热量控制到0.33GJ/m^2。

（3）大幅度提高热源效率

除了建筑保温和末端调节，采暖热源的节能挖潜空间更大，主要是：①采用基于吸收式热泵的热电联产供热方式，能够使热电联产电厂在燃煤量不变、发电量不变的条件下，输出的供热量提高30%～50%；②对燃气锅炉的排烟进行冷凝回收，使其效率提高10%～15%；③将各类工业生产过程排出的低品位余热作为集中供热热源，利用这部分热量可以看作零耗能。

（4）供热模式创新

充分开发各种热电联产与工业余热的低品位热源，替代目前的各类供暖锅炉。利用低品位余热承担供热的基础负荷，电力作为驱动能源配合利用低品位热源或者用以降低热网回水温度，而天然气作为以低品位热源为基础的城市集中热网调峰热源。低品位热量的传输利用吸收式热泵形成的热网大温差供热，使热网输送能力提高80%，实现上百公里的大规模远距离热量输送。

2. 城镇住宅（不含北方采暖）用能

城镇住宅单位面积能耗持续缓慢增加，一方面，家庭用能设备种类和数量明显增加，造成能耗需求提高；另一方面，炊具、家电、照明等设备效率提高，减缓了能耗的增长速度。

根据气候和终端用能类型，城镇住宅（不含北方采暖外）能耗可以分为北方空调、长江流域采暖和空调、夏热冬暖地区空调、家用电器、炊事、生活热水和照明等用能部分。从各部分用能现状和特点出发，城镇住宅节能的主要任务为：

（1）长江流域住宅的采暖能耗近年来迅速增加，该地区应选择何种采暖形式引起了广泛争议。目前该地区建筑采暖用能强度较低，采暖能耗强度不到 $3kWh_e/m^2$，但冬季室内温度偏低，空调能耗约 $5kWh_e/m^2$，采暖和空调需求还有较大的增长空间。从实测数据来看，如果采用集中供应的形式，目前最好的大型热泵案例一年电耗约为 $40kWh/m^2$，采用热电冷联产能耗约为 15 千克标准煤/平方米，也相当于 45kWh 电力。而采用热电联产供热加分散空调，全年用能强度为 10 千克标准煤/平方米加 $10kWh/m^2$ 电耗，合起来还是 $40kWh/m^2$。相比之下，采用可以实现“部分时间、部分空间”使用方式的分散式空气源热泵进行夏季制冷和冬季供暖，则有可能把夏热冬冷地区的全年空调和采暖能耗强度控制在 $20kWh_e/m^2$ 以下。

（2）随着人民生活水平的提高，各地对夏季空调的需求量都将会增多，空调用能强度还可能增加。通过已有的测试发现，生活方式是影响空调能耗的主要因素，而建筑和系统形式同时也会对空调使用方式产生影响。

从生活方式和建筑及系统形式两方面考虑空调节能问题：①提倡和维持节能型生活方式。反对“全时间、全空间”“恒温恒湿”，提倡“部分时间、部分空间”“随外界气候适当波动”营造室内环境；②发展与生活方式相适应的建筑形式。反对那些标榜为“先进”“节能”“高技术”，而全密闭、不可开窗、采用中央空调的住宅建筑形式；大力发展可以开窗，可以有效地自然通风的住宅建筑形式，尽可能发展各类被动式调节室内环境的技术手段。通过这些措施，可将严寒和寒冷地区的空调用电强度从现在的 $2kWh_e/m^2$ 增长并维持在 $4kWh_e/m^2$ 以内，夏热冬暖和温和地区的空调用电强度从现在的 $8.5kWh_e/m^2$ 增长并维持在 $12kWh_e/m^2$ 以内。

（3）对于家电、炊事、照明方面，采取：①鼓励推广家电器具，并通过市场准入制度，限制低能效家电产品进入市场；②大力推广节能灯，对白炽灯实行市场禁售；③限制电热洗衣烘干机、电热洗碗烘干机等高能耗家电产品等措施，将用能强度分别控制在家电 $700kWh_e$/户，照明 $4kWh_e/m^2$ 以内，炊事维持当前 70 千克标准煤/人的水平。

（4）积极推广太阳能生活热水技术，充分利用太阳能解决生活热水需求，在生活热水需求增长的情况下，使得该项能耗从当前的 25 千克标准煤/人增长并维持在 45 千克标准煤/人水平内。

根据当前用能特点，用发展的眼光研究分析，在落实各项技术措施情况下，城镇住宅各部门用能强度可达到的标准如下：

表 7-4 城镇住宅（不含北方采暖）能耗强度现状与优化情景

城镇住宅	目前	2030 年
空调（严寒和寒冷地区）	$2kWh_e/m^2$	$4kWh_e/m^2$
空调（夏热冬暖和温和地区）	$8.5kWh_e/m^2$	$12kWh_e/m^2$
空调 + 采暖（夏热冬冷地区）	$8kWh_e/m^2$	$20kWh_e/m^2$
家用电器	$522kWh_e/hh$	$700kWh_e/hh$
照明	$4.6kWh_e/m^2$	$4kWh_e/m^2$
生活热水	25kgce/人	45kgce/人
炊事	72kgce/人	70kgce/人

3. 公共建筑（不含北方采暖）用能

公共建筑（不含北方采暖）用能是用能量增长最快的建筑用能分类。近 10 年来平均的单位面积能耗增加了 1.2 倍。建筑单位面积用能强度分布向高能耗的“大型建筑”尖峰转移，[①] 是公共建筑单位面积能耗增长的最主要驱动因素。

公共建筑节能面临的主要问题是当前对于“节能”的概念认识不清，以为采用了节能技术或节能措施便是建筑节能。而无论如何，只有实际建筑运行能耗数据才能作为评价建筑节能相关工作的标准。[②] 基于这个认识，继续强调商业建筑上“和国外接轨”“多少年不落后”等观点，将把“节能”推向“能耗不降反升”的一面。应将实现实际的节能减排效果和可持续发展作为城市建筑的主要追求目标，从以下技术措施取得公共建筑用能的节能量：

（1）以绿色、生态、低碳为城市发展目标，提倡绿色生活模式，尽可能避免建造大型高能耗建筑，改变商业建筑发展模式，提倡“部分时间、部分空间”的室内环境控制，减少“全时间、全空间”室内环境调控的建筑；

（2）全面开展大型商业建筑的分项计量，以实际能耗数据为目标实施节能监管，将逐渐发展到用能定额管理，梯级电价；

（3）推广 ESCO（能源服务公司）的模式，改善目前的商业建筑运行管理模式，并促进节能改造；

（4）积极开发推广创新型节能装备，提高系统效率。如 LED 灯具，能量回收型电梯，温度湿度独立控制的空调系统（可降低能耗 30%），大型直连变频离心制冷机等。

通过以上的节能技术和措施，参照当前公共建筑用能水平，未来该类建筑用能强度控制在 24.3 千克标准煤/平方米，各类建筑的用电量强度控制在以下目标：

---

① 肖贺. 办公建筑能耗统计分布特征与影响因素研究 [D]. 清华大学硕士论文，2011.
② 江亿，燕达. 什么是真正的建筑节能 [J]. 建设科技，2011 (11).

表 7－5　公共建筑能耗强度现状与优化情景

公共建筑	目前	2030 年
商业办公	57kWh/m^2	60kWh/m^2
政府办公	51kWh/m^2	50kWh/m^2
商场	89kWh/m^2	150kWh/m^2
商铺	43kWh/m^2	50kWh/m^2
酒店	69kWh/m^2	90kWh/m^2
医院	72kWh/m^2	90kWh/m^2
学校	44kWh/m^2	60kWh/m^2
其他	53kWh/m^2	90Wh/m^2

4. 农村住宅用能

农村住宅单位面积用能已超过同气候带的城镇住宅用能，但目前农村建筑提供的服务水平远低于城镇住宅。户均总能耗没有明显的变化，而生物质能有被商品能耗取代的趋势（如图 7－23 所示）。

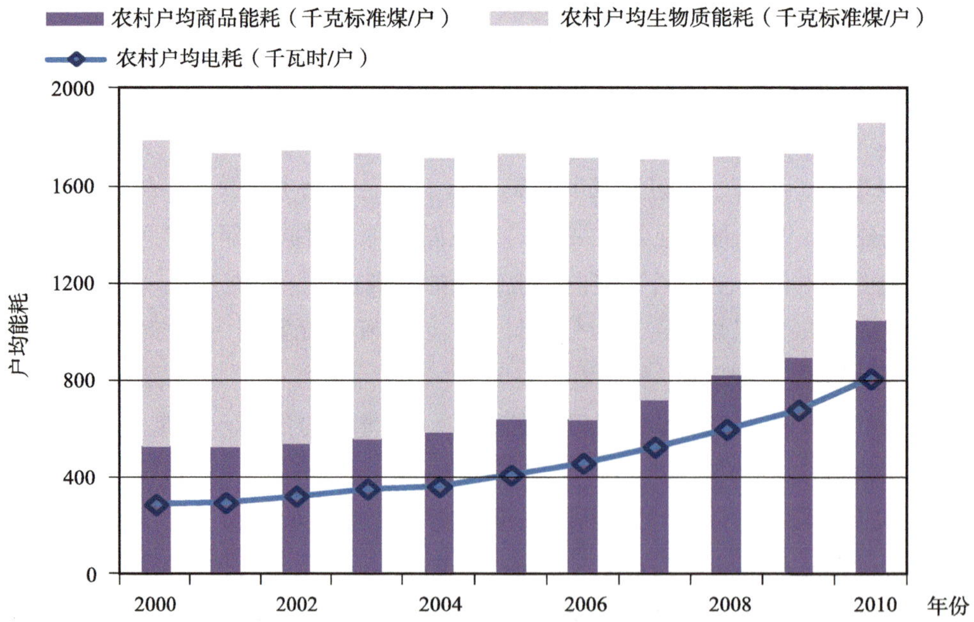

图 7－23　中国农村住宅用能强度变化趋势

驱动农村建筑用能增长的原因包括两点：①生物质能逐渐被燃煤替代，居民用电量逐年增加；②开展“并村”运动，让从事农业生产的人口住进小区，改变了生活方式，实际不利于其生产和生活。

针对农村住宅不同终端用能类型，未来农村住宅用能应充分利用生物质能解决炊事和北方采暖的需求，利用太阳能解决生活热水的用能需求，充分利用农村环境资源，优化自然通风解决室内降温需求；服务水平相当的情况下，照明用能强度应控制和城镇住宅相当的水平；农村家庭住宅面积大于城镇家庭，家电用能强度则会略低于城镇住宅家电用能，总体可以使农村住宅家庭的商品能户均能耗控制在1000千克标准煤/户，与城镇住宅的商品能户均能耗相当（1040千克标准煤/户），而由生物质及各种可再生能源提供采暖、炊事及热水等用热能耗，生物质户均能耗约1000千克标准煤/户，同时还可以用一部分光伏发电作为商品能耗的补充。

具体而言，在北方发展“无煤村”，南方发展“生态村”：

（1）北方农村无煤村的技术途径：①房屋改造，加强保温，加强气密，从而减少采暖需热量，发展火炕，充分利用炊事余热；②发展各种太阳能采暖，太阳能生活热水；③秸秆薪柴颗粒压缩技术，实现高密度储存和高效燃烧。

（2）南方农村“生态村”的技术途径：①房屋改造，在传统农居的基础上进一步改善，通过被动式方法获得舒适的室内环境；②发展沼气池，解决炊事和生活热水；③解决燃烧污染、污水等问题，营造优美的室外环境。

5. 小结

2013年，中国建筑运行能耗为7.56亿吨标准煤，折合碳排放量约17.5亿吨二氧化碳。

表7-6 中国2013年建筑运行能耗及碳排放

用能分类	建筑面积	能耗强度	总商品能耗（亿吨标准煤）	单位能耗碳排放强度（千克二氧化碳/千克标准煤）	总碳排放（亿吨二氧化碳）
北方城镇采暖	120亿平方米	15.1千克标准煤/平方米	1.81	—	—
城镇住宅	205亿平方米	9.0千克标准煤/平方米	1.85	—	—
公共建筑	99亿平方米	21.3千克标准煤/平方米	2.11	—	—
农村住宅	238亿平方米	7.5千克标准煤/平方米	1.79	—	—
合计	545亿平方米	551千克标准煤/人	7.56	2.31	17.5

在2030年建筑能耗强度优化情景下，城镇住宅单位面积能耗强度略有增加，预计2030年达到11.0千克标准煤/平方米；农村住宅加强生物质能的利用，商品能耗强度保持不变；公共建筑基于用能总量控制，推行实施《建筑能耗标准》，能耗强度小幅增长；通过改善围护结构保温结构、落实热改、提高热源效率等节能技术路线，北方城

镇采暖能耗强度可显著降低，2030 年降至 10 千克标准煤/平方米。

表 7－7　2030 年建筑运行能耗强度优化情景

分项用能强度	现状	2030 年
北方采暖	15.1 千克标准煤/平方米	10.0 千克标准煤/平方米
城镇住宅	9.0 千克标准煤/平方米	11.0 千克标准煤/平方米
公共建筑	21.3 千克标准煤/平方米	24.3 千克标准煤/平方米
农村住宅	7.5 千克标准煤/平方米	7.4 千克标准煤/平方米

（四）碳排放情景分析

1. 建筑建造过程碳排放情景分析

建筑建造过程碳排放由建筑竣工面积和单位面积建筑建设产生的碳排放（又称“单位面积建筑含碳”）二者相乘所得。

建筑建造过程碳排放 = 建筑竣工面积 × 单位面积建筑含碳

根据建筑竣工面积和耗材的宏观数据结合相关研究测算，目前建设一平方米的城镇住宅平均约消耗 183kgce 的能源，产生 631kg 的二氧化碳排放。公建和农村住宅的相关数据如下：

表 7－8　单位建筑面积含能含碳①

	单位面积含能（$kgce/m^2$）	单位面积含碳（$kgCO_2/m^2$）
城镇住宅	183	631
公建	263	905
农村住宅	119	409

考虑到未来中国建材生产能耗将进一步降低，钢材综合能耗和水泥综合能耗达到国际先进水平。预计未来单位建筑面积含能含碳每年约降低 1%。

在设定的三种建筑面积发展的情景下，中国未来建筑建造过程碳排放情景如图 7－24 所示。在高速建设情景下，随着建筑竣工面积达到峰值，建造过程碳排放在 2022 年前达到峰值 20.2 亿吨二氧化碳/年，之后快速下降至 15 亿吨二氧化碳/年以下。在基准情景下，竣工面积不再增长，单位面积建设的碳排放强度不断降低，建造过程碳排放从当前的 18.2 亿吨二氧化碳/年逐步下降至 14 亿吨二氧化碳/年以下。在低情景下，竣工面积有较大幅度的降低，建设过程中的碳排放量将逐步降至约 12 亿吨二氧化碳/年，

① 顾道金，等. 建筑建造与运行能耗的对比分析［J］. 暖通空调，2007（5）；林波荣，等. 国际建筑生命周期能耗和 CO_2 排放比较研究［J］. 建筑科学，2013（8）.

较 2013 年下降了 6.2 亿吨二氧化碳/年。

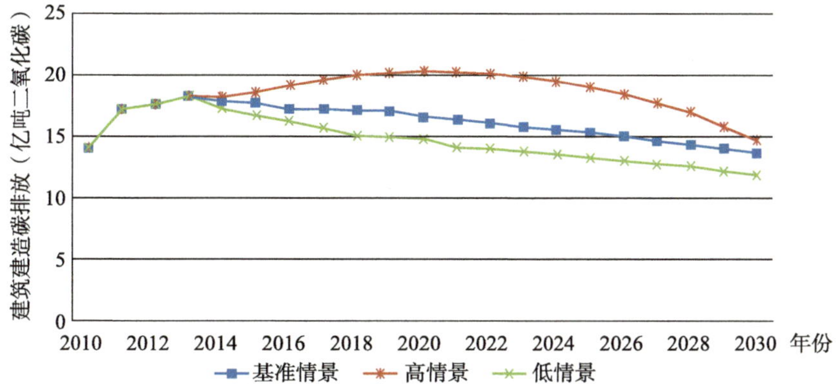

图 7－24 建筑建造过程碳排放情景

2. 建筑运行过程碳排放情景分析

建筑运行过程碳排放由建筑面积、建筑运行能耗强度和单位能耗碳排放三者相乘所得。其中单位能耗碳排放强度由消耗的能源结构决定。

建筑运行过程碳排放 = 建筑面积 × 能耗强度 × 单位能耗碳排放强度

结合建筑面积发展情景分析。在基准情景下，2030 年中国建筑能耗将增长至 12.2 亿吨标准煤；在高速建设情景下，中国建筑能耗将增长至 13.9 亿吨标准煤；在建筑面积收到控制的低情景下，2030 年建筑能耗将保持在 11 亿吨标准煤以下。中国未来建筑运行能耗情景如图 7－25 所示：

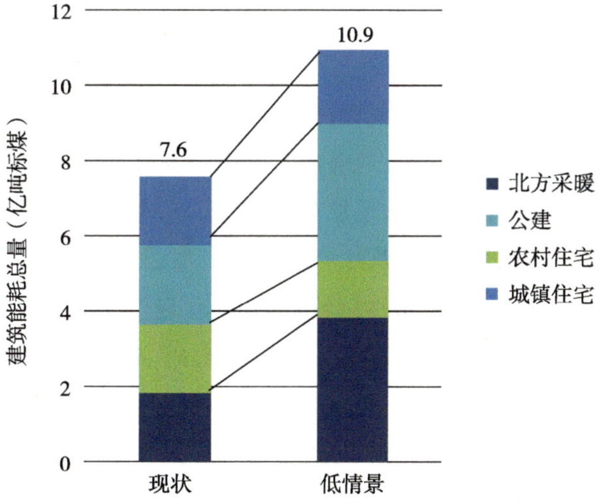

图 7－25 低情景下 2030 年中国建筑运行能耗的组成

建筑运行用能的能源结构方面，考虑到未来中国能源结构将逐步低碳化，可再生能源使用比例逐步提高，预计建筑部门单位能源碳排放在2030年前每年约降低1%。

表7－9 2012年建筑部门能源消费结构①

能源类型	固体燃料	液体燃料	气体燃料	热力	电力
消费结构	27.80%	13.60%	12.90%	8.60%	37.20%

在三种建筑面积发展的情景下，中国未来建筑建造过程碳排放情景如图7－26所示。在高速建设情景下，建筑运行碳排放年均增长0.55亿吨二氧化碳，2030年达到27.0亿吨二氧化碳。在基准情景下，建筑运行碳排放年均增长0.35亿吨二氧化碳，2030年达到23.7亿吨二氧化碳。在低情景下，建筑运行碳排放缓慢增长，到2022年后基本保持稳定在21亿吨二氧化碳。

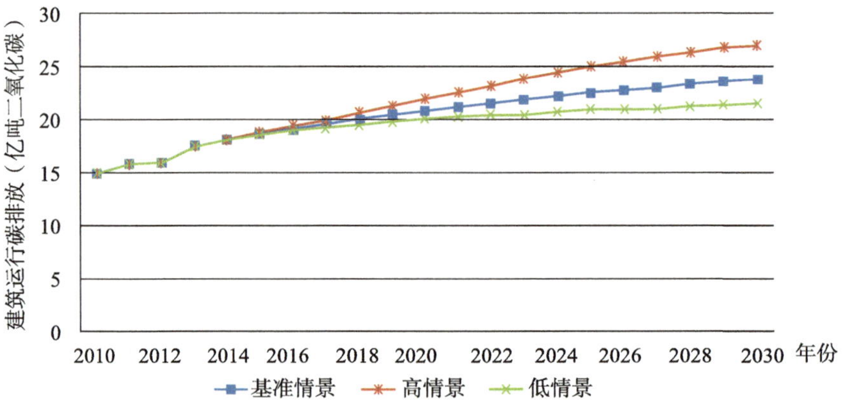

图7－26 建筑运行碳排放情景

3. 建筑领域碳排放情景分析

将建筑建造过程碳排放与运行过程碳排放相加，就得到建筑领域总的碳排放情况。在三种建筑面积发展的情景下，中国未来建筑领域碳排放情景如图7－27所示。

高速建设情景下，城镇住宅建设速度峰值达到18.8亿平方米/年，约有20%的城镇住宅空置，人均住宅面积达46.8平方米，人均公建面积达14.2平方米。建筑领域碳排放在未来10年快速增长，2025年达到峰值43.9亿吨二氧化碳。

基准情景下，城镇住宅建设速度峰值为13.7亿平方米/年，城镇空置住宅控制在15%以内，人均住宅面积达40.0平方米，人均公建面积达12.4平方米。建筑领域碳排放在未来5年小幅增长，在2019年后基本达到平稳，峰值碳排放为37.7亿吨二氧化碳。

低情景下，城镇住宅建设速度峰值为11.1亿平方米/年，城镇住宅空置率为10%，

① 建筑部门能源消费结构根据《中国能源统计年鉴》中工业分行业终端能源消费量（标准量）电热当量法计算。

人均住宅面积达40.0平方米，人均公建面积达10.7平方米。建筑领域碳排放在未来将能保持平稳甚至有所降低，2030年碳排放降至33.3亿吨二氧化碳，回落至2012年的水平。

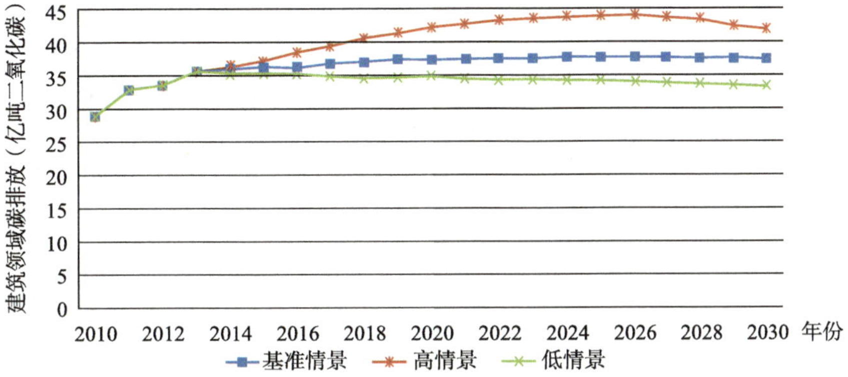

图7-27 建筑领域碳排放情景

三、促进建筑领域尽早实现碳排放峰值的战略建议

城镇化过程中建设速度的快慢和未来建筑规模的大小，是影响碳排放峰值实现的关键因素。科学规划城市发展，完善房地产市场机制，将减少城镇化过程中的无效建设，加之科学规划城市用能、落实建筑节能技术路线，将促进碳排放峰值尽早实现。

（一）控制城镇化过程中的无效建设

1. 合理规划建设规模，抑制房屋的过度建设

近年来建筑建设规模的快速增长导致了建造能耗的快速增长，而建设过程中存在着一部分过度建设，浪费了资源和能源。造成过度建设的原因一定程度上是房屋成了投资手段和地方政府“土地财政”的驱动。为了抑制房屋的过度建设，通过对各类建筑和基础设施的建设规模进行规划，将建设规模控制在合理的需求范围内，将有助于避免过度建设造成的资源能源浪费。

2. 科学规划城市发展，减少因规划改变造成的拆房

大量的短命建筑是中国当前建设过程中的一个突出问题，许多建筑因为城市规划的变更被提前拆除。建筑建造过程消耗大量的能源和资源，拆除未达到使用寿命的建筑，是对能源和资源的浪费。因此应科学规划城市发展，强化规划的权威性，杜绝违反规划的建筑物的问世，防止城市总体规划和土地利用总体规划被随意修改，尽可能减少由于规划改变造成的拆房。并且要防止为了促进GDP增长，通过“大拆”促进“大建”的现象，尽量使建筑达到使用期后再拆除重建。

（二）实施房地产税，可抑制房地产市场过度投机行为

目前，地方政府过度依赖“土地财政”，使房地产市场畸形发展。实施房地产税可以减少土地市场的扭曲，让城市政府获得由于发展带来的土地增值，是目前出售土地的一个很好的替代方式，从而可促进土地的高效利用并促进城市紧凑发展。出台累进制的房地产税政策，通过对两套以上房产征收累进物业税的方式加大持有环节的成本，可以进一步抑制房地产市场的过度投资投机行为，从而减少过度建设。

（三）完善住房租赁市场，盘活空置住房

目前，中国住房租赁制度建设滞后，“租—买”选择机制缺失，租房对于买房的替代性完全没有显现出来，人们对住房的需求过度集中于商品化的住房买卖市场。这导致了一方面中国住房空置率整体较高，另一方面相当一部分居民既无能力买房，又无处租赁到适合自己需求的住房。通过扩大租赁市场房源，加强租赁市场监管，强化金融支撑，将推动住房租赁市场发展，从而盘活空置住房，降低新建住房的需求。

（四）开展科学的城市用能规划

能源问题已成为制约城镇发展的突出的约束条件，如果不对城市用能进行整体规划，当能源进一步短缺时，很有可能出现能源无法正常供应的情况，将严重影响居民的生产和生活。《2014—2020 年能源发展战略行动计划》提出了拟到 2020 年一次性能源消费总量控制在 48 亿吨标准煤左右。在这个目标下，开展科学的城市用能规划势在必行。

应该推动的具体措施包括：

（1）把城市能源规划作为城市规划的重要内容；

（2）加大能源规划的深度和可操作性；

（3）以能源种类及瞬态最大、全年累计能源消耗量作为规划的主要内容，能源系统优化方案为主要研究内容，而不是泛泛讨论末端的能源应用方式；

（4）建筑节能工作从“用什么技术”的导向转为以“用能数据”为导向。从能源资源条件出发，发展适宜的节能技术。

（五）从用能数据出发，落实建筑节能技术路线

（1）根据中国各类建筑用能特点，从实际用能现状和可实现的技术或措施出发，分析中国建筑用能强度可以达到的目标，在建筑规模得到有效控制的情景下，未来建筑运行用能总量有可能控制在 11 亿吨标准煤以内。

（2）对于北方城镇建筑采暖，从热源、输送与分配和建筑热需求三个方面，应该

着重抓提高热源效率，落实热改以消除过热现象，改善保温以降低采暖热需求。

（3）引导绿色健康生活方式，是实现城镇住宅（除北方城镇采暖外）用能节能目标的关键措施；尤其是在长江流域应该开发和提倡各种分散的空气源热泵形式，在进一步改善这一地区冬季室内环境的基础上，使其全年空调加采暖能耗不超过 $20kWh_e/m^2$。

（4）对于公共建筑（不含北方采暖）用能，分别对新建建筑和既有建筑逐步落实以用能定额为目标的建筑用能全过程管理，发展和推广先进的创新技术，推广合同能源管理制度等，实现用能控制目标。

（5）农村建筑用能是最大的不确定因素，发展以生物质能源和可再生能源为主，辅之以电力和燃气等新型清洁能源系统，在北方发展“无煤村”，南方发展“生态村”，应作为新农村建设的主要目标之一。

参考文献

[1] 秦耀辰．低碳城市研究的模型与方法［M］．北京：科学出版社，2013.

[2] 宋德勇，徐安．中国城镇碳排放的区域差异和影响因素［J］．中国人口·资源与环境，2011（11）．

[3] 李楠，邵凯，王前进．中国人口结构对碳排放量影响研究［J］．中国人口·资源与环境，2011（6）．

[4] 齐晔．中国低碳发展报告 2014［M］．北京：社会科学文献出版社，2014.

[5] 江亿，彭琛，燕达．中国建筑节能的技术路线图［J］．建设科技，2012（17）．

[6] 刘世锦．中国经济增长十年展望 2013—2022［M］．北京：中信出版社，2013.

[7] 刘洪玉，杨帆，徐跃进．基于 2010 年人口普查数据的中国城镇住房状况分析［J］．清华大学学报，2013（6）．

[8] 邵挺．中国城镇住房和住房保障的总体情况及发展趋势［J］．中国经济时报，2013－06－24.

[9] 肖贺．办公建筑能耗统计分布特征与影响因素研究［D］．清华大学硕士论文，2011.

[10] 江亿，燕达．什么是真正的建筑节能［J］．建设科技，2011（11）．

[11] 顾道金，等．建筑建造与运行能耗的对比分析［J］．暖通空调，2007（5）．

[12] 林波荣，等．国际建筑生命周期能耗和 CO_2 排放比较研究［J］．建筑科学，2013（8）．

第八章 低碳城镇化与碳排放峰值研究报告

陈迎 张莹 梁本凡 刘利勇

引 言

城镇化是指人口向城镇聚集、城镇规模扩大以及由此引起一系列经济社会变化的过程，其实质是经济结构、社会结构和空间结构的变迁，城镇化进程会改变人口结构、经济结构、能源结构、城市空间结构等社会结构，从而对碳排放水平产生影响。一般来说，在城镇化的过程中，随着城镇人口的增加，相关经济活动会导致越来越多的能源消费需求，在能源结构无法实现显著调整的前提下，碳排放水平也会随之提高。

本研究首先总结了中国城镇化发展的进程，并对未来的城镇化趋势做出展望。研究发现自改革开放以来，伴随着工业化进程加速，中国城镇化经历了一个起点低、速度快的发展过程，但也提出中国快速城镇化的趋势在未来一二十年必然难以为继，城镇化走势趋缓已成必然。为了优化未来城镇化的发展路径，中国一直在积极探索适合本国具体国情、具有中国特色的城镇化道路，并提出要走一条坚持以人为本，以新型工业化为动力，以统筹兼顾为原则，推动城市现代化、城市集群化、城市生态化、农村城镇化，全面提升城镇化质量和水平，走科学发展、集约高效、功能完善、环境友好、社会和谐、个性鲜明、城乡一体、大中小城市和小城镇协调发展的新型城镇化建设道路。这意味着未来的城镇化模式会实现转型，创新，集约、低碳和绿色将是新型城镇化的应有之义，而这种转变无疑将会对未来中国的碳排放总量发展趋势产生显著影响。

在中国过去的城镇化进程中，追求速度的粗放型城镇化发展路径面临很多严峻的挑战：例如城镇化质量不高、自然资源和环境压力巨大、大城市病日趋恶化、城镇化地区发展不平衡等。而城镇规划中的多头决策机制、城市消费行为和城市治理模式趋于高碳化，导致基础设施、公共资源和城镇格局都面临高碳锁定的不利局面。因此，研究指出中国能否提前到2025年左右实现排放峰值，在某种程度上取决于能否真正走低碳可持续的城镇化道路。

从发达国家的国际经验看，城镇化对碳排放的影响基本遵循倒U型演变规律。在城镇化早期，城镇化水平对碳排放的影响显著，排放水平会随着城镇化率的提高而增长，城镇化达到较高水平后实现排放峰值，随后城镇化水平对排放的影响不大。发达国家多数在基本完成城镇化条件下实现排放峰值。在应对全球气候变化的背景下，发展中国家需要汲取发达国家城镇化发展的经验和教训，在快速城镇化进程中优化产业和能源结构，践行低碳发展模式，争取能够打破发达国家城镇化发展规律，提前实现碳排放峰值。

改革开放30年以来，中国城镇化水平一直在提高，2015年底城镇化水平已经达到56%，超过了全球平均水平。通过分析推动城镇化发展的各因素，可以预计中国未来的城镇化速度将会趋缓。但要实现70%左右的城镇化水平，中国的城镇化进程仍有很长的路要走。主要发达国家实现碳排放强度峰值的城镇化率分布在50%～90%，一般需要城镇化率达到70%左右时排放才能达峰，越是老牌发达国家在实现排放峰值之前走过的城镇化道路越漫长。

改革开放以来，中国城镇化进程经历了长期的快速发展阶段，规模和速度在全世界都无可比拟，取得了很大成绩。中国在人口多、资源相对短缺、生态环境比较脆弱、城乡区域发展不平衡的背景下推进快速城镇化，具有一定的特殊性。但目前内外因素都不允许中国坐等城镇化水平达到70%后排放峰值自然到来。作为后发国家，中国不能简单等待，必须利用后发优势，通过发展模式创新，力争在城镇化发展的同时尽早达峰。

为了实现这样的目标，中国已经开始积极促进地方层面一些城市展开国际合作，通过多种形式来促进从城市切实践行低碳发展和转型。为了促进排放城市峰值尽快实现，国家还制定和颁布了一系列相关的行动方案和规定，提出明确的达峰目标。对于低碳试点城市，要求它们明确提出各自达到碳排放峰值目标的时间，并将达峰目标的设置和完成作为考核低碳城市的重要指标之一。通过政策压力和激励促进城市层面探索提前达峰的先行先试机制。目前中国特大城市的能源消费和碳排放总量增长速度过快，人均排放水平较高，而未来的新型城镇化建设中，发展中小城镇是重构城镇体系和优化城镇化空间的关键抓手，也是顺利实现低碳城镇化的重点所在，在中小城市的发展过程中，科学规划避免重蹈特大城市面临的高碳锁定效应覆辙至关重要。

要尽快实现碳排放峰值，必须要推进低碳可持续的城镇化，在城市规划、建设和治理的各个环节以及城市能源、产业、交通、建筑等各个部门逐步优化管理模式，修正过去不可持续的发展方式，合理配置资源，提高城市治理效率，提倡和建设集约紧凑型城市，践行多规合一，鼓励“一张蓝图干到底”。推进产城融合发展，优化产业结构，提高城市建筑能效，减少碳排放和环境影响，以人为本，加强城市治理，走出一条适合中国的低碳城镇化发展道路，供其他发展中国家参考和借鉴。

一、中国城镇化发展进程和未来趋势

（一）中国城镇化发展进程

1. 城镇化率的统计口径

城镇化率统计有两种不同口径，一个是常住人口城镇化率，指的是在城镇居住6

个月以上的人口占总人口的比例。另一个是户籍城镇化率，按户籍人口统计，不包括在城市打工的大量农民工。两种统计口径之间存在巨大的差距。例如，2014 年中国常住人口城镇化率约 54.77%，而户籍城镇化率只有 36.63%，二者相差 18 个百分点，基本上就是 1.7 亿人农民工（如图 8－1）。换言之，据专家估算，过去的十年里，进城打工的农民工对中国城镇化率的贡献约为 25%。

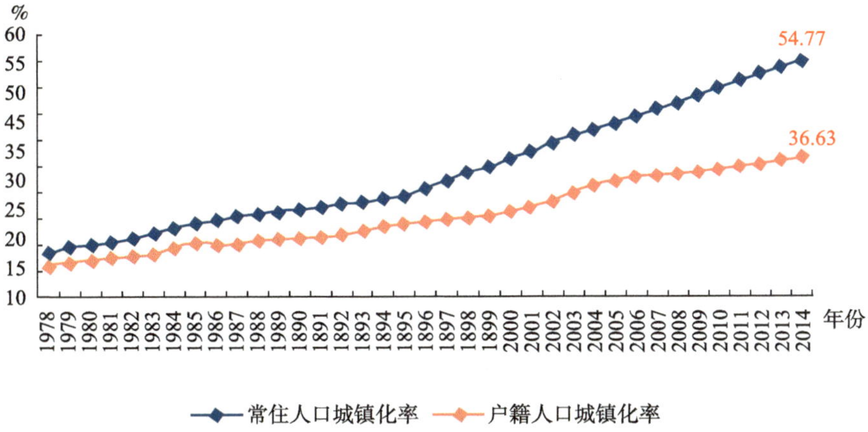

图 8－1　常住人口城镇化率与户籍人口城镇化率的差距（1978—2014 年）

由于户籍制度，这些生活和工作在城市的农民工没有享受到城市均等的公共服务，没有社会保障，没有预期的养老，子女进入中国的义务教育系统还有一定的困难，因此他们具有较大的流动性和不稳定性。理解中国城镇化统计口径的差异，对于理解中国特色的城镇化进程，理解中国提出新型城镇化道路，以人为本的城市发展理念，都是非常必要的。

2. 改革开放 30 年城镇化的成就

改革开放以来，伴随着工业化进程加速，中国城镇化经历了一个起点低、速度快的发展过程。根据 2014 年 3 月国务院公报《国家新型城镇化规划（2014—2020 年）》中的统计数据，1978—2013 年，城镇常住人口从 1.7 亿人增加到 7.3 亿人，城镇化率从 17.9% 提升到 53.7%（如图 8－2），年均提高 1.02 个百分点；城市数量从 193 个增加到 658 个，建制镇数量从 2173 个增加到 20113 个。

京津冀、长江三角洲、珠江三角洲三大城市群，以 2.8% 的国土面积集聚了 18% 的人口，创造了 36% 的国内生产总值，成为带动中国经济快速增长和参与国际经济合作与竞争的主要平台。城市水、电、路、气、信息网络等基础设施显著改善，教育、医疗、文化体育、社会保障等公共服务水平明显提高，人均住宅、公园绿地面积大幅增加。城镇化的快速推进，吸纳了大量农村劳动力转移就业，提高了城乡生产要素配置效率，推动了国民经济持续快速发展，带来了社会结构深刻变革，促进了城乡居民生活水平全面提升，取得的成就举世瞩目。

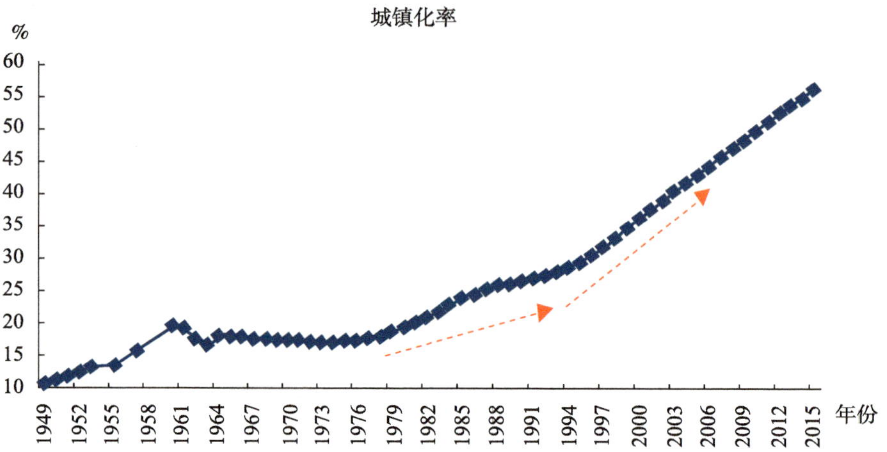

图 8－2　中国城镇化率的发展趋势

2017 年 1 月 25 日，国务院印发《国家人口发展规划（2016—2030 年）》也描述了中国人口城乡结构发生的重大变化。常住人口城镇化率从 2010 年的 49.95% 提升至 2015 年的 56.1%，流动人口从 2.21 亿人增加到 2.47 亿人。不仅常住人口城镇化率稳步提升，户籍人口城镇化率也加快提高，主要城市群集聚人口能力增强。人口流动合理有序，人口分布与区域发展、主体功能布局、城市群发展、产业集聚的协调度达到更高水平。

3. 城镇化走势趋缓

过去 30 多年，中国是全世界有史以来各个国家城镇化发展最快的，但快速城镇化在未来一二十年必然难以为继，城镇化走势趋缓已成必然。① 统计数据表明，2015 年农民工转移数量的增量部分继续下滑，从 2010 年 1245 万下滑到了 2015 年 350 万，农民工外出打工人数基本处于零增长，最高 802 万，到 2015 年是 63 万（如图 8－3、8－4 所示）。

2017 年 1 月 20 日，国家统计局公布 2016 年国民经济运行情况。数据显示，2016 年末，全国人户分离人口（居住地和户口登记地不在同一个乡镇街道且离开户口登记地半年以上的人口）为 2.92 亿人，比上年末减少 203 万人，其中，全国流动人口比上年末减少了 171 万人。国家统计局数据显示，2016 年末外出农民工增速已经降低到 0.3%，而从 2012 年末到 2015 年末，外出农民工逐年较上年增长比例分别为 3.0%，1.7%，1.3% 及 0.4%。相对而言，年轻的农民工更渴望转移到城市，而年龄偏大的农

① 中国城市和小城镇改革发展中心理事会理事长、首席经济学家李铁在 2016 年城市中国计划年度论坛上的发言，题目是为什么中国城镇化趋势将严重放缓？

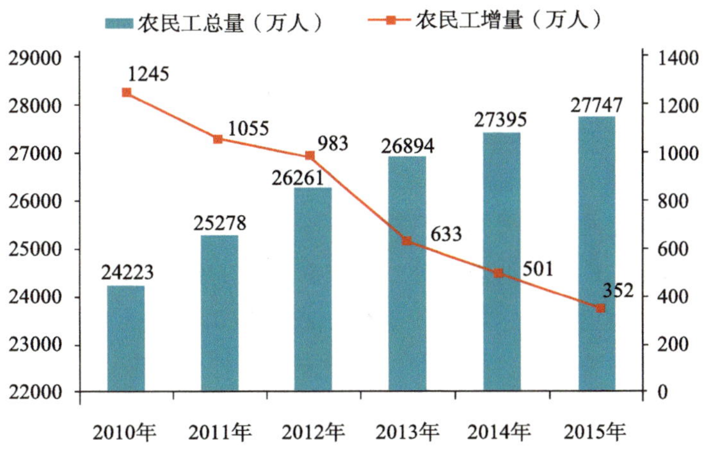

图 8－3　农民工转移数量和增量

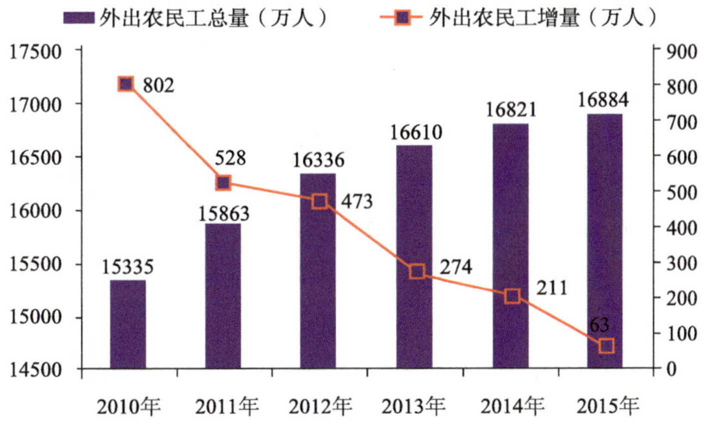

图 8－4　外出农民工总量和增量

民工返乡意愿更强。在 2008 年到 2014 年，年龄在 16～20 岁的农民工的比重从 11% 降到 3.5%，而 40 岁以上的农民工比重从 30% 提高到 43.5%。因此，一些专家学者呼吁推动户籍制度改革，防止逆城镇化给经济发展带来负面影响。①

（二）以人为本的新型城镇化道路

城镇化是人类社会发展的客观趋势，是现代化的必由之路，不可逆转。中国城镇化进程既是全球大趋势的一个重要组成部分，又具有自身的独特性。中国需要探索适合中国具体国情具有中国特色的城镇化道路。

① 蔡昉．如何防止中国城镇化进程逆转［DB/OL］．http：//www.rmlt.com.cn/2015/1119/409120.shtml.

1. 新型城镇化规划目标

为了深刻认识城镇化对经济社会发展的重大意义，牢牢把握城镇化蕴含的巨大机遇，准确研判城镇化发展的新趋势与新特点，妥善应对城镇化面临的风险和挑战。2014年3月，中共中央、国务院印发《国家新型城镇化规划（2014—2020年）》，从战略高度提出新型城镇化的发展思路和具体措施。

所谓新型城镇化，是指坚持以人为本，以新型工业化为动力，以统筹兼顾为原则，推动城市现代化、城市集群化、城市生态化、农村城镇化，全面提升城镇化质量和水平，走科学发展、集约高效、功能完善、环境友好、社会和谐、个性鲜明、城乡一体、大中小城市和小城镇协调发展的城镇化建设路子。

新型城镇化的"新"就是要由过去片面注重追求城市规模扩大、空间扩张，改变为以提升城市的文化、公共服务等内涵为中心，真正使我们的城镇成为具有较高品质的适宜人居之所，不是盲目建高楼、建广场。新型城镇化的核心是"以人为本"，以农民工的市民化，农民工得到市民的户口，成为真正的市民，享受均等的就业服务和社会保障为核心。让转移的人口进得来，住得下，容得进，能就业和创业。农村人口转移不出来，不仅农业的规模效益出不来，扩大内需也无法实现。

规划提出了一系列具体措施，并从城镇化水平、基本公共服务、基础设施、资源环境几个方面制定了具体指标（如表8－1所示）。其中，2020年常住人口城镇化水平要达到60%左右，户籍人口城镇化率要达到45%左右。

表8－1　新型城镇化主要指标

指标	2012年	2020年
城镇化水平		
常住人口城镇化率（%）	52.6	60左右
户籍人口城镇化率（%）	35.3	45左右
基本公共服务		
农民工随迁子女接受义务教育比例（%）		≥99
城镇失业人员、农民工、新成长劳动力		
免费接受基本职业技能培训覆盖率（%）		≥95
城镇常住人口基本养老保险覆盖率（%）	66.9	≥90
城镇常住人口基本医疗保险覆盖率（%）	95	98
城镇常住人口保障性住房覆盖率（%）	12.5	≥23
基础设施		
百万以上人口城市公共交通占机动化出行比例（%）	45*	60
城镇公共供水普及率（%）	81.7	90

（续表）

指标	2012 年	2020 年
城市污水处理率（%）	87.3	95
城市生活垃圾无害化处理率（%）	84.8	95
城市家庭宽带接入能力（Mbps）	4	≥50
城市社区综合服务设施覆盖率（%）	72.5	100
资源环境		
人均城市建设用地（平方米）		≤100
城镇可再生能源消费比重（%）	8.7	13
城镇绿色建筑占新建建筑比重（%）	2	50
城市建成区绿地率（%）	35.7	38.9
地级以上城市空气质量达到国家标准的比例（%）	40.9	60

注：

①带 * 为 2011 年数据。

②城镇常住人口基本养老保险覆盖率指标中，常住人口不含 16 周岁以下人员和在校学生。

③城镇保障性住房：包括公租房（含廉租房）、政策性商品住房和棚户区改造安置住房等。

④人均城市建设用地：国家《城市用地分类与规划建设用地标准》规定，人均城市建设用地标准为 65.0～115.0 平方米，新建城市为 85.1～105.0 平方米。

⑤城市空气质量国家标准：在 1996 年标准基础上，增设了 $PM_{2.5}$ 浓度限值和臭氧 8 小时平均浓度限值，调整了 PM_{10}、二氧化氮、铅等浓度限值。

2014 年《政府工作报告》中，具体、形象地以解决“三个一亿人”的问题，阐释了以人为核心的新型城镇化。所谓“三个一亿人”问题，即到 2020 年，要解决约 1 亿进城常住的农业转移人口落户城镇，约 1 亿人口的城镇棚户区和城中村改造，约 1 亿人口在中西部地区的城镇化。其后，2014 年 12 月，国家发展改革委等 11 部门联合下发《关于印发国家新型城镇化综合试点方案的通知》（发改规划〔2014〕2960 号），确定在江苏、安徽两省和宁波等 62 个城市（镇）开展国家新型城镇化综合试点。

2. 经济结构性改革与城市工作

城市工作与经济发展息息相关，是推动经济结构性改革的重要方面。新型城镇化既是消费需求的倍增器，也是投资需求的加速器；推进农业转移人口的市民化，有利于扩大城镇消费群体，推动消费结构升级和消费潜力的释放，也会带来城市基础设施、公共服务设施和住宅建设等巨大投资需求，这是保持消费和投资稳定增长的重要基础。国家发改委主任徐绍史在全国发展改革系统部署新型城镇化工作会议上说，2015 年国家开工建设 740 万套保障性安居工程。据测算，棚改投资要比去年增长 600 多亿元。又比如，城市正规停车位缺口高达 5000 多万个，仅这一项就可能带动三万亿左右的投资。

2015 年 11 月 10 日上午，习近平主席主持召开中央财经领导小组第十一次会议，研究经济结构性改革和城市工作，提出城市工作“六个要”，即要认识、尊重、顺应城市发展规律，端正城市发展指导思想；要推进农民工市民化，加快提高户籍人口城镇化率；要增强城市宜居性，引导调控城市规模，优化城市空间布局，加强市政基础设施建设，保护历史文化遗产；要改革完善城市规划，改革规划管理体制；要改革城市管理体制，理顺各部门职责分工，提高城市管理水平，落实责任主体；要加强城市安全监管，建立专业化、职业化的救灾救援队伍。

3. 中央城市工作会议精神

2015 年 12 月 20 日至 21 日，中央城市工作会议在北京举行，这是时隔 37 年召开的一次重要会议，凸显了新时期城市发展的重要地位。会议提出了城市发展的新理念、新目标、新路径，规划了城市工作的新格局。

会议指出，城市工作是一个系统工程，中国城市发展已经进入新的发展时期。做好城市工作，要顺应城市工作新形势、改革发展新要求、人民群众新期待，坚持以人民为中心的发展思想，坚持人民城市为人民。这是我们做好城市工作的出发点和落脚点。同时，要坚持集约发展，框定总量、限定容量、盘活存量、做优增量、提高质量，立足国情，尊重自然、顺应自然、保护自然，改善城市生态环境，在统筹上下功夫，在重点上求突破，着力提高城市发展的持续性、宜居性。

会议强调要尊重城市发展规律。城市发展是一个自然历史过程，有其自身规律。城市和经济发展两者相辅相成、相互促进。城市发展是农村人口向城市集聚、农业用地按相应规模转化为城市建设用地的过程，人口和用地要匹配，城市规模要同资源环境承载能力相适应。必须认识、尊重、顺应城市发展规律，端正城市发展指导思想，切实做好城市工作。为此，中央提出城市工作要做好五个“统筹”，即：统筹空间、规模、产业三大结构，提高城市工作全局性。统筹规划、建设、管理三大环节，提高城市工作的系统性。统筹改革、科技、文化三大动力，提高城市发展持续性。统筹生产、生活、生态三大布局，提高城市发展的宜居性。统筹政府、社会、市民三大主体，提高各方推动城市发展的积极性。

由此可见，国家推动新型城镇化的方针大计已定，集约、低碳、绿色是其中应有之义。城镇化进程不能逆转，城镇化的模式需要转型创新。

二、低碳城镇化是尽早实现排放峰值的关键因素

长期以来，城镇化被认为是保持经济持续健康发展的强大引擎，是加快产业结构转型升级的重要抓手，是解决农业农村农民问题的重要途径，也是推动区域协调发展

的有力支撑。城镇化对社会经济发展固然有许多积极的影响，但也必须看到，中国长期采取的粗放型城镇化模式也带来了诸多问题，高排放是其中一个比较突出的问题。

（一）粗放型城镇化带来的诸多问题

1. 城镇化质量不高

粗放型快速城镇化也产生一系列的问题，主要表现在中国城镇化发展的质量并没有与城镇化水平同步提高，城镇化速度与质量不匹配。尽管中国的城镇化发展速度很快，但城乡居民生产、生活和生态方面的需求并没有得到很好地满足。区域发展不平衡，城镇化水平相对滞后于工业化水平，大量农民工在为城市建设做出突出贡献的同时却不能够享受到应有的“市民”待遇。

2. 自然资源与环境的压力剧增

粗放型快速城镇化对自然资源与环境的压力越来越大，部分城市搞盲目扩张，大拆大建，一方面消耗大量钢铁、水泥等能源密集型产品，化石能源消费、污染物和碳排放增长很快；另一方面数以亿吨计的建筑垃圾也随之而来。据中国科学院的研究报告显示，中国每年产生的建筑垃圾为24亿吨左右，占城市垃圾总量的40%，建筑垃圾正成围城之势。不改变粗放型的城镇化发展模式，就难以压缩过剩产能，也不能从根本上改变不合理的产业结构。

3. 大城市病日趋恶化

人口快速向特大与超大城市集中的状况十分明显，特大超大城市膨胀过度。1990年以来，中国城市规模等级越高，其扩张速度越快，区域首位城市优先城市化现象突出。北京、上海等超大城市人口扩张速度最快，是100万人口以下城市扩张速度的5倍。特大超大城市人满为患，导致交通堵塞、雾霾严重、房价高涨等城市病日趋恶化。

4. 城镇化地区发展不平衡

中国城镇化发展不均衡的经济、资源与环境条件将长期存在。东部地区城镇化率多在60%以上，北京和上海达到90%的水平，西部地区有的还在35%以下。北方城市煤炭等化石能源资源丰富，但水资源稀缺，南方水资源丰足，但缺少能源支撑。虽然中国实施了南水北调工程、西电西气东输工程、北煤南运工程，但不可能从根本上改变中国城市化发展进程不同步、格局不平衡的特征。

快速提升的城镇化发展水平、推动新型工业化的发展、推动现代服务产业的发展、推动信息化和农业现代化的发展，在生态文明建设中起着基础性支撑作用。中国已经进入城镇化驱动经济与社会发展的新时代。

（二）高碳城镇化的突出表现

城镇化对碳排放影响仍处在增长贡献阶段，人均碳排放水平也快速上升。在经济结构一时难以转型升级的情况下，一些城市为了提高 GDP 增长速度，做大经济总量，仍然没有放弃规模扩张粗放建设高碳发展的城镇化道路。

1. 城镇建设多头规划高碳折腾

换一任书记换一套规划，换一个市长换一种建设思路，难以实现一张蓝图干到底。建设工程要的是速度与视觉上的竣工，而忽视质量、配套及与后续建设工程的衔接。工程设计、造价与建成后的效果评估，均缺乏公众监督机制。导致一片园林反复施工，一年耕种 4 ~5 次，一条道路，年年开挖，尘土飞扬。公共设施，年年改造。由于一次改造工程预算有限，所购买的材料一般为寿命短，2 ~3 年就要更换的水泥制品，高碳烧结砖、塑料和极易氧化生锈的铁质材料，导致城镇载体建设高碳依赖与高碳锁定。设计标准寿命为 100 年的城市建筑，实际寿命不到 30 年，全国城市建筑因过早拆除所带来的碳排放量约为中国碳排放总量的 5%，建筑物大拆大建所导致碳排放量为中国碳排放总量的 10%。多头规划，高碳折腾，产出只有碳排放，只有 GDP，而无多少福利增长，浪费了大量可以用来促进低碳发展的公共财政资金。

2. 城市消费行为高碳导向

鼓励住房消费，对多套住房持有者、购买者不予限制；鼓励小汽车消费；鼓励建设宽马路、大广场、多重立交桥；鼓励对城市地面进行过度、过量铺装；鼓励以人造设施与景点取代自然设施与景点。北京鸟巢、各地城市高铁车站等公共建筑，城市道路栏杆，社区垃圾桶，全面使用钢铁等高碳材料。高碳的火电上网电价比清洁的水电上网电价高，下网消费电价相同。工业用电电价比服务业用电电价低。消费行为高碳导向导致高碳生产与高碳供应，电价体系鼓励高碳电力和工业产品的生产，高碳产业结构调整困难。

3. 基础设施、公共资源和城镇空间格局高碳锁定

城市建筑、设施等过度人工化，能源供应、材料供应、垃圾处理长距离运输化，形成道路、交通、建筑、设施、材料的高碳锁定。教育与医疗等公共资源按城市等级高低优先配置，吸引人口向高等级城市流动，特大城市与超大城市过度膨胀。南水北调，西煤西气西电长距离东输，而水、煤、气电配额与价格长期固定，不能反映资源与环境成本，导致整个资源调动与输送系统的高碳锁定，能源输入城市资源利用粗放，资源输出城市反而不能就近用电或无电可用，需要从其他地区输电。高速铁路建设与客运班次安排，全国以北京为中心，北京安排的车次最多，导致北京对全国的客流形成锁定。天津虽有城铁与北京相通，但在全国高铁系统中心的枢纽地位下降，难以有效疏解北京功能。省会等特大城市摊大饼发展，有向超大城市发展的趋势。上海对南京和杭州一城独大等现象仍难消解。产业集聚与人口集聚不同步，城镇化滞后于工业化，产城融合不紧密，城市要力不要人，空城鬼城越来越多。

4. 城市治理没有脱离高碳倾向

对老旧建筑，多采取全面拆除。“建设性”破坏不断蔓延，城市的自然和文化个性消失。对于高排企业，简单关停而非技改性搬迁；对于城市交通拥挤，一边限号小汽车出行，一边高喊提高公共交通票价，按里程收费，打击人们公交出行的积极性；对于垃圾处理，一烧一埋了事；对于大型公共建筑耗能，没有考核与处罚标准；对于大型写字楼过度耗能，没有阶梯电价制约；对于发展分布式能源，缺乏有效的鼓励性配套政策。对于鼓励工业向服务产业转型，但城市服务业电价、地价、房租价等普遍高工业；对于发展绿色建筑，缺乏长期的运行考核标准与机制，更缺乏建筑材料的出厂绿色低碳标准；对于上下高速公路难、车辆排长队问题的处理，重视一时的工程措施，而不是从体制机制上寻求解决方案。城市之间缺乏协同治理机制，也缺乏平等协商对话机制，更缺乏自下而上的监督机制，公共安全事件频发，城市污水和垃圾处理能力不足，大气、水、土壤等环境污染加剧，城市管理运行效率不高，公共服务供给能力不足，城中村和城乡接合部等外来人口集聚区人居环境较差等问题长期暴露在公众面前得不到解决，为此直接与间接地导致碳无效排放与低效排放。

（三）低碳可持续城镇化是必由之路和重要政策抓手

中国城镇化速度有所趋缓，但城镇化进程总体尚未完成，预计 2030 年常住人口城镇化率将达到 70% 左右。由于地区发展不平衡，中西部地区的差距更大。随着大量农村人口的转移，大规模城镇基础设施建设对能源密集型产品的需求、城镇建筑产业与建筑物排放、城镇交通与居民出行排放、城镇居民生活消费排放将是中国尽早实现排放峰值的主要压力来源。城镇化是未来中国发展的必然趋势，不可阻挡，尽早实现碳排放峰值的目标不可动摇，低碳可持续城镇化是必由之路，也是重要的政策抓手。

在低碳经济理念指导下实现的城镇化，其内在要求就是要在城镇化进程中以低能耗、低污染、低排放、高效率、高产出为特征来进行规划设计与城市建设。低碳化城镇发展，涉及城镇发展规划、建设、治理机制和体质、生产生活以及消费模式等诸多方面。

中国能否提前到 2025 年左右实现排放峰值，某种程度上取决于能否真正走低碳可持续的城镇化道路。因此，从城镇化角度，研究城镇化率与碳排放的关系，借鉴国际经验，寻求适合中国国情的低碳可持续城镇化发展道路，分阶段、分地区制定城镇化目标，在低碳城市试点的基础上就显得尤为重要。

三、城镇化对碳排放影响的理论和实证

（一）影响机理和传导路径

城镇化是一个综合因素，对碳排放的影响是一个非常复杂的问题，影响的途径多

样，影响机理也并不清晰。概括来讲，城镇化主要通过人口结构、社会结构、经济结构、空间结构等传导路径影响碳排放，影响的方向和程度取决于具体国情和发展阶段（如图 8－5 所示）。

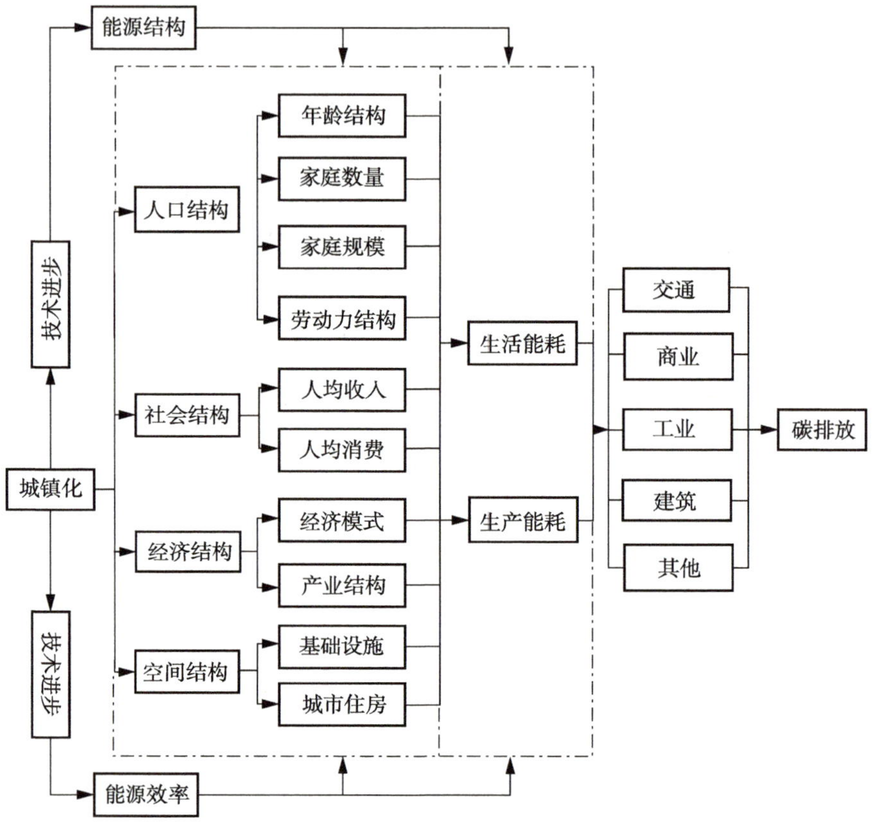

图 8－5　城镇化对碳排放影响机理示意图

1. 人口结构

城镇化对人口结构的影响主要表现在对年龄结构、家庭数量、家庭规模以及劳动力结构四个方面的影响。城镇化会影响人类社会的年龄结构，进而影响到人类活动所引致的碳排放。研究表明，随着社会的逐渐老龄化，低的劳动参与率与生产率将会减缓经济增长的速度，能源消费与碳排放也相应减少。但在同一社会中，年轻人以及年龄较大的人群可能消费更多的能源，产生更多的碳排放。以美国为例，20～34 岁以及 65 岁以上的人群的生活能耗强度要比这之间的中年人群高很多，这主要是由于中年人群生活在更大的家庭中，同等条件下，在规模效用的作用下，其人均能耗也更低。人口老龄化会降低能源消费需求，但同时也会由于规模效用导致人均能耗的增加，二者之间的平衡还要受到很多因素的影响。尽管如此，各项研究表明，社会的老龄化以及家庭规模的缩小，对于能源消费以及碳排放还是有着明显的增加效应。

2. 经济结构

城镇化的发展不仅会带来人口结构的变化，还会影响到经济结构、社会结构以及空间结构。随着产业的集聚，相关企业在地理上更加接近，在中间投入品、劳动力资源、风险分担方面，这些企业可以实现更多的共用与分担，在有效降低企业成本的同时，也减少了相关经济活动所导致的碳排放。同时，城镇化的发展还会与农业生产效率的提高相伴随，大量农村剩余劳动力向城镇地区转移，就业人口从第一产业向第二、第三产业转移，其所从事的经济活动的模式逐渐发生转变，其能耗方式向着更加集约的方向转变。

3. 社会结构

具体到个人方面，随着城镇居民人均收入水平的提高，人均消费水平会随之增长，城市建筑的能耗也会随之增长。居民住宅的楼层不断增高，商业楼层与相关服务的需求量不断增大，机动车的拥有率不断增长，这些变化都会直接导致碳排放的增长。同时，居民收入的增长也会增加对商品的消费倾向，增加产品的购买，与商品相关的经济活动也随之增加，这就间接导致了碳排放的增长。技术在城镇化的发展中有着很强的锁定效应，某种技术在被采用以后，它的影响将是长期和持久的。二战以后，在能源价格低廉的情况下，很多发达国家所建设的基础设施和技术选择至今仍然对全球碳排放有着重要影响，并且它们的这些选择很可能会被后来的一些新兴国家所模仿。对于那些发展较为成熟的城市来说，从技术领域减缓碳排放是十分困难的。但对于那些快速发展的新兴城镇来说则不然，通过采用新技术，可以避免传统城市发展的一些弊端，提高能源使用的效率，改善能源结构，从生产能耗与生活能耗两个方面减少碳排放。因此，技术发展在城镇化的过程中也有着双向的效用，某项技术一旦被应用在城镇的发展中来，就很难在短期内进行改变，对碳排放的影响将是长期持久的。但随着技术的创新，能源利用的效率被提高，温室气体的排放得到减缓。

4. 空间结构

在产业不断集聚、农业人口向城镇地区迁移的过程中，也需要建设大量的基础设施和城市住房，以支撑产业和城镇新增人口的发展，因此产业集聚和人口迁移的过程也会增加碳排放。城镇化通过经济结构和社会结构的变化对碳排放造成的影响同样有着正、负双向的影响，最终的净效用究竟怎样还要受其他因素的影响，看具体的发展阶段而定。

（二）城镇化对排放影响的实证分析

不少学者从不同角度对城镇化对能源资和物料消耗以及碳排放影响进行实证分析。例如，澳大利亚 Deakin 大学的学者 Rafiq，Salim 和 Nielsen2016 年发表文章，[①] 预

① Rafiq S.，R. Salim，I. Nielsen，Urbanization，openness，emissions，and energy intensity：A study of increasingly urbanized emerging economies，Energy Economics，No. 2 2016.

测，未来40年95%的城市人口增长将来自发展中国家。而城市化进程随之而来的是人们生活方式、能源结构以及区域经济行为等都将发生巨大转变。而这些转变无一例外都会对城市碳排放产生巨大的影响。他们根据22个新兴经济体的面板数据，分析了城市化以及贸易自由度对于区域能源强度和碳排放的影响。最终结果显示，人口密度变化、人均财富增长以及大量的非可再生能源消耗成了碳排放的主要驱动因素。但是城市化使能源强度提高，本身对排放的影响并不明显。而贸易自由化则降低了区域的排放和能源强度。造成这种结果的原因可能是全球化背景下的新兴发展中国家可能会受惠于国际先进的清洁生产技术，从而导致排放和能源强度的下降。因此发展中国家在城市化进程中要注重可持续的发展，要善于利用贸易能够带来的清洁的能源技术，同时适当控制人口密度。

加拿大多伦多大学Christopher等人2015年4月在PNAS上发表文章，① 研究了全球特大城市的能源与物料消耗特征。文章关注了全球27个特大城市（这里将2010年城市人口超过一千万定义为特大城市），量化了其能源与物料消耗。全球特大城市消耗了9%的全球电耗，10%的天然气，产生13%的固废垃圾。同时文章还分析了这些城市的电力消耗量，供暖与工业燃料使用，地面交通能耗，耗水量，废弃物产生量，钢铁产量与采暖度日数，城市形态，经济活动，人口增长之间的相关性。结果发现人均用电量和人均城市化面积之间的相关性可以用人均建筑面积的增加来解释。许多大城市都面临着人口快速增长，但是研究发现这些城市的国内生产总值（GDP）和能耗增长的速度要超过人口增长的速度。在2001—2011年这十年中，这些城市的电力消耗和地面交通燃料消耗的增长速率是GDP增长速率的一半。

捷克裔加拿大籍科学家，加拿大曼尼托巴大学环境与地理学院的杰出荣休教授Vaclav Smil教授2013年出版的《制造现代世界：物质与去物质化》（Make the world modern：materials and dematerialization），② 讨论了现代世界和生活不可或缺的各种物质的使用和制造历史，包括生物材料、建筑材料、金属、塑料、工业气体、肥料和电子材料等。书中数据显示，中国在2011—2013年三年内消耗的水泥数量超过美国在整个20世纪消耗的水泥量。

表8-2　1900—2010年全球人口、经济产出、食物产量、主要金属与燃料消耗

	1900年	1950年	2000年	2010年
人口（十亿）	1.6	2.5	6.1	6.9
经济产出（1900万亿美元）	1.9	5.3	36.7	72.1

① Christopher et al. Energy and material flows of megacities [J]. PNAS, 2015 (4).

② Vaclav Smil, 2013. Make the world modern: materials anddematerialization, Wiley., Source: http://as.wiley.com/WileyCDA/WileyTitle/productCd-1119942535.html

（续表）

	1900 年	1950 年	2000 年	2010 年
食物与饲料作物（Mt）	410	790	2850	3430
生物材料				
圆木 Roundwood（Gm^3）	1.3	1.7	3.4	3.4
纸（Mt）	17	43.7	324	394
棉花（Mt）	4	6.6	18.5	23.7
金属				
钢（Mt）	28.3	189	850	1440
铝（Mt）	—	1.5	24.3	41.2
铜（Mt）	0.5	2.4	13.2	16.1
水泥（Mt）	13	133	1660	3260
塑料（Mt）	—	1.5	200	265
氮（Mt N）	—	4.8	108	131
燃料				
煤（Mt）	825	1815	4693	7273
原油（Mt）	21	537	3611	3913
天然气（Gm3）	7	197	2179	2881

这本书也专门了研究中国经济增长与物质消耗。中国改革开放以来的经济增长，不仅是世界上速度最快的，也是规模最大的。伴随着中国史无前例大规模、快速的经济增长，是更快的物质消耗的增长。1980 年以来中国的建设热潮带来对所有建筑材料前所未有的需求。1980—2010 年，国内建筑矿石的需求增加了 25 倍，21 世纪的第一个十年里，这一需求又增加了差不多 3 倍。以水泥为例，1980 年，中国生产的水泥不足 80 公吨；1990 年，水泥产量翻了一番还多，达 210 公吨；2000 年，水泥产量达到 595 公吨；2010 年，水泥产量增长了 3 倍多，达到 18.8 亿吨，是 1980 年产量的 24 倍，占全球产量的 57%。整个 20 世纪，美国消耗了 45.6 亿吨水泥；而中国在 2008—2010 年新施工消耗的水泥达 49 亿吨水泥，2009—2011 年消耗水泥达 55 亿吨。中国钢铁的生产与 GDP 增长几乎同步。1980—2010 年粗钢产量增长了 17.2 倍，占全球产量的 45%。与此同时，铁矿石的提取增加了 14 倍，进口原材料的比例也不断持续上升，中国是世界最大的铁矿石进口国，澳大利亚和巴西是主要供给国。

明尼苏达大学的 Zhang，Cao 和 Ramaswami，2016 年 6 月发表在《全球环境变迁》上的文章讨论了城市碳足迹的影响因素。文章强调，发展中国家的城市化是碳排放增加的主要驱动因素之一。文章基于居民消费的数据，创新性地提出一种方法，从概念和统计的角度将城市化对碳足迹的影响解析为选择效应和迁移效应。选择效应通常与迁移人口、农村人口的系统差异有关，例如迁移人口大多比农村人口更年轻，受教育程度相对较高。迁移效应包括了人类居住地改变（居民的生活方式与消费模式会因为居住环境的变化而发生改变，例如燃料选择、交通方式等）与有目的迁移带来的人口社会学指标（包括收入、就业等）的改变。研究根据2010年中国家庭小组研究数据进行倾向评分匹配和回归分析，结果发现农村居民与迁移人口的人均碳足迹相差1.5吨，这其中迁移影响占2/3，选择影响占1/3。而在迁移影响中，城市居住地影响占73%，有目的迁移带来的人口社会学影响占27%。研究还指出交通部门是碳足迹增长的主要驱动力，占到了迁移影响的60%，政策规划也应该从土地规划和交通布局的角度考虑力求实现低碳发展。

北京大学城市与环境科学学院的学者2015年10月在《国际环境科学与技术》发表文章研究了农民工从农村转移到城市对能耗和污染物排放的影响。① 研究表明，农民工在进入北京之后，日常生活的能源结构就发生了巨大的变化，从原来以生物质能为主变成了煤炭、液化石油气以及电力为主。而进城农民工的能源使用类型和北京本地居民还有比较大的区别。而这种能源结构的变化导致了该类人群比在农村的居民多排放了2.4倍的二氧化碳，比北京的本地居民多了14%。这种变化还导致了SO_2以及汞等空气污染物排放增加，而由于减少了在农村中的不完全燃烧过程，导致了PM排放的降低。北京只是一个案例，而这种城镇化进程和人口迁移在全中国甚至全世界都在发生。这些变化都对城市环境、气候变化产生深远的影响。

四、城镇化率与排放峰值的相关性分析和解读

（一）城镇化率与碳排放峰值关系的假说

中国科学院学者通过对世界主要发达经济体碳排放随时间变化规律的研究发现，碳排放强度、人均碳排放和碳排放总量一般会随时间的变化呈现倒U型曲线，三种倒U型曲线不仅各自存在，而且峰值是依次出现的。② 从长期来看，碳排放随时间的演化过程可以划分为四个阶段：碳排放强度峰值前阶段；碳排放强度峰值达到人均碳排放峰值阶段；人均碳排放峰值达到碳排放总量峰值阶段；碳排放总量稳定下降阶段。如果人均碳排放峰值与碳排放总量峰值相重合，那么该过程就变成三个阶段，也可以视为四阶段的特殊情况。

---

① Muye Ru, Shu Tao, kirk Smith, Guofeng Shen, Huizhong Shen, Ye Huang, Han Chen, Yilin Chen, Xi Chen, Junfeng Liu, Bengang Li, Xilong Wang, Canfei He. Direct Energy Consumption Associated Emissions By Rural - to - urban Migrants in Beijing, Environmental Science and Technology, No. 10, 2015.

② 陈邵峰．二氧化碳排放演变驱动力的理论与实证研究［J］．科学管理研究，2010（1）．

城镇化率是一个综合性指标，我们猜测随着城镇化进程的发展，在技术不断进步的严格假定下，二氧化碳排放与城镇化率之间可能存在类似的关系，即随着城镇化的长期发展，三种倒U型曲线不仅各自存在，而且峰值依次出现（如图8－6）。这一假说是否成立，如何解读，还需要进行统计相关性分析与验证。

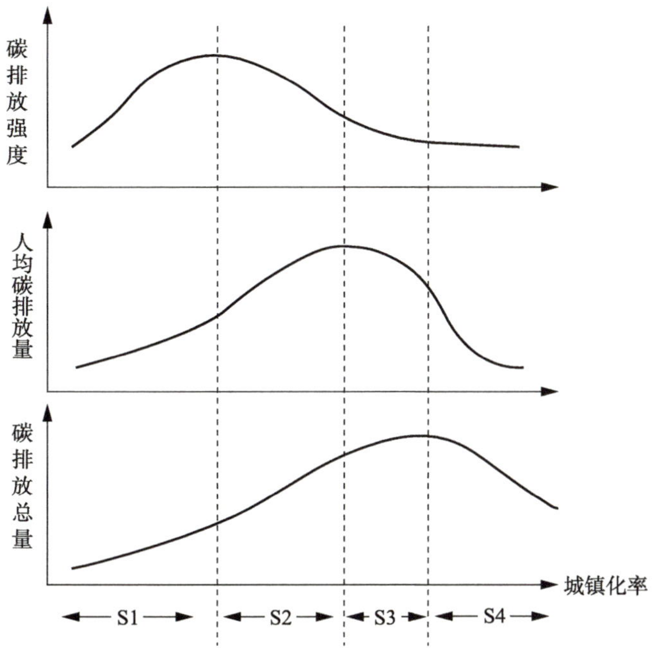

图8－6 碳排放随城镇化发展阶段的划分

（二）城镇化率与碳排放峰值关系的统计验证

为了验证上述假说，我们选择18个发达国家，采用世界银行世界发展指标（WDI）数据库中人口、经济和城镇化率的统计数据，以及美国橡树岭国家实验室（CDIAC）的碳排放数据，对发达国家的城镇化率与排放峰值进行了相关性分析（如表8－3）

表8－3 主要发达经济体不同峰值出现对应的城镇化率（%）

序号	国家	碳排放强度峰值	人均排放峰值	碳排放总量峰值	S1－S2相差百分点	S2－S3相差百分点
1	美国	48.00	73.00	81.00	25.00	8.00
2	葡萄牙	53.74	55.67	55.67	1.93	0
3	匈牙利	57.60	64.91	64.91	7.31	0
4	希腊	59.56	60.32	60.32	0.76	0

（续表）

序号	国家	碳排放强度峰值	人均排放峰值	碳排放总量峰值	S1 - S2 相差百分点	S2 - S3 相差百分点
5	德国	62.00	72.00	72.00	10.00	0
6	荷兰	62.27	64.43	64.43	2.16	0
7	意大利	64.82	67.44	67.44	2.62	0
8	奥地利	64.89	66.53	66.53	1.64	0
9	法国	51	73.21	73.21	8.22	0
10	芬兰	66.18	82.62	82.62	16.44	0
11	英国	68.00	85.79	85.79	17.79	0
12	日本	71.88	87.80	87.80	15.93	0
13	西班牙	72.79	76.70	76.93	3.91	0.2
14	加拿大	75.64	75.65	80.29	0.02	4.6
15	丹麦	79.74	85.00	85.00	5.27	0
16	澳大利亚	85.70	86.74	88.87	1.04	2.13
17	阿根廷	86.59	91.96	91.96	5.37	0
18	比利时	92.87	95.20	95.20	2.33	0
	均值	67.96	75.83	76.67	7.78	0.83
	欧盟	62.38	68.39	68.39	6.01	0
	高收入经合组织国家	64.75	71.85	79.31	7.10	7.46

注：碳排放的历史数据全部来自于CDIAC，1961年以后的城镇化率数据来自于WDI，1961年以前的数据来自于相关文献、机构的估算值。根据相关研究，准确来讲日本的碳排放强度峰值应该出现于1914年，其城镇化率为17%左右，但之后受战争等因素影响，其碳排放强度一直在一定的区间波动，到1970年，其城镇化率为71%左右时才开始稳步下降，故此处认为其碳排放强度出现的峰值为1970年，城镇化率为71%。另外，美国等少部分国家的碳排放总量峰值出现在2010年左右，今后其碳排放总量是否还会有大幅度波动还有待进一步验证。

由表中数据可以发现，美国等18个发达经济体的碳排放峰值均在人均排放峰值之前，符合S1、S2阶段的划分，但由于部分发达国家人口数量长期趋于稳定，所以会出现人均排放峰值与碳排放总量峰值相重合的情况，即碳排放随着城镇化的发展由四个阶段演变为三个阶段。从主要发达国家碳排放强度实现峰值时的城镇化率来看，大体在50%~90%，均值为67%左右。其中美国、葡萄牙等国最早，澳大利亚、阿根廷、比利时等国最晚。而从碳排放强度均值到人均排放均值，即由S1阶段实现S2阶段，城镇化率大约要发展到55%~95%，均值为75%左右。其中，美国、英国、日本等老牌发达国家经历的阶段最长，希腊、加拿大等国家经历的发展阶段最短，这其中与现代技术的快速发展不无关系。而从人均排放峰值到碳排放总量的峰值，城镇化所经历的发展阶段则相对较短，除了美国、加拿大和澳大利亚外，其他国家这两个峰值出现的发展阶段基本重合。S3 阶段的长短与各个国家人口的变化有着很大的关系，如果人口总量趋于稳定，那么就很容易实现从人均峰值向总量峰值的跨越。上述判断规律，也可以通过欧盟和高收入经合组织国家的总体数据再次得到印证。

（三）发达国家的案例分析

发达国家已率先完成了城镇化进程，部分已经实现了排放峰值，而中国仍处于城镇化发展进程之中，尚未实现峰值。以下选取英国、美国、日本作为典型案例进行分析，试图为中国提供某种启示和借鉴。

1. 英国

英国作为工业革命的发源地，其城镇化进程起步较早，但发展较为缓慢。在工业革命的带动下，英国农村的人口开始大量向城市地区迁移。随着工业的发展和人口的集中，大量的新兴城镇纷纷出现，英国的城镇数量与规模都在不断扩大，相关活动所引致的碳排放也在不断增加。这些新的城市和工业聚集点兴起的场所一般是半城市地区或是没有在传统的主导城市体系中占据重要地位的小城镇，它们由于工业的发展而吸引和聚集了大量的人口，城市形态越来越明显，城市功能也不断得到完善，并最终发展成为超越传统城市的工业重镇或区域经济中心城市。[①] 由于工业化早期技术条件的限制，工业的发展主要以碳密集型产业为主，这段时期也是英国的碳排放强度增长较快的阶段。按照城镇人口在总人口中的比重来计算，英国在 1851 年的城镇化率就已经达到了 54%，初步实现了城镇化。

随着工厂规模的扩大，传统的农村小作坊已经不能满足社会的需求，工业集聚现象日益明显，英国的城镇化进程被快速推进。在这之后 50 年左右的时间里，英国的城镇化水平增长到 70% 多，基本上实现了高度的城镇化，并形成了一大批城市群。而此时英国的碳排放强度也达到峰值，碳排放随着城镇化完成了 S1 阶段的发展，后期人均碳排放与碳排放总量的增长主要由经济增长推动。在实现高度城镇化以后，英国的城镇化发展进程逐渐由城镇人口的增长转向城镇人口和布局的优化，由于科技进步的抑制作用以及人口总量趋于稳定，在其城镇化率达到 85% 左右时，人均碳排放与碳排放总量几乎同时实现了排放峰值，碳排放随着城镇化发展的演变由四个阶段变为三个阶段。在这之后，英国城镇化的进一步发展并没有带来碳排放的增长，城镇化、经济增长与碳排放逐步实现剥离或脱钩。

① 何志扬．城市化道路国际比较研究［D］．武汉大学博士论文，2009.

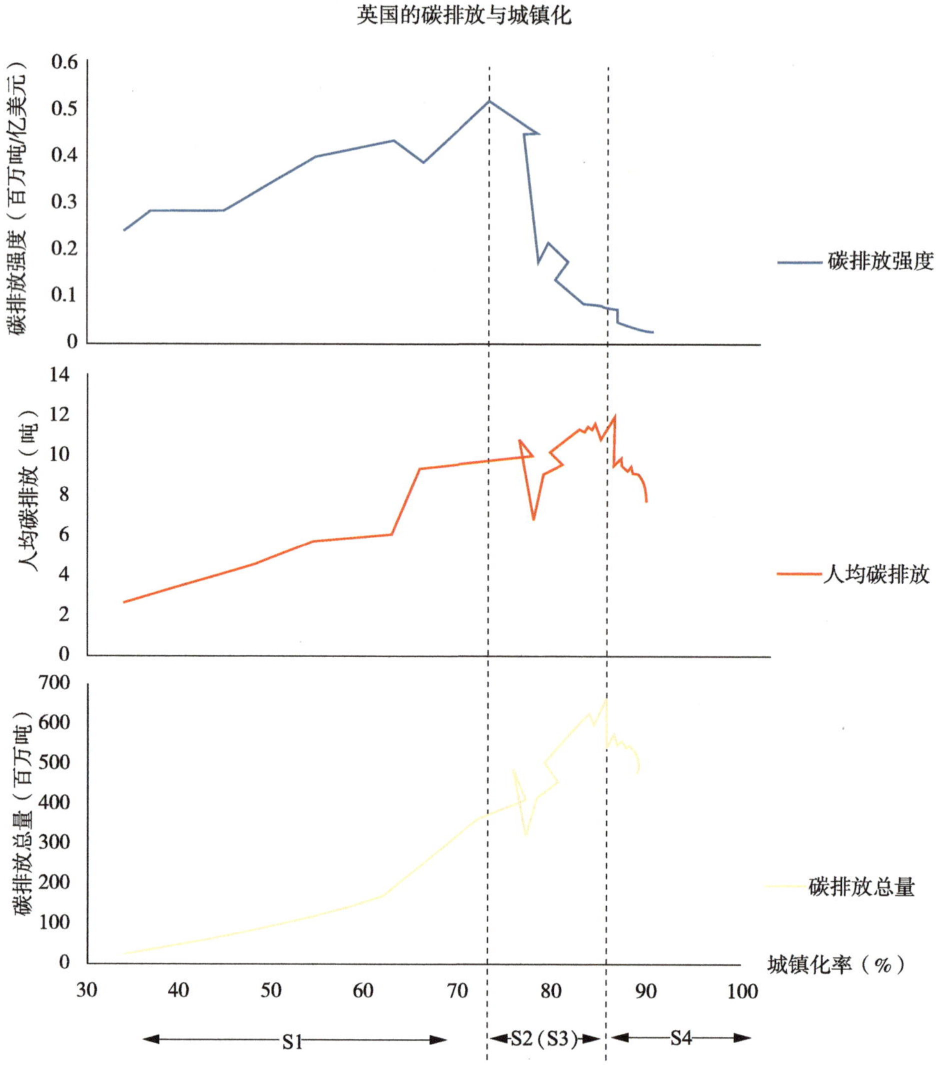

图8－7　英国的碳排放峰值与城镇化

2. 日本

日本的城镇化从明治维新时期就开始缓慢发展，随着日本逐渐由传统的农业封建道路走向资本主义道路，其工业化和城镇化进程也逐步开始推进，资本主义机器大生产使得一些新兴城市发展壮大起来。但受日本对外侵略战争的影响，日本进入战时体制，工业发展失衡，城镇化进程受阻，甚至出现了城镇人口的下降。

二战后，随着日本经济逐渐的复苏，城镇化进程也逐渐恢复，大量农村人口涌入城市，城镇化进入高速发展的阶段，出现了所谓膨胀性的城镇化。[①] 在1950年，其城

① 满颖之．日本城市化的历史演变及其发展趋势［J］．烟台师范学院学报，1986（2）．

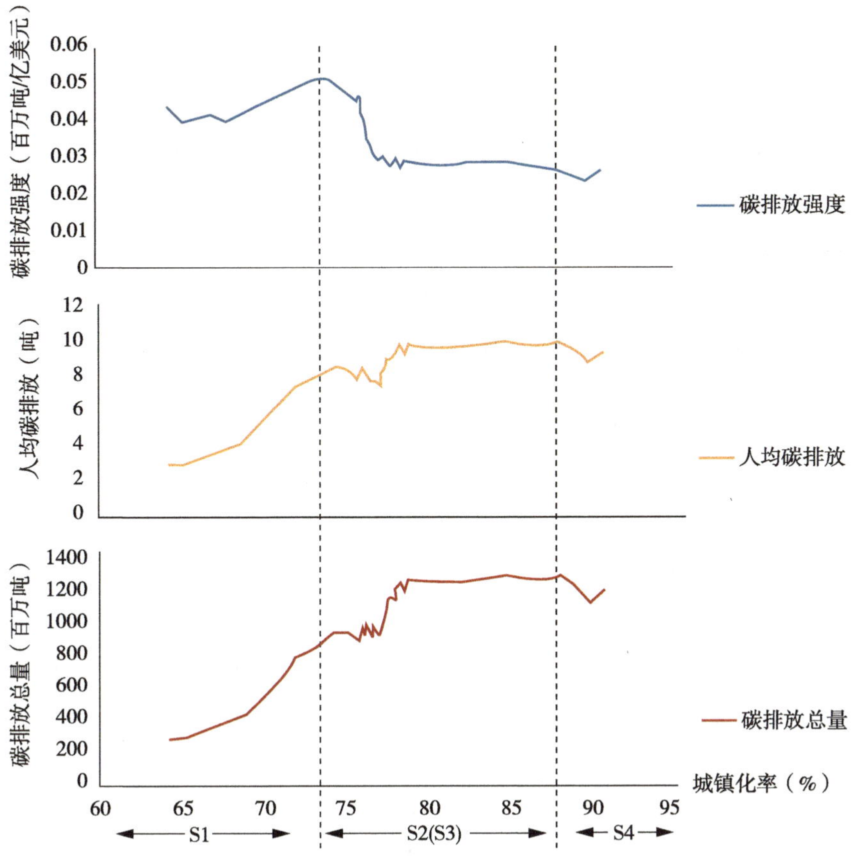

图 8－8　日本的碳排放峰值与城镇化

镇人口占总人口的比例还仅为 37.5%，然而到 2010 年这一比例已经增至 90.54%。我们对日本城镇化的关注也主要集中于该阶段。由于大城市圈产业和人口的高度集中，日本的城镇化的发展已经不是单一城市的发展，取而代之的是城市群体，以大城市为中心，包括郊区、卫星城及其腹地所共同形成的大都市圈。该阶段日本的人均碳排放和碳排放总量也随着城镇化的发展快速增长，尤其是在碳排放强度达到峰值以前的 S1 阶段。在日本的城镇化达到峰值以前，正是城市开展基础工程、公共设施建设的阶段，高耗能与高排放是难以避免的。在日本的城镇化率从 1914 年的 17% 左右发展到 1970 年 71% 的过程中，其碳排放强度一直在一定的区间波动。① 1970 年以后，日本的碳排放强度开始稳定下降，其人均碳排放与碳排放总量增长放缓。由于此时日本的人口总量也已经趋于稳定，其人均碳排放和碳排放总量随城镇化的变化趋势基本保持一致，并在城镇化率达到 87% 左右时开始同时下降，实现了 S2 与 S3 阶段的同步完成。日本

① 陈邵峰．二氧化碳排放演变驱动力的理论与实证研究［J］．科学管理研究，2010（1）．

后期城镇化的发展更多侧重于城镇空间布局的优化与调整，碳排放与城镇化的发展逐渐相分离。

3. 美国

美国不同于一些传统发达国家，它的城镇化的发展受外来移民等的影响很大。随着第一次工业革命的发展以及外来移民的涌入，美国农村地区的人群开始向城镇迁移，城镇人口规模开始快速增长。到第二次工业革命时期，内燃机等新技术更加刺激了美国工业和城镇化的发展进程，美国进入了快速城镇化的阶段。在1900年之后50年的时间里，美国基本实现了城镇化。尤其是在1920年以后，遍布全美国的高速公路和快速发展的石油产业使汽车取代了其他运输工具成为最主要的交通工具。① 工商产业进一步向城镇集聚，中心城市的规模进一步扩大。在发电机、电动机等新技术的带动下，蒸汽逐渐被电力代替，成为主要的能源和动力来源，美国的碳排放强度在1917年，城镇化率达到50%左右实现了峰值，完成了S1阶段的发展。人均碳排放和碳排放总量的增长速度逐渐放缓，该段时期美国的碳排放是与其经济、技术发展紧密联系在一起的。

1950年以后，美国的第三产业得到了极大的发展，高新技术产业和现代服务业在经济社会中所占比重越来越大，并对城镇的人口与空间结构分布产生了重要影响。在这之后近50年的时间里，美国的城镇化率只有近10%的增长，其增长速度逐渐放缓。这一时期美国的城镇化发展主要表现为大都市化和城镇人口的郊区化。美国郊区人口从1950年的4023万人增长到2000年的1.4亿人，同期美国郊区人口的比重由26.7%增长到49.8%，这一时期美国城镇人口的增量主要分布在郊区。② 美国的城镇向郊区发展，从一定程度上改善了城市的空间结构布局，但也造成了土地的粗放利用，使得城市过度蔓延。为了满足郊区居民的生活需求，美国实行了分户供电、供水，独立取暖等制度，相对于集中供热、供水来说，这些举措造成了更多的能源浪费。③ 因此S1阶段以后，美国的城镇化经历很长一段时间的发展，达到75%左右时，其人均碳排放才实现峰值，完成了S2阶段的发展。同时伴随着城市郊区的发展，相关的生活配套设施的建设也紧随其后，尽管其碳排放强度在不断地下降、人口总量也没有太大的波动，但其碳排放总量在人均碳排放实现峰值以后，仍然有很大程度的增长。在美国的城镇化率发展到81%时，其碳排放总量有一定程度的回落，是否意味着美国的碳排放随着城镇化的发展已经跨越了S3阶段，实现了碳排放的峰值，还有待进一步的观察和检验。

---

① 何志扬．城市化道路国际比较研究［D］．武汉大学博士论文，2009.
② 白国强．美国郊区城市化及其衍生的区域问题［J］．城市问题，2004（4）．
③ 龚莹．全球气候变暖条件下美国问题研究［D］．吉林大学博士论文，2010.

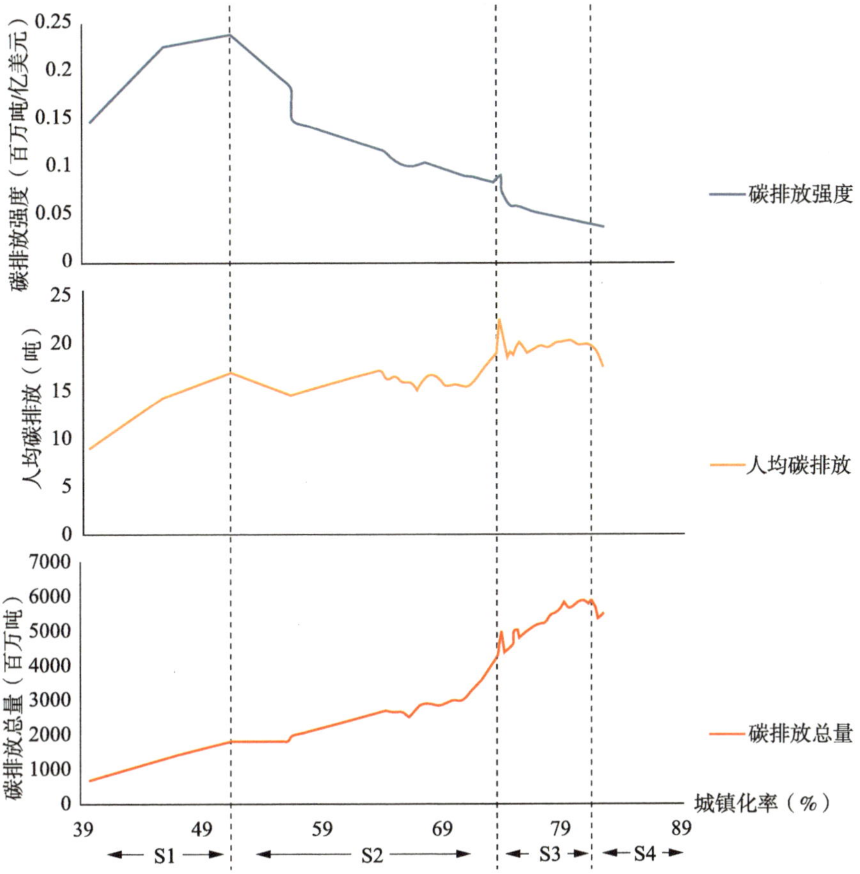

图 8－9 美国的碳排放峰值与城镇化

（四）中国城镇化进程的规律性和特殊性

在过去十多年的时间里，在不考虑一些历史因素对中国碳排放强度所造成的影响的情况下，可以认为，中国的碳排放强度已经在城镇化率为 41% 左右的时候实现了峰值。由于产业结构和国际分工的原因，尽管与发达国家相比，中国的碳排放强度仍然很高，但就城镇化率所处的阶段而言，中国已经实现了碳排放强度的峰值，快速跨越了 S1 阶段。跨越了 S1 阶段之后，虽然中国的碳排放强度在不断地下降，但大量农村人口转移到城市，城市规模持续扩张，居民收入水平不断提高，人均碳排放和碳排放总量依然处于增长阶段。到 2015 年，中国的城镇化率达到 56%，超过世界城镇化率的平均水平。

随着中国经济增长速度的逐步放缓，未来中国城镇化的进程也将放慢脚步，其发

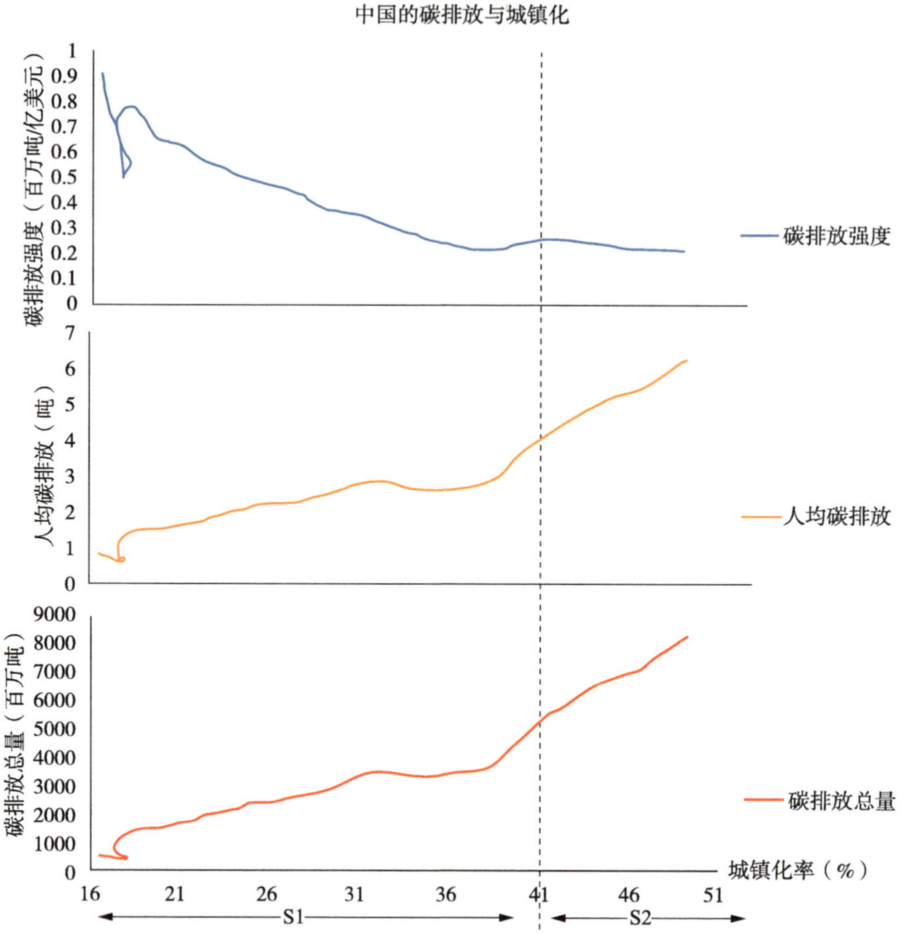

图 8－10　中国的碳排放峰值与城镇化

展方向将更加偏重于城镇与人口的空间布局等方面，中国的城镇化将进入减速推进期，① 但城镇化进程尚未完成，只是实现相同比例的增长，所花费的时间相对更长。② 到 2030 年，中国的城镇化率将达到 70% 左右。在该阶段，中国人均碳排放和碳排放的增长速度也将逐渐放缓，城镇化的模式对中国何时实现排放峰值的影响至关重要。

如果简单比拟发达国家的城镇化路径，一般需要城镇化率达到 70% 左右时排放才能达峰，越是老牌发达国家走过的城镇化道路越漫长。然而发展规律并非一成不变，中国作为后发展国家，不能简单等待，必须利用后发优势，通过发展模式创新，走出一条新路。

当前无论是外部环境还是内部环境都有力地推动中国向低碳转型的道路前进。随

① 魏后凯．中国城镇化战略调整思路［J］．中国经贸导刊，2011（7）．
② 高春亮，魏后凯．中国城镇化趋势预测研究［J］．当代经济科学，2013（4）．

着《巴黎协定》的签署和生效，国际社会应对气候变化的大趋势已经趋于明朗，尽管美国新任总统唐纳德·特朗普的上任会给全球合作共同应对气候变化的前景带来一些不确定性，但是却无法逆转国际大势。美国在低碳发展方面的停滞不前反而给中国的低碳发展带来了新的动力和契机，促使中国在国际气候治理格局中成为真正意义的领导者之一，并为中国在气候谈判以及其他相关外交议题中赢得更大的话语权。

在地方层面，中国也积极地促进一些城市展开国际合作，通过中美城市峰会等形式来促进从城市切实践行低碳发展和转型。一些国际机构，如ICLEI也在积极推动中国地方政府的减排行动，鼓励中国的城市与条件相似的国际城市对标或进行经验交流更好地实现减排目标。一些中国城市已经开始成立“率先达峰”联盟，很多城市都提出会在2030年之前就实现城市达峰目标，包括镇江、宁波等（一些城市提出的峰值实现年份目标可参见图8－11），这些城市的基本情况（人均GDP和碳排放水平）可以参见图8－12和图8－13所示。

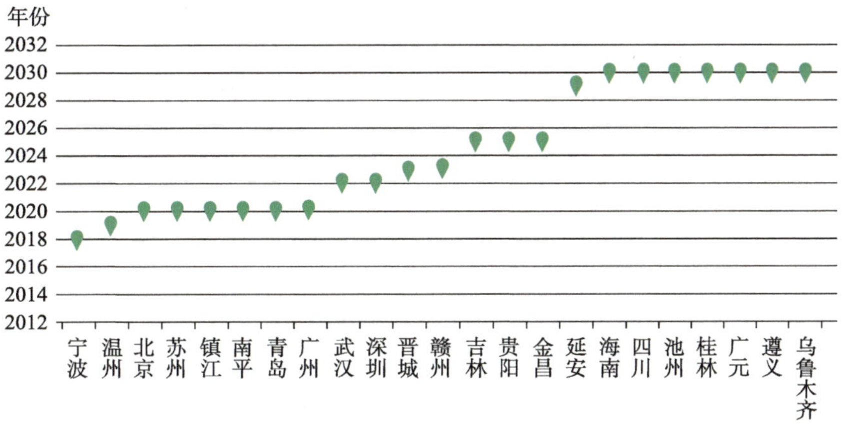

图8－11　中国达峰先锋城市峰值目标

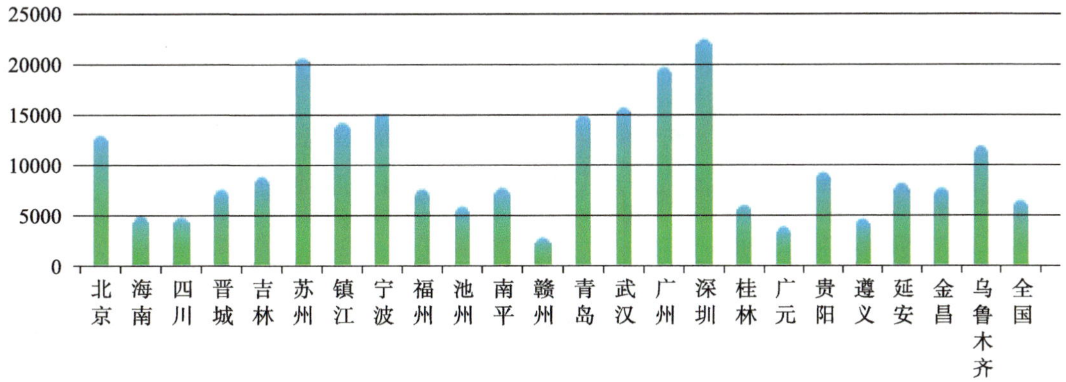

图8－12　中国达峰先锋城市2015年人均GDP水平（美元，2010年不变价）

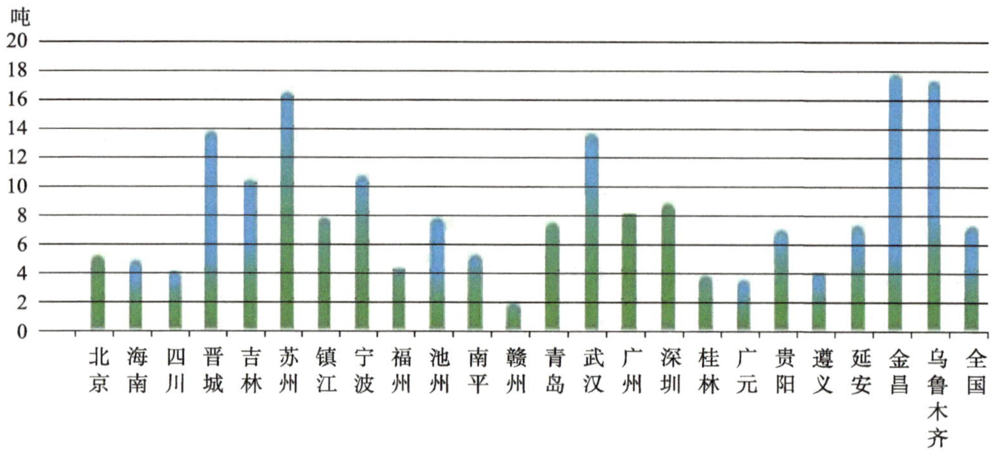

图 8－13　中国达峰先锋城市 2015 年人均二氧化碳排放（吨）

为了促进排放城市峰值尽快实现，国家制定和颁布了一系列相关的行动方案和规定，提出明确的达峰目标，例如国务院印发的《“十三五”控制温室气体排放工作方案》明确提出要支持优化开发区域碳排放率先达到峰值，力争部分重化工业 2020 年左右实现率先达峰。发改委也分别于 2010 年 7 月和 2012 年 11 月发布《关于开展低碳省区和低碳城市试点工作的通知》（发改气候〔2010〕1587 号）和《关于开展第二批低碳省区和低碳城市试点工作的通知》（发改气候〔2012〕3760 号），确定了在 36 个城市，6 个省开展低碳试点工作。除上述国家低碳试点以外，国家发改委也和各部委及相关部门在行业层面建立了多项试点或示范。而在 2017 年 1 月 7 日，发改委进一步发布了《关于开展第三批国家低碳城市试点工作的通知》（发改气候〔2017〕66 号），新增了 45 个城市（区、县）进入低碳城市试点范围，同时对这批低碳试点城市要求它们明确提出各自达到碳排放峰值目标时间，将达峰目标的设置和完成作为考核低碳城市的重要指标之一。

五、中国低碳城镇化的目标和任务

以中国 2025 年左右实现排放峰值作为外部约束，推进新型城镇化建设，不仅需要确定总体目标，还要分阶段、分地区制定低碳城镇化的目标和任务。

（一）总体目标

预计未来中国的城镇化水平将仍保持稳定提高的态势，在 2020 年达到约 60% 的城镇化水平，2030 年的城镇化水平达到 70% 左右，在 2050 年实现让全国人口的 80% 左右生活在城镇地区。从推动实现低碳城镇化的分阶段任务和目标来看，从 2015 年到 2020 年，低碳城镇化的重点还是推动人口城镇化的进程，提高新增城镇人口和原有城镇人口的生活质量，同时推动部分高碳城镇实现低碳转型，选择部分具备条件的城市进行低碳和零碳城镇建设探索；在中期，即2020年到2030年，继续维持稳定的城镇化，推进城镇化的区域均衡发展，利用技术和政策的支持，大幅提高大城市的能源利用效率，实现这些城市的有效低碳转型，工业化进程基本完成，第三产业比重持续上升，同时应该树立成功的低碳和零碳城市建设典范；到2050年，排放水平相对峰值大幅下降，城镇化水平达到较高水平，绝大多数城镇完成低碳转型。

低碳的城镇化还必须将城镇居民的人类发展需求作为重要的关切点，可以考虑将联合国发展计划署（UNDP）提出的人类发展指数（HDI）作为度量指标，因为该指标能够通过与居民寿命、知识水平和财富水平相关的子指标合成一个简单的定量指标反映发展对于人们生活的影响以及发展所能给予每个人的选择。UNDP根据四分法把全球186个国家和地区均分为极高人类发展水平、高人类发展水平、中等人类发展水平和低等人类发展水平四组。目前中等发展水平前列国家的人类发展指数约为0.7左右，高人类发展水平前列国家的水平约为0.8左右。根据UNDP在2010年更新的人类发展指数方法学计算出2010年中国的HDI为0.693，在全世界排101位，[①] 属于中等发展水平国家偏前行列。未来的城镇化进程应该同时关注城镇居民的基本发展需求，中国应该在2020年左右达到高人类发展中游水平，2030年步入高人类发展水平前列或迈入极高人类发展水平国家行列，并在2050年达到极高人类发展国家中游水平。根据这样的分阶段人类发展指数战略目标如表4所示，在2020年达到0.75，到2030年提高到0.85，到2050年提高为0.85，大约相当于目前全球排名25位左右的国家水平。

低碳城镇化必然促进产业结构的进一步优化和升级，未来10年里，中国仍将处于快速工业化和工业现代化快速推进的过程中。战略性新兴产业将逐渐成为推动工业发展的重要力量，“清洁生产”“节能减排”和“精致制造”将成为中国工业发展的重要特征，[②] 第三产业的占比也应该保持稳步上升的态势。参考中国社会科学院工业经济研究所等机构的预测，为了更好地实现低碳城镇化，第二产业比重将逐渐达到峰值比下降，同时第三产业比重将不断上升，在2050年达到60%左右的水平。

随着经济的继续发展和城镇化进程的深入，中国一次能源消费总量在未来仍将保持持续上升的趋势，但在低碳城镇化的总体战略目标下，能源消费增速将大为趋缓。

---

① 数据来源于UNDP驻华代表处与中国社会科学院城市发展与环境研究所共同发布的《中国人类发展报告2013》，该数据与全球人类发展报告中提供的2010年中国HDI数据0.682略有差异，因此排名也有细微差异。

② 李平，江飞涛，王宏伟，巩书心.2030中国社会经济情景预测——兼论未来中国工业经济发展前景［J］.宏观经济研究，2011（6）.

根据一项针对国内外有代表性的 6 家机构对未来的中国能源消耗和碳排放情景的研究，[①] 基准情景下中国到 2050 年的一次能源总消耗预测结构在 54 亿吨到 74 亿吨标煤之间而各种低碳情景下能源消耗总量将有可能控制到 46 亿吨到 57 亿吨标煤，因此作为硬性的宏观战略目标，中国能源消耗总量在 2050 年应该被严格控制在 75 亿吨以内。同时，随着能源结构的进一步调整，更多清洁的非化石能源被投入使用，碳排放应该在 2025 年左右实现峰值，并在此之后实现绝对量减排。不同机构所构建的不同情景下碳排放总量预测结果相差很大，2050 年约为 43 亿吨到 162 亿吨。在 2030 年之前，中国应该实现排放峰值，并确保该峰值不超过 120 亿吨，到 2050 年，应保证碳排放总量相比峰值水平大幅下降。结合人口总量的预测结果，中国人均排放水平应控制在 9 吨/人以内，并在 2050 年逐步降低到 7 吨/人左右水平。

表 8－4　到 2050 年中国低碳城镇化总体目标

	2020 年	2030 年	2050 年
城镇化率（%）	60	70	80
人类发展指数（HDI）	0.75	0.80	0.85
GDP 增长速度（%）	7	6	3
人均 GDP	1 万美元左右[②]	1.7 万美元左右	4 万美元左右
产业结构（%）	第二产业 47	第二产业 41	第二产业 35
	第三产业 45	第三产业 54	第三产业 60
能源消耗（亿吨标煤）	48	60	75
CO_2 排放（亿吨）	100	120	90
人均 CO_2 排放（吨/人）	9	8	7

（二）分地区任务与目标

中国地域广阔，自然资源和人力资源在空间上分布极为不均，加之不同地区的社会经济发展历史等原因，区域间的经济发展水平和社会发展方式等都呈现较大的差异性，由此导致不同区域的经济发展、城镇化水平、能源消耗和碳排放的区域差异性。中国碳减排和实现低碳城镇发展的战略目标实现依赖于省域等区域层面的低碳转型努力以及产业结构调整和技术进步。

通过相关性分析，可以识别出碳生产力、人类发展指数（HDI）和人均 CO_2 排放这三

① 李惠民，齐晔．中国 2050 年碳排放情景比较［J］．气候变化研究进展，2011（4）。这里提到的研究机构包括国际能源机构（IEA），劳伦斯·伯克利国家重点实验室（LBNL），麦肯锡公司，联合国开发计划署驻华代表处（UNDP），国家发改委能源研究所和英国廷德尔气候变化研究中心等。

② 2010 年不变价水平。

个核心要素可以作为判定省区低碳发展水平的核心指标。根据各省市低碳生产力、人均CO_2排放和HDI通过聚类分析，可将不同省区的低碳和城镇化发展水平分为四个梯队：

第一梯队的发达型低碳发展地区，具体包括北京、上海、天津、江苏、浙江和广东，这些省市多地处东部沿海地区，凭借区位优势而获得了较早的快速发展，当前的碳生产力、人均CO_2排放以及人类发展指数均处于较高水平。处于该梯队的省市，未来碳强度仍有一定的下降空间，其中也有很多城市已经成为全国低碳发展的示范区域。因此，针对这类发展区域的低碳城镇化发展目标的制定和绩效评估工作，不应苛求能源效率和第三产业比重等指标的提升，而应重视能源结构和技术密集型产业比重等指标并分析其合理性，从而优化区域的能源利用结构，促进区域低碳产业的发展。

第二梯队包括山东、河北、山西、内蒙古、辽宁、吉林、黑龙江、青海和宁夏，这些地区的碳生产力水平较低，人均CO_2排放也处于较高水平，HDI水平存在差异，主要是这些省区多以能源产业和重工业为主要支柱行业。随着城镇化水平的进一步提高，经济发展水平的不断提高产业结构的调整，这些地区的碳生产力水平必将进一步提高，发展低碳城镇的潜力很大。因此，未来这类地区的发展要在强调产业结构的优化，在提高人类发展水平和碳生产力的同时，控制人均碳排放的增幅。

第三梯队包括福建、河南、陕西、重庆、云南、四川、湖南、湖北、江西、安徽等地区，处于该梯队的省市基本介于第一梯队和第二梯队，碳生产力水平、人均CO_2排放和HDI水平均处于中等水平。这些地区资源禀赋差异性较大，但是基本都处于社会经济的快速发展阶段，典型标志就是高耗能产业快速上马，在地区工业体系中的比重日益增加。因此，未来这些地区要推进低碳城镇化发展，首先要在保证经济增长的同时积极转变发展方式，构建具有区域特色的低碳产业体系，探索适合本地区发展的低碳路径。

最后一个梯队包括广西、海南、贵州、甘肃和新疆，这些地区的低碳资源比较丰富，因此碳生产力水平较高，人均碳排放水平相对来说最低，但是由于经济和城镇化发展水平较低，人类发展水平不高。在未来的发展中，这些地区是最有潜力实现低碳城镇化的重点地区，通过大力发展低耗能、低排放的产业结构，可以使这些地区避免重蹈高碳锁定的发展路径。

表8－5　中国低碳城镇化发展的战略目标

地区	2020年	2030年	2040年	2050年
第一梯队（北京、上海、天津、江苏、浙江、广东）	实施碳排放总量控制目标，达到碳排放峰值，人均CO_2排放量控制在10吨以内	相对于峰值碳排放水平下降10%	相对于峰值碳排放水平下降20%	相对于峰值碳排放水平下降30%

（续表）

地区	2020 年	2030 年	2040 年	2050 年
第二梯队 （山东、河北、山西、内蒙古、辽宁、吉林、黑龙江、青海、宁夏）	实现碳强度下降 40% ～45% 的目标，合理控制能源消费总量	实施碳排放总量控制目标，人均 CO_2 排放峰值控制在 9 吨以内	相对于峰值碳排放水平下降 8%	相对于峰值碳排放水平下降 15%
第三梯队 （全国、福建、河南、陕西、重庆、云南、四川、湖南、湖北、江西、安徽）	实现碳强度下降 40% ～45% 的目标	碳排放达到峰值，人均 CO_2 排放量控制在 8 吨以内	相对于碳排放峰值水平下降 10%	相对于碳排放峰值水平下降 20%
第四梯队 （广西、海南、贵州、甘肃、新疆）	实现碳强度下降 40% ～45% 的目标	碳排放达到峰值，人均 CO_2 排放量控制在 7 吨以内	相对于碳排放峰值水平下降 5%	相对于碳排放峰值水平下降 10%

（三）不同规模城市实现排放峰值的布局

目前中国特大城市的能源消费和碳排放总量增长速度过快，人均排放水平较高，而未来的新型城镇化建设中，发展中小城镇是重构城镇体系和优化城镇化空间关键抓手，也是顺利实现低碳城镇化的重点所在。在中小城市的发展过程中，科学规划避免重蹈特大城市面临的高碳锁定效应覆辙至关重要。

未来国家应该适当控制人口规模大于 500 万的特大城市的总量增长，对于已经形成的特大城市，要合理确定城市发展合理规模，控制城市规模继续无限扩张的趋势。对于人口密度较大的这类特大城市，要尽快通过产业结构调整，力争 2015 年以前实现工业排放峰值，尽快实现建筑峰值；到 2020 年应该开始实施碳排放总量控制目标，逐渐实现交通峰值和生活消费碳排放峰值，特大城镇的人均 CO_2 排放量控制在 12 吨以内，并在 2020 年之后逐渐实现排放总量水平相对于峰值碳排放下降相应的比例。

对于人口规模为 100 万～500 万的大城市需要合理控制城区人口，明确规划好城市发展的规模目标，在 2020 年左右实现工业排放峰值和建筑峰值，2030 年以前实现排放峰值，人均 CO_2 排放量峰值应控制在 10 吨以内。

对于人口规模为 50 万～100 万的中等城市，可以有序逐渐放开城区人口入户限制，合理控制排放总量的增长速度。2020 年实现碳强度目标并实现工业峰值和建筑峰值，到 2030 年以前实现交通峰值和生活排放峰值，实施碳排放总量控制目标，城市人均 CO_2 排放峰值控制在 8 吨以内。

对于人口规模在 50 万以内的小城市及城镇，国家将积极推动其发展，根据新型城镇化的要求，可全面放开这类城市的落户限制，但是在发展过程中，应因地制宜，根据本地的实际情况确定发展方向。在2020年前实现工业峰值，在2030年之前实现建筑、交通和生活排放峰值，这类城市的人均 CO_2 排放峰值控制在6吨以内。

表8－6　中国2015—2050年不同规模城市碳峰值目标

城市规模	2020年	2030年	2040年	2050年
特大城市（人口在500万以上的城市）	实施碳排放总量控制目标，实现交通峰值和生活排放峰值，达到总碳排放峰值，城镇人均 CO_2 排放量控制在12吨以内	相对于峰值碳排放水平下降20%	相对于峰值碳排放水平下降40%	相对于峰值碳排放水平下降60%
大型城市（人口规模在100万到500万）	实施碳排放总量控制目标，实现工业峰值和建筑峰值，城市人均 CO_2 排放量控制在10吨以内	实现交通峰值和生活排放峰值，实现碳排放峰值，并逐渐实现绝对量减排	相对于峰值碳排放水平下降30%	相对于峰值碳排放水平下降50%
中等城市（人口规模在50万到100万）	实现碳强度下降40%～45%的目标，合理控制能源消费总量，实现工业峰值和建筑峰值	实现交通峰值和生活排放峰值，实施碳排放总量控制目标，城市人均 CO_2 排放峰值控制在8吨以内	相对于峰值碳排放水平下降20%	相对于峰值碳排放水平下降45%
小城市及城镇（人口在50万以内的城市和城镇）	实现工业峰值，实现碳强度下降40%～45%目标	实现建筑峰值、交通峰值和生活排放峰值城市人均 CO_2 排放量控制在6吨以内	相对于碳排放峰值水平下降10%	相对于碳排放峰值水平下降20%

六、结论与建议

（一）有关城镇化与碳排放峰值的基本判断

基于城镇化理论和政策回顾，城镇化影响碳排放的机理分析，以及城镇化率与排放峰值的相关性研究和国际经验借鉴，可以得出以下几个基本判断：

1. 全球城市化趋势客观存在，不可阻挡

全球城市化仍将继续快速发展，特别是在发展中国家。目前中国城镇化水平大约为54%，发展速率虽有放缓，预计2030年城镇化水平可能达到70%，城镇化进程还有很长的路要走。

2. 城镇化影响碳排放的机理复杂

一般而言，城镇化主要通过人口结构、社会结构、经济结构、能源结构、城市空间结构等途径来影响碳排放。一方面，城市人口和经济活动的集聚效应，有利于提高能源利用效率，发展可再生能源，从而减少碳排放；另一方面，城市人均能源消费和碳排放明显高于农村人均水平。因此，在城镇化中期，随着城镇化水平的提高，必然带来能源消费和碳排放绝对量的增长。

3. 碳排放峰值与城镇化率存在统计相关性

理论上，碳排放强度、人均碳排放和碳排放总量一般会随时间的变化呈现倒U型曲线，三种倒U型曲线不仅各自存在，而且峰值是依次出现。通过发达国家面板数据的统计分析可见，碳排放总量峰值的出现，几乎都是在完成快速城镇化阶段城镇化率达到70%左右。

4. 中国城镇化进程具有一定的特殊性，要利用后发优势，创新发展

改革开放以来，中国城镇化进程经历了长期的快速发展阶段，规模和速度在全世界都无可比拟，取得了很大成绩。但在人口多、资源相对短缺、生态环境比较脆弱、城乡区域发展不平衡的背景下推进快速城镇化，具有一定的特殊性。内外因素都不允许中国坐等完成城镇化70%后排放峰值自然到来，中国必须利用后发优势，走低碳创新之路。

5. 尽早实现碳排放峰值必须推进低碳可持续的城镇化

通过大量城市案例的调研和分析，在城市规划、建设、治理等各个环节，在城市能源、产业、交通、建筑等各部门，都存在大量不符合低碳可持续的做法，导致低效率、高污染、高排放后果。应从这些环节入手，找出问题，通过政策引导，向低碳可持续的城镇化方向迈进。

（二）负面行动清单

所谓负面行动清单是指不符合绿色低碳可持续发展战略，要尽量避免、矫正、遏制甚至应该被惩罚的政策和行动。在推进城镇化进程中，在城镇化发展战略以及城市规划、建设和管理等各个环节存在不少问题，不仅造成巨额资金浪费、大量闲置房屋，还浪费了大量能源密集型的建筑材料，排放大量温室气体。其中比较典型问题有以下几类：

1. 城市规划脱离实际，贪大求新

2015年10月，国务院一项关于12个省会城市和144个地级市的调查显示，省会城市平均一个城市规划4.6个新城（新区），地级城市平均每个规划建设约1.5个新城（新区），全国新城新区规划人口达34亿。有些新城区规划的未来人口不切实际，缺乏科学依据。建设用地粗放低效，“摊大饼”式扩张，过分追求宽马路、大广场，导致建成区人口密度偏低。因此，各地再批新区一定要慎之又慎，不要盲目期望能吸引来大

量新增人口，一定要从实际需要出发。

2. 城市规划反复折腾，大拆大建

一些城市往往换一任书记换一套规划，换一个市长换一种建设思路。城市规划决策缺乏科学依据，大拆大建，反复施工，年年改造。一些城市热衷建外观新奇却不实用的地标性建筑，招致社会批评，往往变成短命建筑，用不了几年、十几年就不得不废弃拆除，造成巨大的资源浪费，也增加了碳排放。因此，城市建设必须以低碳发展理念，规划先行。宁愿在规划阶段慢一点，充分论证，听取各方建议，特别要尊重普通市民的感受，听取群众的意见要常态化，建立制度保证。

3. 城市规划资源配置不合理，高碳锁定

一些城市基础设施、公共资源和城镇空间格局规划不合理，一旦建成短期难以改变，造成高碳锁定。城市交通体系与交通需求和交通部门排放关系密切。例如一些城市住宅小区与商务中心区和就业密集的办公区严重分离，大量上班族不得不钟摆式交通，加剧城市交通拥堵。一些城市交通体系规划不合理，公共交通基础设施不足，公交线路接驳不畅等，不利于低碳出行。因此，城市规划布局要促进医疗、教育等优势公共服务资源分布更趋均衡，减少不必要出行的压力，同时促进区域和城市公共交通一体化、便利化，鼓励绿色低碳出行。

4. 城市老旧小区更新改造困难重重，进展不平衡

中国现有大量高耗能的既有建筑存量，实际使用不足二十年，因建筑设计标准偏低、质量不高或缺乏维护出现诸多问题。除了部分确实需要拆迁重建的，一些老旧小区需要更新改造，在提高居民生活品质的同时，可以提高能源效率，减少碳排放。各地在老旧小区更新改造过程中，虽取得一些进展，但困难也很多。大城市，如北京市自 2012 年启动，仅用 3 年时间共完成 6562 万平方米以节能改造为主的老旧小区综合整治，取得了良好的社会效益和环境效益。而一些中小城市，由于公共资金不足，改造主体不清，管理沟通机制不健全，进展缓慢。因此，要发挥市场作用，多渠道筹集改造资金，改造方案更多听取居民意见，发挥居民自治组织的作用。

5. 城市治理落后，运行效率低下

一些城市从指导思想上重经济发展、轻环境保护，重城市建设、轻管理服务。往往硬件建设超前，管理水平相对落后，城市管理运行效率不高，公共服务供给能力不足。服务管理资源局部过密和局部匮乏等现象并存，资源重复浪费和资源极度缺乏同时出现。一些城市仅仅是主要街道外表光鲜，环境质量却让人堪忧。特别是北方地区冬季多次遭遇重污染雾霾天气，严重威胁公众健康，社会关注空前高涨，反应强烈，网络平台上愤怒和恐慌情绪蔓延。雾霾是人为排放、地形地貌和气象条件共同作用的结果，政府部门对污染企业、散煤燃烧和高污染车辆监管不到位是重要原因。因此，改善城市治理，要政府、企业、公众多方参与，多管齐下，雾霾治理尤其如此。政府应从群众最关心的问题入手，早日让群众看到希望，有更大的获得感。

（三）正面行动清单

所谓正面行动清单是指符合绿色低碳可持续发展战略，应该受到鼓励的政策和行动。实现城镇化绿色转型，要把生态文明理念和原则全面融入全过程，走“集约、智能、绿色、低碳”的新型城镇化之路。针对上述问题，提出如下政策建议：

1. 提倡集约紧凑型城市

多年以来，城市发展“摊大饼”式地无序蔓延，房地产开发热，造就了不少“空城”“鬼城”。城市的扩张速度远远高于城市人口的增长速度。未来中国人口可能提前达到峰值，老龄化趋势凸显，建设用地越来越紧张，贪大求新不符合社会发展需求。要坚持集约发展，树立“精明增长”“紧凑城市”理念，科学划定城市开发边界，提高土地利用效率放在首位，进行紧凑、高效、适度混合、功能均衡的布局，推动城市发展由外延扩张式向内涵提升式转变。

2. 多规合一，一张蓝图做到底

城市规划是否科学，关系着城市发展的全局。一旦规划出了问题，城市损失动辄数百亿，伤害的是市民百姓的切身利益。在全面推进依法治国的大背景下，要在科学合理基础上强化城市规划的法治化，是改革完善城市规划的重要方向。“多规合一”是指以国民经济和社会发展规划为依据，强化城乡建设、土地利用、环境保护、文物保护、林地保护、综合交通、水资源、文化旅游、社会事业等各类规划的衔接，确保“多规”确定的保护性空间、开发边界、城市规模等重要空间参数一致，并在统一的空间信息平台上建立控制线体系，以实现优化空间布局、有效配置土地资源、提高政府空间管控水平和治理能力的目标。只有科学合理规划，加之长期坚持和不懈努力，才能见到成效。

3. 推进产城融合发展，优化产业结构

产业是城市发展的基础，城市是产业发展的载体，要避免产业和城市一快一慢，脱节分离。要提倡“产城融合”，即产业与城市融合发展，以城市为基础，承载产业空间和发展产业经济，以产业为保障，驱动城市更新和完善服务配套，以达到以产促城，以城兴产，产业、城市、人之间有活力、持续向上发展。特别要把握产业结构优化转型的机遇，吸引优质产业，加强产业集聚和产业共生，发展循环经济。

4. 重视低碳城市交通规划与管理

通过合理的城市布局、高效的公共交通网络，及交通需求管理来减少私人汽车的使用，同时将慢行交通作为公共交通的重要一环，建立步行、自行车、公交一体化的

交通网络。

5. 提升城市建筑能效，减少碳排放和环境影响

无论是新建建筑还是改造既有建筑，都力求提高建筑能源利用效率，促进可再生能源的利用。减少建筑部门的能耗和碳排放，不仅要从改善建筑维护结构，应用节能技术和产品入手，还要考虑用户的使用行为。不同气候区域情况不同，如北方集中采暖区，南方夏热冬冷区，要因地制宜加强环保宣传，提供家庭能耗信息服务，鼓励节能减排。

6. 以人为本，加强城市治理

未来中国还将有几亿人要进入城市工作生活，城市治理将在国家治理体系中占有越来越重要的位置。随着信息化、网络化的不断发展和各种新技术的不断应用，城市系统的运行管理越来越复杂，对城市治理的要求亦越来越高。让城市生活更加美好、安全、宜居，其根本的出路在于良好的城市治理。要变城市管理为城市治理，鼓励多元共治，促进信息公开，鼓励公众广泛参与和监督。

7. 发挥雾霾治理与减少碳排放的协同效应

雾霾成因虽然复杂，但减少燃煤是关键，雾霾治理与减少碳排放同根同源，许多政策措施也是相通的，二者之间可以发挥协同效应。当前雾霾频发，社会关注度很高，治理雾霾、改善空气质量的需求非常迫切，无疑也为减少碳排放注入了新的动力。治理雾霾，既要加强政府的监管执法，也要发挥市场机制的力量，法律法规的约束机制与经济激励机制相辅相成。

参考文献目录

[1] 中美气候变化联合声明 [DB/OL]. http://news.xinhuanet.com/energy/2014-11/13/c_127204771.htm.

[2] 国务院. 国家人口发展规划（2016—2030年）[DB/OL]. http://news.sina.com.cn/o/2017-01-25/doc-ifxzutkf2633441.shtml.

[3] 中共中央、国务院. 国家新型城镇化规划（2014—2020年）[DB/OL]. 国务院公报2014年第9号，http://www.gov.cn/gongbao/content/2014/content_2644805.htm.

[4] 蔡昉. 如何防止中国城镇化进程逆转 [DB/OL]. http://www.rmlt.com.cn/2015/1119/409120.shtml.

[5] 美国环保协会，能源基金会（中国），可持续发展社区协会，自然资源保护协会，世界资源研究所. 中国新型城镇化的低碳发展路径——问题、策略与案例 [R]. 2015.

[6] 世界的基金会. 中国新型城镇化的生态足迹影响分析. 2015.

[7] 王明婷．农民进城脚步或已停滞学者称人口争夺开战［DB/OL］．http：//china. caixin. com/2017 – 01 – 21/101047660. html.

[8] 刘治彦．中国城市发展与治理的全新思维方式［J］．人民论坛，2015 – 01 – 05.

[9] 中国城市化要迈入2.0时代［J］．南方都市报，2015 – 12 – 20.

[10] 国家新型城镇化综合试点方案［DB/OL］．发改规划〔2014〕2960号，http：//i1. sinaimg. cn/cj/pc/2015 – 02 – 04/32/U5115P31T32D120742F651DT20150204120231. pdf，2014 – 12 – 29.

[11] 国务院关于深入推进新型城镇化建设的若干意见．国发〔2016〕8号。

[12] 美国环保协会，能源基金会（中国），可持续发展社区协会，自然资源保护协会，世界资源研究所，世界自然基金会．气候变化与中国城镇化——挑战与进展［R］．2014.

[13] 世界自然基金会．绿色低碳城市发展十项要则：为中国新型城镇化助力［R］．http：//www. wwfchina. org/site/citymap/attachment/other/10principles. pdf. 2015.

[14] 为什么中国城镇化趋势将严重放缓？中国城市和小城镇改革发展中心理事会理事长、首席经济学家李铁在2016年城市中国计划年度论坛上的发言。

[15] 魏后凯．中国城镇化战略调整思路［J］．中国经贸导刊，2011（7）．

[16] 高春亮，魏后凯．中国城镇化趋势预测研究［J］．当代经济科学，2013（4）．

[17] 陈邵峰．二氧化碳排放演变驱动力的理论与实证研究［J］．科学管理研究，2010（1）．

[18] 世界银行世界发展指标（WDI）数据库。

[19] 美国橡树岭国家实验室（CDIAC）的碳排放数据库。

[20] 何志扬．城市化道路国际比较研究［D］．武汉大学博士论文，2009.

[21] 李平，江飞涛，王宏伟，巩书心．2030中国社会经济情景预测——兼论未来中国工业经济发展前景［J］．宏观经济研究，2011（6）．

[22] 李惠民，齐晔．中国2050年碳排放情景比较［J］．气候变化研究进展，2011（4）．

[23] Rafiq S.，R. Salim，I. Nielsen. Urbanization，openness，emissions，and energy intensity：A study of increasingly urbanized emerging economies，Energy Economics，2016（2）．

[24] Christopher et al，Energy and material flows of megacities，PNAS，2015（4）．

[25] Vaclav Smil. Make the world modern：materials anddematerialization［DB/OL］. Wiley，http：//as. wiley. com/WileyCDA/WileyTitle/productCd – 1119942535. html.

[26] Zhang C.，X. Cao，A. Ramaswami. A novel analysis of consumption – based car-

bon footprints in China: Unpacking the effects of urban settlement and rural - to - urban [J]. Global Environmental Change, 2016 (6).

[27] Muye Ru, Shu Tao, kirk Smith, Guofeng Shen, Huizhong Shen, Ye Huang, Han Chen, Yilin Chen, Xi Chen, Junfeng Liu, Bengang Li, Xilong Wang, Canfei He. Direct Energy Consumption Associated Emissions By Rural - to - urban Migrants in Beijing [J]. Environmental Science and Technology, 2015 (10).

[28] 满颖之. 日本城市化的历史演变及其发展趋势 [J]. 烟台师范学院学报, 1986 (2).

[29] 白国强. 美国郊区城市化及其衍生的区域问题 [J]. 城市问题, 2004 (4).

[30] 龚莹. 全球气候变暖条件下美国问题研究 [D]. 吉林大学博士论文, 2010.

[31] 国家发展改革委关于开展第三批国家低碳城市试点工作的通知, 发改气候〔2017〕66 号。

[32] 关于开展低碳省区和低碳城市试点工作的通知, 发改气候〔2010〕1587 号。

[33] 关于开展第二批低碳省区和低碳城市试点工作的通知, 发改气候〔2012〕3760 号。

第九章

中国经济中长期绿色低碳转型的战略思考：以能源转型和效率提高支撑经济升级与持续繁荣[1]

邹骥

① 本章内容是在为“经济转型与低碳发展丛书”所作总序的基础上改写而成的。

一、中国目前所处的发展阶段及下一步发展的目标和面临的挑战

中国作为最大的、也是正在经历快速工业化和城镇化，并向更高发展阶段迈进的发展中国家，历经近 70 载共和国建设和近 40 多年改革开放，人均 GDP 从改革开放初期的几百美元提升到 2016 年的 8000 美元左右。经过 40 多年的大规模扶贫开发实践，中国让接近 7 亿人摆脱了贫困。中国已经全面解决了温饱问题，正在迈向 2020 年全面建成小康社会、2035 年基本实现现代化的目标。在这一过程中，中国实现了持续 30 多年年均增长约 10% 的高速发展，社会经济面貌发生了翻天覆地的变化。从增长经济学的角度看，这个高速发展主要依靠劳动力、资本及相应的能源、土地、水、矿产品和环境容量资源（或者对环境质量的损失）等要素投入增加支撑的。要素投入的增加为过去 30 多年的高速增长做出了主要贡献。

但伴随着城镇化的发展，城镇人口及与之高度重合的中等收入人口占比的持续提高，基础设施、成片城市建成区、大量的房地产等增加的潜力依然很大，其存量运营的基数规模不断扩大，交通需求持续上升。对上述资本流量增加与基数渐增的存量起支撑作用的原材料等重化工业尽管面临产能过剩问题，但一方面依然维持高基数的运营，另一方面则持续存在着开拓新的市场、消化过剩产能的强烈动机。这些都导致在一个可预见的未来，能源消费总量依然会持续上升，环境污染压力、能源与水资源安全等资源环境约束的问题会持续成为国民经济发展的约束。此外，投资收益率持续下降，廉价劳动力供给趋近刘易斯拐点，自然资源、环境容量、劳动力等要素供给的稀缺程度不断上升，经济社会发展的结构性矛盾日益突出，大量过剩产能使经济系统承担了沉重的财务、经济和社会成本，宏观经济的债务、金融、环境面临风险。在近期还面临着因国际市场复苏乏力而净出口疲软、国内有效需求不足等下行压力。在过去作为支柱产业的房地产业和重化工业发展乏力之时，新的增长点依然在酝酿和初期成长之中，增长动能转换还需要持续一段时间。

与此同时，经济调整的中、长期周期，重大技术的研发周期和政府换届可能产生的政策和改革周期，也都会对近、中期的经济景气产生影响。在顺应经济周期性调整变化的过程中，结构调整及变化是核心议题之一。不同的发展阶段和收入水平，对应着不同的经济结构客观特征，这也就决定了结构调整的方向、目标、重点领域和政策措施手段，结构调整也需要经济体制机制改革的支持。而这样的结构变动，其能源消费和二氧化碳排放的含义如何？受何主要因素影响？这些都是值得深思的问题。

种种发展的新瓶颈和新变动机会与趋势表明：以往依靠要素投入大量增加去支撑

经济高速增长的道路已经走到尽头。在早期经济起飞的原始资本积累阶段，通过超量蚀本占用包括劳动力资源、自然资源与环境容量资源在内的要素资源消耗去完成资本原始积累，这个过程的社会代价已经十分突出。随着社会财富存量的提高和收入水平达到中等水平之后，已有条件结束并转换到依靠知识、技术、治理而提高效率，支撑增长的发展阶段，从而减缓透支自然资本带来的社会代价。

与此同时，中国与发达国家经济体的差距无论从人均收入水平、消费水平、经济结构、普遍技术水平和经济增长质量及投资效益看，还是从资源环境质量看，抑或是从人文社会发展、社会治理等方面看，都还存在着显著的差距。作为整个经济体，中国无疑依然是发展中国家，还有近半人口居住在农村地区，收入水平较低，还享受不到较高水平的基础设施、社会保障服务和其他重要的公共服务。向更高收入水平、更发达的发展阶段迈进，依然是中国面临的时代主题和今后几十年的奋斗目标。但显然传统的发展模式非但不能支撑中国向更高发展阶段迈进，而且已经转变为中国面临的“中等收入陷阱”的一个特征。探索和开创新的发展模式和发展路径已经成为中国发展战略和政策的紧迫理论和实践课题。

中国的发展还越来越面临着日益严格的全球温室气体排放的约束，这已经上升到了中国的国际责任和在全球治理中的定位问题。从整个世界经济体系发展的历史看，自瓦特改良蒸汽机为标志的产业革命爆发以来，先行实现工业化的发达国家大量使用煤炭和石油等化石能源，以全球人口的少数占比形成了大约70%与能源相关的二氧化碳累积排放，导致了今天显著的全球气候变化和二氧化碳排放未来剩余容量的紧约束。人口众多的后起发展中国家在实现工业化、城镇化的发展过程中，受到了前所未有的全球范围碳排放制约。沿袭发达国家近现代传统高碳发展路径实现社会经济现代化与碳排放制约形成了趋势性的时代冲突。

全球变暖给中国提出的碳排放约束一方面是挑战，但其中也蕴含着机会。它和中国经济发展步入转方式、调结构、升级换代阶段的要求存在着某种吻合，都要求能源结构的转换，要求通过技术进步和结构调整来提高要素效率，要求增长的动力结构发生效率取向型的变迁以适应要素结构和稀缺程度的变化，摆脱现有要素的比较劣势，形成新的要素比较优势。由于碳排放与其他局地污染物排放是同根同源，比如都是大量使用煤炭等化石能源所致，因此积极应对碳排放约束，会成为中国经济升级换代的助推器或催化剂。

经历了30多年高速增长，以及经历了过去20多年全球化进程的深化，中国在世界经济中的地位已经举足轻重，并和世界经济融为一体。因此，中国的新发展阶段和中国的转型，都必须置于整个世界经济体系中去看。在过去20多年中，世界经济还经历了以互联网技术、现代通讯和交通技术、新能源技术、新材料技术等为标志的科技革命，由此给世界经济的面貌、商业模式和生产者与消费者的理念带来了巨大的变化。

特别是经历了2008年的全球金融危机及其之后的普遍衰退与复苏乏力，世界和中国都正处于一个调整和转型的时代。这个调整和转型要解决三个基本问题：一是全球新的增长点或增长动能在哪里？结构调整的方向和着力点是什么？二是对于处于不同发展阶段的经济体，其特定的调整重点、任务和背景是什么，与其他经济体的互动关系如何？三是为了支撑和促进这样的结构调整和转型，需要在国际和国别层面上做哪些体制和政策上的改革？

如今面对全球发展与环境的挑战，没有一个经济体可以独善其身并仅仅依靠自身的努力就可迎接全球挑战。国际多边与双边的合作、互动必然要对世界范围的调整发挥重要的作用。

二、发展路径的创新：近代世界工业化史的启示与中国发展的特殊背景

一个经济体的发展路径受到众多因素的影响，包括结构、效率、技术、资金、能力、制度、意识等各个方面，由其经济增长来源特征、资源及要素投入组合、经济结构、基础设施、产业组织、技术体系选择、体制政策及社会治理等诸多方面的特征所决定。创新发展路径的最终目的是以尽可能少的排放实现一定的发展水平，即通过经济增长模式、能源生产和消费模式、土地利用模式等的转型来减少发展对碳排放空间的依赖，从而实现增长与排放的脱钩。

增长经济学的一个基本结论是：经济增长率等于要素效率增长率与要素投入增长率之和，即可以分为要素规模的产出贡献及要素效率的产出贡献。如果把能源和碳排放（即碳排放容量资源）作为要素，则创新发展路径就是要让经济增长更多的依赖要素效率的提高，而降低对要素投入扩张的依赖。具体到能源和碳排放领域，则是尽可能地提高单位能源投入的产出效率以及单位碳排放的产出效率。这正是“转方式”应有之义，也是经济体从欠发达向发达发展的必由之路和表征。

借助卡亚分解法分析影响发展路径的驱动因子，即从人口、人均GDP、单位GDP能耗和单位能源二氧化碳排放几个方面考察对二氧化碳排放的影响，可以发现，如要创新发展路径，需要从人口（包括总量、增速和分布等）、GDP（包括总量、增速、结构等）、能源强度（包括产业/产品结构和能效水平等）及能源碳强度（包括能源结构及相应的资源禀赋和可获取性）等驱动因子入手。

纵观近现代世界工业化的发展历史，完成工业化的发达经济体都经历了从工业化初期资本原始积累时期，依靠大量投入包括能源、自然资源在内的生产要素，以钢铁、建筑和汽车等工业为支柱产业，支撑基础设施建设和经济的快速增长，然后步入以金融等服务业和高端技术知识密集型产业为主的后工业化发展阶段。在这个发展进程中，伴随人均收入的提高，碳排放总量和能源消费总量先是提高，然后到达峰值（大约在

人均 GDP 达到 25000 美元①时），接着呈现下降趋势。综观工业革命以来全球各主要经济体二氧化碳的排放水平轨迹，目前还没有一个经济体能够摆脱上述“先增长后下降”的“倒 U 型”库兹涅茨曲线。如果进一步细致考察不同发达经济体库兹涅茨曲线的差别，就会发现在达到大体类似的发展水平的过程中，美国、澳大利亚等国家的库兹涅兹曲线要高于欧盟和日本。从两类发达经济体的碳排放水平现状看，美、澳等的排放水平大约是欧、日水平的 2 倍。

一个经济体排放水平随人均收入水平提高，由提高到峰值再到下降的过程，表明的是一个经济体在工业化、城镇化过程中，从不发达到发达，经济质量不断提升，对化石燃料依赖下降，而对技术和服务的依赖上升的过程。因此，能源碳强度的变化（单位能耗的排放量）、由基于技术进步的效率提高和经济部门结构变化而导致的能源强度的下降（生产单位 GDP 的能耗）以及投资、消费和净出口在 GDP 中占比的变化，乃至人口在数量、质量、收入与空间分布的变化趋势，都对库兹涅兹曲线的位置、形状产生了影响。这也意味着中国可以通过适当的政策和体制，安排管控措施并充分发挥后发优势，是有机会通过影响排放轨迹，实现区别于发达国家的发展路径，促进碳排放峰值更早更低地到来。有研究表明：早日高质达到峰值（大约在人均 GDP 达到 14000 美元左右时）是完全有可能的②。

三、发展路径的创新：低碳发展是促进经济转型升级的助推器、切入点和抓手

在中国社会经济发展进入新常态背景下，围绕全面建成小康社会目标和 2035 年基本实现现代化达到中等发达国家发展水平目标进而全面实现中华民族伟大复兴这“两个百年梦想”的宏伟目标，中国经济面临着向更高水平、更高质量升级的历史任务，这要求中国在未来创新发展路径，严格管控碳排放轨迹，大幅度降低碳排放强度，尽早尽低实现碳排放峰值目标。这进一步要求中国加快实施创新驱动发展战略，强化科技创新引领作用，不断降低增长对要素投入的依赖，增强科技进步和全要素效率改善对经济发展的贡献度，从能源结构、经济结构、能效与碳生产力、国民收入构成、人口结构与人力资本等多方面做出全面部署。

经济发展转入“新常态”意味着中国经济长期依赖要素投入实现高增长的发展模式已经走到尽头。随着以煤为主的能源资源禀赋在日益趋紧的全球碳约束下从过去的比较优势变成为比较劣势，如果不及时转向创新驱动的经济发展方式，推进以低碳为

① 2010 年不变价，下同。

② World Bank and NCSC，2016. A Study Project of Upstream Analytical Work to Support Development of Policy Options for Mid – and Long – Term Mitigation Objectives：China.

重要特征的科技革命和产业变革，中国就有可能陷入以资源、环境为主要制约的“中等收入陷阱”，这将严重影响“两个一百年”奋斗目标的实现。强有力的低碳制度、政策与技术体系是中国经济持续发展、升级并跨越“中等收入陷阱”、实现低碳转型的必要保障。

“新常态”要求在全面深化改革进程中调整经济结构，培育新的增长点。国家在战略性新兴产业规划中已经明确将低碳技术相关产业包括节能环保、新能源、新能源汽车等列为战略重点。研究表明，中国为实现2030年碳排放达峰目标的减排情景，从2015年到2030年的年均控排直接增量投资需求将达到2100亿美元，2030年达到峰值以后为了实现碳排放持续下降，年均直接增量投资将达到5000亿美元。① 与低碳技术研发、示范和推广应用相关的持续巨额直接与间接投资将成为驱动中国经济结构增量调整的重要因素，具有成为促进经济增长和就业创业新引擎的潜力。在国家加快实施“一带一路”战略背景下，一些关键行业的低碳技术装备设计、制造、输出与运营也将成为中国参与国际竞争合作的新优势领域，并促进全球发展模式的低碳转型。

中国逐步提高能源效率，实现能源总量控制目标以及碳排放峰值目标，将主要依靠加快发展知识技术密集、物质资源消耗少、综合效益高、未来成长潜力巨大的战略性新兴产业和高端制造业以及和制造业相匹配的现代服务业等途径，给未来的发展增添新的后劲。这顺应了未来产业高端化的发展趋势和重塑竞争力格局的要求，与中国自身转变经济增长方式，促进长期可持续发展的目标是一致的。因此中国政府将低碳发展视为加快转变经济增长方式、调整经济结构和推进新的产业革命的重大机遇，这进一步提升了低碳发展在中国社会经济发展全局中的战略地位。

因此，在全面深化改革和推进生态文明建设的背景下，中国需要制定低碳发展整体战略，并提升其战略定位，与全面深化改革部署和社会经济发展战略之间建立紧密联系，将低碳发展作为提高要素生产率和驱动经济增长与转型的重要推动力，实现能源效率提高、能源结构转变、产业结构升级、收入结构优化、人力资本提升，从而全面实现发展路径的创新。要将制定和实施低碳发展战略置于中国实现两个百年梦想目标、确立在未来国际低碳发展大趋势下和提升中国在低碳科技革命浪潮中国际竞争地位的高度去认识。

实现低碳发展转型，需要从时间、空间和结构三个维度优化转型路径，并在此基础上厘清低碳发展的总体思路、核心目标、战略重点、技术支撑、制度和政策保障体系。

时间维度是指随着中国承诺2030年达到碳排放峰值目标，尽快启动碳排放峰值管理进程，从排放量增速、峰值幅度和达到峰值后减排路径等方面，形成峰值管理框架，

---

① 中国人类发展报告2009/10：迈向低碳经济和社会的可持续未来［M］. 2010.

构建倒逼机制，以切实争取通过主动的努力使碳排放峰值比自然峰值来得更早、更低，从而实现发展路径的创新。因此，需要在短、中、长期不同的时间尺度内，建立发展进程与节能减碳目标之间的密切关联，合理选择战略路径，分阶段设定社会经济发展和节能减碳目标。近期的战略重点是提高制造业能源效率，随着收入水平的提高而动态优化产业结构，提升能源结构低碳化程度，有前瞻性地完善城镇化、基础设施、交通建筑等领域的低碳规划目标，避免锁定效应。中期的目标则是逐步实现交通和建筑部门的低碳化转型，构建低碳产业占据突出地位的产业体系，提升低碳技术领域创新能力，建设低碳城市、低碳城镇、低碳园区与社区。长期则是追求实现经济发展与碳排放脱钩，摆脱对化石能源的依赖，全面提升国民经济低碳竞争力并普及低碳生活方式与消费方式，建设低碳社会。在 2020 年前的短期、2030 年前的中期和 2050 年前的长期，分别对重点领域提高能源效率目标、能源转化部门的脱碳程度目标和终端能源使用部门电气化程度，以及通过土地利用、土地利用变化和林业部门形成的碳汇乃至碳捕获碳封存技术的开发与应用，做出与中国经济升级达到发达经济体水平战略目标完全一致的分时间阶段和收入水平的战略部署。

空间维度是指结合全国主体功能区区划、全国土地利用规划、新型城镇化规划等战略布局，在城市群、城市、城区与小城镇、社区尺度优化空间布局，塑造低碳城市形态，推动区域和城市空间结构向多中心、多层次、组团式结构转变，降低因为城市职能设定失当、城市布局和基础设施设计不合理所导致的碳排放。在城市群层面，优化城市群布局，发展多层次有序聚集的城市群体系；协调区域发展，优化区域要素、资源配置与产业；构建城市群内低碳交通网络。在城市层面，构建紧凑型城市空间结构，防止城市蔓延；加强土地混合利用和多样化开发，促进职住平衡；实现城市基础设施体系布局低碳化。在城区与小城镇层面，则倡导“公共交通导向”的开发模式，促进职住平衡；提高连通性，优化城市机理；完善自行车与步行基础设施，构建慢行交通体系。在社区层面，则是推广低碳高效的社区空间开发模式与基础设施，培育低碳文化和低碳生活方式，探索推行低碳化运营管理模式。

结构维度是以提升碳生产率为低碳发展的核心目标，以转变经济发展方式和调整经济结构为主线，随收入水平的提高动态优化国民经济产业、行业和产品结构，实现碳排放控制与提升经济和技术竞争力的双赢。产业方面，要通过体制改革和政策引导，大力促进第一、第二、第三产业之间的结构优化，提高现代服务业和生产型服务业比重。行业方面，通过产业组织的整合，促进工业内部的行业结构和产品结构调整，增大高端制造业、高新技术产业、战略性新兴产业等高附加值工业比重。产品方面，在产业组织整合、企业产权制度和投融资体制与知识产权制度改革的基础上，构建完整的产业链，将品牌、研发创新、核心技术、高端制造能力、生产性服务能力等要素进行有机整合，增大高附加值产品的比重。

国际能源署（IEA）在最新发布的《能源技术展望 2015》中评估了不同领域的技术对中国实现 2050 年低碳转型的贡献率。结果表明，工业、建筑和交通等部门的能源效率技术对减排的贡献将达到 41%，可再生能源技术的贡献将达到 31%，核能技术的贡献为 10%，碳捕获利用与封存技术的贡献为 11%，电力和终端能源消耗部门的燃料转换贡献占 7%。可见，以能源和碳要素效率取向的发展方式转型、能源结构与经济结构调整的低碳技术支撑体系对于实现低碳发展转型具有关键作用。

因此，基于国家推进“能源革命”的路线图和工作部署，借助国家加快实施创新发展战略的东风，把握以低碳技术发展为基础的低碳产业变革的重大机遇，从中国发展阶段和能源资源禀赋等基本国情出发，着眼于形成、保持和提高整体技术体系的竞争比较优势并将之转化为产业竞争优势，明确低碳技术创新的主攻方向和突破口，超前规划布局，按照最小成本和最大协同效益的原则加大投入，把握低碳技术创新的市场规律，通过在技术发展周期的不同阶段分别使市场在资源配置中起决定性作用和更好发挥政府作用，促进低碳技术的研发、示范、推广，构建完整的低碳技术体系，提升中国未来低碳发展的技术和产业竞争力。

因此，在近期（2020 年前），工业、建筑、交通和火电部门的能效技术将对碳排放控制发挥重要作用。低碳技术推广应用重点包括超超临界发电、第三代大型先进压水堆、陆上风力发电、高压干熄焦、余热余压回收、大型新型干法水泥窑、大型合成氨、绿色照明等技术。同时加大电力和工业碳捕集利用与封存、第四代核电、大规模储能技术、海洋地热能发电等关键低碳技术的研发力度，并加快整体煤气化联合循环发电（IGCC）、海上风电、第二代太阳能光伏薄膜电池、先进电炉炼钢、高效集成热泵系统、低成本高效太阳能建筑、纯电动汽车等技术的商业示范。

考虑到治理雾霾及其他局地大气污染物的紧迫性和中国煤炭资源禀赋的国情，在近期可通过推广高参数超超临界技术，严控火电行业装机增量，加速提高高参数超超临界机组装机占比（从目前的约 30% 提高到 2020 年的约 40%）。与此同时，加速煤炭利用方式的高效转变，在控制煤炭消费总量的前提下，通过非电煤炭使用部门的电气化和燃料替代（特别是对煤炭使用占比达 20% 的散煤实现快速煤改气和煤改电）而提高煤炭消费中电煤比重，减少非电煤比重。通过提高电煤应用的效率和增加煤炭消费中的电煤比重，同时实现控制局地大气污染物和碳排放的目标。为此，要提供相应的电气化和燃料替代技术支撑。

到中期（2030 年），整体煤气化联合循环发电（IGCC）、天然气联合循环发电（NGCC）、大规模海上风力发电、第二代生物质能、智能交通系统、智能电网、高效太阳能建筑等技术，经过十多年的示范，已经达到或接近商业化水平，将成为支撑中国低碳创新发展的重要技术。

而 2030 年至远期（2050 年）这一阶段，在能效技术依然具有显著效应的前提条件下，低成本碳捕集利用与封存技术、大规模陆地和海上风力发电技术、低成本的太阳能光伏发电和集中热发电技术、第四代核能技术、第二代生物质能技术、智能电网、电动汽车、高效蓄能技术、零能耗建筑等一系列先进低碳技术都将得到大规模应用，成为中国低碳技术和产业体系的重要支撑。

此外，新一代信息技术、物联网、新型材料、智能制造等通用技术对科技创新具有基础性支撑作用，将极大促进低碳技术的创新发展。低碳技术与新一代信息技术等的协同创新，正是推进新型工业化、城镇化、信息化、农业现代化和绿色化的重要技术途径，也是实现中国低碳发展转型的重要支撑。

低碳并不是一个抽象的概念，而是在一个具体的社会经济背景下，基于特定的社会经济发展阶段、特定的能源资源禀赋、特定的科技发展水平和创新能力，以及特定的社会意识基础与价值判断和体制能力等因素，最大限度提高碳生产率的一种发展模式。其中，恰当的体制安排，对于实现低碳发展转型目标具有突出作用。

党的十八届三中全会提出，建设生态文明，必须建立系统完整的生态文明制度体系，用制度保护生态环境。中共中央和国务院“关于加快推进生态文明建设的意见”进一步提出形成源头预防、过程控制、损害赔偿、责任追究的生态文明制度体系，自然资源资产产权和用途管制、生态保护红线、生态保护补偿、生态环境保护管理体制等关键制度建设取得决定性成果。这些关键制度建设，对于低碳发展提供了重要的制度保障。

在此基础上，还需要加快应对气候变化立法，完善相关法规和标准，建立恰当的温室气体减控排目标分配与责任体系。一方面针对高集中度的行业，如电力、钢铁、水泥、石油化工等，建设国家统一的碳排放交易市场，将目标分解给企业，并开展碳排放配额交易，以发挥市场在要素资源配置中的决定性作用。另一方面，充分吸取欧盟在碳排放交易市场运行过程中的经验与教训，重视碳排放交易市场与碳市场覆盖范围外的部门减排目标设定、减排目标责任制、能源效率政策、可再生能源发展政策等的协调，统筹国家、省市和行业部门的低碳发展政策与行动。譬如将城市交通、建筑等部门相关的节能减排目标分解到城市中去，由城市政府通过城市规划、市政基础设施的建设与运营和相关地方政策促进这类减排目标的实现。为此，需要对现行简单沿垂直行政系列将国家控排目标直接分解为各省目标的做法进行改革。现行做法存在的一个较大问题是控排责任主体的错位。控排的责任归根结底主要应当落实到那些作为排放大户的企业中去，特别是电力、石油化工、黑色冶金等具有较高集中度行业的企业中去。目前国家直接控制的“万家企业计划”，涵盖了大约两三万家大型企业，它们的排放量应当占到总排放量一个相当可观的比例。将国家控排目标直接分解到这些行业的大型企业中去，明确企业的控排责任和排放份额并借此通过财税手段或排放贸易等经济手段予以刺激和管理、考核。而地方政府的主要责任则是对这些承担控排责任的企业进行监管，当好裁判。目前将国家控排目标分解给地方政府的做法，使得地方政府又当裁判员又当运动员，主体责任错位，容易造成地方政府要么为了完成考核指标而运用行政手段压辖区内的企业不计工本地控排，不能实现费用有效地控制减排成本；要么和企业一道“调整排放数据”，通过数据运作而达标。国家对地方政府的考核应当是看其是“金哨”还是“黑哨”，看其是否承担起了监管的职能，而不应当主要考核其是否尽到了控排责任。如果一定要考核地方政府的控排责任，也只能对地方政府因负责规划与运营城市公共设施而对建筑和交通等影响较大部门的控排绩效进行考核。在低碳发展制度体系中，温室气体统计、监测与核查以及温室气体目标责任评价考核是两项基础性制度。温室气体排放统计与核算体系需要在现有统计制度基础上，将温室气体排放基础统计指标纳入政府统计指标体系，编制温室气体排放清单，并逐步建立和完善与温室气体清单编制相匹配的基础统计体系。此外，还需要建立和完善各级地方政府及重点企业的温室气体排放基础统计报表制度，并逐步完善温室气体排放基础统计，细化和增加能源统计品种指标，修改完善能源平衡表，完善工业企业、建筑业、交通运输业、服务业及公共机构的能源统计。对于温室气体排放目标责任评价考核制度，则可以根据中组部《关于改进地方党政领导班子和领导干部政绩考核工作的通知》要求，逐步将考核对象的低碳指标完成情况纳入各部门社会经济发展的综合评价体系以及干部考核体系，作为各部门达标评价、业绩考核以及各级领导干部政绩考核的重要内容。

最后，需要建立与低碳发展进程相匹配的规制、标准、财政政策、税收政策、信贷政策、价格政策以及碳排放交易市场综合性政策体系，并加强政策实现前的影响评价以及政策实施后的效果评估。

首先是在七个试点省市基础上，加快建设全国性碳排放交易市场的建设，以实现更大程度更广范围发挥市场机制在实现温室气体排放控制目标中的作用。其次，在国家开展综合税制改革的背景下，逐步引入针对二氧化碳和局地污染在内的综合环境税收体系，即在那些市场集中度不高，交易成本较高，不适于纳入碳排放交易市场的部门引入小额度渐进式的碳税税目，并将所得税收用于支持低碳发展，譬如低碳技术的研发与示范。最后，在低碳领域提升政府、企业、非政府组织与社会公众的能力和意识。强化低碳领域的人才培养和机构建设，增强低碳技术创新能力，加强政府监管能力，建立协调部门和地方利益的机制，加大信息公开，建立与完善公众参与和监督机制等。

在环境经济学界，同样是采用全社会费用有效控排的、基于市场的政策手段，却存在着一个由来已久的争论，即“科斯解决方案”（排放贸易）与“庇古解决方案”（环境税）之争。中国目前政策界的主流选择是推进排放贸易制度。笔者认为，为了实现前述技术路线图，在一个近、中、长期的时间尺度内，低碳的政策路线图应当是一个“三步走”的战略部署：第一步是能力建设，准备好无论选择什么政策手段都需要具备的条件，如法律条件、统计核算条件、诚信制度条件等。这个能力建设的过程可能要经历5～10年甚至更长的时间。与此同时，从迅速推动中国经济低碳转型的角度看，第二步可以以财税政策为主，同时通过试点等方式开始为第三步（明晰排放产权并对排放权进行交易的政策手段）做准备。之所以将财税政策作为近中期的重点，不仅是因为碳市场要在中国发挥作用还需要一个很长的发育过程，而且还是因为在中国背景下现阶段财税手段会具有更加显著和实质的作用，条件也更加成熟。但运用财税手段，绝不是简单的“补贴”和征税，更重要的是从调整要素比价出发，在总体不增加企业税负水平的前提下，对要素使用的征税进行结构性的调整。一个基本的示范性概念考虑是：对环境质量破坏和日益稀缺的能源资源使用增加税收，而对于尚且充裕的劳动力要素的强制性“就业税”（如强制性社保征收）要予以控制甚至减少①；然后通过财政转移支付将征收的环境税（含碳税）支付给社保基金去补足社保基金缺口，减少对企业强制征收“就业税”。类似的税收结构调整有利于调整要素比价，引导整个经济向低碳方向转型。此外，除了考虑控制甚至减少企业“就业税”，还可以选择考虑通过增值税的改革在总体上调整税收结构并平衡企业的税负水平。

四、全球低碳化和中国在参与全球气候治理中的战略选择②

联合国气候变化谈判，实质是全球管理与温室气体排放权益相关的各项权益、责任，是全球治理体系中的一个重要组成部分。“公平、有效、共赢”则是评价该治理体系是否成功的三个基本标准。

作为一个排放量超过全球四分之一的新兴发展中大国，中国如何作为将对全球气候协议的特征与效果产生重大影响。中国有压力、有必要也有动力和能力在全球新气候协议中承担与自身客观定位相符的责任。总的来说，中国应该立足于本国国情和客观定位，正视与大量一般发展中国家（特别是最不发达国家）的差别，同时理直气壮的申明这种发展中国家内部的差别并不能取代中国作为发展中国家与发达国家之间有区别这一事实，更加积极参与到国际气候进程中，实现从参与方到主导方的角色转变，实现从“顺势而为”到“主动出击”的战略转身，以更加主动自信的姿态推动促进于中国有利的“公平、有效、共赢”的2020年后国际减排协议的达成，为全球应对气候变化做出新的贡献。

① 自2015年起，在推进供给侧改革降低企业成本的努力中，中央政府已经开始倡导降低企业“五险一金”的强制缴纳费率，说明作者在大约7年前提出的这一主张正在变为现实。

② 本部分前半部分写于巴黎协定谈判过程之中。为了更好地展示作者关于全球气候治理思考的历史轨迹，在修改过程中保留了巴黎协定谈判成功之前的论述。今天巴黎协定已经谈判成功并法律生效，事后将巴黎协定内容和作者之前的论述进行对比，也可以另外一种方式部分地对作者学术观点进行检验。

在上述新的形势下，中国应当以“发展路径创新”为概念基础，进行2020年后国际减排机制的设计。所谓发展路径创新，就是改变经济增长的来源，使得经济增长更加依赖于要素效率提高，而不断降低对要素投入的依赖。发展路径创新的概念，进一步确立了坚持发达国家和发展中国家区分的合理性与必要性。从发展路径的角度看，发达国家除了对累积排放有历史责任，还有开创、主导扩展和强化高碳发展路径的责任。发达国家开创了传统的发展路径，又在全球化过程中通过投资、贸易、价值观、知识、技术的传播在世界范围内向后起的发展中国家强化、传播了这些高碳发展路径模式，使得发展中国家大多在全球供应链中处于高能耗、高排放但是低附加值的不利地位。尽管发达国家大多进入后工业化社会的排放下行阶段，但在全球化背景下对发展中国家的排放增长趋势和路径依赖仍然脱不了干系。因此，改变发展中国家未来的发展路径，是全球系统调整的问题，发达国家对此也负有不可推卸的责任，需要与发展中国家全面合作。一方面自身率先垂范，做好示范；另外一方面要向发展中国家提供资金和技术、知识的支持，促其转型，摆脱路径依赖。

因此基于“发展路径创新”框架所涉及的经济体的历史责任、发展阶段、经济活动内容、发展议程、国家关系、能力和国情等要素，发达国家和发展中国家之间仍然存在巨大差异，坚持“共同但有区别责任”原则仍然是设计全球减排机制乃至全球气候治理体制的前提与基石。

发达国家和发展中国家未来减排贡献可以在如下四类指标中分别选择承诺不同的指标形式：①发展路径转型总体进展量化指标：即全经济领域范围的减控排指标，包括基于特定年份的绝对量化减排指标、总量控制与峰值目标、人均指标等；②发展路径转型过程量化指标：即与影响转型的具体驱动因子相关联的指标，包括能源强度、能源结构（包括低碳能源比重）、具体行业指标（如能效、先进技术扩散率或产能占比等）和其他排放源或碳汇指标；③定性指标：即相应的政策措施种类、体制或法律安排的进展、能力发展指标；④支持保障指标：即发达国家向发展中国家提供的资金、技术和能力建设支持指标，用于考核发达国家帮助发展中国家转型发展路径的力度和质量。①

发达国家应就①类中的全经济体绝对量化减排指标和④类支持保障指标做出约束性的贡献承诺，而对②③类指标可有选择性的形成约束性指标，形成其自主决定的贡献。新兴经济体发展中国家主要在②③类指标中选择承诺自主决定的贡献，在自愿的前提下也可选择①类指标作为非约束性的意向性指标就自主决定的贡献做出承诺。对于其他一般的发展中国家则没有硬性的规定。

针对2020后减排机制，各国都已经提交了国家自主决定贡献目标（INDC），中国

① 本部分内容吸收了与国家气候变化战略研究和国际合作中心傅莎博士等合作研究的部分结论。

也在2014年11月的“中美应对气候变化联合申明”中首次提出主要的承诺目标，即“计划2030年左右二氧化碳排放达到峰值且将努力早日达峰，并计划到2030年非化石能源占一次能源消费比重提高到20%左右”。之后在2015年6月30日又进一步系统提出包括碳强度下降和森林碳汇在内的一揽子国家自主贡献目标。从某种意义上，中国提出的国家自主贡献目标正是上述框架与指标的具体体现。而欧盟、美国已经提交的国家自主决定贡献，被批评较多的方面就是对④类支持保障指标，承诺的力度太小。

总而言之，中国需要妥善处理国际社会对中国减排压力以及国内尽快实现低碳发展转型二者之间的关系，将国内低碳行动与国际谈判形成良性的内外互动，寻找全球利益和中国利益的平衡点，并成为推动国际气候进程继续前进的重要积极力量。而发展路径创新框架及一揽子指标，就具体体现了这一姿态，不仅向国际社会传递了积极信号，也在一定程度上确保了2030年峰值前的发展空间，又与国内转方式、调结构、建设生态文明的需求相符，有利于提高中国长期的低碳竞争力，促进中国增长动力转型、层次升级。这是统筹国际和国内两个大局、综合考虑成本收益后的无悔选择。

2016年美国大选后美国作为缔约方在气候变化战略和政策上出现了消极的不确定性，这对全球气候治理的发展无疑不是一个好消息。但是，这不应当成为中国动摇其建设生态文明、走绿色低碳发展道路决心的理由。因为，中国处在今天的发展阶段和发展水平上，怀有自己民族伟大复兴的梦想，设定了自己的战略目标，识别了自己的发展利益和全人类共同的利益与命运共同体的要求。应对气候变化、实现绿色低碳转型、履行在《巴黎协定》中承诺的义务并尽早尽低实现排放峰值，并不是依据其他国家将如何做，而是依据我们自身的战略利益和发展理念，是我们自己要做。中国在当今全球治理中所采取的立场，主要是依据五个基本战略利益：

一是中国依然为自己尚未完成的工业化进程和低碳转型过程争取到了一定的近、中期排放增量空间（为实现排放峰值设置了预留时间）。但这异空间毕竟是有限的，也是暂时的，不可过度挥霍，更不可长期在战略上依赖这个宝贵的空间。这个宝贵空间的主要用途应当是迅速动员社会战略资源，形成社会经济机制加速低碳转型。

二是面对全球气候变化负面影响，中国国土和人口暴露度大且脆弱性强，相对损失大，积极应对气候变化符合中国长期根本战略利益。

三是绿色低碳转型与中国增长方式转变和发展路径创新的战略诉求高度一致，有利于提高未来中国经济的质量、效率竞争力、增长动力和长期繁荣。

四是中国已经采取的全球气候治理立场和国内应对气候变化的行动与政策已经为中国在该领域实现话语权和影响力奠定了扎实的基础，并有望进一步提高对全球气候治理的引领能力。而这一能力的提升也因气候变化问题的综合性和广泛关联性而外溢到全球经济、安全等治理进程中去，最终贡献于提高中国在全球治理中的综合能力和地位。

五是积极应对气候变化，肩负起符合自身定位和能力的、向全球提供一定公共产品的责任。这有利于置中国于国际与历史道义的制高点上，有利于树立中国的良好形象，从而为中国在海外的投资、贸易和人员往来带来有利的形象基础和便利。

总之，中国正在走向全球气候治理舞台的中央，能否扮演好这个角色不仅取决于中国的外交言辞与技巧，更取决于中国在国际和国内所采取的行动和积累的能力。

五、资源与环境经济学和发展经济学的若干新课题

超大时空规模外部性问题。气候变化问题是一个具有最大时空尺度的外部性问题，它超越了世界范围内现有决策主体的常规决策时空视野。就实证经济学而言，试想：一个主权国家的决策主体需要如何处理全球气候利益和本国经济发展利益之间的关系呢？一个生命有限的投资者如何去为百年甚至是几个世纪之后子孙后代的外部收益去做出投资决策呢？上述决策中的费用和效益当如何衡量呢？长时间尺度内的费用和效益的量度，其贴现率当如何决定呢？

气候变化背景下的公平问题。占世界人口少数的发达国家经济体的人们，享受着其祖辈留下的丰厚物质遗产和在全球经济秩序中占据的有利地位，而这些物质遗产和有利地位都与其祖辈在现代化历史进程中先行累积排放的温室气体有关，而这些发达国家自工业革命以来累积排放的温室气体，在人类总累积排放中依然占到多数比例，是造成今天气候变化的主要原因。同时，在当代全球化背景下，在国际经济体系中占据主导地位的发达国家，通过贸易、投资、技术转移和文化价值的传播与示范，将高碳的生产和生活方式转移传播到发展中国家，使后起的发展中国家形成高碳路径依赖。更进一步而言，尚未开启工业化进程因而累积排放寥寥的最不发达国家，在全球人口中占比可观，但在气候变化面前却十分脆弱，适应能力有限，要为今天的全球气候变化承受诸多的“损失与损害”。今天的发达国家是否应当承担更多应对全球气候变化的责任，而在自身减缓气候变化上率先垂范并对发展中国家减缓与适应气候变化提供充分的技术和资金援助呢？主流规范经济学对此在伦理和价值判断上的论述尚语焉不详，或者因为研究者的背景与既得利益局限，存在着系统的偏差。这些，都给传统经济学研究提出了创新性探索以应对时代新挑战的要求。这些也都是世界范围内经济学科最前沿的难题，原有的经济科学理论本身也正在为此孕育着革命。

全球气候治理结构的有效性问题。温室气体排放同时具有全球外部性和跨代外部性的问题特征。在一个主权国家内部，可以依据主权国家的强力，对环境产权做出强制性的定义，然后选择相关的政策手段，如规制手段、财政与税收手段（近似庇古的解决方案）和排放贸易手段（即科斯的解决方案）、通过社会教育而改变观念意识进而改变需求的手段等。但对于全球气候公共财富的管理，目前还不存在一个凌驾于各国主权之上的纯粹超主权的治理模式，无法在国际层面像主权国家内部那样依靠国家强

制权力解决国际外部性和全球公共财富管理问题，只能通过跨国谈判和协商进程，通过各国共享的价值观和发展理念等，形成不断演进、强化的全球气候治理结构。这个全球气候治理结构的核心是国际责任体系的定义。通过谈判确定不同国家减控排责任的过程，在经济学意义上也是一个不断明晰和分配全球温室气体容量资源产权的过程。各方对这一产权分配的认识和立场，取决于对温室气体容量资源价值的认知和估价，以及此估价与其他方面（如重要双边外交关系、国家形象、与化石能源消耗相关的局地空气质量状况等）利弊得失的比较。对温室气体容量资源产权价值的估计，还会受到在特定发展阶段一个经济体的增长对温室气体排放的依赖程度、化石能源供求与价格长期变动趋势、相关技术变动趋势、政策环境变化预期、伦理偏好等诸多因素差异的影响。在保护全球气候公共财富，避免“免费搭车”的背景下，一个国家对自身责任的认定，还取决于对其他主要国家承担责任程度的认定和预期。因此，责任确定的过程必然是一个不断动态调整和演变的过程。这一过程首先是一个多边进程，其谈判进展会十分缓慢，有时也甚至显得十分脆弱、低效。但它却是为其他小多边、双边进程提供伦理的、政治的和法律的基础，依然是全球治理的主渠道。在全球气候治理的发展过程中，还会遇到处理国际民主或广泛参与和大国影响力之间关系的实际问题。这些都需要在理论上给予解释和论述。

不确定性问题。气候变化问题还具有一个重要的特征，就是存在很大的不确定性以及巨大的甚至不可逆的风险。气候系统作为一种复杂巨系统，在其变化超过某个临界阈值以后，系统会进入正反馈状态，出现加速效应。譬如升温造成海冰融化，使得海洋反射太阳辐射的能力下降，海洋吸热能力下降，造成地表进一步升温。同时随着海洋吸收更多二氧化碳，海水升温及酸化，海洋碳汇能力下降，更多二氧化碳将进入大气层，进一步造成升温。升温还将造成永久冻土层融化，微生物活动增加，使得更多甲烷释放进入大气层，带来进一步升温。正是因为这些正反馈效应，使得国际社会特别强调预防性原则，气候公约就提出不应当以科学上没有完全的确定性为理由推迟采取应对气候变化的措施。但是，对于从社会经济系统应对这种全球生态系统的非线性加速变化，现有的经济学理论尚未做出深入系统的反应。

碳排放库兹涅茨曲线的解释与发展战略和政策含义。低碳约束也给发展经济学提出了新的议题。其中比较突出的问题在于：跨学科的库兹涅兹曲线问题如何得到进一步的论述。尽管先行工业化国家工业化历史的实证时间序列数据表明存在着库兹涅茨曲线，但不同发达工业化国家有着不同的库兹涅茨曲线位置和形状，其影响因素是什么？后发的发展中国家在制定发展战略和政策时可以从中得到什么启发？在今天全球化的背景下，过去历史上基于单个经济体非充分开放条件下所形成的库兹涅茨曲线应当得到什么修正？如何在全球和国别尺度上进一步深入解析库兹涅茨曲线的形成机理？一个国家经济收入的构成差别（如人均 GDP 在投资、消费和净出口之间的构成）和人口素质及人口行业与地理分布（与正在全球范围内发生的城镇化模式有关）的差异，会怎样影响收入水平和人口规模作为增排因素而对温室气体排放增加影响程度？此外，在新的全球产业链与技术革命背景下，发展经济学经典的收入水平与产业结构变化之间的关系如何对改变排放轨迹发生作用？技术变动的学习曲线在具有不同产业组织特征的特定市场中如何变动？不同利益相关者的能源消费和排放行为会受什么因素的影响？全球化背景下跨国贸易和投资以及全球产业链的分工和传递格局，如何影响全球和单个经济体的未来排放轨迹？对这些基本关系的认识如何贡献于对未来中长期排放情景的研究和规划？

社会经济主体行为演变及对政策和制度反应的问题。如今在全球范围内一个引人注目的现象就是网络数据信息技术革命给未来消费者和投资者与管理者带来迅猛的观念与行为改变。这种行为变化的基本特征和在投资、贸易、金融、政治与各类决策中的表现是什么？最显著的影响因素是什么？给现有的体制、政策等社会组织工具带来的冲击和挑战是什么？没有对此问题的深入分析和了解，一切政策和战略设计都将流于空谈和苍白。

分析框架的进一步整合。针对气候变化问题，需要新的、更为跨学科的研究范式。需要研究温室气体排放对升温的影响以及其物理影响的物流分析，研究碳排放这类当前非市场交易物品的定价问题以及气候变化影响经济评估的价值流分析，揭示全球温室气体容量资源产权分配以及确定相关主体在特定制度安排下的性质、地位及相互关系的制度分析，研究主体行为动机、行为方式、影响行为的因素、行为所产生的结果等的行为分析等，并与针对目标、战略、手段、协调和评价等的政策分析进行有机结合，构建一个综合的分析框架。并在此基础上，形成跨期社会费用效益分析框架。

在该框架下，考虑气候变化问题大的时间和空间尺度的外部性和不确定性以及存在大规模不可逆风险等特征，建立风险评价与管理视角，而后基于气候变化的科学原理，即温室气体排放路径、辐射强迫、温室气体浓度、温度上升以及物质影响之间的对应关系，综合气候变化问题的伦理或价值判断基础，从成本和收益两个角度评价应对气候变化目标和对策。成本角度，包括识别减缓和适应气候变化的技术选择，确定减缓和适应的程度，估计减缓和适应的成本以及分析成本在不同利益相关者之间的分担。而收益，则是通过减缓和适应气候变化措施所避免的未来气候变化损失。首先对气候变化在水资源、农业生产、生态系统、海岸带、公共健康等领域的物质影响，利用环境经济学的评价方法开展经济损失评价并应用社会贴现率得到现值，然后评估减缓和适应气候变化的收益以及分析收益在不同利益相关者之间的分担。综合权衡成本和收益，确定关于温度、浓度和排放的目标，并提出相应的政策建议。

国际学术界按照上述框架构建了多个综合评估模型，而政府间气候变化专门委员会（IPCC）也是大体按照上述框架，组织了五次科学评估，为联合国气候谈判以及各国采取应对气候变化政策措施提供决策支持。

经济学说史表明，政策实践的发展和创新往往会带来理论的重大突破和发展。气候变化问题的复杂性对现有学说提出挑战，相应也孕育了巨大的机会。全面系统、持之以恒地深入开展相关研究，扎实积累，必将在相关学科发展上取得长足进步。

附录1　方法学

一、LMDI模型方法

LMDI分解方法是IDA的一种，Ang（2005）曾对其用法做过详细介绍，本文即在此基础上建立模型。LMDI方法有一个比较大的缺陷，即是无法处理0值和负值数据，但在实际问题中，可以通过计算公式的变换使得负值不会出现，对于0值，用一个足够小的数代替而不至于影响计算结果即可。

具体计算公式为：

$$V = \sum_i V_i = \sum_i x_{1,i}x_{2,i}\cdots\cdots x_{n,i} \tag{1}$$

且

$$V^0 = \sum_i x_{1,i}^0 x_{2,i}^0\cdots\cdots x_{n,i}^0 \tag{2}$$

$$V^T = \sum_i x_{1,i}^T x_{2,i}^T\cdots\cdots x_{n,i}^T \tag{3}$$

对∇V进行分解，可以得到：

$$\nabla V_{tot} = V^T - V^0 = \nabla V_{x1} + \nabla V_{x2} + \cdots\cdots + \nabla V_{xn} \tag{4}$$

$$\nabla V_{xk} = \sum_i L(V_i^T, V_i^0)\ln\left(\frac{x_{k,i}^T}{x_{k,i}^0}\right) = \sum_i \frac{V_i^T - V_i^0}{\ln V_i^T - \ln V_i^0}\ln\left(\frac{x_{k,i}^T}{x_{k,i}^0}\right) \tag{5}$$

本文借鉴既有研究成果，采用如下CO_2排放恒等式：

$$C = \sum_{ij} C_{ij} = \sum_{ij} Q\frac{Q_i}{Q}\frac{E_i}{Q_i}\frac{E_{ij}}{E_i}\frac{C_{ij}}{E_{ij}} = \sum_{ij} QS_iI_iM_{ij}U_{ij} \tag{6}$$

则CO_2排放强度恒等式为：

$$G = \frac{\sum_{ij} C_{ij}}{Q} = \sum_{ij}\frac{Q_i}{Q}\frac{E_i}{Q_i}\frac{E_{ij}}{E_i}\frac{C_{ij}}{E_{ij}} = \sum_{ij} S_iI_iM_{ij}U_{ij} \tag{7}$$

应用LMDI方法，可将CO_2排放量增长分解为经济总量效应、产业结构效应、能源强度效应和能源结构效应四个部分：

$$\nabla C_{tot} = C^T - C^0 = \nabla C_{act} + \nabla C_{str} + \nabla C_{int} + \nabla C_{mix} + \nabla C_{emf} \tag{8}$$

其中∇C_{emf}为碳排放因子变动效应，一般认为其为0。其他部分的计算公式为：

$$\nabla C_{act} = \sum_{ij}\frac{C_{ij}^T - C_{ij}^0}{\ln C_{ij}^T - \ln C_{ij}^0}\ln\left(\frac{Q^T}{Q^0}\right) \tag{9}$$

$$\nabla C_{str} = \sum_{ij}\frac{C_{ij}^T - C_{ij}^0}{\ln C_{ij}^T - \ln C_{ij}^0}\ln\left(\frac{S_i^T}{S_i^0}\right) \tag{10}$$

$$\nabla C_{int} = \sum_{ij} \frac{C_{ij}^T - C_{ij}^0}{\ln C_{ij}^T - \ln C_{ij}^0} \ln\left(\frac{I_i^T}{I_i^0}\right) \tag{11}$$

$$\nabla C_{mix} = \sum_{ij} \frac{C_{ij}^T - C_{ij}^0}{\ln C_{ij}^T - \ln C_{ij}^0} \ln\left(\frac{M_{ij}^T}{M_{ij}^0}\right) \tag{12}$$

同理应用 LMDI 方法可将 CO_2 排放强度增长分解为产业结构效应、能源强度效应和能源结构效应三个部分：

$$\nabla G_{tot} = \nabla C_{str} + \nabla C_{int} + \nabla C_{mix} + \nabla C_{emf} \tag{13}$$

以上公式中所涉及的变量定义如表 21 所示

表 21　变量定义

变量	定义	变量	定义
i	产业部门	E_{ij}	i 产业对 j 中能源的消费量
j	能源燃料种类	S_i	i 产业增加值所占比重
C	CO_2 排放总量	I_i	i 产业能源消费强度
C_{ij}	i 产业消耗 j 种能源的 CO_2 量	M_{ij}	j 种能源在 i 产业中所占的比重
Q	经济总量	U_{ij}	i 产业中消费 j 能源的 CO_2 排放系数
Q_i	第 i 产业增加值	E_i	i 产业的能源消费总量
E	能源消费总量		

本文测算的年度为 1980—2010 年。关于产业结构的划分，我们在三次产业划分的基础上又将第二产业拆分为轻工业、重工业、建筑业，划分的依据为国家统计局于 2012 年 5 月发布的《轻重工业划分办法》。

经济数据的原始获取全部来自《中国统计年鉴》。各年份 GDP 数据三次产业结构的增加值数据可以直接获取，工业、建筑业增加值数据也可以直接获取，轻工业、重工业统计年鉴中并没有直接给出，但给出了各年份轻、重工业的产值，本文采用的是按照轻、重工业产值占工业总产值的比重乘以工业增加值进行折合计算。这里有一个假设，即轻、重工业增加值的比例与产值比例是相同的。另外，所有的经济数据均统一折成 2005 年不变价，采用的办法是由国内生产总值指数（1978 = 100）来推算国内生产总值指数（2005 = 100），再以此折合出各年份的 GDP 数据（2005 年不变价），其中假设各产业增加值比重不因可比价年份的变化而变动。

本文所涉及的能源数据均为终端能源消耗，《中国能源统计年鉴 2012》上将终端能源消费品划分为包括原煤在内的 19 种能源品种，为了方便统计和计算，本文将现有能源品种整合成了煤合计、焦炭、油品合计、天然气、热力、电力共六种能源品种，并全都按《中国能源统计年鉴》附录中的“各种能源折标煤参考系数”折算成了标准煤。三次产业结构终端能源消耗数据来自历年《中国能源统计年鉴》中的《中国能源平衡表》，轻工业和重工业的消耗数据来源于历年“工业分行业终端能源消耗统计”，按照行业分类进行划分加总，建筑业终端能源消耗数据则由第二产业数据减去轻、重工业数据之后得到。

本文假设 1980—2010 年间不同能源品种的碳排放系数一直保持不变，并统一采用《2006 年 IPCC 国家温室气体清单指南》给出的排放因子系数测算 CO_2 排放系数。

表 22 各种终端燃料的 CO_2 排放系数

	煤合计	焦炭	油品合计	天然气	电力
排放系数（kg/TJ）	94600	107000	73300	56100	94600

二、基于 RAS 方法的 IO 表更新

前面文中已经介绍了 CO_2 排放预测的基本方法，其中增加值和总产出需要从各报告期的 IO 表中产生，同时各 IO 表产生的直接消耗系数矩阵也是碳排放影响力系数和感应度系数的基础数据。因此，如何获取各报告期的 IO 表就成为整个模型构建中一项极为重要的工作。

本文获取更新 IO 表的方法为 RAS 方法，又名双比例尺度法，是一种用目标年中间需求合计作为行向控制量，目标年中间投入合计作为列向控制量，对基年中间投入结构进行修正，从而得到目标年份投入产出表中间流量表的算法。

在已知目标年中间需求合计向量和目标年中间投入合计向量这两个控制量的情况下，RAS 方法的求解过程可以概括如下：

首先，以基年直接消耗系数矩阵 A^0 按列乘以对应的目标年总产出向量 X^1，$A^0\hat{X}^1$ 表示按基年中间投入结构所预测的目标年中间流量矩阵。如果直接消耗系数没有发生变化，则该矩阵的行和与列和应该等于控制量，如果不等，说明直接消耗系数发生了变化，需要更新。

其次，$A^0\hat{X}^1$ 矩阵的第 i 行乘以一个调整系数 r_i^1，使得该行之和等于目标年该行中间需求合计这一控制量或者说约束条件，这一步骤的结果与矩阵方式表达则为：$\hat{R}^1A^0\hat{X}^1$，$\hat{R}^1$ 表示行调整系数所构成的对角阵，上角标“1”表示进行的第一次行调整。此时行平衡约束条件满足，但列平衡约束条件肯定不满足，还需继续求解。

再次，$\hat{R}^1A^0\hat{X}^1$ 矩阵的第 j 列乘以一个调整系数 s_j^1，使得该列之和等于目标年该列中间投入合计这一控制量，这一步骤的结果用矩阵方式表达则为：$\hat{R}^1A^0\hat{X}^1\hat{S}^1$，表示列调整系数所构成的对角阵，上角标“1”表示进行的第 1 次列调整。此时列平衡约束条件满足，但行平衡约束条件肯定又会因为列的调整不满足；

以此类推，反复迭代，可以证明行和列调整系数将随着迭代步数的增加渐趋于 1。当达到预先所设定的可接受误差范围时，迭代即停止，此时，调整后矩阵的行和与列和都将非常接近于控制量，即已经同时满足了行、列双方向的约束条件。该矩阵即为 RAS 方法所得到的目标年中间流量矩阵，矩阵中元素除以相应目标年总产出，就得到了更新的目标年直接消耗系数矩阵 A^U。

RAS 方法的迭代过程如图 5.1 所示。其中 U 和 V 分别为行控制量和列控制量。

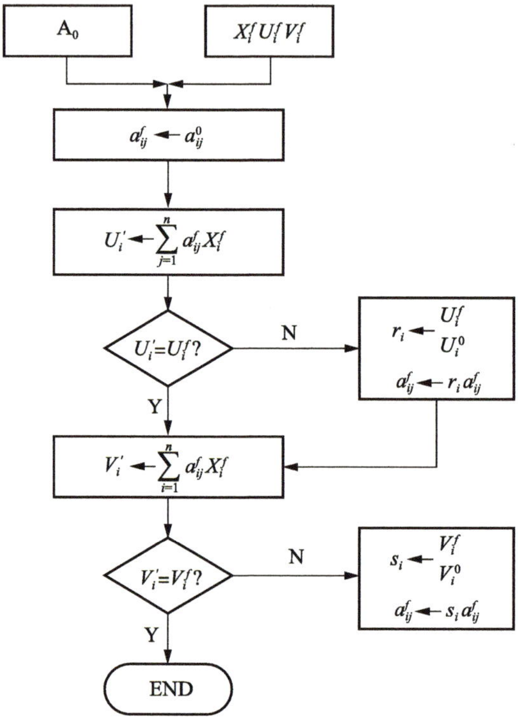

图 5.1　RAS 方法迭代算法

附录2　正负面政策清单

一、正面清单

提高高科技产业在工业中所占的比重，尤其是装备制造业，提高产业生产率；

加大服务业包括金融、教育和公共管理等为代表的现代服务业的投资力度；

促进生产型服务业的发展，尤其是为工业、农业生产服务的服务型行业的发展，包括研发设计、第三方物流、信息服务和电子商务等行业的投资；鼓励社会资本发展生产型服务业；

鼓励不同地区遵循工业发展规律的通知，因地制宜，发挥比较优势、地区集聚效应和规模效应的作用，探索区域特色的新型工业化道路；

推进和完善价格改革，尽量由市场决定价格，包括能源价格等；

通过产业升级，迅速提高生产劳动生产率，增加教育投入，提高劳动力素质。

二、负面清单

建立淘汰落后产能和产能过剩等具有重化工业特征的相关产业的识别和负面清单的建立；

建立上述相关产业过剩产能正常退出机制；

严格控制市场准入和对“两高一剩”企业的全面清理。在规定年限范围内限制或者是淘汰不符合企业，鼓励各个地区开展公布限制类和淘汰类的行业目录等，加大各个地区产业调整的力度、内容，以便有效指导各个地区经济结构调整工作的推进；

消除政府对部门要素流动的干预，减少部门垂直管理带来的产业融合的障碍，促进产业之间的技术融合、商业融合和政策协调；

明确主要行业中限制类和淘汰类的技术设备或者是生产工艺，对列入淘汰类的一律不允许生产和销售；

对于超出能效限额门槛的企业，实施资源产品区别性价格、惩罚性电价、差别化信贷等政策；

严格限制国家限制类产业新建项目的审批和开工建设；

严格限制高耗能产业产品的出口。